믿배따닮

예수를 믿고 배우고 따르고 닮다

Believing Learning Following Resembling Jesus

믿배따닮

예수를 믿고 배우고 따르고 닮다

서창원 지음

XR
크리스천
르네상스

추천사

서창원 목사님에게는 목사님이요, 교수요, 선교사로서 각각의 사역이 따로 따로가 아니라 초점이 하나로 모아진다. 바로 한 사람의 성도를 말씀 위에 바로 세워 예수를 닮은 사람으로 만드는 것이다.

오늘날 많은 책이 인본주의적 관점에서 기술되어서 마치 사람들에게 아부하는 듯한 내용이 많은데 『믿배따닮』은 신앙생활에서 가장 중요한 내용을 가장 성경적으로 정확하고 알기 쉽게 명확히 제시하고 있다. 예수를 믿는 믿음의 핵심이 무엇인지를 알아야 하고, 신앙의 진수가 하나님을 아는 것임을 배워야 하고, 그래서 그 말씀을 바탕으로 예수를 따라가야 하며, 결국 믿음의 마지막 종착지점이 예수를 닮은 모습으로 어엿이 서는 것임을, 성경 말씀에 가감없이 그대로 전하면서도, 가장 깊은 것들을 가장 쉽게 말씀하고 있다.

목회자의 입장에서 성도에게 읽으라고 마음 놓고 추천할 수 있는 신앙 서적이 마땅치 않은 요즘 같은 때 『믿배따닮』은 제목도 독특하지만 내용이 너무나 풍성하고 알차기에 성도들뿐 아니라 목회자들까지 큰 도움을 받을 수 있으리라고 확신하여 이에 숙독하시기를 적극 추천한다.

김동진 꿈과사랑의교회 담임목사

무슨 제목일까 싶었다. 머리말을 읽어보니 그리스도인의 신앙의 길을 걸어온 저자의 인생길에 드리워진 하나님의 은혜를 감사하면서 이를 신학의 토대 위에서 밝히 제시한 글이었다. 그런 면에서 '믿배따닮'은 이 책의 성격을 잘 반영한다. 책의 구성은 제목이 말하는 네 가지 요소를 따라 4장을 품는다. 우리가 왜 예수님을 믿어야 하는지를 말하고, 그리고 우리가 믿는 예수님을 더욱 알아가기 위하여 배워야 할 사실을 제시한다. 이어서 믿음으로 아는 예수님을 따르는 삶이 감당하여야 하는 신앙의 실제를 제시한다. 마지막으로 예수님을 닮은 성도로 자라난 복된 신앙의 아름다운 성숙을 말한다. 이것은 한국교회에서 자란 한 성도가 서술로 풀어내는 현대판 천로역정이다. 책 전체의 흐름은 부드럽게 흘러간다. 책이 전달하는 내용이 가벼운 것이 아니지만, 영혼을 부드럽게 적시듯이 유연한 설명들이 이어진다. 그러면서도 책을 통해 저자의 상한 심령을 지속적으로 만난다. 우리나라 교회의 연약함을 저자는 아파한다. 개혁신학을 학습하고 개혁교회의 실행을 위하여 강단이 개혁신학 토대 위에 굳건히 서기를 바래온 저자를 이끌어온 신앙 인식과 심령이 어떠했는지가 그대로 전달된다. 이러한 까닭에 저자의 글은 서슬이 퍼런 심판의 칼을 함부로 휘두르지 않는다. 책의 마지막은 그리스도의 복음의 균형 아래, 사랑과 온유와 겸손과 순종과 용서와 섬김의 권면으로 마친다. 오직 하늘의 은혜를 받은 자로 오늘을 살아가기를 소망하며 기도하는 간절함으로 매듭을 맺는다. 독자는 교인으로서 하나님을 영화롭게 하고 참으로 즐거워하는 신앙의 양태가 어떠해야 할지에 대한 가늠자를 얻게 될 것이다. 그리고 우리나라 교회와 교회의 지체인 자신을 바라보는 마음의 눈이 부드러워지고 주님의 이름을 더욱 부르게 될 것으로 기대된다.

김병훈 합동신학대학원대학교 조직신학 석좌교수, 나그네교회 담임목사

한경직 목사님이 자신의 병문안을 온 교계 원로 중진 목사님들로부터 좋은 말씀 한마디 부탁드린다는 요청을 받고는 잠시 고민하다가 주신 말씀이 "예수 잘 믿으세요"라는 말이었다고 한다. 서창원 목사님의 『믿배따닮』은 예수 잘 믿는 것이 무엇인지를 자세히 펼쳐 잘 가르쳐 주고 있다. 믿음 안에서 성숙해지기를 원하는 모든 이들에게 읽기를 권하고 싶은 귀한 책이다.

김원광 중계충성교회 담임목사, 전 합신교단 총회장

『믿배따닮』, 이 책은 어떤 신학 주제를 추상적이거나 이론적으로 설명하는 일반적인 신학서가 아니다. 오히려, 이 책은 예수님을 실제로 진실되게 믿고 예수님이 어떤 분이신지를 일평생 배우며 예수님의 제자가 되어 따르고 그 예수님을 뜨겁게 사랑하며 그분을 닮고자 달음질쳐 온 한 신학자가 보

고 듣고 깨닫고 느끼며 고민하고 사색해왔던 실제 삶의 경험과 통찰을 기록한 묵상집이다. 그러면서도 이 책은 다른 신학서들보다 더 신학적이고 실천적이며 교훈적인 면모를 갖추고 있다. 특히 이 책을 읽다 보면 한국 교회와 모든 복음의 동역자들에 대한 저자의 깊은 사랑과, 어찌하든지 한국 교회가 하나님의 마음에 합한 교회로 끊임없이 개혁되기를 바라는 간절한 열망이 생생히 느껴진다. 한국개혁주의설교원을 설립하고 지난 30년이 넘도록 헌신적으로 이끌어 온 저자의 희생과 수고는 이러한 사랑과 열망의 작은 몸짓에 불과한 것이라고 생각한다. 한국 교회의 개혁과 갱신과 회복을 소망하며 기도하는 모든 목회자들과 성도들에게 이 책을 꼭 읽어볼 것을 권한다.

김준범 양의문교회 담임목사

나는 '책을 쓴다는 것'은 마치 '지게에 실려 있는 짐을 부리는 일'과 같이 생각한다. 어릴 적 어른들이 산에 가서 모은 땔감 나무를 지게에 지고 와서 마당에 부리는 것을 자주 보았다. 그 짐을 부릴 때 그 어른의 얼굴에 나타난 해방감과 성취감에 대한 인상이 제 어린 마음에 새겨졌다. 그 나뭇짐은 그 집안 식구들로 추운 겨울을 따뜻하게 보내게 하는 재료가 되었다.

'책을 쓴다는 것'은 그 저자에게 지워진 '짐'을 풀어내어 그 '짐'의 내용을 독자들과 공유하게 하는 작업이다. 저작자들은 남들이 갖지 못한 '짐'을 먼저 받은 사람들이다. 그래서 청교도들은 하나님께 받은 '사명(mission)'을 '짐(burden)'으로 표현한 것이 아닌가. 그러니 그 짐은 저작자 개인에게만 해당되지 않고 독자 여러분과 함께 나눌 만한 '공적인 은택(public benefits)'을 가진 것이다. 하나님께 저작의 은혜와 은사를 받은 자들은 그런 사명을 받았다. 그래서 그런 사명과 은사를 받은 이들은 여러 권의 책들을 저술한다.

그런 의미에서 이 책의 저자 서창원 교수님은 하나님께로부터 복음을 위해 받은 '짐을 풀어낼 사명'을 받은 분이다. 이미 여러 권의 책을 저술하신 교수님으로 하여금 이렇게 귀한 책을 내게 하신 하나님 우리 아버지를 주님의 이름으로 찬미하지 않을 수 없다.

이 책은 한 사람이 예수님을 처음 믿어 하늘의 영원한 아버지의 집에 가는 영적 순례길에서 한 '노정기'라 할만하다. '예수님을 믿는다는 것이 무엇인가?'라는 큰 주제 질문을 내걸고 그에 답하는 형식을 취하고 있다. 저자는 그 주제 질문에 대한 답을 '예수님을 믿는 것, 배우는 것, 따르는 것, 닮는 것'이라는 제목 아래서 포괄적으로 답하고 있다. 그래서 이 책은 성경이 말하는 바대로, 그리고 그에 대한 바른 신학적 토대를 가지고 있다. 그래서 '예수님 믿음의 본질과 고백을 통하여 하나님과의 영적 화해'를 기본으로 한 '구원받은 자의 삶'

의 기준과 가치와 영광과 그 궁극적인 목표를 풀어가고 있다.

이 책은 '성도의 믿음과 삶의 한 내비게이션'으로서 매우 훌륭하다고 여기고 삼가 추천하는 바이다.

서문 강 중심교회 원로목사

한국교회가 쇠퇴기에 있음을 부정하지 못하는 시대를 살고 있다. 교회성장의 달콤함이 경제쇠퇴와 함께 사라지고 있다. 참으로 서글프고 처참한 상황이다. 서창원목사는 전작에서 흥하는 교회와 쇠하는 교회를 제시하였다. 한국교회가 들어야 할 광야의 소리였다. 그리고 다시금 식어있는 신자들의 가슴을 살아나게 하는 책을 내었다.

본서는 한국교회를 다시 세우기 위한 토설이다. 지금 한국교회는 신자들의 영적기초가 무너지고 있다. 본질로 돌아가는 것이 아니라 기초를 다시 쌓아야 한다. 이 책은 무너진 터를 어떻게 세울지를 제시한다.

예수 믿음과 배움과 따름과 닮음이 실현될때 한국교회가 살수있다. 저자는 어려운 주제를 편한 필체로 풀어내고있다. 까다로운 주제도 피하지 않고 최선을 다하여 설득하고 있다.

한국교회가 얕은 물가에서 노는 신앙이라 안타까워 하면서 깊은 신앙의 자리에 이를 수 있는 길로 안내한다.

한장 한장 따라 읽으면서 연신 고개가 끄덕여지고 펜을 들어 줄을 그었다. 믿음을 돌아보고, 배움이 바른지 생각하고, 전신갑주를 입고 따르고 있는지 점검케하고. 예수를 닮아가고 있는지 확인하게 한다.

　서창원목사의 책은 읽을때마다 뜨거움을 경험한다. 아마 이 책을 읽는 이들도 이런 경험을 할것이다. 그리고 마지막 장을 덮을 때 감사의 기도가 나올 것이다. 좋은 선물에 감사의 마음으로 적극 추천한다.

신동식 빛과소금교회 담임목사

청교도 연구의 권위자이며 개혁신학자인 저자는 자기 신앙의 여정을 돌아보면서 기독교인들이 성경적 관점을 통하여 무엇을 배우고 어떻게 살아야 할지를 쉽고 명료하게 제시하고 있다.

　1장은 왜 예수님을 믿어야 하는지로 시작한다. 그리고 예수님을 믿는 삶이란 예수님과 함께하는 삶으로, 하나님을 경배하고, 성도를 섬기는 삶으로 말한다. 2장에는 예수님이 누구시며, 우리를 위하여 무엇을 하셨는지를 배워야 한다고 말한다. 3장에는 예수님을 철저하게 따르기 위하여 성령의 충만함을 받고, 자기 십자가를 지고, 그리고 하나님의 전신 갑주를 취하라고 한다. 4장은 그리스도인들은 사랑, 온유, 겸손, 순종, 용서, 섬김 그리고 위엣것을 찾는 삶을 통하여 예수님을 닮아간다고 말한다.

　이 책은 예수님을 믿고 배우고 따르고 닮아가는 것을 실천하기 위하여 구체적으로 설명하는 책이다. 참된 진리이신 하나님의 아들 예수 그리스도를 배우고 예수를 따르면서 예수를 닮아가는 과정을 실제적으로 보여주고 있다. 각각의 장을 다룬 후에 내용을 좀 더 되새기기 위하여 다양한 질문을 제시하는 점도 좋은 장점으로 보인다.

오늘날 실천이 부족한 한국교회의 모습을 보면서 이 책이 그런 연약한 우리에게 예수님을 믿고 따르는 것이 무엇인지를 실제적으로 분명하게 안내하고 있다. 빛과 소금의 역할을 통하여 하나님의 영광을 위하여 어떻게 살아야 하는지를 보여주는 책으로 한국교회의 성도들에 큰 유익이 되리라고 생각하여 기쁘게 추천한다.

안명준 평택대학교 명예교수, 한국성서대학교 초빙교수

서창원 교수님께 후배인 나에게 추천서를 써달라고 하셨다. 물론 이번이 처음은 아니다. 그동안 서 교수님의 명저들 몇 권의 추천사를 썼던 것 같다. 그런데 추천서를 써달라고 보내주신 이번 책의 원고를 읽으면서 나는 몇 가지 사실에 놀랐다.

첫째는 책 제목이『믿배따닮』임에 무척 놀랐다. 10여 년을 같은 학교에서 동료요 인생의 선후배로서 친분을 쌓아왔다. 따라서 서교수님의 성품을 어느 정도는 안다고 자부한다. 서 교수님은 언제나 정통을 추구하는 신학자요, 타협이 없는 곧은 신학자요, 비정상적인 것에 대해서는 비정상적이

라고 말씀하는 분이시다. 그런데 책 제목이 오늘날 젊은이들이 즐겨 쓰는 표현 축약이었다. 서 교수님이 교수에서 은퇴하시더니만 젊은이가 되셨다. 진정 반가운 일이다.

둘째는 이 책의 서론을 읽으면서 놀랐다. 꽤 오랫동안 친분을 나눈 사이이지만 서 교수님께서 어떤 신앙적 배경을 가지셨는지 나는 전혀 모르고 있었다. 알고 보니 서 교수님은 불신자의 가정에서 태어나 많은 박해 속에서 신앙인으로 성장했고, 궁극적으로 불신 가족 모두를 구원하셨던 분이다. 나는 비로소 서 교수님께서 왜 그리도 올곧은 신앙을, 타협할 수 없는 개혁신학을 고집하게 되었는지를 이해했다. 그렇다. 삶과 죽음을 넘나드는 경지에서 신앙을 형성하신 분들에게는 결코 양보할 수 없는 그 무엇인가를 갖고 있다. 서 교수님이 바로 그러한 분이셨음을 알게 되었다.

마지막으로, 책의 내용으로 인하여 놀랐다. 책의 내용은 당연히 서 교수님의 신앙과 신학과 삶을 열정적으로, 그리고 그의 직설적이고 명쾌한 논리로 풀어 재낀 것이다. 예수 그리스도를 주인으로 영접한 그리스도인들이 따라가야만 하는 기본적인 내용이다. 사실은 너무나 당연한 이야기들이다. 그런데 그러한 내용이 왜 이리 가슴이 뜨거워지게 하고 고개가 끄덕여지게 하는 것일까? 진리와 진실은 복잡하거나 어려운 것이 아님을 서 교수님의 글을 통해 배운다. 하나님의 논리는 매우 쉬운 설득력의 논리라는 사실을 서 교수님의 글을 보면서 깨닫는다.

대한민국의 모든 그리스도인이 이 책을 숙독했으면 좋겠다. 별 내용이 아닌 외국 저자들의 신앙 서적은 인기 도서가 되지만, 우리 문화와 우리 신앙의 천성 속에서 금과옥조로 채워진 우리나라 저자들의 신앙 서적은 별 관심을 받지 못하는 우리나라 기독교계의 사대주의적 풍조를 보면서 나는 무척이나 아쉬워한다. 나는 서 교수님의 이 책이 역사 속의 그 어느 유명한 분의 책과 견주어도 더 신실하고 영적이고 도전적인 내용을 담고 있다고 판단한다. 부디 서 교수님의 이 책이 한국 교회에 신선한 충격을 줄 수 있기를 소망하고 또한 그렇게 되리라고 믿는다.

양현표 총신대학교 신학대학원 실천신학 교수

살아있는 모든 생명은 세월의 흐름에 따라 점차 성장해가는 것이 원칙이다. 출생해서 장성한 분량에까지 이르게 되는 것이다. 성도들이 소유한 신앙도 살아있어서 시간이 지나면서 점점 자라가야 한다. 그것은 종교적인 습성에 젖어들거나 그에 익숙해져 가는 것을 의미하지 않는다. 그리고 주관적인 종교 감정이 더욱 왕성해져 가는 것과도 다르다.

참된 기독교 신앙은 인간의 일반적인 이성과 주관적인 감정에 의해 좌우되지 않는다. 사회적인 집단성에 휘둘리지도 않는다. 엄밀한 의미에서 볼 때 참된 신앙은 객관적 성격을 지닌다고 할 수 있다. 믿음은 인간 스스로 확보해 소유하는 것이 아니라 하나님으로부터 허락된 전적인 선물이다. 그것은 성도의 삶 가운데 살아있는 보배로운 씨앗과 같다. 그 믿음의 씨앗이 점차 자라가야 하는 것이다.

물론 그 모든 것은 하나님으로부터 계시된 말씀에 기초해야만 한다. 성경에 기초하지 않는 사회적 환경에 연결된 종교 이성이나 경험은 도리어 위험할 수 있다. 따라서 성경의 교훈에 따라 그것을 해석하는 가운데 참된 신앙을 세워가게 된다. 성장해가는 성도들은 그와 더불어 세상 가운데서 하나님 나라에 속한 백성으로 살아가게 되는 것이다.

이번에 서창원 교수의 『믿배따닮』이 크리스천르네상스에서 출판되었다. 우선 보기에 책의 제목이 매우 특이하다. 거기에는 매우 중요한 내용을 담고 있다. 그 말의 의미는 '예수 그리스도를 〈믿〉고', '성경을 통해 〈배〉우고'. '하나님의 진리를 〈따〉르고, 참 성도다운 모습을 〈닮〉아야 한다는 의미를 지니고 있다. 하나님을 진정으로 경외하는 진정한 성도라면 마땅히 그리 해야 한다.

이 책은 성도의 참된 신앙성장을 위해서는 객관성과 더불어 일관성이 있어야 한다는 점을 밝히고 있다. 입술로는 신앙을 언급하고 열성정으로 종교활동을 하면서도 성경과 교리에 대한 진정한 고백이 없는 자들과 자기의 신앙을 객관적 확인없이 교회생활을 하는 이들이 있다면 이 책을 통해

소중한 교훈을 받게 되기 바란다. 헛된 신앙을 가지고 마치 참된 신앙인인양 착각하는 현대 기독교인들이 이 책을 통해 자신을 돌아보고 참된 신앙인으로 자라가기를 바란다.

이광호 실로암교회 은퇴목사

저자는 예수를 믿고, 배우고, 따라가고, 닮아감에 대한 가이드 북을 썼다. 제목도 트렌디하게 『믿배따닮』이라고 붙여 놀라웠다. 하지만 내용은 성경적이고, 장로교적인 예수 믿음의 도리를 풍성하게 서술해 주고 있다. 서문에서 저자의 신앙 입문기로부터 시작해서 신학 수업, 목회와 교수 생활, 그리고 은퇴 후의 여정들의 소개를 통해 예수님을 믿고, 배우고, 따라가며, 닮아감에의 생을 건 분투노력을 먼저 보여준다. 그리고 이어지는 본문에서는 네 주제로 나누어 성경적인 기초, 신앙고백적인 틀과 청교도 개혁신학의 자료들로 버무려진 『믿배따닮』의 길이 무엇인지를 잘 서술해 주었다. 성경적으로 정통적이면서도, 신앙적으로는 청교도의 경건함이 배어져 있는 신앙 안내서다. 본서의 내용을 보면서 찬송가 377장의 가사가 떠오른다. "예수 따라가며 복음 순종하면 우리 행할 길 환하겠네. 주를 의지하며 순종하는 자를 주가 늘 함께하시리라. 의지하고 순종하는 길은 예수 안에 즐겁고 복된 길이로다." 이렇게 즐겁고 복된 길인 바 예수님을 잘 믿고, 잘 배우고, 잘 닮아가기를 간절히 소망하는 모든 그리스도인의 손에

본서가 들려져 읽혀지기를 소망한다.

이상웅 총신대학교 신학대학원 조직신학 교수

서창원 교수의 『믿배따닮』은 읽기 쉬우면서도 복음의 진수를 잘 정리하고 있어 배울 것이 쏠쏠하다. 저자는 이 책에서 본인 삶의 여정을 반추한다. 진솔하고 흥미롭다. 허공에 뜬 말이 아니라, 삶 가운데서 하나님으로부터 받은 복음을 진솔하게 드러낸다. 그렇기에 성경에 기록된 복음을 쉽게 이해할 수 있게 썼다. 이 책을 읽고 있으면 알던 것이 정리정돈 된다는 느낌이 든다. 내용은 처음부터 끝까지 개혁신앙에 뿌리를 내리고 있다. 물론 본인의 주장을 펼치면서 수많은 근거구절을 증거로 나열한다. 필요하면 직접 인용도 주저하지 않는다. 책을 읽다 보면, 저자의 복음에 대한 열정이 그냥 느낄 수 진다. 이 책의 장점이다. 특히 저자가 주일 저녁 예배를 상세하게 강조하는 것은 오늘 교회가 새겨들을 것이다. 각 주제의 끝에는 "학습 내용 되씹기"가 붙어 있다. 이것을 보면 읽은 내용을 다시 요점 정리하듯 확인할 수 있다. 개혁신앙을 좋아하는 모든 분들에게 이 책을 권하고 싶다.

임경근 다우리교회 담임목사

예수를 믿고 배우고 따르고 닮다는 신앙의 본질을 탐구하고 그리스도인의 삶을 구체적으로 안내하는 탁월한 책이다. 이 책은 단순히 신앙을 이론적으로 이해하는 데 그치지 않고, 믿음에서 시작하여 예수님을 배우고 따르며 닮아가는 실천적 여정을 제시한다.

저자의 깊은 신앙 경험과 삶의 이야기를 바탕으로, 이 책은 믿음의 본질을 명확히 제시하며, 우리가 예수를 배우고 따르는 여정 속에서 어떻게 성숙한 신앙을 가질 수 있는지 구체적으로 안내한다. 또한 개인적인 체험과 성경적 통찰을 바탕으로, 예수님과의 관계가 단순한 신앙의 한 요소가 아닌 삶의 중심이 되어야 함을 강조한다. 신앙의 길을 믿음, 배움, 따름, 닮음이라는 네 가지 단계로 정리하여, 초신자뿐 아니라 오랜 신앙생활을 한 사람들에게도 새로운 도전과 영적 유익을 제공한다. 이를 통해 독자들은 자신의 신앙 정체성을 확립하고, 진정한 그리스도인으로 성장하는 데 필요한 통찰을 얻게 된다.

특히, 이 책은 교회 공동체의 중요성을 강조하며, 개인적인 신앙이 공동체 안에서 어떻게 성장할 수 있는지를 체계적으로 다룬다. 또한, 신앙을 이론에 머물게 하지 않고 실제적인 삶으로 연결시키는 데 중점을 둔 점이 인상적이다. 예수님을 따르고 닮아가는 삶이 추상적인 개념이 아닌, 일상의 모든 부분에서 구현될 수 있음을 보여준다.

이 책은 신앙의 본질을 고민하는 모든 사람에게 강력히 추천할 만한 책이다. 목회자, 신학생, 그리고 일반 성도들이 모두 읽고 큰 유익을 얻을 수 있는 이 책은, 그리스도 안에서의 새로운 삶에 대한 강력한 초청이자 실제적인 안내서다. 독자들이 예수님과 더욱 깊은 관계를 맺고 그분을 닮아가는 여정에서 귀한 동반자가 되리라 확신한다. 이 책을 통해 더 깊은 믿음과 실천의 여정을 시작할 수 있기를 소망한다.

정성우 예수하나교회 담임목사

모름지기 그리스도인은 믿음의 내용과 대상을 아는 것에 그쳐서는 안 되고 자신이 믿고 따르는 그리스도를 닮아가야 한다. 이는 하나님이 죄인을 부르신 목적과도 부합한다. 문제는 그리스도인들이 믿고 따를만한 신앙의 모델을 찾기란 쉽지 않다는 것이다. 특히 초신자의 경우 성경에서 예수를 어떻게 믿고 배우며, 따르고 닮아가야 할지에 대한 구체적인 지침을 찾아내는 일은 어려운 일이다. 칼뱅의 『기독교강요』, 헤르만 바빙크의 『기독교 신앙안내서』는 이런 필요 때문에 만들어졌다. 아쉬운 점은 과거 개혁신학자들이 쓴 책들은 내용적인 면에서는 유익하지만 읽어내기가 쉽지 않으며, 현대에 쓰여진 책들은 읽기는 쉽지만 내용이 빈약하다는 것이다.

　이 책은 이런 아쉬움과 결점을 보완한 책이다. 저자는 한평생 한국교회 안에서 자란 신앙인이요 목회자이며, 강단에서 신학을 가르친 보편교회 교사로서, 객관적인 하나님의 말씀과 개인적인 신앙생활에서 얻은 경험을 토대로 '믿음에서 시작하여 그리스도를 닮아가는' 신앙 여정을 담백하면서도 수려한 필치로 그려내었다. 본서는 천성을 향해 나아가는 신자라면 반드시 알아야 할 주제들을 심도 있게 다룬다는 점에서 신앙생활 매뉴얼로 사용할 수 있고, 한평생 연구한 개혁신학과 실전목회 경험을 통해 얻은 지침을 제시하였다는 점에서 성경공부 교재로도 활용할 수 있다. 특히 문체가 자연스러워 글을 읽어나가다 보면 저자의 설교와 가르침을 귀로 듣는 것 같은 착각에 빠지게 된다. 본서는 신학과 실천, 어느 한편으로도 치우치지 않으면서 예수를 믿고 따르는 제자도를 명쾌하게 제시하고 있다는 점에서도 유익하다. 이제 막 신앙생활을 시작한 초신자들은 물론 오랫동안 신앙생활을 해 온 신자들까지, 다양한 부류의 신자들을 만족시킬 만한 '신앙생활 안내서'라는 점에서 모든 그리스도인에게 일독을 권한다.

최덕수 현산교회 담임목사

믿배따닮, 아주 특이한 이름을 가진 책이다. 저자는 자신이 지금까지 걸어온 신앙의 여정을 믿음과 배움과 따름과 닮음, 이 네 가지로 요약하고 있다. 이는 천국의 시민이 이 땅에서 어떠한 과정을 거쳐 하늘까지 가는지에 대한 순례자의 로드맵과 같다. 믿음이 없이는 이 거룩한 여정은 시작되지 않는다. 이 믿음은 순례자를 만물과 역사라는 교실에서 예수님을 배우는 학생으로 이끈다. 아는 것과 사는 것이 일치해야 하는 순례자는 단순한 공부 기술자가 아니라 배운 것을 행한다. 행위에 멈추지도 않는다. 행위의 번듯한 겉모양에 만족하지 않고 속사람이 날로 새로워져 하나님의 아들 예수의 형상을 내면에 온전해질 때까지 새긴다. 4가지의 여정 중 어느 하나도 빠뜨릴 수 없다. 이 책은 이러한 순례자의 사중적인 여정에 최고의 안내서가 아닐까 싶다. 이 책의 진미 중의 하나는 단문을 사용하여 주제를 깊은 곳으로 툭툭 치고 들어가는 청교도의 글쓰기 맛이다. 성경과 교리와 역사와 실천이 어우러진 내용도 알차다. 순례자의 길을 걷는 모든 분들에게 일독을 권한다.

한병수 전주대학교 선교신학대학원 원장

『믿배따닮』이라는 책을 저술한 서창원 교수는 주님의 소명에 따라 지금까지 살아온 체득되고 학습된 신앙과 신학적 방향을 성경의 토대 위에서 적용에서 실천으로 이끌어주는 '믿고, 배우고, 따르고, 닮게'하는 주제로 전개하고 있다. 저자는 이 저술의 주제에 따라 전 내용을 네 장으로 분류하여 신앙과 학습의 과정을 일관성 있게 제시한다. 저자는 제1장에서 '왜 예수를 믿어야 하며, 믿으면 어떻게 되고, 어떻게 살아야 하는가?'라는 신앙의 본질적 질문과 함께 신학적 답변을 제시했다. 제2장 '예수를 배움'에서 배움은 지성을 기르고, 성장을 촉진하게 하며, 성삼위 하나님을 더 깊이 알아가는 과정에서 인간 중심의 헛된 사상과 신앙을 버리게 만들며, 예수 따름의 삶을 지속할 수 있다는 방향을 제시했다. 저자는 3장 '예수를 따름'이란 주제 안에서 예수님의 교훈과 설교에서 영적으로 체험할 수 있는 여섯 가지 진취적 행동을 제안한다. 마지막 장 '예수를 닮음'에서 저자는 성경이 가르치는 토대 위에서 성취해야 할 삶의 실천을 방안을 제안한다. 그 내용이 사랑, 온유와 겸손, 순종, 용서, 섬김이다.

  저자가 독자들에게 흔들림 없는 신앙의 정체성을 확립하기 위해 제시한 내용을 학습하기 전에 이 세상에서 마주치는 영적 전투의 대상이 무엇인가를 돌아보게 한다. 그리스도인을 에워싸고 있는 것들, 세상, 육체, 마귀, 시험(temptation)이란 현실적 문제들을 예수님처럼 어떻게 이겨야 하는가를 기록된 성경에서 해답을 얻게 한다. 특별히 서창원 교수께서 각 장 끝에 저술의 내용을 되씹으면서 독자들이 학습하도록 질문과 답변을 유도한 것이 이 책을 더 빛나게 한다. 저자의 확고한 신앙과 신학, 삶의 철학이 어우러져 빚어낸 이 내용을 읽고 배우려고 하는 자들에게 이 책은 더할 나위 없는 큰 선물이 될 것이다. 독자 자신뿐만 아니라 주변의 신앙 동지들에게 이 책을 선물한다면, 기도하는 것 이상의 감동과 변화를 선물하게 될 것이다. 이 글을 추천하는 자로서 서창원 교수가 숙고하여 집필한 업적에 큰 박수를 보내며, 많은 독자가 읽고 주님의 진리 안에서 신앙을 확고히 뿌리내리기를 기대하며, 기쁨으로 추천한다.

황봉환 前 대신대학교 신학대학원 원장, 부총장

머리말

믿음 배움
따름 닮음

내가 처음 회심하며 예수를 구주로 믿었을 때가 고등학교 1학년 때였다. 물론 초등학교 시절에도 드문드문 교회를 다녔었다. 학용품이나 먹을 것을 공짜로 습득할 유일한 기회였기 때문이다. 그 당시 교회 출석에 대한 기억은 신발을 다 벗어서 신발장에 놓고 마룻바닥에 앉아 예배하는데, 선생님이 기도하시면 눈을 살짝 떠서 뒤에 있는 신발장에 내 신발이 그대로 놓여있는지를 확인하는 것이었다. 당시 전도사님인지 목사님인지 잘 기억도 나지 않지만, 설교는 전혀 남아 있는 것이 없다. 다만 열심히 노래를 따라 부르던 기억은 어렴풋이 남아 있다. 그러다가 초등학교를 졸업할 무렵 부친께서 잘못 보증을 선 것 때문에 가세가 기울어 부랴부랴 서울로 대 이동을 하게 되었다. 왕십리 똥파리라고 불렸던 지역에 자리 잡은 우리 집은 다닥다닥 붙은 골목 판잣집 방 한 칸에 연탄불로 방을 덥히거나 음식을 마련해야 했던 아궁이가 딸린 집이었다. 다다미방에서 여덟 식구가 옹기종기 살아야 했다. 밤에 잠잘 때가 문제였는데 책상 위로 다리를 올리거나 책상 밑에서 자든지 해야 했었다. 중학교를 입학한 후에 같은 반 친구의 권유로 다시 교회를 찾은 것이 왕십리교회(당시 서재신 목사)였다. 그곳에서 성경을 배우며 말씀을 들으며 예수를 믿게 된 기적은 나를 향한 하나님의 특별한 은총과 섭리였다.

처음엔 예쁜 여학생들 많다고 해서 따라갔지만(이쁜 여학생들이 있었음에도), 말 한마디도 못 한 숙맥이었었다. 그러던 내가 성경을 펴서 읽고 복음 메시지를 들으며 지낸 어느 날 꿈에 비몽사몽간에 로마서 6:23이 새겨진 말씀의 빛이 햇빛보다 더 밝게 내 심령을 비추는 신비로운 경험을 하게 되었다. 그때 죄의 삯이 사망이어서 허물과 죄로 죽은 나를 살리신 것은 우리 주 예수 그리스도 안에 있는 하나님의 선물 곧 영생임을 확신하게 되었다. 그 이후로 성경을 읽고 배우는 것이 전혀 새로운 색다른 일이었고 잘 익은 포도알 따먹듯이 말씀 하나하나가 심령에 깊이 박히는 복락을 누렸다. 집안의 강력한 반대에도 불구하고 새벽기도를 비롯하여 주일 예배 및 삼일기도회까지 빠짐없이 출석하며 다닌 고등학교 3년의 생활은 참으로 복되었다. 학교에서는 목사가 뭔지도 모르는 나를 '꼬마 목사'로 불렀고 그렇게 좋아했던 유행가 부르기를 끊고 오직 주님을 찬양하기로 다짐하며 혼자서 코워르붱갠과 콘코네 교본을 가지고 노래 부르기 연습을 누구보다 열심히 하며 교회 생활을 즐겼다. 그 시간에 배운 소 요리문답과 요즘은 상상도 할 수 없는 매월 있었던 월말 성경 고사와 매 학 기말성경 고사, 학년말 성경 고사 시험이 있던 주일 학교 학생 시절은 참으로 소중한 믿음의 기초를 닦는 시간이었다. 매일 하루 10장씩 성경을 읽고 늘 기도와 찬송으로 학창 시절을 보냈지만, 그것이 학교 성적을 월등하게 한 것은 아니었다. 그래도 누구보다 성경을 많이 알고 오늘날로 말하면 기독교 변증 가로서 학교에서 왜 예수를 믿어야 하는지 주위 학생들에게 혹은 주변 사람들에게 말로 꼼짝 못하게 만들었던 경험이 많았다.

한편, 예수님을 알지 못하기에 교회에 푹 빠져 열심히 다니는 나를 못마땅해하며 가혹하게 핍박하던 부모님이었다. 그분들을 위해 하루에 일곱 번씩 기도하던 나를 불쌍히 여겨 주신 주님의 은혜로 그토록 강하게 막으셨던 어머님과 아버님(부친을 위해서는 그 후로도 4년을 더 기도했음) 그리고 모든 식구가 고등학교를 졸업할 무렵에 다 주님 앞으로 돌아오는 엄청난 변화를 맛보았다. 1976년 1월 첫 주일, 몰래 교회로 나서던 나에게 '나도 너 따라 교회에 가면 안 되겠니?'라고 하시던 어머니의 음성, 그때의 감격은 지금도 생각할 때마다 눈물이 절로 나는 엄청난 일이었다. 가난 때문에 사관학교에 가서

늙으신 부모님 부양하고자 했던 나의 진로를 가로막으시고 하나님의 군대를 이끄는 일군이 되라고 신학교로 인도하신 하나님의 섭리하심이 오늘의 나를 있게 한 시발점이었다. 진짜 실력도 없고 변변찮은 재주 하나 없는 가난한 나를 주님은 주의 일군으로 부르시고 그 뒤로 영국 유학생 시절까지 포함하여 목사 안수를 받기까지 무려 16년이라는 긴 세월을 보냈다. 능력이 없는 사람이었기에 그만큼 준비가 더 필요했었다고 생각한다. 당시 총신대학교에서 가르치신 선생님들 그리고 그분들 밑에서 수업하던 지금의 쟁쟁한 실력파 교수들에 비하면 학창 시절에도 그분들 발가락의 때만큼도 안 되는 존재였던 나를 목사가 되게 하시고 모교에서 후학을 가르치는 교수 생활까지 하게 된 것은 주님의 은혜 말고는 설명이 안 되는 일이다. 나를 목사가 되라고 부르셨을 때 가장 강력한 장애는 믿지 않는 부모님이었고, 그리고 지적 능력으로는 가장 미련하고 지혜가 없는 존재요, 경제적 삶으로는 극빈자에 가까웠다.

그때 주님이 주신 말씀이 고린도전서 1:26 이하의 말씀이었다. "형제들아, 너희를 부르심을 보라 육체를 따라 지혜 있는 자가 많지 아니하며 능한 자가 많지 아니하며 문벌 좋은 자가 많지 아니하도다. 그러나 하나님께서 세상의 미련한 것들을 택하사 지혜 있는 자들을 부끄럽게 하려 하시고 세상의 약한 것들을 택하사 강한 것들을 부끄럽게 하려 하시며 하나님께서 세상의 천한 것들과 멸시받는 것들과 없는 것들을 택하사 있는 것들을 폐하려 하시나니 이는 아무 육체라도 하나님 앞에서 자랑하지 못하게 하려 하심이라 너희는 하나님께로부터 나서 그리스도 예수 안에 있고 예수는 하나님께로서 나와서 우리에게 지혜와 의로움과 거룩함과 구속함이 되셨으니 기록된바 자랑하는 자는 주 안에서 자랑하라 함과 같게 하려 함이니라"(고전 1:26-31). 건강한 신체 외엔 내세울 것 하나 없는 자였지만, 주님 안에서 일평생 주님만을 자랑하라는 주님의 음성으로 알고 신학교에 문을 두드린 것이 1976년이었다. 실력이 부족하니 본과가 아니고 예과에 입학하였다.

이처럼 세상에서 뛰어남이라고는 하나도 없는 그런 내가 유학까지 다녀오고, 교회를 목양하는 목사가 되고, 더욱이 1991년도부터 총신대학교 신학대학원에서 시간강사로 겸임교수로 그리고 전임교수로 신학생들을 지도하는 일을 하게 하셨다(나는 학생들에게 종종 신학교 교수 중 내가 가장 실력이 부족한 사람이라고 했었다). 더욱이 한국개혁주의 설교연구원을 설립하여 (1992) 지금까지 목회자들을 훈련하는 일까지 하도록 역사해 주시고 여러 권의 역서와 저서까지 출판하게 하신 하나님의 일하심을 돌아보면 한량없는 은혜에 대한 감사 외에 다른 할 말이 없다. 교회와 학교를 은퇴한 이후에도 해외 선교지에 있는 신학교들을 섬기는 일을 하고 있으니 얼마나 감사한 일인지 모른다. 유학 시절에도 그러했는데 지금도 들어오는 수입은 적으나 지출은 항상 많게 하시는 하나님이 위대하신 분이시다. 우리 부부에게 주신 삼 남매를 잘 키우도록 특별한 지혜를 가지고 힘을 다한 아내와 더불어 현재 9명의 손주가 자라감을 보는 낙을 누리게 하신 것도 은혜요 감사이다.

전도사 시절부터 목회 은퇴와 신학 교수로 정년 퇴임하기까지 45년 사역과 2022년부터 GMS소속 교수 명예 선교사로서의 현재의 삶에 이르기까지 내 신앙의 여정 속에서 늘 고민하던 것 중 하나가 예수를 믿음이 무엇을 의미하는가? 이다. 이것을 사람들에게 어떻게 쉽게 설명할 수 있을까? 신앙은 일시적인 학창 시절이나 단지 난관을 벗어나기 위하여 필요한 방편이라거나 한시적인 위로와 소망을 얻는 기회가 아니라 호흡과 같이 평생 이어지는 길이기에 과연 예수 믿음이란 무엇이며 그것이 추구하고 나아가게 하는 길이 어떤 것인지를 정립하는 것은 매우 중요하다. 따라서 마음 판에 새겨진 교훈으로서의 신앙의 길을 성도들에게 어떻게 쉽게 가르치며 믿음의 확신 속에 뿌리를 깊이 내리게 할 것인지 글로 표현해서 남기고 싶은 욕구가 있었다. 그래서 작년에 쓴 『신학은 삶이다』라는 책에 이어서(크리스천르네상스) 『쇠하는 교회, 흥하는 교회』라는 교회 세움과 관련된 지침서(개혁된 실천사)에다 올해는 **"믿음, 배움, 따름, 닮음"**이라는 주제를 글로 쓰고

자 펜을 들었다. 본 책이 의도하는 것은 예수를 믿음이 단순히 교회에 다니는 것에 머무는 것이 아니며, 그렇다고 관념적인 지적 시인으로 끝나는 것이 아닌 생명의 지속적인 역사임을, 그 역사는 배움, 따름 및 닮아감의 여정이 필연적임을 말하고 싶었다. 따라서 본 책은 예수를 믿음에서 시작하여 예수를 배워가는 과정과 예수를 따라감의 여정 그리고 예수를 본받고 닮아가는 영적 순례자의 실천적 가르침을 다룬다.

특히 목사의 설교나 가르침이 참된 도리여야 하고 그 도리는 말과 행실로 이어지는 것이라야 한다는 전제하에서 신앙의 길을 생각한다. 사도 바울처럼 나를 본받으라고 당당하게 말하기 부끄러운 사람이 이런 글을 쓴다는 것이 오만하다는 지적을 충분히 인정한다. 그러면서도 본 책은 설교하기 전에 먼저 자신에게 해야 하듯 독자들에게 내놓기 전에 내 믿음의 여정을 꾸짖기도 하고 다듬질하기도 하며 올바로 세워가고자 하는 노력의 일환임을 밝힌다. 본 책을 읽는 독자들이 예수 믿음의 길이 어떤지를 반추하며 참 그리스도인으로서 누리는 영적 유익을 만끽하게 되기를 소망한다. 주 독자는 주로 목회자들이겠지만 양들을 목양하는 사람으로서 본 책이 성도 한 사람, 한 사람에게 그리스도인의 자기 정체성을 확립하게 하여 하나님 앞과 사람들 앞에서 옳다 인정을 받으며 귀중히 여김을 받는 길로 나아가게 하는 지침서로 활용할 수 있게 되기를 열망한다. 신앙의 길은 믿음의 주요 우리의 믿음을 온전케 하시는 이이신 주님께서 하사하신 선물을 받은 자가 가는 길이지만, 곁에서 서로 돕고 이끄는 섬김을 통해서 그리스도의 하나 된 신앙공동체가 나아갈 성숙함에 이르는 길이기도 하다. 따라서 본 책이 미약하나마 그런 순례자의 길에 활력소가 되어주고 추수할 날에 얼음냉수와 같이 독자의 마음을 시원케 하는 충성스러운 덕목이 넘치기를 기도한다. 그런 목적 달성을 위하여 예수 믿음이 무엇인지, 예수 배움과 예수 따름이 무엇을 의미하는지, 예수를 닮음은 어떤 것인지를 함께 묵상하며 가르침을 받은 대로 믿음에 굳게 서서 감사함이 넘쳐나는 행복한 길을 다 함께 힘차게 달릴 수 있기를 소망한다. 본 책을 출판사에 넘기기 전 아내에게 그리고 몇몇 지인에게 줘서 조언을 구하였었다. 크게 격려해 준 아내와 조언해 준 지인들(신동식 목사, 정강헌 목사, 김재오 목사, 김영복 목사, 백요한 목사, 김주은 전도사)께 감사의 마음을 전한다. 그러나 본 책에서 어떤 문제점이 발견된다면 그것은 전적으로 필자의 책임임을 밝힌다.

2025년 1월 창동 서재에서
하나님의 한 작은 종, 서창원

목차

추천사   05
머리말   24

1장 예수를 믿음

1 왜 예수?   38
2 믿음의 근거   43
3 예수님과 함께하는 삶   52
4 하나님을 경배하는 삶   55
5 성도를 섬기는 삶   73
〈학습 내용 되씹기〉   85

2장 예수를 배움

1 새로운 피조물의 길   92
2 배움의 길   102
    (1) 직접적인 배움의 길   109
    (2) 간접적인 배움의 길   113
3 배움의 내용   120
    [하나님을 아는 지식]   126
    (1) 하나님은 누구인가?   126
    (2) 전능하신 하나님   130
    (3) 아버지와 아들   138
    (4) 성육신하신 그리스도   143
       ① 희생제사   147
       ② 화해   148
       ③ 구속   150
    (5) 다른 보혜사 진리의 영, 성령   153
    [인간을 아는 지식]   161
    (1) 신자가 진화론을 믿을 수 있는가?   166
    (2) 인간이란 어떤 존재인가?   173
〈학습 내용 되씹기〉   194

3장 예수를 따름

1 예수를 따른다는 것은?	198
2 좁은 문으로 들어간다	204
3 무엇보다 네 마음을 지키라	213
4 성령 충만함을 받으라	220
5 자기 십자가를 지라	233
6 하나님의 전신 갑주를 취하라	239
〈학습 내용 되씹기〉	289
〈특별 묵상〉	
1 성도가 치르는 전쟁들 – 세상과의 전쟁	291
2 성도가 치르는 전쟁들 – 육체와의 전쟁	307
3 성도가 치르는 전쟁들 – 마귀와의 전쟁	323
4 예수 그리스도께서 받으신 시험	353
5 참소자 사탄	370

4장 예수를 닮음

1 전심으로 사랑하라	389
2 온유와 겸손을 닮아라	405
3 죽기까지 순종하라	419
4 용서하라	424
5 섬김의 도	428
6 위엣것을 찾으라	431
〈학습 내용 되씹기〉	438

1장
예수를 믿음

Believing Jesus

1장
예수를 믿음[1]
Believing Jesus

그러므로 너희가 그리스도 예수를 주로 받았으니
그 안에서 행하되 그 안에 뿌리를 박으며
세움을 입어 교훈을 받은대로 감사함을 넘치게 하라
(골 2:6-7)

'예수 믿으세요!' '예수 믿고 구원받으셔요!' 이 말을 듣는 사람은 무슨 생각이 들까? 그냥 광신자들의 외침으로 치부하고 지나치고 말까? 아니면 게 중에 그 말에 꽂혀서 고민하게 만들고 생각하게 되어 결국은 믿음의 사람들이 모인 신앙공동체인 교회에까지 나오게 될까? 한 사람의 그리스도인으로서, 그리고 전도자로서 당연히 후자를 기대한다. 그러니 실상은 기대와는 달리 무시당하거나 조롱당하거나 이상한 눈초리의 따가운 시선을 한 몸에 받거나 욕을 먹는 일이 훨씬 많다. 그런데도 전도자들은 왜 예수 믿으라고 외칠까? 예수를 믿지 않으면 왜 지옥 불에 떨어진다고 협박성으로 들릴만한 말을 할까? 단순히 교회에서 주는 전도 상을 받기 위함일까? 전도하는 자들이 '예수를 믿음은 이런 거야'라고 말해 줄 수 있는 것이 무엇일까?

　과연 예수를 믿는다는 것이 무엇이며 구원을 받는다는 것은 무엇을 뜻할까? 이런 질문에 대답하고자 한 일은 이미 초대교회에서부터 존재했다. 교부들의 글이 대부분 예수가 누구인지, 그를 믿는다는 것이 무엇을 의미하는지, 그를 믿는 자의 가는 길이 어떠해야 하는지를 잘 담아내고 있다. 특히 사도신경이나 신앙고백서 및 교리 문답서들이 예수를 믿음이 무엇을

1　본 책과 관련하여 초신자들이나 기존 신자들이 자신의 정체성을 확립하도록 큰 도움을 줄 2015년에 킹덤북스에서 출판한 필자의 **『당신은 참 그리스도인가?』**를 함께 읽으면 큰 도움을 받을 것이다. 특히 신자 됨의 증거와 성령의 인도하심을 받는 부분은 예수를 믿음과 배움, 따름과 닮음에 실천적 도움을 얻게 될 것이다.

의미하는지 그 내용을 조직적으로 잘 묘사하고 있다. 과거의 교회가 했듯이 현재의 교회들도 어떤 교단에 속해 있든지 전통적으로 교회가 받아 신봉해 온 신앙고백서들과 문답서들을 재차 정립하여 성도들에게 각인시키는 일이 절실하다. 그것이 세상이 감당하지 못하는 흔들리지 않는 믿음의 진가를 드러내고 오직 믿음으로 주님을 기쁘시게 하는 교회의 일군으로 그리고 세상에서 빛과 소금으로 우뚝 서게 할 열매를 기대할 토대가 된다.

1 왜 예수?

예수를 믿음이 무엇을 의미하는지를 살피기 전에 왜 예수여야 하지? 이를 먼저 생각해 보자. 믿음의 대상은 사회적 통념이나 관습이 만들어 낸 것이 아니며, 진보나 보수의 이념을 신봉하는 주관적인 것과는 전혀 다른 것이다. 내가 예수를 믿는다는 것은 그 예수가 내 믿음의 대상임을 고백하는 것이다. 이념에 대한 사상적 전환을 추구하듯이 신앙생활은 언제든지 더 좋은 것에로의 진보나 갈아탐을 뜻하는 변화가 가능한 것이 아니다. 예수에 대한 불변의 믿음을 고백하는 것이다.

필자가 예수라는 이름을 처음 들은 것은 물론 교회에서

였다. 어린 시절 예배당에 가서 성탄절에 구주 오심을 축하하는 자리에서 들은 이름이었지만 그 이름이 지닌 기본적인 뜻조차도 알지 못하였다. 그때 유일한 관심은 교회에서 주는 선물 보따리였다. 대단한 것은 아니었지만, 시골에서 과자부스러기 하나라도 구하기 힘든 시절이었고 새 학용품 매입도 쉽지 않던 시절에 교회에서 나눠주는 과자봉지나 학용품은 교회당으로 발걸음을 향하게 하기에는 충분히 매력적이었다. 그러나 '예수'라는 말이 가진 진정한 의미를 생각하게 된 것은 구원의 은총을 얻게 될 무렵이었다. 신적 존재에 대한 궁금증이 있던 중학생 시절에 불경과 성경을 읽으면서 성경에서 만난 하나님이 진짜 신이라는 생각을 하게 되었고 그 길로 교회당에 정기적으로 출석하면서 선포되는 복음의 말씀으로 예수의 존재에 대한 깊은 생각이 결국 구원의 자리로 나아가게 한 것이었다. 왜 예수? 라는 질문에 대한 답을 그때 얻었다. 그 외에는 죄에서 인간을 건져줄 다른 구원자가 없음을 알았기 때문이다.

'예수'라는 이름은 구약성경의 '여호수아'라는 이름과 같은 구원자라는 뜻임을 신자는 다 알 것이다. **"아들을 낳으리니 이름을 예수라 하라 이는 저가 자기 백성을 저희 죄에서 구원할 자임이니라"**(마 1:21). 구원자라는 말은 인간이 죄인이라는 전제하에서 사용이 가능한 말이다. 물론 물에 빠진 이를 건져주는 것, 화재나 교통사고나 재난의 위험에 빠진 자를 구출하는 것도 다 구원에 포함하지만, 소방대원을 혹은 경찰관을, 혹은 살신성인의 길을 보인 용감한 시민을 누구나 구원자로 숭배하지는 않는다. 그런 일을 하는 분들이 대단히 훌륭한 분임은 분명하여도 재난에 빠진 세상 모든 사람을 구원하는 구원자로 활동할 수 있는 것이 아니다. 특정인을 구조했다고 해서 다른 편에서 같은 상황에 놓인 자를 구조할 수 있는 자는 아무도 없다. 그러므로 예수를 믿는다는 것은 죄인이라면 누구나 다 그를 믿음으로 구원함을 받는 유일한 보편적 구원자라는 측면에서 출발한다. 그것도 구원을 선포하는 내용으로 가득한 성경의 가르침에서 예수가 누구인지, 그가 하신 일이 무엇인지, 왜 우리가 그를 믿어야 하는지 부정할 수 없는 근거들을 살피는 것이다.

현실 세계를 살면서 느끼는 거지만 인간을 죄로부터 구원해 줄 자는 세상 그 어디에도 존재하지 않는다. 성경은 오직 예수만이 우리를 죄에서 구원하실 분임을 분명히 선언한다. 그가 세상에 오심은 인간의 생태적 본성으로 말미암은 것이 아니다. 남자와 여자의 결합으로 잉태된 분이 아니라 지극히 높으신 이의 임하심이 마리아의 몸에 아기 예수가 잉태되어 때가 되매 어미의 젖을 먹고 자라는 아이로 세상에 오신 분이다. 어느 이상한 자의 논리처럼 혼외 불륜으로 잉태된 아이가 아니었다. 정결한 처녀의 몸을 빌려서 이 세상에 오신 하나님의 아들이었다. 이를 믿는다고 고백함이 참믿음이다. '아니, 이걸 믿으라고 하는 거야? 해괴망측한 일을 그럴듯하게 잘도 꾸며대지만 그걸 나보고 믿으라고?' 예수를 전혀 모르는 자들에게서 나오는 자연적인 반응이다. 황당하다는 표정이 역력하다. 그러면서 스스로 던지는 질문들은 어리석은 궤변에 가깝다. 예수님의 가족사진이 있다면 믿겠다느니, 마리아의 산부인과 진료 기록이 있으면 믿겠다느니 하며 말도 안 되는 소리를 늘어놓는다. 활동사진조차도 없던 시절, 산부인과 병원 시설이 존재하지도 않았던 시절이다.

종교란 사람들이 만들어 낸 허구에 불과하다며 그럴듯한 논리로 꽤 잘난 척도 하지만 믿음은 과학적 사실에 근거한 것이 아니다.[2] 과학적 사실을 제시해도 믿지 않을 사람은 믿지 않을 것이며 과학적 사실이 없어도 믿을 사람은 믿게 된다. 초대교회 신자들 전부가 과학적 사실을 근거로 예수를 믿은 자는 한 사람도 없었다. 보지 못했어도 믿었고 말할 수 없는 기쁨을 소유했다. 사실 믿음은 모든 사람의 것이 아니다(살후 3:2). 이런 주장을 지나친 편견이요 독선이라고 비난할 소재로 삼을지도 모르지만, 사실이다. 그렇게 예수를 믿으라고 전해도 안 믿는 자들이 다수이다. 안 믿는 자들 편에서는

---

2 유발 하라리, 『21세기를 위한 21가지 제언』, 전병근 옮김, 감영사, 2018년. 이 책이 대표적인 유형이다.

기독교인이 인간이 만든 허구에 불과한 신화를 믿는 바보라고 비웃을 것이다. 거꾸로 예수를 믿는 자들이 이룬 학문적 성과나 산업 발전과 과학의 발전을 이룬 것들에 대해서는 어떻게 생각하는지도 궁금하다.

신자는 믿지 않는 자들보다 두뇌가 부족하다거나 정신적 및 신체적 구조가 덜된 부류의 인간이 아니다. 반대로 너무 많이 배워 그 많은 학문이 정신을 돌게 만들어 미친 자가 된 것도 아니다. 신앙인은 믿음의 대상에 대한 너무나도 분명하고 부정할 수 없는 사실이기에 인간이 가장 두려워하는 죽음조차도 그들의 입을 막을 수 없었다. 영어의 'I believe in God'은 본래 문자적으로 'I am believing into God'이다. 즉 전치사로만 쓰이는 into는 원칙적으로 장소나 방향을 나타내는 in과는 달리 오로지 방향만을 나타내는 전치사이다. 따라서 하나님을 믿는다는 것은 좌로나 우로 치우치는 일도 없고 손에 쟁기를 잡고 뒤를 돌아봄이 없이 오로지 하나님을 향하여 전진하는 것이다. 하나님이 인생의 유일한 푯대이다. 따라서 믿는다는 것은 한시적인 종교 생활이나 취미생활이 아니라 평생 이어가는 삶이요, 하나님 안에서 완전한 안식을 누리기까지 멈춤이 없는 여정이다.

2 믿음의 근거

흥미로운 것은 믿음은 인간이 가진 덕목이지만 기독교 신앙은 인간 스스로에게서 나온 것이 아니라 믿음의 대상이신 하나님께서 인간에게 주신 선물이라는 점이다. 모든 인간이 다 가지고 있다면 선물이라고 말하기가 어렵다. 내가 누군가에게 선물을 줄 때 모든 사람에게 그 선물을 준다면 받는 사람 편에서 특별한 의미를 지닌 선물이 될 수 없다. 선물은 그 사람만을 위한 특별한 것이어야 가치가 있다. 하나님의 선물은 하나님의 주권적 의지와 그의 선하신 뜻에 따라서 선택된 사람에게 주어진 것이다. 따라서 예수를 믿는다는 것은 인간의 의지적 결단으로 된 것 같아도 하나님께서 주신 선물로 말미암은 것이다. 예수님도 이렇게 말씀하셨다: "나를 보내신 아버지께서 이끌지 아니하시면 아무도 내게 올 수 없으니…"(요 6:44).

유대인들은 자신들이 모두 육체적, 자연적 출생으로 인해 하나님에 의해 선택되었다고 생각했다. 그러나 예수님께서 말씀하신 것은 믿음의 계승이 혈통으로나 육정으로나 사람의 뜻으로 자연스럽게 이루어지는 것이 아니라 그들이 하나님께 나아갈 수 있기 전에 하나님께서 그들을 이끌어 주셔야만 나올 수 있음을 분명히 하신 것이다. 예수를 믿음은 하나님에게서 난 것이다(요 1:14). 하나님 아버지께 반응하는 사람은 누구나 아들에게도 반응할 것이다. 이 이끄심이 없이는 누구도 구주의 필요성을 느낄 수 없기 때문이다. 그런 차원에서 믿는다(believe)는 것은 받는다(receive)는 것을 말하며 받는다는 것은 영접함(embrace)을 의미한다(요 1:12, 골 2:6).

우리는 종종 하나님과의 관계에서 우리가 "이끌고" 있는 것처럼 느끼기를 좋아할 것이다. 그러나 사실은 그분이 부르시면 우리가 나오는 것이다. 구원에 있어서 하나님의 주도권에 대한 이러한 이해는 하나님께서 사람들을 이끌고 계시며, 아버지께서 이끄시는 사람들이 하나님의 아들 예수께로 나아오는 것을 기대할 수 있기에 신앙인은 복음 전도에 나서는 것이다. 반발과 조롱과 핍박하는 이들이 대다수라고 하더라도 그 다수가 복음 전도를 막을 수 없다. 왜냐하면 전도자 자신도 하나님께 이끌림을 받는 자요, 전도자에 의해 이끌림을 받는 자들이 있기 때문이다. 인간의 모든 지혜와 능력과 강압적인 수단을 동원해도 아버지께서 이끄심을 저지하거나 금하거나 막을 수 있는 것은 하나도 없다. 반드시 열매가 있기에 전도한다. 사실 이 일이 전도자의 일인 것 같아도 이는 하나님의 일이다. 예수님은 요한복음 6:29에서 **"하나님의 보내신 자를 믿는 것이 하나님의 일이니라."** 라고 하셨다. 따라서 예수 그리스도를 믿는다는 것은 그리스도에게 나온다는 것이요, 그리스도에게 나온다는 것은 아버지께서 그리스도에게 이끄신다는 것이며, 그리스도에게 이끄심을 받는다는 것은 창세 전부터 택정 함을 받은 자이기에 영생을 주시기로 작정 된 그들이 그리스도를 영접하여 하나님의 자녀가 되는 자리로 나오는 것이다.

그러나 택하심이나 이끄심은 우리 눈에 보이지 않는 일이다. 그래서 인간 편에서 예수에게 나옴 그 자체가 예수를 믿는 것과 같은 것으로 이해할 수 있다. 물론 나옴 그 자체가 예수 믿음 전부는 아니다. 이제 걸음마를 옮기는 단계에 진입한 것뿐이다. 그러나 그에게 나옴은 그가 우리의 구세주요 우리의 왕이심을 믿는다는 외적 행위이며, 주님에게 나아옴은 그것이 곧 아버지 하나님에게 나아가는 참 길임을 인정하는 것이다. 어린아이조차도 주님에게 오는 것을 금하지 말라고 하시며 천국은 이런 아이들의 것으로 언급하신 것도 주님이 천국 가는 유일한 길임을 선포하신 증거이다. 주님 자신이 길이요 진리요 생명이기 때문이다. 이 진리를 들음으로 믿음이 생긴다(롬 10:17).

따라서 전도를 비난하거나 조롱하는 편에서는 이해하기 쉽지 않을 것이나 전도는 시간이 걸릴 뿐 반드시 열매가 있을 수밖에 없다. 하나님의 일에는 실수나 후회하심이 없기 때문이다. 때를 얻든지 못 얻든지 예수를 믿으라고 외치는 이유이다. 하나님은 그런 외침을 통해서 믿음을 가지게 하고 믿음으로 예수에게 나오게 하시며 하나님의 자녀가 되는 권세를 얻게 하신다. 예수님께서 사용하신 '이끄신다'라는 의미의 헬라어는 구약의 예레미야 31:3의 "**내가 무궁한 사랑으로 너를 사랑하는 고로 인자함으로 너를 인도하였다.**"고 하시는 말씀에 사용된 단어와 같은 의미이다. 이 '이끌림'은 불가항력적(거부할 수 없는) 은혜가 아니다. 이는 은혜 교리의 위대한 지지자인 어거스틴 자신도 고백한 것이다. 만약 사람이 끌린다면, 그는 자신의 의지에 어긋나는 강압적인 것이라고 이야기할지 모른다. 그러나 생각해 보라. 그가 원하지 않는데 끌려왔다면 믿지 아니할 것이고, 믿지 아니하는데 온 것이라면 사실 온 것이 아니다.

우리의 선택적 의지의 발로에 의해 친히 두 발로 그리스도께 달려가는 것이 아니라 오직 하나님께서 이끄시며 들려주시는 그 실체를 믿음으로 받아 달려간다. 강압적 힘에 굴복하는 몸의 움직임이 아니라 자발적 마음의 자유의지로 나아간다. 그런 의미에서 주님께 나옴은 우리의 의지에 반하여 끌려간다고 생각할 필요가 없다. 자발적 끌림은 사랑으로 말미암는다. 그렇게 하나님의 무궁한 사랑으로 자기 백성을 이끄시는 것이다. 이에 감동된 내 의지적 순응이 믿음이다. 이를 성령의 내적 감화에 의한 설득으로 말할 수 있을 것이다.

따라서 여기서 이끌림은 '끌어당김'에 의한 것이 아니라 성령의 내적 감동에 의한 끌림, 혹은 매료됨 혹은 설득됨으로 이해하는 말이다. 그런 의미에서 크리소스톰이 말한 것처럼 '하나님께 나아옴은 우리의 역할을 제거하는 이끌림이 아니라 도리어 하나님께 나아가도록 필요한 도움을' 강조하는 것이다. 이는 선택 문제를 생각해 보아도 충분히 이해된다. 하나님이 선물을 주시고자 택한 자들을 하나님이 이끄시는 것이다. 내가 하나님을 선택한 것이 아니라 하나님이 나를 선택하신 것이다. 이를 어떻게 아는가? 영생을 주시기로 작정 된 자들이 다 예수를 구주로 영접하는 것이기 때문이다(행 13:48). 그 증거로 복음의 부름을 통해서, 그 부름을 들음으로써 그 복음에 매료된 자들이 마음으로 믿어 입으로 시인하고 고백하는 자발적인 순종으로 주님에게 나아오는 것이다. 이 이끄심이나 끌어당김은 눈에 보이지 않는 성령 하나님의 역사이다. 즉 믿음은 봄으로 말미암지 않고 들음으로 말미암는 것이다(롬 10:17, 고후 4:18).[3] 이렇게 '믿는다'는 것은 '영접하다'(recieving), '받아드린다'(embracing)는 말과 같다.

    신앙의 기본은 믿음이다. 믿음이 없다면 신앙인이라고 말할 수 없다. 기독 신자는 예수 그리스도를 주와 하나님으로 영접하고 모시는 자이다. 예수 그리스도가 자기 백성을 저희

---

3 "그러므로 믿음은 들음에서 나며 들음은 그리스도의 말씀으로 말미암았느니라.", "우리의 돌아보는 것은 보이는 것이 아니요 보이지 않는 것이니 보이는 것은 잠간이요 보이지 않는 것은 영원함이라!"

죄에서 구원하시는 유일한 구세주이시며, 만물이 다 그에 의해서 지음을 받았고, 그로 말미암았고, 그를 위하여 존재하며, 곧 그가 참 하나님이시오 구세주로 받아서 모시는 자이다. 예수 그리스도는 영원부터 존재하시는 참 하나님과 동등하신 분이시며, 때가 되어 죄인을 구원하시고자 인간의 몸을 입고 이 땅에 오신 구원자이심을 전적으로 믿는 것이다. 그가 인간의 모든 죄 짐을 지시고 하나님 진노의 잔을 들이키셨다. 그가 죄의 삯인 사망의 권세에 굴복하시어 죄인이 받을 형벌을 친히 담당하시고 죽으셨다가 사흘 만에 다시 살아나신 분임을 믿는 것이다. 그가 죄와 사망의 모든 권세를 이기시고 승리하시어 그를 믿는 자는 누구든지 멸망하지 않고 영생을 얻어 하나님 앞에서 거룩하고 흠이 없고 책망할 것이 없는 자로 세움을 입는 의로운 자가 되게 하신 구주 임을 인정하는 것이다. 그가 다시 오셔서 죽은 자와 산 자를 심판하실 분임을 마음으로 믿고 입으로 고백하는 것이 예수를 믿음이 말하는 전부이다.

이 믿음은 한 가지 전제가 없으면 성립이 안 된다. 그 전제는 인간은 절대적으로 구원이 필요한 죄인이라는 사실이다. 예수님이 이 땅에 오신 이유가 의인을 부르러 함이 아니라 죄인을 불러 죄와 사망의 권세로부터 구원을 받게 하려 하심이었다. 환자라야 의사가 필요하듯이 죄인이기에 구세주가 필요한 것이다. 구세주 없이 죄 문제를 어디서 어떻게 인간이 해결할 수 있겠는가? 따라서 그리스도인이냐 아니냐의 진위를 판가름하는 것은 단지 등록 교인으로서 교회에 다니느냐 아니냐가 아니다. 매번 집회에 빠짐없이 잘 나오고 헌금 생활을 잘하는 것으로 단정할 수 있는 것도 아니다. 그렇다고 기독교인의 가정에서 태어나 기본적인 신앙교육을 받고 자라느냐 아니냐도 아니다. 신앙은 가족의 일원이 됨으로써 입증되는 것이 아니다.

　기독교 신앙은 주 예수 그리스도와 개별적 만남을 시작으로 형성된다. 주는 그리스도시오, 살아계신 하나님의 아들임을 믿는다는 시인(是認)과 선언으로 출발한다. 영적 탄생은 예수 그리스도를 믿는다는 신앙고백으로부터 시작한다. 즉 영접하는 자 곧 그 이름을 믿는 자가 신자요 하나님의 자녀이다. 그런 자에게 하나님의 자녀가 되는 권세가 주어지는 것이다. 이것은 단순히 국가의 수반이나 유력인사에 대한 의전 행사에 동원되어 영접하고 환영하는 자리에 있는 것을 말하는 것이 아니다. 영접 위원은 환영해야 할 고관과 관계가 없어도 의전행사에 참여할 수 있다. 그러나 신앙인의 역할은 전능자 하나님을 예배하는 규례에 동원된 의전 행사에 참여함이 아니다. 영접한다는 것은 믿는다는 것이요, 믿는다는 것은 나의 존재 전부를 그 분에게 전적으로 위임하는 것이다.

　마치 아이가 태어나면 자신의 생명과 자람과 활동 전체

가 전적으로 엄마의 손길에 달린 것과 같이 내가 예수를 믿는다는 것은 내 인생의 미래를 포함한 전부가 다 주 예수 그리스도의 손에 달려있음을 인정하는 것이다. 그래서 그분과의 만찬을 함께하고 내 인생에 직면한 모든 과제를 그분과 함께 논의하고 내 생명까지 그분에게 위탁하며 그분의 인도하심과 섭리하심에 전적으로 의존하는 삶이다. 그분을 향하여 그분을 위하여 그분과 함께 가는 것이다. 전에는 그분을 볼 수도 없었고 계심에 대해서도 알지도 못하였으나 이제는 상천 하지에 그와 같은 신이 없음을 알게 되었다. 믿게 된 것이다. 더 이상 잡히지도 않는 신기루 잡으려고 쫓아다니는 것이 아니고 오직 성경에 계시 된 참 하나님만을 참 신으로 인정하며 경배하는 것이요 동시에 이제는 살아도 주를 위하여 살고 죽어도 주를 위하여 죽기를 마다하지 않는 주님의 사람으로 사는 것이다(롬 14:8).

이렇게 그분을 주(퀴리오스)로 믿는다는 것은 가장 신뢰할 만한 분으로, 믿고 따를만한 분이라고 확언하는 것이다. 그래서 나의 소유권이 전적으로 그에게 있기에 그가 쓰시고자 하는 모든 뜻대로 나 자신을 온전히 주님께 맡기는 것이다. 이것이 주님을 믿는다고 고백하는 실체이다. 이 맡김은 내 재산 전부를 은행 금고에 넣어두고 보관하는 것과 같은 것이 아니다. 맡김 속에서 가장 중요한 것은 나와 주 예수 그리스도와의 인격적 만남과 교제의 지속성이다. 한 번의 만남으로 끝나는 인간관계가 수두룩하지만, 평생을 함께하는 남편과 아내와 같은 동반자관계를 가지는 것이 예수를 믿음이다. 하나님이 짝 지워준 것을 사람이 나눌 수 없듯이 우리 주 예수 그리스도로 맺어진 교제의 생명은 환난이나 곤고나 핍박이나 위험이나 칼이나 기근이나 적신이나 그 어떤 것도 결코 끊거나 분리할 수 없는 것이다.

3 예수님과 함께하는 삶

예수를 믿는 우리의 믿음은 단순히 추상적인 것이 아닌 실제적인 것이다. 그게 어떤 그림으로 나타나질까? 주님과 뗄 수 없는 관계가 형성된 것이기에 일생을 그와 함께하는 삶으로 그를 향한 내 믿음이 허구가 아니라 실제임을 나타내는 그림이다. 앞에서 지적했듯이 영접 위원으로서 최고의 VIP를 영접하는 의전행사에 동원된 기계적 역할에 머물러 있는 한시적 삶으로 만족하는 것이 아니다. 특정 정당에 가입한 당원처럼 교회에 등록된 소속감 자체로 흐뭇해하거나 든든해함에 머물러 있는 것도 아니다. 하늘에 있는 생명책이 아닌 지상의 교회 명부에 내 이름이 있는 신분증으로 족하게 여기는 것으로 만족하는 것도 아니다.

히브리서 수신자들처럼 수년 동안 교회에 다녔어도 아직도 누군가에게 배워야 할 초보 수준에(5:12과 6:1) 머물러 있어도 전혀 부끄러움을 느끼지 않는가? 아니다. 이유야 어떠하든 지극히 정상적인 사람은 자기 영역에서 성장하는 길을 찾는다. 믿음은 자람이 수반되기 때문이다. 그렇지 않으면 영적 진보가 없는 미숙아일 뿐이다. 정상적인 사람은 자란다. 육체적 성숙만이 아니라 영적으로 정신적으로 성장하게 되어 있다. 그 성장은 숙련된 전문가로 자라간다. 물론 기능적 역할에 대한 숙련도도 있어야 하지만 영적 세계에 대한 익숙함이 수반되지 않은 성숙은 불가능한 것이다. 히브리서에서 언급하고 있는 어린아이와 어른의 차이는 나중에 더 상세하게 살펴볼 것이지만 여기서 한 가지 지적하자면 자기중심적인 사람과 그렇지 않음의 차이이다. 예수를 구주로 영접하기 이전의 삶은 자기만족과 유익이 우선이었다.

그러나 예수를 믿으면서도 그런 기질을 안고 산다. 영적 어린아이 자리에 머문 자들이 특히 그렇다. 그게 안 되면 울음과 짜증과 다툼을 일으키며 심지어 갈라섬도 주저함이 없다. 오늘날 교회가 안고 있는 심각한 현상 중 하나가 이 부분이다. 교회 안에 영적 미숙아들이 너무 많다. 세월은 흘러서 덩치는 성인과 다름이 없는데 말과 행실과 믿음과 사랑과 정절 측면에서 전혀 어른스럽지 못한 것이다. 이것은 어느 특정인만의 문제가 아니라 교회 리더들에게서도 나타난다. 마치 소경이 소경을 인도하는 현상이다. 혼란과 다툼의 소용돌이에서 벗어나기가 쉽지 않은 일들이 연이어진다. 교회에서 문제가 생기면 갈등과 분쟁이 수년씩 지속되는 이유가 이를 반영한다.

그러나 예수 믿음의 성숙함은 종교 집단에 가입하여 그 집단의 다양한 가시적 업무에 도가 튼 사람이 되는 것으로 증명되지 않는다. 상당수 교인이 그런 모습을 즐거워하고 만족해하며 그 일로 인하여 간혹 상에서 떨어지는 부스러기로 흐뭇해한다. 교회 안에서 명예직 하나 꿰차면 대단히 성공한 것이다. 그런 분들에게 묻고 싶다. 우리 믿음의 대상이신 예수 그리스도와의 친밀함과 그분을 아는 지식은 어느 정도나 되는가? 겨우 이름 석자 정도 아는 사이인가? 아니면 간신히 문지방만 넘나드는 정도인가? 아니면 집 안 구석구석까지 샅샅이 살피며 심지어 아랫목까지 섭렵하는 정도인가? 예수 그리스도가 누군지 인기 연속극 풀어내듯 제대로 된 설명이 가능한가? 그가 나의 주이시며 나의 왕이심을 고백하는 그 지식이 내 삶 속에 어떤 영향을 미치고 있는가? 그의 다스림과 통치하심을 개인의 삶 속에서 얼마나 실감하며 사는가? 그분과의 지속적인 만남과 교제의 기쁨을 언제나 풍족히 누리고 있는가? 그런 사실을 주위 사람이 보고 인정하는가? 이런 게 잘되지 않고 있다면 그 이유가 무엇인가? 이는 알고 싶고 배우고 싶고 따르고 싶고 본받고 싶은 마음이 없기 때문이다. 이에 대하여 예수 배움의 장에서 낱낱이 살펴보게 될 것이다.

그러나 그 모든 일을 가능하게 하는 주 역할은 오로지 주님이 세우신 교회 안에서, 교회를 통해서, 교회로 말미암아 성립된다. 그런 의미에서 교회를 '신자들의 어머니'(Mater Fidelium)로 묘사한 칼빈의 주장처럼 예수 믿음은 곧 '교회 다님'과 깊이 연계되어 있음은 사실이다. 교회 다님을 통해서 양육과 돌봄이 성사되기 때문이다. 그러나 예수 믿음이 없는 교회 다님은 무의미한 일이다. 물론 교회 다님은 앞에서 지적한 것처럼 일시적인 혹은 충동적인 놀이가 아니다. 어쩌다 필요할 때 한 번씩 들리는 여가생활 일부가 아니다. 삶의 전부이며 영원한 것이다. 믿음은 성장하는 특성이 있기에 들음이 없이는 불가능하다. 들음은 곧 그리스도의 말씀으로 말미암는 것이기에 순수한 복음 진리가 선포되는 교회 공동체에 드나듦이 없이는 믿음의 성장을 꾀할 수 없다.

교회는 그리스도의 몸이요 성도는 그 몸에 붙어 있는 지체이다. 그러므로 예수를 믿음은 마음의 시인과 입으로의 고백에만 멈추지 않는다. 믿음이 있으면 우리 믿음의 주요 우리를 온전케 하시는 주님에 대한 경배와 섬김으로 이어진다. 하나님 창조의 목적과 인간 지음의 목적이 하나님 영광을 온 땅에 선포하는 것이라고 한다면 그 일이 가장 자연스럽게 이루어지는 방편은 예배행위이다. 믿는 자들의 모임인 교회 공동체의 주된 기능이 예배이다. 따라서 예수님과 함께하는 신앙생활은 위로 하나님 경배하는 일과 옆으로 성도 섬기는 일로 점철된다.

4 하나님을 경배하는 삶

경배는 하나님 창조 원리에서부터 나온 특권이요 의무이다. 에덴동산에 하나님께서 아담과 하와를 두시고 그 안에 있는 모든 실과는 다 먹되 선악을 알게 하는 나무의 열매는 먹지 말라고 하셨다. 이에 대한 여러 논란이 있지만 가장 확실한 것은 인간이 하나님을 떠나서는 존재할 수 없음을 분명히 한 것이다. 그 동산에서 하나님과 함께 거닐며 어떤 피조물도 누리지 못하는 최상의 특권을 인간이 가진 것은 인간과 하나님과의 특별한 관계에 있음을 보여준다. 만물도 인간과 마찬가지로 다 하나님에 의해서 지음을 받은 것이 분명하나 모든 만물이 다 인간처럼 하나님과 함께 걷고 뛰는 즐거움을 누리도록 허락된 것은 아니다. 물론 만물도 하나님의 영광을 드러낸다(시 19:1 이하).

그러나 하나님의 형상으로 지음을 받은 인간만이 인격적인 하나님을 경외하는 존재이다. 하나님을 경외하는 최고의 피조물로 자리매김이 확실한 그런 인간이 불행하게도 하나님처럼 되고 싶은 유혹에 빠져 에덴동산에서 쫓겨나는 비극을 초래했다. 그 결과 인간의 타락이 가져온 최악의 참상은 영원한 생명을 얻을 기회를 박탈당한 것만이 아니라 하나님과의 생명 교제 단절을 초래했다. 이 때문에 참신이 아닌 신들을 만들고 그들을 섬기는 우상숭배의 죄악에 휩싸이게 된 것이다. **"썩어지지 아니하는 하나님의 영광을 썩어질 사람과 금수와 버러지 형상의 우상으로 바꾸었다"**(롬 1:23). 하나님을 경외하는 참 예배자에서 거짓을 숭상하는 자로 추락해 버렸다.

사실 하나님이 에덴동산을 만드시고 그곳에 하나님의 형상을 따라 하나님의 모양대로 인간을 지으신 것은 그 인간이 하나님의 존엄을 인정하고 그 하나님께만 경배와 찬송을 올리기 위함이었다: **"이 백성은 내가 나를 위하여 지었나니 나의 찬송을 부르게 하려 함이니라"**(사 43:21). 이것은 43:7에서 하나님의 영광을 위하여 창조된 자임을 선언한 것과 똑같이 하나님이 인간을 지으신 목적을 분명히 한 것이다. 물론 창조주 하나님을 찬송하는 것은 하나님이 지은 만물이 다 할 일이다(시 148:7-10). 그러나 **"그 이름이 홀로 높으시며 그 영광이 천지에 뛰어나심을"** 가장 잘 노래하며 영광을 돌릴 수 있는 피조물은 인간이다(시 148:11-13). 그래서 시편 기자는 이렇게 끝맺고 있다: "저가 그 **백성의 뿔을 높이셨으니 저는 모든 성도 곧 저를 친근히 하는 이스라엘 자손의 찬양거리로다 할렐루야**"(14절).

사도 바울도 에베소서를 쓰면서 이를 더 확실히 명시하고 있다: "**찬송하리로다 하나님 곧 우리 주 예수 그리스도의 아버지께서 그리스도 안에서 하늘에 속한 모든 신령한 복을 우리에게 주시되 곧 창세 전에 그리스도 안에서 우리를 택하사 우리로 사랑 안에서 그 앞에 거룩하고 흠이 없게 하시려고 그 기쁘신 뜻대로 우리를 예정하사 예수 그리스도로 말미암아 자기의 아들들이 되게 하셨으니 이는 그가 사랑하시는 자 안에서 우리에게 거주 주시는 바 그의 은혜의 영광을 찬송하게 하려는 것이라**"(1:3-6). 14절에서도 구원의 복음을 듣고 약속의 성령으로 우리가 하나님의 자녀가 된 것을 확정받은 그리스도인의 의무가 그의 영광을 찬송하게 하려 함인 것을 분명히 하였다. 이렇게 찬송은 하나님 경배의 가장 중요한 핵심 요소이다. 허물과 죄로 죽은 우리를 그의 말할 수 없는 크신 사랑과 은혜로 값주고 사셔서 하나님을 아바 아버지라 부르는 놀라운 특권을 가진 성도가 되게 하셨다. 따라서 그런 은혜의 영광을 노래하는 일이야말로 믿음의 확실한 표징이라고 말할 수 있는 것이다. 경배 없는 신앙생활도 불가능하지만, 찬송이 빠진 경배는 온전한 예배가 될 수 없다.

그러나 불행하게도 오늘날 개신교회의 예배는 이상하리만큼 우상숭배와 교묘한 혼합이 성 삼위일체 하나님의 이름으로 도용되고 있다.[4] 하나님을 예배하는 자보다 하나님 예배를 보려고 오는 구경꾼을 양산하는 것이다. 그런 자들에게는 손에 있는 새 한 마리의 현실이 숲에 있는 새 열 마리보다 더 가치 있는 것으로 여길 것이다. 그러나 참 예배는 철저하게 들려지는 하나님의 말씀에 대한 복종과 들려지는 말씀 속에 보이는 하나님을 존중히 여기는 경외심으로 충만해야 한다. 그것만큼 하나님께서 하신 놀라운 구속의 은혜에 대한 믿음의 적극적인 행위는 없다. 하나님께서 왜 경배받으시기에 합당하신 존재인지, 인간이 왜 하나님만을 경배해야 하는지 하나님을 예배하는 행위야말로 하나님과의 관계가 어떠해야 하는지를 가장 잘 드러내는 예전이다.

그런 의미에서 예배는 수동적인 것이 아니라 능동적이고 자발적이며 적극적인 참여이다. 예배는 최고로 지존하신 창조주 하나님과의 만남이며 그 하나님이 자기 백성들과의 만남이요 교제이다. 그러므로 이를 회피한다는 것은 신앙생활을 불가능하게 한다. 이 하나님을 예배하러 하나님의 집에

---

[4] 앞에서 지적한 봄으로 믿음이 발생하는 양 들려주기보다 보여주기에 더 급급해 한다. 봄으로 믿음이 생기거나 격동된다는 자들에게는 눈에 보이는 세상이 보이지 않는 세상보다 더 좋은 것이다. 우상숭배가 이로 말미암는 것은 당연한 것이다.

올라가는 것은 지상에서 인간이 가지는 최고의 기쁨과 기대감을 충족시키는 가장 확실한 수단이다(시 122:1). 이를 가능하게 하는 것은 아버지 하나님께로 나아가는 유일한 길이요 진리요 생명이신 주 예수 그리스도를 믿는 믿음이다. 이렇게 예수님과 함께하는 삶은 하나님을 경배하는 행위를 낳는다.

사실 예배의 감격에 젖을 수 있는 것은 예배자의 합당한 자질에서 획득하는 것이 아니다. 물론 하나님 앞에 이미 성도는 거룩하고 흠 없고 책망할 것이 없는 자로 세움을 받은 자임은 분명하지만(골 1:22), 그 은총의 근거는 십자가에서 피 흘리심으로 원수였던 우리를 하나님과 화목하게 하신 주 예수 그리스도의 구속이다. 따라서 하나님이 받으시기에 합당한 거룩한 산 제물로 우리 자신을 하나님께 드릴 수 있는 신령한 제사는 자발적인 예배자의 의지적 결정으로 일어나는 것이지만 그 의지적 결정은 하나님께서 아들 예수 그리스도를 통하여 베푸신 무궁한 사랑으로 말미암은 것으로 믿음을 가진 자라면 지극히 당연하고 정상적인 반응이다.

그 사랑에 강권함을 받은 신앙인들의 자연스러운 반응은 그 하나님을 경배하되 온 마음과 뜻과 힘을 다하는 사랑의 고백이다. 철저한 자기 복종과 헌신이 수반되는 경외심이다. 그러한 참 예배는 감격에 젖을 수밖에 없다. 형식으로 치우치고 습관으로 버무려진 현대 교회의 예배가 흥밋거리 위주로 치닫는 상황은 누구도 하나님이 임재하시는 예배의 감격에 빠질 수 없게 만든다. 하나님께 집중하는 것이 되지 않는 예배행위는 하나님 대신 우상을 세워놓고 숭배하는 것과 다름이 없기 때문이다.

쏜버리(Thornbury)는 솔로몬 사후 이스라엘이 두 쪽으로 갈라진 후 가장 강력한 통치력을 행사하였던 여로보암이 북이스라엘로 금송아지를 숭배하게 한 것은 '참되신 하나님의 이름으로 도입된 미심쩍은 모든 종교의 원형이다'라며 오늘날 복음주의 교회들의 이탈된 예배형식에 대해서 예리하게 경고하고 있다: '그것은 종교적인 행위들이 단지 하나님의 이름으로 제정되었다는 이유만으로 하나님께서 필연적으로 받으셔야 하는 것이 아니라는 경고로 우리에게 다가온다. 예배라는 제도는 편리와 대중성을 추구하고, 거룩한 예수님의 이름으로 축복할 수 있지만 그런데도 사람들을 기만하는 것이 될 수 있다. 하나님께서 여로보암의 예배를 거부하신 것은 모든 세대의 경건한 사람들에게 하나님께서 성경에서 제정하신 예배를 지속하는 일을 추구하고 그것을 대신하는 다른 무엇으로 바꾸지 말라는 교훈이다.'[5]

그는 이어서 상당히 종교적인 열광의 모습을 보이는 현대 교회의 예배 광경을 염두에 두고 교회의 예배에 나타나고

---

[5] John R. Thornbury, "**여로보암 1세의 편리한 종교**", 한국 판 진리의 깃발, 188호, 2024, August, 62.

있는 영적 빈곤을 희화화하는 것이라고 진단한다. 그러면서 이런 질문을 던진다. '설교 메시지는 예수 그리스도의 복음에 신실하고 성경적인가? 아니면 우리를 둘러싼 쾌락주의적 문화에 의해 오염된 설교인가? 우리의 공예배는 신자들을 참되신 하나님을 예배하는 자리로 인도하는 것인가? 아니면 단지 미적으로 사람들을 즐겁게 만들기 위하여 희화화되는 것인가? 기독교는 오직 하나님의 말씀에 신실하게 붙어 있는 조건 아래에서만 문화적이거나 사회적인 양식에 자신을 적용할 수 있을 뿐이다.'[6]

물론 하나님을 경배하는 행위는 교회의 공적 예배에만 한정되는 것이 아니다. 공예배를 통해서 하나님이 부어주신 은총을 힘입어 가정에서 직장에서 사회생활에서 얼마든지 하나님을 향한 믿음의 반응을 보일 수 있다. 삶이 예배행위의 일환이다. 먹는 일이든지, 마시는 일이든지, 무엇을 하든지 다 하나님의 영광을 위한 것이다. 그것은 우리의 삶 자체가 예배의 연속임을 구현하는 것이다. 공동체로서의 적극적인 예배와 개별적인 예배행위를 포함한다. 그리고 삶의 모습은 그 헌신적 고백이 분리될 수 있는 것이 아니라 병행하는 것이요 삶에 전부 녹아드는 것이다. 야곱의 집보다 시온의 문을

---

6 상게서, 63.

더 사랑하시는 주님으로부터 믿음의 식구들이 받은 은총은 개개인의 집과 사업과 사회생활에 막강한 영향을 미치는 자리로 나아가는 것이다. 그것이 없다면 믿음은 삶의 전부가 아니라 필요에 따라 뗐다 붙였다가 하는 액세서리에 불과한 것이 된다. 성도 개개인의 사적 예배와 일상생활이 기록된 말씀에 부합하는 길은 하나님이 받으시는 예배자가 될 때 가능한 것이다. 그런 차원에서 공예배의 중요성을 누차 강조하지 않을 수 없다.[7]

신앙공동체로서의 공적 예배는 주님이 정해주신 날(주일)에 모이는 전체 교회의 회집이다. 이 일을 믿음의 식구들이 함께하도록 하셨다. 창조된 아담과 하와가 하나님을 기쁘시게 하려고 먼저 안식일을 건의한 것이 아니다. 그들을 지으신 하나님께서 먼저 규정하신 원리이다. 세상 일손을 멈추고 이 날을 성결케 구별하여 하나님을 경배하는 날로 정하시며 이 날을 "**나의 안식일**"이라고 선언하셨다. 이 안식일을 구별하여 잘 준수하고, 주님의 날로서 주님을 기뻐하는 자는 주님의 집에서 자녀보다 나은 기념물과 이름을 주며 영영한 이름을 주어 끊치지 않게 할 것이라고 주님은 약속하셨다(사 56:4-5). 더 나아가서 이방인들도 "**연합하여 섬기며 나 여호와의**

---

[7] 공예배의 중요성에 대하여 필자가 쓴 『**청교도 신학과 신앙**』(지평서원, 2013) 209쪽 이하를 참고하기를 바란다.

이름을 사랑하며 나의 종이 되며 안식일 지켜 더럽히지 아니하며 나의 언약을 굳게 지키는 자"라면 "내가 그를 나의 성산으로 인도하여 기도하는 내 집에서 그들을 기쁘게 할 것이며 그들의 번제와 희생은 나의 단에서 기꺼이 받게 되리니 이는 내 집은 만민의 기도하는 집이라 일컬음이 될 것임이라."라고까지 약속하셨다(사 56:6-7).

이 말씀이 강조하는 것은 무엇인가? 다른 6일에 대한 소유권은 인간에게 허락된 것이지만 제7일은 주님의 안식일이요, 주님의 날이기에 반드시 지켜야 할 날이라는 말이다. 그 날의 소유권은 진리 안에서 참 자유로움을 누리는 그리스도인에게 주어지지 않았다. 주님의 날이기에 믿음의 선조들이 부과한 주일 지키기에 대한 교훈은 지금, 이 시대에도 유효한 가르침이다. 예배하는 날만이 아니라 주님은 어떻게 예배할 것인지에 대한 것까지도 구체적으로 말씀하셨다. 이에 근거하여 개혁교회에는 예배의 **"규정적 원리"**를 강조하며[8] 그 원리에서 이탈하지 말 것을 촉구한 것이다.

그러나 오늘날 교회는 교인들의 입맛에 맞추려고 주님의 날까지도 성도에게 속한 것처럼 자유이용권을 남발하고 있

---

8 예배의 규정적 원리는 예배 모범과 달리 예배 순서가 다 성경에 근거한 것이라야 하며 인간의 상상이나 고안된 어떤 방식으로 구성해서는 안 된다는 것을 말한다.

고 예배방식도 예배자의 선호도에 발맞추는 미련한 일을 가장 정당한 것으로 둔갑시켰다. 예배의 목적은 최고의 가치를 표출하는 것이요 그 하나님께 향한 예배의 영광은 그분에게 가장 무게가 많이 나가는 추를 올려놓는 것이다. 그런 의미에서 청교도들은 주일 하루를 주님의 날로서 가장 잘 성수(聖守)할 수 있도록 나머지 육일을 최선을 다해 일했다. 그에 비해 우리는 육일을 가장 잘 일하기 위하여 주일을 가장 잘 쉬는 날로 간주한다. 사실 육일까지도 주인은 내가 아니라 날들을 창조하신 주님이다. 인간에게 육일을 위한 자유이용권을 주었어도 그 사용권 과오에 대한 책임까지 면제해 주는 것은 아니다. 그래서 자유이용권도 주님의 선하시고 기뻐하시고 온전하신 뜻이 무엇인지를 분별하여 사용하는 틀 안에서 활용함을 잊지 않아야 한다.

여기서 한 가지 짚고 갈 것이 있다. 그것은 주일성수는 한 번의 예배로 가능한가? 이다. 요즘 한국의 교회는 대다수가 저녁 예배가 사라지고 오후 예배나 혹은 주일에 한 번 예배하는 것이 대세로 굳어지고 있다. 80년대 유학 시절에 한인 교회가 그러했던 것이 매우 어색했었는데 지금은 한국 땅에서도 주일 한 번의 예배에 대해 누구도 이의를 제기하지 않는다. 오후 예배가 있다고 해도 오전 출석 교인의 1/3 수준도 안 모인다. 유학 시절 저녁 예배에 때로는 더 많이 모이는 현지 교회를 보면서 도전을 많이 받았었는데 아마 영국의 현지 교회들도 지금은 숫자가 현저하게 줄었을 것이다. 옛날에도 그렇지만 지금은 주일에 두 번 예배하던 관행이 사라지고 있기에 개혁교회 성도들도 드러내 놓고는 못해도 꼭 두 번 해야 하는가? 라는 심중의 의문점을 가지고 있다. 더욱이 코비드 19라는 초비상 상태를 경험하면서 머리와 가슴까지 같이 가는 현실을 낳았다. 정말 한 번의 예배가 주일성수에 지장 주는 일이 전혀 없는 것일까?

두 번의 전통적인 관행을 적극 지지하는 필자로서 우선 성경에는 두 번 해라, 세 번 해야 한다는 등의 문자 그대로의 명시된 말씀은 없다. 그러나 아침저녁으로 예배한다는 관행은 성경에 뿌리를 두고 있다고 믿는다. 그것은 시간을 '저녁이 되고 아침이 되니'라는 패턴으로 하루를 계산하신 창조 원리를 허락해 주신 하나님에게서 출발한 것이다. 그리고 민수기 28:1-10과 출애굽기 29:38-39 등을 보면 장막에서 조석으로 제사를 드릴 것을 하나님이 명령하셨다. 이것이 시편 기자가 안식일을 위한 시편으로 명확히 밝혀진 시편 92편에서 **"지존하신 이여, 주께 감사하고 주의 이름을 찬양하며 아침에 주의 인자하심을 전하고 밤에 주의 성실하심을 전함이 좋으니이다."**(시편 92편 1-2절 참조)라고 선언하는 이유일 것이다. 이러한 흐름이 신약 교회 성도들에게도 이어졌다고 보는 것을 거부할 이유가 없다. 사도행전 20장에 보면 사도 바울이 안식 후 첫날에 떡을 떼고자 함께 모인 무리에게 말씀을 강론할 때 밤중까지 계속한 것을 볼 수 있다. 너무 오래도록 밤새워 강론했기에 유두고라는 청년이 창에 걸터앉았다가 떨어지는 불상사도 있었으나 다시 사는 복락을 누린 경험은 어쩌면 초대교회가 누린 관행의 근거가 되었을 수 있다.

사실 저녁 예배를 가지는 것은 주일성수에 큰 도움을 주는 것만이 아니라 성도들의 신앙생활에 경건의 은총을 더욱 가미하는 은혜의 수단이다. 마이클 브라운 목사는 「저녁 예배 보존하기」라는 글에서 이렇게 말했다. '아침과 저녁 예배를 모두 가지는 것의 큰 실질적 이점 중 하나는 가족들이 주님의 날을 거룩하게 하는 데 도움이 되는 훌륭한 구조를 제공한다는 것이다. 두 번의 예배는 안식일의 책받침과 같아서 그리스도인이 아침에 몇 시간만 거룩하게 하는 것이 아니라 명령받은 대로 그날을 거룩하게 지킬 수 있게 해준다(우리 문화에서 인기 있는 것과는 달리, 그것은 여전히 주님의 날이지 '주님의 아침'이 아니다). 그의 날을 지키는 것은 그것을 거룩하게 구별하고 그 구성원들에게 영원한 안식일로 가는 순례자임을 상기시키는 하나님의 언약 공동체의 표시이기 때문에, 저녁 예배는 주님의 날에 아름다운 리듬을 제공한다. 수 세기 동안 수많은 그리스도인이 아침과 저녁 예배 사이의 간격이 음식, 교제, 경건한 독서, 가족 기도, 자비의 행위 또는 결코 가장 중요하지 않은 낮잠을 자기에 완벽한 시간임을 알게 되었다. 일주일의 모든 광기에서 해방된 그리스도인들은 예배와 휴식의 날을 즐길 수 있다. 성약 공동체와 함께 모여 말씀, 교제, 성찬, 기도(사도행전 2:42 참조)로 거룩한 날을 마무리하는 것보다 더 좋은 방법이 있을까?'[9] 여러분은 어떻게 생각하는가? 믿음 생활을 예배 생활이라고 해도 틀리지 않는다면 주일에 예배하는 두 번의 관행은 의무적으로 지켜야 하지 않을까? 더욱이 세속화의 물결이 그 어느 때보다 강렬한 지금 하나님께서 허락하신 은혜의 방편을 한 번이라도 더 사용할 수 있다면 영적 유익에 큰 이점이 있는 것은 당연하다.

하이델베르크 요리문답 65번은 '오직 믿음으로만 우리가 그리스도와 그의 모든 은덕에 참여할 수 있는데 이 믿음은 어디에서 오는가?'라는 질문에 '성령에게서 온다. 그는 거룩한 복음의 강설로 우리 마음속에서 믿음을 일으키며, 거룩한 성례전을 사용함으로써 그것을 확증하신다'라고 답한다. 물론 목사들의 설교가 문제이다. 앞에서 지적했듯이 그리스도의 복음에 충실한 성경적 설교, 은혜와 진리의 감동이 차고 넘치는 생명력 있는 설교를 듣기 어려운 곳에서는 예배 의식

---

[9] Michael Brown, "*Preservation of Evening Service*" in the Banner of Truth, October, 2007.

에 참여하는 종교행사에 불과한 것으로 전락한다. 필자는 부목사 시절에 저녁 예배 설교를 도맡았었다. 원래 4, 50여 명 나오던 성도들이 당시 한 시간을 넘게 설교하던 부목사의 설교를 듣고자 모여들었다. 그때 소요리문답을 강론했었는데 2년간의 부목을 마치고 담임으로 청빙 받아 갈 때는 무려 2백 명이 넘는 성도들이 참여했었다. 필자가 담임 목회할 때도 저녁 예배를 강조하여 최소한 오전에 출석하던 성도들의 2/3는 참석하였었다. 성도들은 이에 잘 협조하여 주었고 아이들도 열심히 참석하던 기억이 생생하다. 소그룹 모임보다 공적 모임이 얼마나 생생한 은총이 넘치는지를 성도들이 체험하게 하는 목사의 수고가 뒤따라야 할 것이다.

참된 신앙생활은 엄밀하게 말해서 두 번이 아니라 세 번이고 네 번이고 하는 것이 훨씬 유용하다고 말하겠지만 이것은 왜 주일이 일주일에 딱 하루만이냐는 질문에 주는 답변과 같다. 일주일이 다 주님의 날인데 매일 예배하는 것이 우리의 믿음을 견고하게 세워가는 양분이 됨은 분명할 것이다. 그런데 하나님은 일주일에 하루만 허락하셨다. 선교지 케냐에 가는 길에 카타르 수도인 도하에 들렸었다. 하필이면 그날이 금요일이었다. 중동지역에서는 이슬람의 특성상 주일에 예배하지 못하고 금요일을 주일처럼 지키고 있음을 그때 알았다. 이를 미리 알지 못한 필자는 그날 하루 관광하다가 갈 요량이었었다. 허나 모든 것이 다 멈춰버린 상황에서 그날 한인교회 예배에 참석했다. 그리고 토요일에 케냐에 도착하여 연이어 맞은 주일을 보내면서 내 생애에 처음으로 일주에 두 번의 주일을 경험한 것이었다. 그때 필자는 두 번의 주일 지킴에 대한 감사보다 일주일에 주일이 한 번 있는 것이 정말 은혜라는 생각이 더 강했다. 주일에 한 번 예배 할 거냐 두 번 할 거냐? 고민하지 말라. 아침저녁으로 두 번 예배하는 것이 주일을 거룩하게 지키는 것과 우리의 믿음을 더욱 증진 시키는 것에 참으로 유익하다는 것은 목회적 관점에서 더욱 절감한다. 우리는 예배에 대한 부르심에 주님께 대한 순종의 즐거운 행위로 응답해야 한다.

저녁 예배는 우리에게 역사적인 기독교 교회와의 연속성을 제공해 준다. 종종 기독교인들은 저녁 예배에 참석하는 관행에 주저하는데, 그것이 그들의 관습 일부가 아니기 때문이다. 그러나 그들이 이해해야 할 것은 그들이 주님의 날에 단 하나의 예배에 익숙하다면, 그들은 역사적인 기독교 교회의 관행에 익숙하지 않고 현대적 참신함에 익숙하다는 것이다. 우리가 교회의 역사를 살펴보면, 주님의 날에 아침과 저녁 예배가 일반적이었다. 4세기 초에 카이사랴의 교회 역사가 유세비우스는 그가 이해한 교회의 보편적 관행을 다음과 같이 설명했다: '온 세상의 하나님 교회에서 아침 해가 뜨고 저녁 시간에 찬송가와 찬양, 그리고 참으로 신성한 기쁨이 하나님께 바쳐진다는 것은 하나님의 권능에 대한 작은 표시가 결코 아니다. 하나님의 기쁨은 실제로 아침과 저녁 시간에 지상에 있는 모든 그의 교회에서 울려 퍼지는 찬송이다.'[10]

종교개혁 이후로 저녁 예배는 주로 개혁 교리를 설명하고 가르치는 일에 주력한 것이었는데 이에 대한 공격이 알미니안에 의해서 심하게 이뤄졌다. 그리하여 도르트 회의에 이 문제가 상정되어 긴 시간 토론을 거치면서 저녁 예배는 개혁 신앙이 계속 번성하고 기독교인이 이해력을 키울 수 있는 더 큰 기회를 갖기 위해 보호하고 소중히 여겨야 할 일로 결정하였다는 것이다. 수 세기 동안 이 관행은 개혁 예배의 주요 부분으로 계속되었으며, 네덜란드 개혁 교회, 영국 청교도, 스코틀랜드 장로교의 전통과 심지어 성공회와 초기 루터교에서도 실행된 것이었다. 따라서 저녁 예배를 완전히 없앤 개신교 교회는 역사적으로 그리스도 교회의 정상적인 관행에서 크게 벗어났다는 것을 이해해야 할 것이다.

그리스도의 양 떼를 먹이고 그들의 영혼을 돌보는 책임을 맡은 목사로서, 필자는 저녁 예배에도 성실하게 참석하시기를 권한다. 우리의 영혼이 잘 되는 것이다. 물론 어떤 분들에게는 저녁 예배에 참석하는 것은 형편상 난감해하는 자들

---

10 Eusebius of Caesarea, 'Historia Ecclesiastica', in **Nicene and Post-Nicene Fathers**, Second Series, Volume 1, trs. by Arthur Cushman McGiffert, Harvard University Press, 359.

도 있다. 신체적으로 불편하고 실질적으로 불가능한 상황에 놓인 자들도 있을 것이다. 그러나 대부분 저녁 예배에 참석하지 않는 것은 영적 유익보다 육적 권익을 앞세우기 때문일 것이다. 세상에서 그리스도인과 비기독교인의 분별을 주일성수에서 찾는다고 하는 것은 아주 틀린 생각이 아니다. 구약에서 이스라엘을 칭하는 외적 표시도 할례와 안식일이었듯이 주일은 기독교인의 축제일이다. 실천적 믿음의 역사는 주일성수가 활력이 된다.

더욱이 예배는 성도의 삶 모든 영역에 강력한 영향을 끼친다. 그래서 예배 없는 믿음 생활도 불가능하지만 믿음 없는 예배행위도 옳다고 인정을 받을 수 없다. 마음이 가득 실린 순종이 마음이 배제된 형식적 제사보다 낫기 때문이다. 이런 예배는 성도 누구에게도 무거운 짐으로 다가오지 않는다. 신남과 감격과 기대와 기쁨과 사랑이 솟는 샘과 같다. 예배자의 흥미와 감성에 초점을 맞추는 예배행위는 예배 연출자의 공연이 중요하기에 항상 버거운 짐이 된다. 연출의 성취감에 의한 일시적인 쾌감은 있어도 영적 성숙함으로 이어지지 않는다. 왜냐하면 예배 연출은 철저히 사람의 취향과 반응에 맞춰가기 때문이다. 이것이 반복될수록 짐으로 여겨지는 고단한 교회 생활이 될 뿐이다. 그런 자의 믿음 생활은 빛깔 좋은 개살구일 가능성이 크다. **"각각 은사를 받은 대로 하나님**

의 각양 은혜를 맡은 선한 청지기같이 서로 봉사하라 만일 누가 말하려면 하나님의 말씀을 하는 것같이 하고 누가 봉사하려면 하나님의 공급하시는 힘으로 하는 것같이 하라 이는 범사에 예수 그리스도로 말미암아 하나님이 영광을 받으시게 하려 함이니 그에게 영광과 권능이 세세에 무궁토록 있느니라 아멘!"(벧전 4:10-11).

현대 교회에서 자주 노출되는 예배 연출자들이 예배 연출과 관련한 특출난 은사를 하나님으로부터 받았는지 궁금하다. 구약의 제사장들이 예배 의식을 기획하고 연출했는지, 신약의 교회 지도자들이 하나님께 나아가는 방식을 스스로 고안하고 연출하며 예행연습을 한 적이 있었는가? 그런 것을 독자 여러분들이 발견하였다면 제게 바로 알려주시기를 부탁한다. 은사는 어떤 것이든 은혜로 받은 것이요 이는 그리스도의 몸을 바로 세움을 위한 것이지 재능연출용, 또는 과시용이 아니다. 하나님께서 은혜를 맡겨주신 것은 우리를 하나님의 자녀가 되는 엄청난 축복의 문을 활짝 열어주신 우리 주 예수 그리스도 안에서 범사에 하나님께 영광을 돌리시게 하려 함이다. 성경에는 연출자도 없지만 연출자들이 박수받아야 한다는 것도 전혀 없다. 심지어 '하나님께 영광의 박수'라는 불경스러운 것도 존재하지 않는다. 주님을 위한다며 탈진의 길을 가도록 유도하는 것은 마귀의 일이다. 주님을 섬기는 일은 몸이 축날 만큼 고단함의 연속이 아니다. 은혜로 즐겁게 감사함으로 수고의 땀을 흘리는 일이다. 그런 자들은 예수 그리스도의 이름을 위하여 받는 고난도 핍박도 시련을 겪음도 마땅한 것으로 여기며 기뻐한다(행 5:41).

5 성도를 섬기는 삶

또한 예수를 믿음은 경배만이 아니라 이웃을 내 몸처럼 사랑하고 섬기는 것으로 이어진다. 성도의 모든 삶은 하나님께 대한 섬김과 이웃에 대한 봉사이다. 빛과 소금으로서의 봉사, 하나님 자녀로서의 착한 행실, 가난하고 궁핍하고 환난을 겪고 슬픔과 고통을 겪고 있는 자들을 향한 사랑의 손길이 없다면 우리의 믿음과 예배가 위선임을 증명하는 것이다. 행함이 없는 믿음은 죽은 것이라는 말씀은 자명한 진리이다. 하나님께 드림이 되었다고 하면서 부모 공경을 면해보려는 시도, 보이는 형제를 사랑하지 않으면서 보이지 않는 하나님을 사랑한다고 하는 거짓된 행실은 중심을 보시는 하나님 앞에서 면죄부를 받을 기회가 전혀 없다. 섬김은 다른 이에게는 필요하지만 내게 불필요한 것을 버리는 심정으로 나눠주는 것이 아니라 내게 소중한 것을 함께 나누는 것이다.

받는 것보다 주는 것이 더 복된 것임을 알지만 섬김은 자기 유익을 위한 투자 목적이 아니다. 도움이 필요로 하는 이를 위하여 재물을 흐르는 강물에 흘려 버리는 것이다. 그러한 성도 섬김에는 주님이 눈감고 계시지 아니하시고 반드시 기억하고 그에 합당한 상을 베푸신다(히 6:10). 하늘에서 받을 상이 있는 것이다. 사람에게 인기를 끌고자 함도 아니요, 과시욕 충족을 위함도 아니다. 나에게 있는 전부가 다 주님에게서 온 것임을 알기에(모든 좋은 것들이 다 빛들의 아버지로부터 온 것이다) 기꺼이 주님의 영광을 위하여 그리고 주님의 교회와 주님의 백성을 위하여 드리는 것이다. 나눔과 구제는 믿음의 식구들에게 먼저 하는 것이지만 동시에 우리의 착한 행실로 인하여 이방인들도 하나님께 영광을 돌리는 길을 가게 하는 것이어야 한다.

섬김은 큰 자가 작은 자를, 강한 자가 연약한 자를, 있는 자가 없는 자를, 지혜로운 자가 무지한 자를, 볼품 있는 자가 볼품없는 자를 도와 하늘의 유업을 함께 누리게 하는 것이다. 작은 자가 큰 자를 섬기는 것은 이해관계에 얽힌 굴종일 가능성이 높다. 그러나 그리스도인의 섬김은 굴욕과 수치를 불러일으키는 것이 아니다. 우월감과 열등감을 낳는 것이 되어서도 안 된다. 섬김은 스승이 제자의 발을 씻기는 일이다. 연약한 자의 약점을 담당하는 것이다. 높은 자가 낮은 자를 사랑으로 돌보는 것이다. 상대방의 마음을 헤아리고 배려하며 용기와 자신감을 심어주는 것이다. 우리 자신의 지위 향상과 삶의 질을 높이기 위함이 아니라 다른 사람의 유익을 위한 걸음이다. 여기에는 군림도 횡포도 억압도 차별도 머물 자리가 없다. 오직 자기를 내어주는 사랑과 온유와 겸손만이 존재한다. 예수를 믿음은 섬김의 길, 낮은 자의 길을 자기 면류관으로 간주한다.

'섬기는 리더십'이라는 글을 쓴 프레이저(J. Cameron Fraser)는 '권력을 나누고, 다른 사람의 필요를 먼저 생각하고, 사람들이 발전해서 최고의 성과를 달성하도록 돕는' 것을 섬기는 리더십으로 정의했다.[11] 그런 의미에서 섬김을 받는 이의 만족도 향상에 목표치를 둔다고 말할 수 있다. 옛날 장사하는 분들이 하나같이 '손님은 왕이다'라는 문구를 애용하면서 고객 만족도 향상에 열을 올린 것과 무관하지 않다. 섬김은 **"그리스도의 충만한 축복을 가지고"** 가는 것이다(롬 15:29). 그것은 이웃을 기쁘게 하는 일이 될 것이요 선을 이루고 덕을 세우는 열매를 낳을 것이다(롬 15:2).

그런 의미에서 교회 지도자의 섬김은 하나님 만족도에 최우선 가치를 두고 동시에 교인 만족도(영적)에 힘을 기울여야 할 것이다. 물론, 모든 사람을 기쁘게 하거나 만족시키는 것

11　J. Cameron Fraser, *"the Servant Leadership"* 한국판 진리의 깃발, 통권 188호, 2024, 47.

은 불가능하다. 하나님도 그렇게 하지 않으신다. 같은 복음을 우리에게 주시지만, 어떤 이들은 만족을 느끼기는커녕 분노를 일으키고 적대감을 표출한다. 그리스도의 참 복음이 지나는 곳마다 똑같은 양상이었다. 그런 의미에서 목사도 모든 회중을 다 기쁘게 하려는 것은 욕심이다. 도리어 사람을 기쁘게 하려는 것은 그리스도의 종이 아니라는 바울의 고백을 음미해야 한다(갈 1:10). 그러기에 교회 지도자들이나 교인은 누구든지 섬김은 월권이 아닌 자기 본분에 충실한 것이라는 점을 기억해야 할 것이다. 남편으로서 아내에게, 아내로서 남편에게, 자녀로서 부모에게, 부모로서 자녀에게 마땅히 할 일을 하는 것이다. 학생으로서 공부에 충실한 것이 학교를 섬기는 일이요 교사들을 존중히 여기는 일이다. 직장인으로서 직장 생활에 충실한 것이 회사를 섬기는 일이요 그것이 곧 자신과 자신이 속한 가정을 섬기는 일로 이어진다. 남에게 짐이 되는 것이 아니라 디딤돌이 되어주는 일이다.

물론 때로는 칼로 무 자르듯 명확히 구분되지 않는 경우도 많다. 직장 생활을 충실히 하다 보면 가족을 소홀히 여길 수 있고 교회 일에 열심을 내다보니 직장 생활을 등한히 여길 수 있는 상황들이 벌어진다. 그럴 때 어느 것 하나는 포기하고 싶은 마음이 들 것이다. 그래서 지혜가 필요하다. 주님께 지혜를 구하는 기도가 요청된다. 가정과 직장과 교회 생활의 균형을 잡는 지혜가 모든 위로와 자비의 아버지에게서 나아옴을 경험하게 될 것이다. 자기 시간과 자기 재물과 자기 재능을 다른 사람의 유익을 위해 사용할 줄 아는 지혜로운 섬김은 그리스도인이라면 누구에게나 필요하다. 그 희생의 가치는 하나님 아들 예수 그리스도의 자기 비움으로 얻은 복락을 기대하게 만든다.

"하나님은 불의치 아니하사 너희 행위와 그의 이름을 위하여 나타낸 사랑으로 이미 성도를 섬긴 것과 이제도 섬기는 것을 잊어버리지 아니하시느니라 우리가 간절히 원하는 것은 너희 각 사람이 동일한 부지런을 나타내어 끝까지 소망의 풍성함에 이르러 게으르지 아니하고 믿음과 오래 참음으로 말미암아 약속들을 기업으로 받는 자들을 본받는 자 되게 하려는 것이니라."(히 6:10-12). 하나님 자신이 우리의 상급이기에 섬김은 그에 합당한 선물이 따르는 것이다. 그것이 부지런함으로 이어지고 이런 섬김은 추수하는 날에 얼음냉수와 같다. 더위를 한 방에 날리는 올림픽 선수들의 투지와 열정처럼 주님과 주님 백성들의 마음을 시원케 하는 결과를 낳는다. 이것이 온 성도들이 알아주는 섬김이 될 수 있으며 하나님과 사랑 앞에 존중히 여김을 받는 존귀한 자가 될 수 있다.

본 장을 마치기 전에 한 가지 주의할 것이 있다. 그것은 섬기는 자리에 있다고 해서 사람의 종이 되는 것이 아니라는 점이다. 섬김은 종으로서의 섬김을 말하는 것이 맞다. 그러나 하나님의 종으로서 하나님의 희생적 사랑으로 사람의 필요를 채우도록 힘쓰는 것이다. 사람을 사랑하되 원수까지도 사랑해야 하는 것이지만 사람의 종은 아니다. 사람을 기쁘게 하려는 것이 아니라 우리를 불러 하나님의 자녀로 삼아주신 주님의 일군으로 사람들을 섬기는 것이다. 여기에는 섬김의 대상인 사람의 의지와 주장이 앞서는 것이 아니라 오로지 하나님의 선하시고 기뻐하시고 온전하신 뜻이 무엇인지를 살펴 실천하는 것이다. 그것이 믿음 있는 자의 삶이다. 실지로 성경에서 섬김과 관련하여 항상 따라오는 말이 종(servant)의 개념이다.

종은 앞장서서 이끄는 법이 없다. 종은 주인의 명령에 따를 뿐이다. 그런 의미에서 성도의 섬김은 성도가 믿는다고 고백하는 믿음의 주시요, 우리의 믿음을 온전케 하시는 주님을 따르는 일은 필수적이다. 이 따름에 관한 것은 세 번째 장에서 다룰 것이다. 주님을 온전히 따르게 되면 예배도 섬김도 지극히 정상적인 것이 되며 더욱이 우리의 믿음이 더욱 성장하게 된다. 심지어 예수님조차도 자기의 뜻을 행하려고 하신 것이 아니라 자기를 보내신 하나님 아버지의 뜻을 준행하였듯이(요 6:38) 성도라면 누구든지 우리를 이 땅에서 불러주시고 하나님의 자녀가 되게 하신 하나님의 뜻을 따라 행하는 자라야 한다. 그것이 종으로서 마땅히 가져야 하는 덕목인 겸손한 종이 되는 길이다. 그것이 믿음이 좋다는 것이며 겸손한 자의 표상이 되는 길이다.

그렇다면 믿음이 좋다는 것은 무엇을 뜻할까? 하나님의 뜻에 전폭적으로 순종하는 것에서 벗어나지 않는 것이다. 하나님의 뜻을 어떻게 알 수 있는가? 그것은 하나님이 스스로 계시해 주신 기록된 말씀을 통해서 아는 것이다. 그런 의미에서 믿음은 들음에서 나되 들음 자체가 그리스도의 말씀으로 말미암는다고 말하는 것이다. 그런데 여기서 종종 제기되는 문제는 알아야 믿는 건가? 아니면 믿어야 아는 건가? 이다. 일반적으로는 알아야 믿을 수 있다. 무지가 속임 당함의 가장 큰 요인이다. 아무것도 모르는 자를 믿는다고 말할 수 있는 사람은 없다. 무지는 속임수를 간파할 수 없다. 그래서 쉽게 사기를 당한다. 손해 봄이 막심하다. 물론 알아도 속는다. 그것은 욕심이 앞설 때 그렇다. 어쨌든 아는 것이 힘이라고 하는 것은 자명하다. 신뢰는 지식에서 굳건해진다.

그러나 기독교 신앙은 일반적 지식 습득과 그를 바탕으로 한 신뢰 관계에서 통용되는 것이 아니다. 왜냐하면 신적 존재는 인간의 힘으로 깨달을 수 있는 것이 아니기 때문이다. 하늘로 올라가서 하늘에 계신 신을 만나고 내려온 사람은 없다. 그렇다고 인류 역사 내내 죽지 않고 살아서 태초에 벌어진 일을 우리에게 말해 줄 수 있다거나 당시의 상황을 생생하게 영상으로 보여줄 기록물을 가진 자가 있는 것도 아니다. 영원부터 영원히 존재하는 신적 존재를 아는 것은 인간의 지적 능력 밖의 일이다. 그래서 기독교 신앙을 계시의 종교라고 한다. 천지를 창조하신 스스로 존재하시는 신께서 자기를 알려주심으로 인간은 그 계시를 듣고 그가 계심을 알고 그를 사랑하고 그를 섬기며 그를 즐거워하는 자리로 나아간다. 이것이 믿음이다. 그런 의미에서 믿으면 알게 된다는 것이 지금까지 기독교를 신봉하는 이들의 공통적인 입장이다. 물론 알아야 믿겠다고 말하는 자들이 교회 안에 없는 것이 아니다. 그렇게 주장하던 사람들도 결국에는 두손 두발 다 들고 항복한다. 인간의 지혜와 힘으로 신적 존재를 다 알 수 없기 때문이다. 우리의 지식은 계시해 주신 것에만 한정된다. 신적 존재는 인간 존재 영역을 초월하여 계신다. 이처럼 믿음이 좋다는 것은 신적 존재에 대한 깊은 인식과 그를 찾는 자들에게 상 주시는 분임을 전혀 의심하지 않는 것이다(히 11:6). 그래서 주님과 함께하는 것을 즐거워하는 것이다. 아담과 하와가 에덴동산에서 범죄 하기 이전에 누렸던 복이었다. 그들은 창조주 주님과 함께 걷고 뛰었다. 그를 즐거워함이 그들의 낙이었다.

어떤 사람이 말하는 것처럼 보통 인간보다 월등하게 뛰어난 사람이 있어서 기독교의 신을 만들어 낸 것이 아니다. 그런 인간이 있다면 그가 신이 될 것이지 그런 허구를 세상에 남기고 허망하게 죽는 것은 있을 수 없는 일이다. 더구나 천국과 지옥까지 그 탁월한 인간이 꾸며냈다면 왜 천국 입국 허가 조건을 자신으로 삼지 않았을까? 또는 자기의 열렬한 추종자를 기준으로 삼지 않았을까? 인간의 머리로는 불가능한 일이다. 더욱이 성경을 쓴 인간 저자들을 일일이 다 만나서 자기가 구상하고 있는 구원의 역사를 낱낱이 가르쳐준 것이 없다. 그 저자들이 태어난 배경이나 살았던 시대 환경은 각각 달랐다. 그렇다고 앞선 자들이 미리 알려주고 이어서 계속 계시의 점진적인 발전을 통해서 마침내 예수 그리스도를 통한 구원의 완성을 말하도록 지시받은 것도 없었다. 그런 책을 쓸만한 참고서적도 존재하지도 않았다. 순수하게 하나님의 신적 계시를 통해서 알려진 것이다. 그것을 들으며 믿으면 하나님이 정하신 확실한 구원의 길이 선명하게 드러나고 그것을 믿지 않으면 평생 미로를 헤매다가 무지한 상태에서 과로로 혹은 영양실조로 죽음을 맞이하게 될 것이다. 그러므로 기독교 신앙은 앞에서도 인용하였듯이 **"들음에서 나며 들음은 곧 그리스도의 말씀으로 말미암느니라."**(롬 10:17)라고 말씀하는 것이다.

지금처럼 지구촌 한구석에서 벌어지는 일이 SNS나 공용 미디어 매체들을 통하여 순식간에 전 세계에 퍼지는 시대에 살고 있는 것이 아니어서 2천 년 전에 유대 땅 예루살렘에서 벌어진 사건을 낱낱이 보여주거나 들려주는 일은 불가능하다. 그 시대에 살았어도 남쪽 마을에서 무슨 일이 벌어졌는지 북쪽 마을에 사는 자들은 누군가가 와서 알려주지 않으면 전혀 알 수 없는 일이었을 것이다. 언론 매체로 보도될 만큼 각국에서 몰려온 기자들이 존재하여 기사를 송출할 기술이 존재했던 것도 아니었다. 그런데 초대교회 성도들은 베드로가 고백하고 있듯이 보지 못하였으나 듣고 믿어 구원을 얻는 자들이 되었다(벧전 1:8). 그는 구원을 얻기 위하여 믿음으로 나오는 영광스러운 즐거움을 기술하고 있다. 그래서 예수 그리스도의 복음을 전하는 자들의 발이 있었고 그것은 지금까지 유용한 구원의 방식으로 남아 있다.

이렇게 믿음은 봄으로 생기는 것이 아니라 여전히 들음으로만 가능하다. 듣고서 황당무계한 일이라고 외면하는 자들이 대부분이고 아예 들으려고도 하지 않는 자들이 더 많아도 복음은 여전히 선포되고 있고 선포되어야만 한다. 왜냐하면 "이 세상이 자기 지혜로 하나님을 알지 못하는 고로 하나님께서 전도의 미련한 것으로 믿는 자들을 구원하시기를 기뻐하시기" 때문이다(고전 1:21). 세상 만물을 지으신 가장 지혜로운 하나님께서 다른 방식으로는 죄와 허물로 죽은 인생을 구원할 길이 없음을 몰라서 독생자 예수께서 십자가에 못 박혀 죽으셔야만 한 그 길을 택하셨는가? 아니다. 다른 길이 없었다. 예수 외에는 천하 인간에게 구원을 얻을 만한 다른 이름도 없었기 때문에 그렇게 하신 것이다(행 4:12).

계시를 받음으로 예수를 믿게 됨은 바로 계시 된 예수에 대한 인지도에 만족하지 않고 더 알고 싶은 욕구가 솟구친다. 믿으니 몰랐던 것을 확실하게 알게 되고 알기에 더 알고 싶은 욕구가 주도하는 것이다. 그런 의미에서 믿음은 생물과 같이 자람이 있다. 어린아이에서 성숙한 사람으로 성장하는 것이다. 젖을 섭취함에서 단단한 음식물을 소화하는 자리에까지 나아가는 것이다. 얕은 물가에서 깊은 바다로 나아가는 자라감이 있는 것이다. 예수를 믿음은 이렇게 그의 장성한 분량에 이르기까지 성장한다. 그것이 다음 장에서 살펴볼 예수를 배움과 직결된다.

참 신앙의 길은 사도적 가르침을 받음으로 성숙해 진다. 교훈을 받은 대로 순종하여 믿음에 굳게 서게 되고 그 길에는 감사함이 넘쳐나는 것이다. 만약에 믿음이 봄으로 가능한 것이었다면 사도 베드로가 다음과 같은 말을 썼을 리가 없다: "우리 주 예수 그리스도의 능력과 강림하심을 너희에게 알게 한 것이 공교회 만든 이야기를 좇은 것이 아니요 우리는 그의 크신 위엄을 친히 본 자라 지극히 큰 영광중에서 이러한 소리가 그에게 나기를 이는 내 사랑하는 아들이요 내 기뻐하는 자라 하실 때에 저가 하나님 아버지께 존귀와 영광을 받으셨느니라 이 소리를 우리가 저와 함께 거룩한 산에 있을 때에 하늘로서 나옴을 들은 것이라 또 우리에게 더 확실한 예언이 있어 어두운데 비취는 등불과 같으니 날이 새어 샛별이 너희 마음에 떠오르기까지 너희가 이것을 주의하는 것이 가하니라."(벧후 1:16-19). 베드로는 변화 산에서 자기 두 눈으로 본 계시보다 더 확실한 계시가 있음을 말하고 있다.

   그것은 바로 기록된 말씀인 성경이다. 믿음의 기초요 반석은 이 성경이다. 이 성경의 저자이신 주님이 우리의 믿음의 주이시며 온전케 하시는 분이시다. 그는 우리로 믿게 하도록 기록된 말씀을 벗어나서 자신을 나타내시는 일을 전혀 하지 않으신다. 그래서 성도의 예배도 섬김도 다 기록된 말씀을 따라서만 온전한 것으로 인정받을 수 있다. 오직 성경(spla Scriptura)이라는 구호는 주님이 오실 때까지 존속해야 한다. 성경에 기초하지 않는 믿음은 미신이며 허구이다. 성경의 교훈에 굴복함이 없는 믿음은 자기 신념에 불과하며 자아가 무너지면 모든 것이 산산조각 날 뿐이다. 성경에 뿌리를 두지 않은 모든 섬김과 배려와 선행은 자기 의를 앞세울 뿐이다. 하나님의 영광보다 자기의 영광을 더 추구하는 것이다. 이것은 아끼는 자 하나 없이 죽음을 맞이하는 허무와 절망의 무덤으로 내려가는 것이다. 올바른 지식을 바탕으로 하는 참믿음은 참된 지식을 더욱 갈망한다.

학습 내용 되씹기

01 기독교 신앙의 출발점은 무엇인가?
   * 예수를 믿음이란? (마 1:21)
   * 영어의 'I believe in God'은 본래 문자적으로 'I am believing into God'이다.

02 하나님의 선물인 믿음에 대한 우리의 반응을 생각해 보자.
   believe, receive, embrace
   * 요 6:64
   * 요 1:14
   * 요 6:29

03 당신은 국가수반이나 유력인사를 영접하기 위한 의전행사에 동원된 인파인가? 아닌가? 무엇으로 증명할 수 있는가?

04 나무는 열매로 안다 : 실제적인 믿음 생활의 증거
   (1) 교회란? '신자들의 어머니'(Mater Fidelium)

   (2) 경배 (시 19:1-14, 롬 1:23)
      사 43:21
      시 148:7-10
      시 148:11-14
      엡 1:3-6
      시 122:1
      골 1:22

(3) 주일성수 (사 56:4-7)
　① 주일성수에 대한 자유이용권 가능한가?
　② 주일 예배는 꼭 두 번 해야 하는가?

(4) 현대 교회의 영적 빈곤의 원인은 무엇이라고 생각하는가?

(5) 사랑의 섬김
　① 최고의 전도는 예수를 가장 잘 믿는 것이다.
　　　안디옥 교회의 그리스도인(행 11:26)
　　　그리스도의 생명 향기(고후 2:15-17)
　② 사람들이 알아 주지 않아도 해야 할 이유는?(히 6:10-12, 갈 6:9)

2장
예수를 배움

Learning Jesus

2장
예수를 배움

Learning Jesus

때가 오래므로 너희가 마땅히 선생이 될 터인데
너희가 다시 하나님 말씀의 초보가 무엇인지
누구에게 가르침을 받아야 할 것이니
젖이나 먹고 단단한 식물을 못 먹을 자가 되었도다
(히 5:12)

선생의 자질은 배움에서 취득된다. 배움이 없는 선생은 아무도 없다. 선생은 평생 배우는 사람이다. 배움에는 끝이 없다. 그런데 배우기를 멈추는 자는 죽은 자와 방불하다. 배움은 변화를 일으키고 성장을 촉진한다. 영적 세계에서는 더욱 그러하다. 그러나 위의 본문이 말해 주듯 예수를 믿은 지 꽤 시간이 흘렀음으로 지금은 마땅히 선생이 되어 있어야 할 변화가 없었다. 자람이 없었다. 이에 대한 책망이다. 즉 성장과 변화가 없는 시간 보내기였다. 예수를 믿음은 당연히 예수를 배우고자 하는 열망이 솟는다. 배움에 관심이 없음은 예수 믿음이 위선이든지 자신에게 전혀 유익이 없다는 생각 때문이다. 마찬가지로 예수를 배우는 일에 마음이 없는 자는 외관상 믿음의 공동체 안에는 들어와 있어도 실지로는 이방인이다. 약간의 이득이 있다면 단지 기독교 행사에 동원된 영접 위원으로 일을 할 뿐이다. 물론 그런 상태에서 참된 믿음을 가지는 자도 있다.

그러나 열이면 열, 하나같이 참믿음을 소유한 자의 특성은 예수를 배움에 대한 목마름이 있다. 그 목마름은 땅에서 호흡이 멈춰질 때까지 사라지는 법이 없다. 그런 의미에서 기독교인에게는 무지가 자리할 공간이 없다. 신자의 사전에는 '멈춤'이라는 단어도 없다. 이만하면 되었다는 말도 없다. 끝이 보이지 않는 깊은 샘물에서 날마다 단 생수를 퍼 올리는 낙으로 산다. 생명력 있는 믿음의 역사가 땅에서의 삶을 형성한다. 배움은 더 풍요로워지고 더 품위 있고 더 의미 깊고 더 영양가 있게 하고 살맛이 나게 하는 발판이다. 예수를 배움이 없는 기독교인들 때문에 교회가 무시당하거나 조롱의 대상이 된 것이다. 존경과 두려움의 대상으로 다시 되돌리려면 교회는 예수 배움의 전당이어야 하고 성도는 예수를 부지런히 배워야 한다. 인문학이나 과학이나 철학이나 경제학이 아니라 오직 나사렛 예수 그리스도를 아는 지식이어야 한다. 그리고 그의 은혜와 그를 아는 지식에서 자라가야 한다(벧후 3:18).

하루는 예수님께서 제자들에게 '사람들이 나를 누구라 하느냐'라고 물으셨다. 제자들의 전언(傳言)을 들으신 예수님은 제자들의 생각도 물으셨다. '너희는 나를 누구라 하느냐?' 베드로는 "**주는 그리스도시오 살아계신 하나님의 아들이시니이다.**"(마 16:16)라고 대답했다. 이에 대한 예수님의 부연 설명에서 이를 알게 하신 이가 하늘에 계신 하나님 아버지이심을 분명히 하셨다. 이것은 학문의 전당에서 수년간 심도 있게 연구해서 터득했거나 도를 깊이 닦은 경험을 바탕으로 한 지식이 아니었다. 우상 공장에서 아버지를 돕고 있는 아브람에게 나타나신 하나님은 자신이 어떤 분인지를 알리셨다. 그가 아비의 집과 본토 친척이 대대로 살아온 고향을 등지고 하나님이 지시하는 땅으로 미련 없이 떠나 과감하게 나선 것이 그 이유였다. 이집트 땅에서 종살이하던 이스라엘을 출애굽 시킨 하나님께서도 해방의 기쁜 소식을 전하실 때 자신이 누구인지를 먼저 밝히셨다. 그리고 구원의 기쁨을 만끽하는 그들에게 "**나는 너희를 애굽 땅 종 되었던 집에서 인도하여 낸 너희 하나님 여호와이니라.**"라고 강한 어조로 그들의 구원자가 누구인지를 언제나 상기케 하셨다. 십계명의 전문에도 이를 수록하셨고 틈날 때마다 이 사실을 기억하게 하였다. 매년 유월절 절기를 지킬 때마다 이 사실을 떠올리게 했고 직면하게 했다. 왜냐하면 그들이 섬기는 하나님은 주변 나라들이 섬기는 우상들과는 전적으로 다른 유일무이한 전능한 분이기 때문이다. 이스라엘의 군사력으로 혹은 경제력으로 혹은 외교력으로 혹은 조직력으로 독립을 쟁취한 것이 아니라 전적으로 전쟁에 능하신 만군의 주 여호와 하나님의 힘으로 된 것임을 잊지 말라는 것이다. "**나는 너희의 하나님 여호와니라!**" 이스라엘의 해방과 자유는 전적으로 하나님 여호와에게서 온 것이다. 바로 이것이 예수를 믿음의 출발점이다. 이런 복락을 안겨다 주신 주님을 더 알고 싶어하는 것은 마땅한 욕구이다. 이 욕구 충족을 어떻게 해소하나? 본 장이 다룰 주된 내용이다.

**1 새로운
피조물의 길**

　　　　　　이집트는 세상을 상징한다. 세상은 공중 권세 잡은 자의 소굴이기도 하다. 구원받아야 할 죄인들이 우글대는 곳이다. 그들은 "**이 세상 풍속을 좇고 공중 권세 잡은 자를 따라**" 사는 자들이다. "**육체의 욕심을 따라 지내며 육체와 마음의 원하는 것을 하는… 본질상 진노의 자식들**"이다(엡 2:2-3). 그들에게는 죄와 사망의 권세에서 해방될 가능성이 전혀 없다. 즉 인간이 허물과 죄로 죽은 자였고 본질상 진노의 자식이었다는 부정할 수 없는 사실에서 벗어나는 길은, 그 죄와 사망의 권세에서 해방되는 유일한 길은 모세와 같은 다른 선지자가 와야만 했다. 우리를 극진히 사랑하시는 하나님이 그 일을 이루셨다. 신자는 나사렛 예수의 이름으로 이 땅에 오신 죄 없으신 하나님의 독생자 예수 그리스도의 십자가 피만으로 죄 씻음을 받아 죄와 사망의 노예에서 자유인이 되는 것뿐임을 믿는다는 고백과 선언에서부터 믿음 생활을 출발하는 것이다. 그리스도 예수 안에 있는 자는 이전 것은 지나가고 이제 새것이 된 새로운 피조물의 길을 가는 것이다.

　솔직하게 우리가 살아온 지난 나날들을 생각해 보라. 인간의 힘으로 죄와 사망의 권세를 극복할 수 있었는가? 우리 안에서 끊임없이 괴롭히는 죄의 미혹에서 벗어날 길을 발견했는가? 아니다. 우리 밖에서 하나님께서 주도하신 일이었다. 죄 앞에서 무능하고 무기력한 죄인을 예수 그리스도의 십자가 죽음으로 죄에서 완전히 해방해 주신 주님을 영접하는 것, 나의 구주요 왕으로 모시는 것, 오직 그만을 의지하고 경배하며 섬긴다는 깊은 인식과 자기 고백이 예수 믿음의 실체이다. 이 예수 믿음을 소유한 자는 자연스럽게 겸손할 수밖에 없다. 인간의 지식과 용맹과 부함이 어떠하든 전혀 자랑할 수 없는 것이다. 마치 자식들이 부모 앞에서 자기 실력을 뽐내며 과시하는 일을 하지 않는 것과 같다. 물론 못된 자식은 엄마 아빠가 해 준 게 뭐가 있냐고 따지지만, 철든 자식은 낳아주시고 길러주신 그 자체로 감사하며 나의 잘됨을 위해 갖은 고생을 마다하지 않은 부모 앞에 공손하게 행동하는 것이다. 죄로부터의 나의 구원을 위하여 주님께서 하신 일을 생각하면 입이 열 개라도 할 말이 없고 고개를 뻣뻣하게 들 수 있는 것이 아니다.

교회 안에서 가장 복된 자, 세상에서 가장 존경받는 자는 겸손한 자이다. 교만은 패망의 선봉이지만 겸손은 은혜의 앞잡이이다. 교만한 자는 하나님이 물리치시나 겸손한 자는 은혜를 베푸시어 높임을 받게 하신다. 잘 나가다가 넘어지는 이들 대부분은 교만과 탐욕이 그 원인이다. 그가 왕이든, 평민이든 상관이 없다. 허물과 죄로 죽은 자를 살려주신 하나님의 은혜로 구원함을 받은 자는 살아도, 죽어도 우리 안에서 그리스도만 높임을 받으시기를 갈망한다. 이것이 예수를 믿음이다. 이 예수가 여러분의 주이시며 여러분의 하나님인가? 그렇다면 주님과 함께하고자 하는 욕망, 주님과 더 가까이하고 싶은 욕구가 떠나질 않는다. 주님과의 만남의 기회를 자주 얻고자 한다.

그런 자 중에는 이 예수님과 거리를 두고 살고자 하는 이가 없다. 그가 누구인지 더 알고 싶은 욕구가 솟구치기 때문이다. 이것이 없는 자는 그리스도인도, 하나님의 자녀도 아니다. 나를 낳아준 육신의 부모도 함께 살면서 부모가 어떤 분인지 알고 싶은 마음이 자녀에게 자연스럽게 발생하는데 하물며 나를 구속하여 하나님 자녀 삼으시고 **"우리에게 지혜와 의로움과 거룩함과 구속함이 되신"**(고전 1:30) 예수임을 더 알고자 하는 마음이 없다면 그는 거짓말쟁이이다. 예수를 배움은 일시적 단계 과정을 거침으로 완성되는 것이 아니다. 교회에서 개설한 성경 공부 과정이나 교리 교육 과정을 마쳤다고 해서 완성품이 되는 것이 아니다. 이것은 평생 작업이다. 그렇게 해도 우리가 그분에 대해 아는 지식은 빙산의 일각도 못 된다. 신학을 학문 영역에 두기도 하지만 학문의 영역을 뛰어넘는 것으로 여길 이유가 분명하다. 일반 학문 세계에서는 특정한 지식에 대하여 도가 튼 사람들이 있다. 이방 종교계에서 발견되는 고승들, 해탈의 경지에 이른 종교인들이 있다.

그러나 기독교계는 설혹 자신이 도통했다고 해도 그것을 자랑하지 않는다. 아니 자랑할 수가 없다. 주님을 만난 후 일평생 주님 아는 일에 몰두한 사도 바울도 결국은 "**깊도다! 하나님의 지혜와 지식의 부요함이여 그의 판단은 측량치 못할 것이며 그의 길은 찾지 못할 것이로다.**"(롬 11:33)라고 고백했다. 배움이 적은 자는 지적 용량이 당연히 적다. 배움이 많은 자는 배운 것만큼 많은 것을 쏟아낼 수 있다. 예수를 배움은 그 끝이 없는 무한한 지혜와 지식이기에 배워도 배워도 다함이 없고 이 배움은 지치게 만들거나 지겹게 하거나 짜증이 나지 않는다. 그래서 포기하는 일도 벌어지지 않는다. 마치 금맥을 발견한 광부가 금 캐기에 정신을 뺏길 수밖에 없는 것과 같이 정금 보다 더 사모하고 송이 꿀보다 더 단 이 금맥에서 한시도 눈을 뗄 수가 없는 것이다. 한국의 교회가 쇠하거나 무너지는 가장 큰 이유는 마땅히 알아야 할 우리 주 예수 그리스도에 대한 무지요 그를 더 알고자 하는 열정의 결여에서 비롯되었다고 해도 과언이 아니다. 예수를 배움의 목표는 예수로 충만하는 것이다. 그리스도의 장성한 분량에 이르는 것이다. 그때까지는 쉼이 없다.

히브리서 기자는 5장에서 히브리서 수신자들에게 예수를

믿은 지 오래된 자들이라고 했다. 벌써 선생이 되어야 할 자인데 아직 초보 신세를 못 면하고 있다는 지적이다. 그들은 세월만 보낸 것이다. 이들의 특징은 듣는 것이 둔한 것이었다. 메시지 자체에 문제가 있는 것이 아니라 배우려는 마음이 전혀 없다는 말이다. 배움에 대한 영적 욕구가 없다. 우리 중에 말귀가 밝은 자와 그렇지 않은 자가 있다. '말귀'는 말이 뜻하는 내용이다. 그런데 주변에는 이 말귀가 전혀 없는 사람이 있는가 하면 어떤 이는 한마디만 해도 척척 알아듣고 행하는 사람이 있다. 전자는 알아듣는 역량이 없어서 답답하나 후자는 시원시원하다. 히브리서 5장 11절에서 히브리서 저자는 멜기세덱에 관하여 할 말이 참으로 많은데 수신자의 듣는 것이 둔하므로 설명해 주기가 어렵다는 안타까움을 드러내고 있다. 여기에서 둔하다고 한 것은 그들에게 들을 귀에 문제가 있다는 말이 아니라 사실은 마음의 문제임을 지적한 것이다. 즉 히브리서 수신자들의 영적 상태는 들을 귀가 없는 것이 아니라 들으며 배우려는 마음이 없었다. 하나님이 말씀하시는 것을 듣고 싶은 마음이 없고, 배우겠다는 욕구 결여가 영적 초보 상태에 머물러 있게 한 원인이다.

예수 그리스도를 알고 싶은 영적 욕구는 예수 그리스도를 사랑하는 마음에서 우러나는 것이다. 사랑에 빠진 자는 상대방을 더 알고 싶은 욕구 발산이 자연스럽다. 그래서 어떤 핑계를 대서라도 만남의 기회를 만든다. 마찬가지로 예수의 사랑에 강권함을 받는 자들은 그의 사랑에 감동하여 그를 더욱 알아가고자 안달한다. 물론 단순히 지적 호기심으로 배우는 자들도 있다. 그러다가도 배우다 보면 알게 되어 사랑할 수밖에 없는 자리로 이어지는 일들이 영적 세계에서는 빈번하게 발생한다. 간절함, 사모하는 마음으로 주님을 더 알아가는 지식에 충만한 자가 되기를 갈망함이 참 성도이다.

세상에서는 특정인에 대한 지식과 애정은 한계가 있다. 알수록 신기한 분들도 있겠지만, 알수록 실망과 좌절을 안겨주는 자들이 대부분이다. 매력이 철철 흐르는 사람도 그 사람에 대한 배움은 한계가 있다. 밑바닥이 드러난다. 같이 살아보면 안다. 그러나 예수에 대한 배움은 한계점이 없다. 배우고, 배우고 또 배워도 다 알지 못하는 깊음이 있다. 지식과 지혜의 모든 보화가 다 그에게 있기 때문이다. 그러기에 평생을 그와 동행한 사도 바울은 오직 예수 그리스도를 더 알게 되고 그 안에서 발견되기를 원함이 자신의 최대 과제라고 했다. 가장 고상한 그 지식 획득을 방해되는 모든 요소, 즉 육체대로 생각하고 판단하는 학벌 우대, 가문 중시, 자기의 의로운 삶을 위한 금욕적 훈련을 중요하게 여긴 그 전부를 다 배설물로 여긴다고 했다. 이토록 그의 갈망함이 타의 추종을 불허하지만, 지상에서 얻은 그리스도에 대한 그의 지식은 부분적이며 희미한 것이라고 했다.

그래서 예수 그리스도를 배움에 빠진 자는 교만이 입을 맞추지 못한다. 영적 교만 혹은 지적 교만은 예수 배움의 최대 적이다. 그래서 겸손히 엎드린다. 때가 오면 온전히 알게 됨을 믿기 때문이다(고린도전서 13장). 그런 의미에서 일단 예수를 배움에 들어선 자들에게는 중도 포기란 없다. 갈수록 어렵다고, 배울수록 배워야 할 것이 너무나 많다고 중단하고 싶은 유혹이 아른거리지만 때려치우는 일은 없다. 도리어 배우면 배울수록 희열이 밀려온다. 지겹게 하는 일이 전혀 없다. 마치 갯벌에서 조개 캐다가 밀물이 몰려오는 것도 모르고 잠겨 쓸려가는 자들이 있는 것처럼 예수에 흥분되어 산다. 사도행전 26장에서 포승줄에 묶여서 심문받는 바울의 말을 들은 베스도가 바울더러 "**네가 미쳤도다 내 많은 학문이 너를 미치게 한다.**"라고 하자 바울은 "**내가 미친 것이 아니라 참되고 정신 차린 말을 한다.**"라고 답하였다. 그리고 아그립바 왕은 "**적은 말로 나를 권하여 그리스도인이 되게 하려 한다.**"라고 답하였다. 그러자 아그립바 왕에게 사도 바울은 이렇게 외쳤다: "**바울이 가로되 말이 적으나 많으나 당신뿐 아니라 오늘 내 말을 듣는 모든 사람도 다 이렇게 결박된 것 외에는 나와 같이 되기를 하나님께 원하노이다!**"(29절).

세상 욕망에 빠지면 그 결말은 한결같다. 그러나 진리의 깊은 우물물에서 생수를 퍼 올리는 자들은 퍼도 퍼도 메마름이 없는 퍼냄의 지속적 즐거움에 사로잡힌다. 주님이 친히 말씀하신 것 그대로 다: "**내가 주는 물을 먹는 자는 영원히 목마르지 아니하리니 나의 주는 물은 그 속에서 영생하도록 솟아나는 샘물이 되리라**"(요 4:14). 그것 때문에 일시적인 목 축임에 머물거나 잠시 있다가 썩어 사라지고 말 것들을 다 배설물로 여기게 되는 것이다. 예수 배움을 위해서 우리가 하는 일은 어떠한가? 말귀를 못 알아듣는 것도 문제인데 듣고 배우고자 하는 마음 쏨쏨이나 열정이 없다면 정말 재점검해야 한다. 히브리서 5장은 우리가 어린아이 수준에 머물러 있어도 괜찮다고 말하는 것이 아니다. 거기서 속히 빠져나오라는 경고이다. 그래서 6:2에서 '기초를 다시 닦지 말고 완전한 데 나아가라'라고 명령한다. 나의 예수 믿음이 정상적인지 아닌지는 예수를 배움에 대한 욕구 여부와 깊은 관련이 있다. 그 욕구가 없다면 신앙인으로서 비정상이다. 이는 기도 생활에도 영향을 미친다. 주님과 인격적 만남의 시간이다. 교제가 별로 없는 것은 주님에 대한 배움의 기회를 제거하는 것이다. 반면에 기도를 많이 하는 것 같은데 별로 기도 응답을 누리지 못하는 현상이 벌어진다. 자기 말만 하기 때문이다. 주님의 생각을 듣고 싶어하지 않는다.

잠언 18:9는 이렇게 말씀한다: "**사람이 귀를 돌이키고 율법을 듣지 아니하면 그의 기도도 가증하니라!**" 여러분이 기도해도 별 응답이 없다는 느낌이 있으면 물론 정욕대로 쓰려고 잘못 구하는 것도 있지만, 우선 선포되는 하나님 말씀에 대한 나의 태도가 어떤지를 진단해 보라. 주님의 음성을 듣고자 하는 열망이 있는지를 생각해 보라. 평생에 듣던 말씀 또 들려달라는 갈망이 나에게 있는가를 보라. 열정도 없고 간절한 기도함도 없는 믿음 생활은 무기력증에 빠진다.

오늘날 상당수 교인은 얕은 물가에서 물장난치는 정도의 신앙생활로 족하게 여긴다. 성경공부반에 부지런히 참가한다. 그러나 그렇게 하는 이유는 주님을 더 알고자 하는 욕구 충족이 아니라 교회에서 자기 지위 굳히기 위한 수단 때문이다. 그 이상도 그 이하도 아니다. 그 목적이 달성되면 더 이상 배움의 길에 적극적으로 나서지 않는다. 그래서 교회에서 제공하는 모든 과정을 다 마쳤음에도 불구하고 초보에서 벗어나 장성한 자, 성숙한 자가 되었다고 내세울 수 있는 경우가 매우 드물다. 교회 내에서 자기 지위를 공고히 다졌음에도 주님을 아는 지식은 변변치 못한 것이다.

도리어 문제가 발생하면, 즉 말씀으로 인하여 환난이나 핍박이 일어난다든지 혹은 세상의 염려와 재리의 유혹과 기타 욕심이 창궐하면 이로 인하여 말씀을 듣기는 해도 전혀 알곡으로 성장하는 일이 없는 쭉정이의 불행과 입맞춤한다(막 4:17-18). 사실 항상 배우는 것 같아도 끝내 진리에 이르지 못하는 사람이 되는 것이다. 이것은 여러 가지 욕심에 이끌리기 때문이다(딤후 3:6-7). 그러나 진짜 극상품 열매를 맺는 알천

신자의 길은 좋은 마음으로 말씀을 받는 것이다. 듣기만 하지 않고 어떤 어려움이 있어도 굴하지 않고 실천하여 믿음의 진보를 이루는 자들이다.

예수 배움의 길은 관찰을 통해서도 얻어지지만, **실천을 통해서** 더 확실해진다. 실천될 수 없는 지식은 무의미한 것이다. 배움은 지식 주입과 동시에 실천 혹은 적용이 병행되어야 완전한 지식이 된다. 운전면허증은 가지고 있지만 장롱 속 면허에 불과한 자들도 많다. 면허증에 문제가 있는 것이 아니라 실천하지 않은 운전자에게 문제가 있는 것이다. 그래서 면허증 자체를 쓸모없는 휴지 조각으로 만든다. 면허증을 따기는 했어도 운전을 전혀 시도하지 않거나 아니면 운전할 차가 없어서 면허증의 실효성을 누리지 못하는 것이다. 마찬가지로 신앙생활에 있어서 예수 믿음의 면허증을 가진 것 같은데 전혀 실효적이지 못한 맹숭맹숭한 자들이 있다. 이것은 진짜 심각한 증상이다. 행함이 없는 믿음이 되어 죽은 것이 되었기 때문이다. 교인 중에 그런 분들이 적잖이 존재한다. 어쩌다 교회 회원권은 획득했지만, 회원으로서 책임과 임무를 다하지 못한다. 이들은 배운다고 나서지 않는 것도 아니다.

문제는 배워도 효율적 배움이 되지 못하거나 배워도 전혀 써먹지 못하여 체험적 능력을 거의 맛보지 못하는 자들이다. '여호와의 인자하심을 맛보아 알지어다'라고 말씀하나

소귀에 경 읽기가 되는 것이다. 이를 탈피하고 진짜 영적 참맛을 느끼려면 히브리서 본문에서 말씀하고 있는 젖만 먹는 것을 벗어버려야 한다. 듣는 것이 둔한 상태에 있다가는 평생 교회를 다녀도 영적인 진미를 전혀 맛보지 못한다. 소금은 소금인데 짠맛을 내지 못하는 것이 되어 사람들에게 밟히고 말 뿐이다. 참 교회에서 전하는 진리를 의심할 필요는 없다. 매 순간 점검할 것은 선포되는 말씀을 받는 내 마음이다. 그리고 실천하려는 강한 의지이다. 이를 통해서 산지식을 습득하기 때문이다.

2 배움의 길

그렇다면 주님을 더 알고 싶은 자들에게 어떻게 예수를 더 아는 참지식을 늘여갈 수 있게 할까? 모든 아이가 태어나면 일단 젖을 먹는 것으로 생을 시작한다. 그러다가 결국은 단단한 음식을 섭취하는 자리로 나아간다. 여기서 알아야 할 것은 일반적으로 사람들이 젖을 좋아하는 이유와 단단한 음식을 섭취하는 이유는 완전히 상반된 것이라는 점이다. 전자는 씹을 필요가 없다. 그래서 예배당에 와서 안락한 의자에 기대어 주는 대로 날름 삼키면 그만이다. 후자는 씹는 맛을 알기 때문에 음미한다. 또 찾는다. 여러분이 다 알듯이 성인(成人)으로 단단한 음식을 회피하는 자는 이가 튼튼하지 못한 자들을 빼고는 없을 것이다.

그런데 영적 단단한 음식은 치아의 튼튼함을 요구하지 않는다. 우리의 마음과 지성을 요구한다. 알고 싶어하는 욕구, 그리고 아는 대로 살려고 하는 실천적 의지가 중요한 것이다. 그러나 수년간 교회를 다녀도 삶이 개선되고, 경건의 모양에서 경건의 능력으로 이어지거나 가정이 변하는 일이 없는 이유가 여기에 있다. 배우고 익히려는 의지적 결단과 행동이 전혀 없는 것이다. 신앙생활에 있어서 믿음의 기초 선상에만 머물 뿐 더 깊은 세계로 나가려는 욕구가 없다. 겉으로 그렇게 보이기를 바랄 뿐이다. 그래서 형식상 무늬를 낸다. 호박에 줄 긋는다고 수박이 되는 것이 아님을 알면서도 그렇게 위장한다.

그러나 세계적인 선수가 되려는 자들의 공통점, 남보다 나은 자리로 가고자 하는 자의 공통적 특성은 배움과 훈련이다. 기초를 다지고 연습을 통한 강인한 선수로 성숙해 가는 것이다. 장거리 선수가 처음부터 장거리를 뛰는 것이 아니다. 처음엔 5km, 그리고 10km 등을 달린다. 그 위에 부지런한 연습과 훈련에 매진하면서 전 구간을 뛰는 것이다. 전 구간을 완주하는 자만이 그 맛을 만끽하고 누릴 수 있다.

마찬가지로 목마른 자가 물을 찾듯이 배고픈 자의 일반

적 특성은 음식을 찾는다. 처음엔 젖이나 소화할 것이다. 그러나 시간이 지나면서 이유식을 섭취한다. 그리고 더 시간이 지나면 어른이 먹는 음식물도 하나씩 취하는 것이다. 그 과정은 먹으려는 욕구가 있기에 가능하다. 특정 분야에서 금메달을 딴 선수 중 간혹 '나는 아직도 배가 고프다'라고 말하는 자들이 있다. 금메달 하나 딴 것으로 만족하지 않고 더 많은 성취를 이루고자 하는 욕구가 있는 것이다. 진짜 성도라면 누구도 일차 한계선에 안주함을 만족하지 않는다. 더 깊은 곳, 더 넓은 곳, 더 높은 곳, 더 풍성한 곳을 향해 달려간다. 그래서 이렇게 기도한다: "**우리 주 예수 그리스도의 하나님, 영광의 아버지께서 지혜와 계시의 영을 너희에게 주사 하나님을 알게 하시고 너희 마음 눈을 밝히사 그 부르심의 소망이 무엇이며 성도 안에서 그 기업의 영광이 풍성함이 무엇이며 그의 힘의 강력으로 역사하심을 따라 믿는 우리에게 베푸신 능력의 지극히 크심이 어떠한 것을 알게 하옵소서**"(엡 1:17-19).

참 신자에게는 신적 존재에 대하여 그리고 영적 실체에 대하여 알고자 하는 지적 욕구가 확실한 것이다. 이 욕구의 생명력은 끈질기다. '예수 더 알기 원함은 크고도 넓은 은혜와 대속해 주신 사랑을 간절히 알기 원하네 내 평생의 소원 내 평생의 소원 대속해 주신 사랑을 간절히 알기 원하네'(453

장 1절). 단지 입술로만이 아니라 온몸으로 간절함을 표명하며 산다. 이 욕구는 목숨이 붙어 있는 동안 지속된다. 시편 기자는 "**내가 여호와께 바라는 한 가지 일 그것을 구하리니 곧 내가 내 평생에 여호와의 집에 살면서 여호와의 아름다움을 바라며 그의 성전에서 사모하는 그것이라**"(시 27:4)라고 노래했다. 자기 평생에, 전 생애 동안 사모할 것이 무엇인지 분명한 것이다. 그래서 예수를 배움에는 상한선이 없다. 지금 부분적으로 알던 것이 온전히 알게 될 날이 오기까지 이 욕구는 포기를 모른다. 이것이 진정한 성도의 영적 품격을 대변한다. 이 배움의 맛이 어떤지 아는 자들은 그리스도의 장성한 분량에 이르기까지 자라가는 일을 마다하지 않는다.

물론 그 과정은 순탄한 것이 아니다. 세상 학문 세계에서도 배움의 길은 험난하다. 지도 교수의 의도적 괴롭힘도 겪을 수 있다. 안 그런 사례들도 있지만, 일반적으로 좋은 의미로서 제자를 단련하고자 하는 뜻에서 그렇다. 그래서 예수를 배움은 시련을 수반한다. 고난의 풀무 불을 통과해야 할 때도 있다. 물과 불을 통과한다. 평생 예수를 더 알고자 했던 바울의 길을 생각해 보라: "**우리가 사방으로 욱여쌈을 당하여도 싸이지 아니하며 답답한 일을 당하여도 낙심하지 아니하며 박해를 받아도 버린 바 되지 아니하며 거꾸러뜨림을 당하여도 망하지 아니하고 우리가 항상 예수의 죽음을 몸에 짊어짐은 예수의 생명이 또한 우리 몸에 나타나게 하려 함이**

라"(고후 4:8-10).

우리 같은 범인이 이해하기 힘든 그가 겪은 적나라한 상황을 이렇게 적시하고 있다: "그들이 그리스도의 일꾼이냐 정신없는 말을 하거니와 나는 더욱 그러하도다 내가 수고를 넘치도록 하고 옥에 갇히기도 더 많이 하고 매도 수없이 맞고 여러 번 죽을 뻔하였으니 유대인들에게 사십에서 하나 감한 매를 다섯 번 맞았으며 세 번 태장으로 맞고 한 번 돌로 맞고 세 번 파선하고 일 주야를 깊은 바다에서 지냈으며 여러 번 여행하면서 강의 위험과 강도의 위험과 동족의 위험과 이방인의 위험과 시내의 위험과 광야의 위험과 바다의 위험과 거짓 형제 중의 위험을 당하고 또 수고하며 애쓰고 여러 번 자지 못하고 주리며 목마르고 여러 번 굶고 춥고 헐벗었노라"(고후 11:23-27). 이 부분은 예수를 따름에서 더 깊이 살펴보겠지만 그러한 시련과 아픔이 없이 영적 성숙함에 도달할 수 있는 자는 아무도 없다. 고난을 통해서 주의 율례도 배우게 된다. 연단을 받음으로 정금과 같은 일군이 된다. 그래서 고난도 유익한 것이라고 고백한다. 믿음을 실천하지 않으면 고난도 없고 고난이 없으면 성숙함도 없다. 고난이나 시련 자체를 배움의 기회로 여기는 이유가 분명하다.

세상에서도 성공한 사람들 상당수가 고통이라는 학교를 수료한 자들이다. 세네카도 이렇게 말했다고 한다: '내가 보기에 역경을 겪어보지 않은 사람만큼 불행한 사람은 없다. 그들은 시련을 통과해 본 적이 없기 때문이다.' 책상이 아닌 삶의 현장이 성숙한 사람이 되는 비결을 획득하는 최고의 학습장이다. 현장실습이 없는 이론은 공허한 것이다. 그래서 시편 기자는 고통에서 건져주시고 광풍을 평정케 하시며 소원의 항구로 인도하시는 하나님을 노래한다(시 107:28-30). 그리고 이렇게 고백한다: "**하나님이여 주께서 우리를 시험하시되 우리를 단련하시기를 은을 단련함같이 하셨으며 우리를 끌어 그물에 들게 하시며 어려운 짐을 우리의 허리에 두셨으며 사람들로 우리 머리 위로 타고 가게 하셨나이다 우리가 불과 물을 통과하였더니 주께서 우리를 끌어내사 풍부한 곳에 들이셨나이다**"(시 66:10-12). 고난의 떡과 고난의 물을 먹어 본 자가 훌륭한 멘토가 될 수 있다.

특정 분야의 지식을 습득함에도 책만으로 다 되지 않고 배운 것을 현장에서 실천하는 경험이 필요하듯이 주님을 아는 지식은 실험실 용이 아님을 명심해야 한다. 시중에 상품으로 내놓아서 대중화에 나설 수 있는 완성품의 진가를 나타낼 수 있는 지식이다. 우리의 지식이 온전해지려면 즉 산 지식이 되려면 바로 이 실천 과정을 통해서 머리의 지식이 몸에 배는 지식으로 전환되어야 하는 것이다. 흔히 '동물적 감각'의 반응을 보인다는 말은 그만큼 자기 연마에 충실했다는 것을 의미한다. 어떤 상황이 와도 그에 대해서 적절하게 대처하는 능력이 자기도 모르게 나타나는 것이다.

영적 세계에는 하나님이 택한 자라도 삼키려는 악한 마귀의 역사가 항상 있다. 마귀는 성도들 주변을 맴돌다가 틈만 보이면 공격한다. 거짓 가르침이나 이단 사설로, 경제적 손실로, 육체적 질병으로, 때로는 친구나 지인들의 배신으로 등등 많은 위협적인 요소들이 예수 배움을 위축시키고 그나마 가진 작은 신앙마저도 허물어지게 만든다. 그럴 때 진짜 믿음과 가짜 믿음이 판가름 된다. 진짜 믿음은 더욱 주께 붙어 떠나지 않으려고 애를 쓴다. 가짜 믿음은 작은 돌멩이 하나에도 깨갱깨갱하며 꼬리를 내리고 돌아선다. 물론 진짜 믿음이라고 해서 마귀의 공격에 전혀 상처 하나 안 받는 것이 아니다. 수많은 상처와 고통을 겪는다. 다만 상처를 보듬고 어루만지며 달래는 연단 과정을 통해서 영롱한 진주로 변하기까지 극복하는 사람이 되느냐 아니냐만 있을 뿐이다.

미성숙 극복의 길은 주님의 말씀에 매일 귀를 기울이는 것이다. 그 말씀에 대한 주변 사람의 반응이나 평가는 더더욱 아니다. 내가 처한 환경에 압도당하는 것이 아니라 주님의 말씀이 판단의 기준으로서 작용하게 된다. 산이 무너지고 바닷물이 엄습하여 삼킴을 당할 것으로 보여도 전혀 요동하지 않는다. 운동선수도 운동에 대한 기본 교본이나 설명서에 충실하게 연습하고 훈련한다. 그러나 감독이나 코치의 지침에도 귀를 기울이는 것이다. 선수가 감독의 말을 듣지 않으면 경기장에 투입되어서 자신의 실력을 발휘할 기회를 전혀 가질 수 없다. 선발 기회조차도 박탈될 수 있다. 영적 세계에서도 기록된 말씀의 소리만이 아니라 양을 푸른 초장에 누이며 쉴만한 물가로 인도하는 목자들의 가르침에 잘 순종할 때 더 우수한 신앙인으로 세움을 받게 되는 것이다.

(1) 직접적인 배움의 길

예수를 배움은 한시적이 아니라 영구적이다. 학교에 다니듯 일정한 학습 과정을 마치는 것으로 족한 것이 아니라 평생학습이다. 여기에는 직접적인 것과 간접적인 것이 있다. **직접적인** 것은 성경과 성경 주석 및 교리 해설서를 통해서, 그리고 공적 은혜의 수단을 통해서 직접 습득할 수 있다. 그러나 독학만으로 욕구 충족이 해결되지 않는다. 물론 하나님을 사랑하는 자 곧 그 뜻대로 부르심을 입은 자에게는 모든 것이 합력하여 선을 이루는 것도 맞다. 좋은 선생이나 성숙한 어른을 만날 수 있다면 그들의 가르침과 숙달된 경험은 훈련생에게 더 깊은 곳에 도달케 하는 큰 도움을 주는 것이다. 그래서 히브리서 기자는 이렇게 교훈한다: "**하나님의 말씀을 너희에게 이르고 너희를 인도하던 자들을 생각하며 저희 행실의 종말을 주의하여 보고 저희 믿음을 본 받으라**"(히 13:7).

그리스도의 몸인 교회를 이끄는 지도력을 보며 그들이 어떻게 하나님 말씀에 충실하며 경건한 삶을 살았는지를 본받을 것을 권면하는 것이다. 교회에는 하나님 말씀을 잘 가르치는 경건한 교사만이 아니라 그들의 가르침을 잘 받아 순종하는 경건한 추종자도 필요하다. 충성스러운 사람이 또 다른 충성스러운 사람을 길러낼 수 있는 것이다. 지도자의 언행일치는 자신만이 아니라 그들을 듣는 자들도 구원의 자리로 이끄는 것이다(딤전 4:16). 물론 지도자는 완벽할 필요는 없다. 완벽할 수도 없다. 그러나 개인의 삶에 영향을 미치고 변화시키는 예수님의 능력이 실제적임을 자신의 삶으로 보여줄 수 있어야 한다. 그것이 따르는 자들을 실제로 따를 수 있게 하는 믿음을 가지게 하는 것이다. 두래서 경건한 신자들은 교회 목사와 장로들을 위해서 쉼임 없이 기도해야 한다. 그들이 회중에게 미치는 영향력 때문이다.

모든 성도에게 필요한 것을 공급하시는 하나님께서 친히 제정하신 규례는 공적 은혜의 수단이다. 말씀과 기도와 성례가 그것이다. 말씀을 들으므로 배운다. 말씀의 도를 가르침 받으므로 배운다. 더 직접적인 것은 주님과 독대하는 시간을 많이 가지는 것이다. 일주일에 한 번 주님을 만나는 것도 필요하지만 밤낮으로, 수시로 주님을 만나는 경험이 필요하다. 교회는 진리의 기둥과 터이다. 교회를 통해서 주님은 자기 백성을 먹이시고 입히시며 성숙한 그리스도인으로 양육하신다.

그런 의미에서 교회를 떠나서는 구원은 없다고까지 말하는 것이다. 교회가 신자들의 어머니이기 때문에(Mater Fidelium).

예수를 배움은 그리스도의 몸인 교회를 위해서 제정해 주신 공적 은혜의 수단을 철저하게 활용하는 것이다. 흔히들 밥이 보약이라는 말을 한다. 필자는 공적 은혜의 수단이 성도들 개개인에게 하나님이 처방해 주신 보약이라고 생각한다. 은혜의 수단을 적절하게 활용하는 자가 지혜로운 자이다. 우리의 의요 지혜요 거룩이요 구속함이 되신 주님을 더 잘 배우게 되고 닮아가게 되는 것이다.[12]

여호와께서 규정해 주신 공적 은혜의 수단은 가련한 죄인들이 그리스도를 발견하고 배우는 장소이다. 토마스 보스톤이 성도들이 그리스도를 알고 배우고 따라가고 닮아가도록 사용해야 할 규례에는 다음과 같은 것이 있음을 지적하였다:[13] 첫째, 하나님께서 제정해 주신 묵상의 규례(학개 1:5, 눅 15:17, 시 4:4, 58:5-6)를 사용하라는 것이다. 하나님의 말씀을 주야로 묵상하는 것이야말로 복 있는 자이다(시 1:1-2). 둘째, 영적인 문제들을 함께 나누는 성도의 교제(말 3:16, 눅 24:32)를 가

---

12 은혜의 수단 활용에 대해서는 필자가 쓴 쇠하는 교회, 흥하는 교회(개혁된 실천사 2024) 181-214와 『신학은 삶이다』(크리스천르네상스, 2023) 263-284를 참고하라.

13 Thomas Boston, *The Collected works of Thomas Boston*, Richard Owen Roberts, Publishers, Wheaton, Illinois, 1980. 465 이하 참조.

지라. 셋째, 주님의 찬송을 노래하라(엡 5:18-19. 행 16:25-26). 넷째, 기도하라. 기도는 하나님을 발견하는 고속도로를 달리는 것이다(마 7:7).

① 공공기도회에 참여하라(행 16:13, 14). ② 가정에서 개인 기도 시간을 가지라(행 10:30, 12:12. 마 18:19). ③ 홀로 은밀한 기도 시간을 가지라(창 32:24. 단 9:22) ④ 울부짖는 기도 시간을 가지라(출 14:15, 느 2:4). ⑤ 말씀을 읽고 듣는 것이다. 이것은 하늘 문을 가장 넓게 여는 길이다. 주님께서 흔히 자기 백성들에게 다가오시는 가장 흔한 방편이기도 하다. 성경을 읽으라(계1:3). 어거스틴도 펴서 읽으라는 소리를 듣고 로마서 13:12-13을 읽고 회심하게 되었다. 선포되는 말씀에 귀를 기울이라(고전 1:21. 행 2:41). 여섯째 성례를 사용하라고 권면하였다. 왜냐하면 이런 규례들은 그리스도께서 성도들이 함께 모여 거기서 그리스도를 찾고 만나도록 제정한 것이기 때문이다(출 20:24).

공적 예배 처소는 죄인들을 위한 회합 장소이며(약 1:18), 그리스도와 죄인들이 만나는 장소이다. 그리고 성도들이 함께 신령한 젖을 섭취하는 시간으로서(벧전 2:2-3) 더 풍성한 삶을 얻는 길이 된다. 하늘의 진미를 미리 맛볼 수 있는 공간이다(엡 4:11-13, 계 21:22, 아가서 4:6). 참 그리스도인이라면 이런 공적, 사적 은혜의 수단을 결코 소홀히 할 수 없다. 규례에 참여할 때마다 그리스도를 찾아 만나고자 하는 의도를 가지고 나오는 자세가 중요하다. 말씀을 읽든지 듣든지, 은밀한 임무 수행을 하든지 가정사의 일을 하든지, 공적 규례에 참여하든지 항상 내가 지혜의 문에 나아가는 것이요 거기서 왕의 얼굴을 뵙는다는 마음으로 나아가는 것이다. 그의 옷에서 나오는 향기를 맡으며 그와 교통하는 즐거움을 기대하는 마음으로 나오는 것이다. 주님 만나기를 사모하는 심령을 만족하게 하시며 주린 영혼이 좋은 것으로 채움을 받으며 간절히 찾는 자가 주님을 만나는 것이다(요 4:10, 잠 8:17, 시107:9).

(2) 간접적인 배움의 길

또한 **간접적인 가르침**은 직접적인 배움을 실천하는 것을 통해서 얻어진다. 이것이 이론보다 실전이 더 강한 자리로 이끈다. 이는 상황에 적절한 구체적이고 실제적인 배움이 될 수 있다. 이론이 부족해도 실천적 경험을 통해서 이론에 익숙한 사람보다 더 월등한 전문인이 될 수도 있다. 기독교 신앙은 이론도 철저하지만 경험되지 않는 지식은 무의미하다. 오해는 하지 말라. 성경의 모든 깊은 것들을 다 경험할 수 있다는 말이 아니다. 무엇을 믿을 것인지, 어떻게 살아야 할지를 규정하고 있는 유일한 규범인 성경을 다 안다는 것은 불가능한 일이지만, 그러나 성경의 교훈은 실천할 수 없는 이상 세계의 이론이 아니다. 성경이 교훈하는 신학은 삶이기 때문이다. 영적 세계에서는 처음부터 타고난 귀재는 없다. 모든 인간이 다 허물과 죄로 죽은 자이기 때문이다. 그러나 물과 성령으로 거듭난 중생한 자들은 경건에 이르는 훈련을 피할 수 없다. 그 훈련은 삶의 현장에서 치러진다. 그런 자들만이 영적 싸움에서 승리의 개선가를 부를 수 있다. 주의 종들도 넘어지고 교회도 무너지고 성도들도 쓰러지는 작금의 현실을 타개할 길이 있다면 그것은 예수를 더 깊이 알아가는 배움과 실천하는 의지적 결단을 통한 체험적 연단이다.

히브리서 분문에서 어린아이와 장성한 자의 차이를 언급하는 것 중에 매우 중요한 부분이 이것이다. 어린아이든 장성한 자이든 먹어야 산다. 그런데 어린아이는 젓만 좋아한다. 단단한 음식을 회피한다. 씹는 수고를 원치 않기 때문이다. 반면에 장성한 자는 단단한 음식을 섭취한다. 즉 말씀을 먹고 되씹는 훈련을 거듭한다. 스포츠계에서 이름을 날리는 선수들은 공 차기를 하든 활을 쏘든 천번 만번 반복한다고 한다. 마찬가지로 영적 고수가 되는 길은 주의 법을 즐거워하여 주야로 묵상하는 길을 가는 것이다. 주님의 말씀이 모든 에너지의 원천임을 알기에, 천지는 사라져도 주의 말씀은 사라지지 않음을 알기에 끝까지 말씀을 붙드는 것을 포기하지 않는다. 그것이 대회에서 메달을 목에 걸 수 있는 비결이다. 여호와께 붙어 떠나지 않는 길만이 생존의 길임을 안다(신 4:5-6). 당장 손실이 있고, 아픔이 오고, 때로는 죽음의 위협이 닥쳐와도 굴하지 않고 주님 약속의 말씀을 붙든다. 그것이 생명줄임을 알기 때문이다.

히브리서 5장 14절을 보라: "**단단한 식물은 장성한 자의 것이니 저희는 지각을 사용함으로 연단을 받아 선악을 분변하는 자들이니라!**" 여기서 어린아이와 장성한 자의 또 다른 차이를 발견한다. 그것은 지각을 사용하는 것과 연단을 받는 것이다. 그 결과는 선악을 분변하는 능력을 갖추는 것임을 분명히 하고 있다. 예수님 안에 있는 참된 어린아이가 되는 것보다 더 기쁜 것은 없다. 그러나 성숙해야 할 사람이 어린 아기가 되어 있는 것보다 더 마음 아프고 우울한 것은 없다. 어쩌면 우리의 신앙생활이 불안정할 수도 있다. 아기들은 생각이 없이 여기저기 기웃거린다. 온갖 교훈의 풍조에 밀려 이리저리 요동한다(엡 4:14-16). 특정 광신도들처럼 맹목적으로 사람을 우상화한다. 잠을 오래 자고 작은 일에도 우는 소리 일색이다. 이렇게 젖만 먹으며 겨우 생명 유지에만 머무는 아이는 단단한 음식을 섭취할 수 없기에 존재가치를 드러낼 수 없다.

물론 처음부터 단단한 음식을 소화할 수 있는 사람은 한 사람도 없다. 앞에서도 언급했듯이 시간이 지나면서 젖에서 이유식으로 그리고 밥과 고기반찬을 섭렵하는 단계를 거치는 것이다. 그런데 단단한 것 씹고 싶지 않다고 피하면 근력을 기를 수 없고 힘을 써야 할 때 힘 한번 써보지 못하고 무너진다. 그러나 장성한 자, 성숙한 자는 먹는 일에 지각을 사용한다. 단순히 지적 능력을 발휘하는 것만이 아니다. 시각과 청각과 후각과 미각까지 다 동원하여 습득한 지식을 활용할 줄 안다. 그것도 현장에서의 실전을 통해서 훨씬 많이 익힌다. 운동선수들이 월등한 기량을 발휘하는 것은 평소에 다져진 수많은 훈련에 기인한 것이겠지만 아시안게임이나 월드컵 예선전 및 본선이라는 실전에 참여하는 경험을 많이 쌓으면서 더 많은 향상과 자신의 진가를 드러내게 된다.

마찬가지로 성도들이 공적 은혜의 수단을 통해서 공적으로나 개인적으로 훈련을 받으면서 듣고 보고 배운 모든 진리를 삶의 현장에서 구현하려는 노력이 없으면 상처도 없고 아픔도 없다. 현실이 없는 장롱 면허증과 같이 무가치한 것이다. 선수치고 다치는 손상을 입을 걱정이 없는 선수는 아무도 없다. 예수를 믿는 거듭난 신자를 주님이 너무나 사랑하셔서 믿는 순간 곧장 천국에 데려가실 것 같은데 그렇게 하지 않으신다. 우는 사자와 같이 삼킬 자를 삼키려고 으르렁거리는 악한 마귀와 그의 졸개들이 판을 치고 있는 세상에 두시는 이유는 세상에 빛이 있음을 알게 하려 함이다. 믿는 성도들을 통해서 세상에 하나님만이 참 신이시며 예수만이 참 구세주임을 온 땅에 알리고자 하며 그 활동을 통해서 천국을 더욱 사모하며 사는 자가 되게 하기 위함이다.

세상에서 믿음으로 사는 길은 부상을 각오하고, 손해 볼 것을 각오하고 심지어 목숨까지도 잃을 각오를 다지는 삶이다. 그런 일이 가정에서 벌어지든, 직장에서 벌어지든, 아니면 사회 공동체 속에서 벌어지든 듣고 보고 배운 바를 구현하고자 힘쓸 때 말씀의 위력이 어떠하며 하나님의 돌보심과 지키심이 어떤지를 맛보게 되는 것이다. 감각적으로 더 큰 믿음의 진보를 이루며 극상품 열매를 따는 즐거움을 누릴 수 있는 것이다. 본문에서 **지각을 사용한다**는 것은 습득한 지식이 모든 감각적 기능에 파고들어 자연스럽게 움직이는 적응력을 기른다는 것이다. 한 마디로 실전 감각을 끌어올리기 위한 부단한 노력을 말한다. 기량 증가가 눈부시게 드러날 것이다. 예민하고 민첩하고 날렵한 행동을 담아내는 정금과 같은 일군으로 세움을 받을 것이다. 영적 기량 증가를 가름할 수 있는 것은 다른 것이 아닌 지각을 통한 월등한 분별력이다. 본문에서 말하는 분별력은 옳고 그름, 선과 악, 의와 불의, 좋음과 나쁨으로 표현되는 도덕적 질량만을 의미하는 것이 아니다. 도리어 그것은 영적으로 건전하지도 않고 부패하고 오염된 교리적 가르침을 제대로 분별하여 부끄러울 것이 하나 없는 일군으로 인정된 자로 자신을 하나님께 드리기를 힘쓰는 성숙한 신앙인이 됨을 말하는 것이다. 세상의 유행과 풍습을 따르고자 하는 마음과 눈의 욕심에서 벗어나(민 15:39) 하나님의 말씀을 따라 하나님의 선하시고 기뻐하시고 온전케 하시는 뜻이 무엇인지를 분별하여(롬 12:2) 행동하는 그리스도인이다.

이처럼 분별하는 능력은 영적 성숙에 매우 중요한 척도이다. 영적 분별력에는 영적 감각이 활발하게 작동한다. '군인은 군복을 수의로 입고 복무한다'라고 말한 한 퇴역 장군의 말은 심금을 울렸다. 그리스도인의 믿음 생활은 예수로 옷 입은 자의 삶이다. 이는 미각 후각 촉각 청각 시각 등을 다 동원하여 스스로 예수 그리스도를 아는 냄새를 풍긴다. 걸어 다니는 그리스도의 편지가 되는 단련의 기회를 늘려가는 것이다. 영적 미각은 주님이 얼마나 은혜로우신 분인지, 그의 선하심과 인자하심이 얼마나 달콤한 것인지를 맛보는 입맛 다심이다(벧전 2:3, 시 34:8). 영적 청각은 하나님의 세미한 음성을 듣는 일에 바싹 귀를 기울이는 것이다.

'들으라, 그리하면 너희 영혼이 살리라'(사 55:3)! '귀 있는 자는 성령이 교회에게 하시는 말씀을 들으라'(계 2:7). 하나님께 속한 자는 하나님의 말씀을 듣는다(요 8:47). 운동장에서 뛰어도 감독의 말과 손짓에 늘 주목한다. 세상에 살아도 우리의 최고 사령관이신 그리스도의 말씀을 귀담아 듣는다. 그의 인도하심에 적극 순응한다. 영적 시각이 있다. 내 눈을 열어 주의 법의 기이한 것을 보게 해 달라는 갈망함이다(시 119:18). 우리 마음의 눈을 밝히사 그의 부르심의 소망이 무엇이며 성도 안에서 그 기업의 풍성이 무엇인지를 알고자 하는 욕구 발로이다(엡 1:18). 영적 후각도 있다. 그리스도를 아는 냄새를 사모한다(고후 2:14). 하나님께서 받으실 만한 향기로운 제물이 되고자 힘쓴다(빌 4:18). 영적 촉각도 있다. 총명이 살아나고 굳어진 마음이 회복되는 부드러움이 있다(엡 4:18-19, 왕하 22:19). 이러한 감각 활용이 전방위적으로 일어난다. 주님을 알아가는 지식 가운데서 성장하는 것이다.

이런 훈련이 거듭되고 삶의 현장에서 부딪힐 수 있는 모든 상황을 예견하고 맞서서 싸우는 자가 장성한 자가 되고 숙달된 조교가 되고 성숙한 자가 된다. 어떤 상황에도 잘 대처하고 어떤 시련도 극복하고 어떤 미혹도 막아내고 분별하는 뛰어난 믿음의 역사는 믿음의 확신과 인내가 요구된다. 사단은 항상 기록된 말씀을 의심케 만든다. 성경과 현실의 괴리를 들이대며 말씀에서 이탈하고 현실에 충실하라고 속삭인다. 그래도 약속의 말씀을 굳게 믿는 것, 불어오는 바람에 흔들리는 것이 있어도 반드시 소망의 항구에 도달하게 하신다는 약속을 붙들고 요동하지 않는다.

참고 견디면서 인생 바다에서 항해하는 자들은 반드시 안전한 포구에 도착하게 하시는 은혜를 얻게 되는 것이다. 여기에 필요한 인내에 연단이 들어가고 경험이 쌓이면서 옳고 그른 것에 대한 확실한 분별력이 생기는 것이다. 히브리서 기자는 이렇게 교훈한다: "우리가 간절히 원하는 것은 너희 각 사람이 동일한 부지런을 나타내어 끝까지 소망의 풍성함에 이르러 게으르지 아니하고 믿음과 오래 참음으로 말미암아 약속들을 기업으로 받는 자들을 본받는 자 되게 하려는 것이니라"(히 6:11-12). 성도들의 예수 배움의 목표가 무엇인지를 잘 드러내고 있다.

3 배움의 내용

그렇다면 이제 예수를 배움이 무엇을 포함하고 있는지 그 지식의 가장 근본적인 실체를 간략하게나마 살펴보자. 먼저 성경에서 예수님은 이렇게 말씀하신다: "수고하고 무거운 짐 진 자들아 다 내게로 오라 내가 너희를 쉬게 하리라 나는 마음이 온유하고 겸손하니 나의 멍에를 메고 내게 배우라 그리하면 너희 마음이 쉼을 얻으리니 이는 내 멍에는 쉽고 내 짐은 가벼움이니라"(마 11:28-30). 고달프지 않은 인생살이를 가지지 않은 사람은 없다. 인생의 년 수가 70이요 강건하면 80이라도 그년 수의 자랑은 수고와 슬픔뿐이라고 말씀한다(시 90:10). 눈물이 없는 세상도 없고 고통 없는 인생 아무도 없다. 그런 인생을 주님은 부르신다. 수고하고 무거운 짐을 진 자들로 규정하면서 주님에게 나와 쉼을 얻으라고 말씀하신다.

예수를 배움은 주님에게 나오는 것이다. 예수님이 찾아오심도 있지만 오라고 부르심이 일반적이다. 왜 오라는 것인가? 수고하고 무거운 고달픈 짐에서 벗어나게 하기 위함이다. 땀을 흘리지 않으면 소출을 가질 수 없는 인생으로서 죄악의 무거운 짐이 지옥의 심연으로 침몰시키고 있음을 아신 주님께서 주님에게로 오라는 것이다. 그 이유는 그만이 쉼을 줄 수 있기 때문이다. 그리고 자기의 멍에를 메고 함께 가자고 하신다. 어떻게 멜지 가르쳐주신다는 말씀이기도 하다. 어떻게 그 모든 수고의 땀을 씻으며 그 무거운 짐의 눌림으로부터 해방할지를 알게 해 주신다는 것이다.

이렇게 반응할 수 있다. '아니 내 짐도 무겁고 내 수고도 힘든데 당신 멍에를 같이 메자고요? 당신 짐까지 함께 지고 가자고요? 난 싫습니다.' 반박하는 자들도 있을 것이다. 그런데 주님이 하신 말씀을 주의 깊게 경청해 보라. 단순히 주님은 당신의 멍에를 메고 당신에게서 와서 배우라고만 한 것이 아니다. 그는 그렇게 말씀하는 당신 자신이 누구인지를 설명한다. "나는 **마음이 온유하고 겸손하다!**" 그리고 "**자기 멍에는 쉽고 자기 짐은 가볍다.**"라고 하신 것이다.

사실 유대인들 사이에는 멍에 종류가 많다고 한다. 일반적으로 하나님에게 향한 멍에를 말하는 것으로서 하나님 나라의 멍에, 율법의 멍에, 계명의 멍에, 회개의 멍에, 믿음의 멍에, 하나님께서 일반적으로 요구하시는 것들을 감당해야 할 멍에 등 다양하다. 지금 예수님은 '그렇게 많은 멍에 때문에 고생하지 말라. 그 멍에는 다 잊으라 그리고 내 멍에를 메고 내게 와서 배우라 왜냐하면 내 멍에는 쉽고 내 짐은 가볍기 때문이다'라고 말씀하는 것이다. 예수님의 멍에는 다른 멍에에 비해 훨씬 쉽고 가볍다는 것이다. 예수님의 멍에는 우리가 거역하지 않고 메보면 쉽고 가볍다는 것이다. 예수님의 멍에는 근심과 걱정을 달고 갈 일이 전혀 없는 것이다. 예수님의 멍에는 우리가 거기에 더하기로 선택한 짐도 전혀 없는 것이다. 주님 자신이 온유하고 겸손하시기에 주님의 멍에를 메면 반드시 쉼을 얻게 된다고 약속하시는 것이다.

예수를 믿는다는 것이 바로 그의 약속을 믿는 것이기에 주님을 믿는다고 하면서 주님의 멍에 메는 것을 거절할 인간은 아무도 없는 것이다. 더욱이 이는 주님의 멍에요 주님의 짐이다. 주님이 메고 가고 주님이 지고 간다. 온유하고 겸손하신 분이기에 우리에게 전혀 갑질을 하거나 횡포를 부리심이 없다. 쉽고 가벼워도 우리에게 자기 멍에와 짐을 다 떠맡기시는 것이 없다. 사실 우리 인생들과 세상 끝 날까지 함께 하시겠다고 약속하신 주님이신데 함께 가면서 우리보고 낑낑대고 구슬땀 펄펄 흘리면서 가라고 방치하시는 분은 아닐까 의심되는가? 아니다. 그를 신뢰하면 그가 함께 메고 갈 멍에가 얼마나 쉬운 것인지 그분과 함께 지고 갈 짐이 얼마나 가벼운 것인지 실감하게 될 것이다. 새털보다 더 가볍다고 고백할 것이다.

사실 주님의 멍에를 메고 주님의 짐을 함께 지는 일을 통해서 우리가 배우는 것은 주님의 온유하심과 겸손하심이다. 주님이 얼마나 온유하신 분인지, 주님이 얼마나 겸손하신 분인지를 실감할 것이다. 우락부락 펄펄 끓어오르는 분노의 열기가 전혀 없으시고 부드럽고 온화한 자이며 매우 친절하고 다정다감한 분이심을 실감케 된다. 우리는 아무것도 아닌 자가 뭐라도 된 자인 것처럼 교만이 하늘 높은 줄 모르고 뻣뻣한 인생이지만 온유하고 겸손하신 주 예수를 만남으로 주인에게 바싹 엎드리는 강아지처럼 졸졸 따르는 자가 되는 것이다. 이런 모습은 훈련 과정을 통해서 습득되는 것이다.

예를 들면 고대 농부들이 쟁기질하도록 소를 훈련할 때 종종 그 동물에게 더 숙달되고, 더 강하고, 더 경험이 많은 소에게 멍에를 메었고, 그 소는 부담을 지고 학습 과정을 통해 어린 소를 인도했다고 한다. 마음이 온유하시고 겸손하신 주님께서 직접 멍에를 메시고 우리의 무거운 짐까지 다 챙겨 주심으로 우리도 능히 그런 길을 가도록 훈련하시는 것이다. 처음에는 모든 것이 새롭고 어렵고 버겁게 느껴진다. 그러나 익숙해지면 그것처럼 가벼운 것이 없다. 고수의 경지에 오르는 과정은 쉽지 않으나 일단 오르면 누구도 범접할 수 없는 경지에서 노는 즐거움을 만끽할 것이다.

더구나 '쉽다'라는 헬라어는 '딱 맞는다'라는 말이기도 하다. 말 그대로 안성맞춤이다. 주님의 멍에는 우리 같은 초보자도 거뜬히 지고 가기에 딱 맞는 멍에라서 쉽다는 것이다. 여기에는 게으름이나 방종이 비집고 들어올 틈이 없다. 부지런히 배우게 되고 열심히 익히게 된다. 그래서 능히 예수 그리스도의 십자가와 함께 고난의 길을 기쁨으로 달려가는 자가 된다. 온유와 겸손은 오래 참음과 연단을 통해서 몸에 밴다. 학습 과정을 통해서 인간으로서 단련을 받게 되고 사회성도 익히며 어려움을 극복하는 지혜도 터득하게 된다. 마찬가지로 주님을 배우면서 인내의 맛은 쓰지만 그 열매가 얼마나 달콤한지 경험한다. 그리고 잘 익은 곡식처럼 고개가 절로 숙어지는 겸손한 인간이 되는 것이다. 그렇다면 구체적으로 주님을 배우는 실천적 지식은 어떤 것이 있겠는가?

물론 가장 손쉬운 것은 기독교인이라면, 아니 교회에 한 번쯤 발을 들여놓은 사람이라면 다 접했을 사도신경이 있다. 신자가 무엇을 믿는 것인지 일목요연하게 정리한 것이다. 현실적으로 지금의 교회에서는 믿으나 믿지 않으나 다 일괄적으로 고백하는 모순이 존재하지만 일단 사도신경에서 말하고 있는 내용을 배워 이해하고 마음으로 고백해야 한다. 신앙고백은 마치 나그네에게 현재 있는 위치가 어딘지, 앞으로 도달해야 할 목적지까지 길을 안내하는 지도와 같은 역할을 한다. 사도신경은 사도들이 직접 쓴 것이 아니지만 사도들이 전파한 가르침을 잘 드러내고 있다. 기독교 신앙의 주 핵심 사항이다.

그 내용은 삼위일체 하나님에 대한 교리요 그 하나님의 성품과 사역이 어떤 것인지를 알려준다. 각 항목에 대한 세부적인 것들은 각 교회가 신봉한다고 고백하는 신앙고백서(장로교회에서는 웨스트민스터 신앙고백서와 대 소 요리문답)가 있다. 신조(creed)라는 말은 내가 믿는다(Credo)에서 나온 말로서 그 자체가 내가 고백하는 신앙(belief) 혹은 확신을 뜻한다. 기독교인들이 믿는다고 선포하고 확신하는 것이 신앙고백서이다. 따라서 사도신경과 신앙고백서는 우리가 믿어야 할 것이 무엇인지 그리고 기독교인으로 어떻게 살아야 할지를 상세하게 기술하여 알려주는 일명 '신앙의 규범'이다. 사도신경이 전체를 다룬 지도라면 신앙고백서나 요리문답은 세부 사항을 낱낱이 알려주는 안내서와 같다.

필자는 그 모든 것을 토대로 예수를 믿음이 다루는 근본적인 원리 두 가지만 소개하고자 한다. 하나가 삼위일체 신론을 다루는 하나님을 아는 지식과 또 하나는 구속론을 포함한 타락한 죄인의 구속을 다루는 인간론이다. 먼저 하나님을 알고 인간을 아는 것이 기독교 신앙의 전부를 논할 수 있기 때문이다. 그러나 본 책의 저술 목적이 신학자들을 돕기 위한 것이 아니라 일반 성도들 그리고 그들에게 기독교의 기본적 신앙을 가르쳐 믿음의 뿌리를 깊이 내리게 하고자 하는 교회 일군들을 위한 것이다. 그래서 전문인들을 위한 참고 자료를 간단히 소개하는 것으로 만족하고자 하며 더 알기를 원하는 분들은 더 전문화된 책들을 섭렵해야 할 것이다.

첫째는 **하나님에 대한 교리**이다. 이것은 천지를 창조하시고 보존하시며 다스리시는 성부 하나님, 죄인을 구속하여 새로운 피조물이 되게 하신 성자 예수님, 믿는 자들을 거룩케 하시고 성령의 열매를 맺게 하시며 하나님 영광의 품 안에 들어가게 하시는 성령 하나님을 배우는 것이다. 만물의 창조주이시며 통치자이신 한 하나님이 계시며, 성부와 성자와 성령으로 구별되시는 하나님임을 믿는 것이다. 웨스트민스터 신앙고백서에서는 이렇게 기술하고 있다(본 내용은 칼빈의 제네바 시편가 뒤에 실린 부록에서 발췌한 것임).

| 하나님을 아는 지식 |

(1) **하나님은 누구신가?**

1. 오직 한 분뿐이시며 살아계시고 참되신 하나님은 존재와 완전함에 있어서 무한하시다(신 4:4, 고전 8:4, 6, 살전 1:9, 렘 10:10, 욥 11:7-9, 26:14). 그는 가장 순결하신 영이시며(요 4:24), 보이지 않으시며(딤전 1:17), 몸과 지체가 없으시며(신 4:15-16, 요 4:24, 눅 24:39), 성정(性情)도 없으시다(행 14:11, 15). 그는 불변하시며(약 1:17, 말 3:6), 광대하시고(왕상 8:27, 렘 23:23-24), 영원하시며(시 90:2, 딤전 1:17), 측량할 수 없으시고(시 145:3, 롬 11:33), 전능하시고(창 17:1, 계 4:8), 가장 지혜로우시고(롬 16:27), 가장 거룩하시며(사 6:8, 계 4:8), 가장 자유하시고(시 115:3) 가장 절대적이시다(출 3:14, 사 44:6, 행 17:24-25). 그는 자신의 변함없으시고 가장 의로운 뜻의 도모를 따라 자신의 영광을 위해 모든 일을 하신다(엡 1:11, 잠 16:4, 롬 11:36). 그는 가장 사랑이 많으시며(요일 4:8, 16) 은혜로우시고 자비하시며 오래 참으시고 인자와 진리가 풍성하시다. 그는 죄악과 허물과 죄를 사하시며(출 34:6-7), 자기를 부지런히 찾는 자들에게 상주시는 자이시다(히 11:6). 그의 심판은 가장 공의롭고 무서우며(느 9:32-33), 모든 죄를 싫어하시고 유죄(有罪)자를 결코 면죄(免罪)하지 않으시는 분이시다(시 5:5-6, 느 1:2-3, 출 34:7).

2. 하나님은 자신 안에 그리고 자기에게서부터 모든 생명과 영광과 선함과 복을 가지고 계신다(요 5:26, 행 7:2, 시 119:68, 딤전 6:15, 롬 9:5). 그리고 홀로 자기 안에서 그리고 자기에게 전적으로 자족하시며 지으신 피조물의 도움을 필요로 하지 않으시며 그들에게서 어떤 영광도 얻

으려 하지 않으신다. 다만 자신의 영광을 피조물 안에서, 피조물로 말미암아, 피조물에게 나타내실 뿐이다(행 17:24-25, 욥 22:2-3). 그는 홀로 모든 존재의 근원이시며 모든 만물이 다 그에게서 나오고 그로 말미암고 그에게로 돌아간다(롬 11:36). 그는 만물을 절대 주권적으로 통치하시며 자신이 기뻐하시는 것은 무엇이든지 만물에 의해, 만물을 위하여 또는 만물에게 행하신다(계 4:11, 딤전 6:15, 단 4:25, 35). 그의 앞에서는 모든 만물이 드러나며 나타난다(히 4:13). 그의 지식은 무한하시고 무오하시며 피조물에 의존함이 없으시다(롬 11:33-34, 시 147:5). 그러므로 그에게는 아무것도 우연하거나 불확실한 것이 없다(행 15:18, 겔 11:5). 그는 그의 모든 계획과 그의 모든 일들과 그의 모든 명령에 있어서 가장 거룩하시다(시 145:17, 롬 7:12). 그에게는 그가 요구하시기를 기뻐하시는 천사들이나 사람들 그리고 모든 다른 피조물로부터 예배와 섬김과 순종을 받으심이 마땅하다(계 4:12-14).

3. 신격(神格)의 통일에 있어서 삼위가 계시며, 본체와 능력과 영원성에 있어서 하나이신 성부 하나님, 성자 하나님, 성령 하나님이 계시다(요일 5:7, 마 3:16-17, 28:19, 고후 13:14). 성부는 아무 것에도 속하지 않으시고 나시지도 않으며 나오시지도 않으나 성자는 아버지에게서 영원히 독생하신 분이시며(요 1:14, 18), 성령도 아버지와 아들에게서 영원히 나오신다(요 15:26, 갈 4:6).

[참고로 이에 대한 자세한 설명은 시중에 나와 있는 웨스트민스터 신앙

고백서 해설, 대요리문답 소요리문답 해설에 대한 책들을 골라서 읽고 가슴에 새기는 시간을 가지기를 바란다. 박윤선 박사. 송용조 박사, 정요석의 웨스트민스터 신앙고백 해설, 로버트 쇼의 웨스트민스터 신앙고백서 해설 , 토마스 왓슨의 신학 체계, 토마스 보스톤의 소요리문답 강해 등을 추천한다.]

이상의 글에서 하나님은 존재하시며 이 하나님은 한 분임을 분명히 천명하고 있다. 또 하나님은 천지를 창조하신 분이시다. 모든 것을 관장하시는 주재자요 통치자이시다. 그리고 성부와 성자와 성령은 구별되신 위격이지만 삼신이 아니라 한 분이신 유일신 사상을 가르친다.

세상은 하나님을 경외하는 자와 우상을 섬기는 자, 예수 그리스도를 믿는 자와 예수 그리스도를 믿어야 할 자, 성령의 인도함을 받으며 사는 자와 악령의 이끌림에 굴복하는 자로 양분되어 있다. 여기서 다루는 내용은 하나님을 경외하는 자, 주 예수 그리스도를 구주로 믿는 자, 성령의 인도하심을 받으며 사는 하나님의 자녀들이 터득하고 익히며 새겨야 할 것들이다. 물론 이것도 믿지 않는 자들에게 증언하는 변증의 도구가 될 수 있다. 그러나 본 저서의 대상은 기독 신자들이다. 신앙인, 예수를 믿는 자들이 배워야 할 예수가 누구인지, 알아야 할 하나님이 어떤 분인지, 성령 하나님께서는 어떤 분인지에 대한 지식 안에서 자라도록 돕는 데 있다. 하나님의 본질은 칼빈이 지적한 것처럼 '세심하게 탐구할 대상이 아니라 찬송할 대상이다.'[14] 성경에 계시 된 신적 존재에 대한 우리의 묵상은 크고 위대하신 주님을 더욱 찬양하는 자리로 이끌 뿐이다. 왜냐하면 그의 위대하심에 압도당할 수밖에 없기 때문이다. 이것은 또한 하나님을 아는 지식의 근본 목적이기도 하다.

(2) 전능하신 하나님

사도신경에서 성도들은 "**전능하사 천지를 만드신 하나님 아버지를 믿사오며**"라고 고백한다. 공예배 시간마다 고백하는 첫 문장이다. 이것은 우리 눈에 보이는 것, 보이지 않는 것, 땅에 있는 것, 하늘에 있는 것, 땅속에 있는 것, 물속에 있는 모든 생물과 미생물이 다 창조주 하나님으로 말미암아 비롯된 것임을 고백하는 것이다. 이는 근원적으로 인간을 포함한 모든 존재의 원인이요 동인임을 말하는 것이다. 지음을 받은 존재는 무엇이든지 이 창조주에게 절대적으로 의존되어 있음을 의미한다. 그 창조주 하나님을 아버지라고 부른다. 그로 말미암아 난 자들이기에 하나님이 창조주로서 피조물

---

14 존 칼빈, 『기독교 강요』, 원광연 역, 크리스천 다이제스트사. 2003, 상권, 69.

의 아버지(원조)이다. 이는 그만이 경배받으셔야 하고 찬송 받으셔야 할 유일한 분임을 고백하게 만든다: "**…영원부터 영원까지 계신 너희 하나님 여호와를 송축할찌어다 주여, 주의 영화로운 이름을 송축하올 것은 주의 이름이 존귀하여 모든 송축이나 찬양에서 뛰어남이니이다 오직 주는 여호와시라 하늘과 하늘들의 하늘과 일월 성신과 땅과 땅 위의 만물과 바다와 그 가운데 모든 것을 지으시고 다 보존하시오니 모든 천군이 주께 경배하나이다**"(느 9:5-6).

말라기 선지자는 하나님의 아버지이심을 이렇게 말씀한다: "**우리는 한 아버지를 가지지 아니하였느냐 한 하나님의 지으신 바가 아니냐?…**"(말 2:10). 모든 그리스도인과 비기독교인도 다 하나님의 지으신 바 된 피조물이다. 그래서 사도 바울이 아테네에 가서 전도할 때 "**우리가 그를 힘입어 살며 기동하며 있느니라…어떤 사람의 말과 같이 우리가 그의 소생이라**(we are his offspring)"라고 선언한 것이다. 하나님의 자손이기에 하나님을 공경하고 찾고 순종하고 따르는 길을 가는 것이 지음을 받은 존재로 마땅한 것이다. 그러나 우리가 알듯이 인간이 본래 지음을 받은 의도와는 달리 제각기 갈 길로 가 하나님을 등지고 각종 우상을 만들어 섬기는 어리석은 짓을 행하는 것이다. 그런 우리를 말할 수 없는 사랑으로 구원하여 주셔서 예수를 믿는 자는 누구든지 하나님의 자녀가 되는 권세를 입혀 주신 것이다. 하나밖에 없는 아들 예수의 피로 값 주고 산 자가 되어 하늘나라 왕실 백성이 된 큰 은총을 받은 자들은 말할 필요가 없이 하나님을 아버지라 부르며 경배하며 그를 영화롭게 하는 삶을 사는 것이다. 그 하나님이 어떤 분인지에 대한 피조물의 지적 욕구는 지극히 당연한 것이다. 그 하나님께서 죄인이요 연약한 자요 하나님의 원수였던 우리를 구원하시기 위해 무슨 일을 하셨는지, 그 세세한 내용을 탐구하려는 것이야말로 받은바 은혜를 보답하는 지름길이 되는 것이다. 살아도 주를 위해 살고 죽어도 주를 위해 죽고자 각오하는 것은 우리가 다 주님의 소유된 백성이 되었기 때문이다. 그 주님이 우리에게 말씀하시는 것이 무엇인지를 듣는 것과 그의 뜻을 준행하는 것이 우리의 양식이 되는 것이다.

혹자들은 하나님의 아버지 되심을 내세워 만인 구원설을 주장한다. 모든 사람이 다 구원의 자리에 있게 될 것이라는 말이다. 그러나 하나님의 형상과 모양을 따라 지음을 받은 피조물이라도 인간 세상에는 그들의 아비가 마귀인 자들이 있고 창조주 하나님이 아버지인 자들이 있다. 하나님께서 아들 예수에게 주신 자들만이 하나님의 친 백성으로 구속함을 받은 것이다. 마귀의 자식들에게는 예수 그리스도의 구속 은총이 미련한 것이요 오로지 하나님의 참 자녀들에게만 구원의 능력이다(고전 1:18). 이렇게 세상에는 하나님의 진노를 쌓는 존재들이 있는가 하면 하나님의 은총을 누리는 자들이 있다. 후자의 욕구는 항상 그 하나님과 함께하는 것이다. 영적 친밀함의 특권을 포기하지 않는다.

더욱이 전능하신 하나님이지 않는가? '전능하다'라는 말에는 기본적으로 하나님이 만유의 주재자이시고 왕이시며 전지하시고 온 세상을 다스리시는 강력한 신임을 나타내는 말이다. 그와 견줄만한 신이 상천 하지에 존재하는 것이 전혀 없는 유일무이한 지존 자임을 나타내는 용어이다. 그래서 앞에서도 언급했듯이 찬송과 존귀와 영광을 세세토록 받으시기에 가장 합당하신 신임을 노래하는 것이다. 그 하나님을 알면 알수록 그의 위엄과 그의 성품에 압도되어 연일 찬송과 경배와 감사를 올릴 수밖에 없는 것이다(시 93, 96, 97, 99:1-5, 100, 103). 패커의 지적처럼 '하나님의 절대 주권 문제는 논쟁의 주제이지만 성경에서는 경배의 문제이다.'[15] 이에 대한 자세한 설명은 앞에 인용해 놓은 웨스트민스터 신앙고백서 해설서 2장 신론을 참고하기를 바란다. 우리가 배워야 할 하나님의 속성, 그리고 예수 그리스도의 신성과 인성 및 또 다른 보혜사 성령의 역사하심은 조직신학 책에서 상세하게 다루고 있어서 여기서는 기본적인 언급을 할 뿐이다.

---

15   J. I Packer, *I want to be a Christian*, Kingsway Publications, Eastbourne, 1977, 29.

하나님의 전능성과 관련하여 오해하지 말아야 할 것이 하나 있다. 그것은 하나님은 모든 것을 하실 수 있다는 말 자체가 문자적으로 맞지 않기 때문이다. 물론 하나님은 자기의 기뻐하시는 뜻을 따라 하고자 하시는 것은 무엇이든지 다 할 수 있으시다(시 135:6). 그러나 그 하나님에게도 하실 수 없는 것이 있다는 사실이다. 하나님이 하실 수 없는 것이 있다고? 그렇다. 무엇보다 자기 모순되는 일을 하실 수 없으시다. 거짓말을 하실 수 없으시다. 죄를 지을 수 없으시다. 그러한 것은 하나님 성품 자체와 어긋나는 일이다. 하나님의 거룩과 의, 참과 선, 사랑 및 불변의 속성들과는 무관한 것들이다. 그렇기에 자기를 부정하는 그 어떤 말과 행위도 할 수 없는 것이다. 선과 악, 의와 불의, 성결과 부정, 깨끗함과 더러움, 참과 거짓은 분별하나 악을 행하거나 불의와 부정한 것과 더러운 일과 거짓말을 하는 일은 전혀 할 수 없는 것들이다.

성경은 이렇게 말씀한다: "**하나님은 인생이 아니시니 식언치 아니하시고 인자가 아니시니 후회가 없으시도다 어찌 그 말씀하신 바를 행치 않으시며 하신 일을 실행치 않으시랴**"(민 23:19). "**그의 뜻은 일정하시니 누가 능히 돌이킬까 그 마음에 하고자 하시는 것이면 그것을 행하시나니**"(욥 23:13). 하나님은 변덕쟁이가 아니다. 사랑이 없다느니, 예측 불허할 정도로 변화무쌍하다느니, 일관성이 없다느니 불의하다고 말할 수 있는 존재가 아니다. 그는 속량함이 없이 죄를 용서

하실 수 없으시다. 그것은 올바른 것이 아니기 때문이다. 하나님은 우리가 믿음으로 고백한 죄를 용서하시고 주께서 하신 모든 약속을 붙들고 믿음으로 나아가는 일에 있어서 아니라고 고개를 돌리시는 일도 없다. 왜냐하면 그는 약속을 지키시는 일에 신실하신 분이심을 실패한다는 것은 있을 수 없기 때문이다.

그의 전능하심은 우리가 완전한 신뢰를 그에게 둘 수 있는 보증서와 같다. 물론 때로 하나님이 그 얼굴을 우리에게 숨기는 경우도 있으시다(시 13, 사 59:2). 종종 하나님의 신실한 사람들도 어둠에 처하게 되고 (사 40:27, 50:10) 하나님의 도움을 전혀 받지 못하는 실패와 패배의 쓰라림을 맛본다. 심지어 완전히 버림당했다는 절망에 빠지는 경험도 한다(시 22:1). 교회도 버림을 당하는 듯한 고통의 나락에 떨어지기도 한다(시 74:1). 그러나 우리를 더 거룩한 자로 만드시기 위한 징계와 더 충성스러운 하나님의 일군이 되게 하려는 연단을 위하여 하시는 일이지만 궁극적으로 버리거나 떠나시는 일은 없다 (수 1:5, 히 13:5).

우리를 구원하기로 작정하신 하나님의 뜻에는 후회하심이 없으시다. 그분의 사랑은 우리가 그분의 영광 앞에 흠 없이 서게 될 때까지 결코 멀리 달아나지 않을 것이다. 사람에게는 컵과 입술 사이에 미끄러져 새는 말이 많이 있어도 하나님에게는 전혀 없으신 신실하신 분이시다. 그는 자기 백성의 온전한 구원을 이루시기까지 정확하게 지키실 것이다(벧전 1:5). 그렇지 않으면 믿음의 대상이 될 수 없다. 하나님은 우리를 사랑하신다. 세상 끝 날까지 우리와 함께하신다. 이 하나님이 우리의 하나님이요 우리의 주님임이 얼마나 영광스럽고 자랑스러운 것인지 모른다. 그 하나님을 기뻐하는 것이 우리의 힘이다.

또한 하나님의 전능하심은 그의 창조와 섭리와 구속의 사건을 통해서 가장 확실하게 드러나는 것이지만 우리 인간 삶의 현장에서 가장 밀접하게 경험하는 것은 성경이 주로 언급하고 있는 기적(Miracles)이나 표적(Signs)과 같은 것이다. 이런 것은 하나님의 구속적 섭리하심 사건에 부가적인 것으로 보기는 어렵지만 특별한 주목을 끄는 구별된 사건들임은 분명하다. 성경에서 찾아지는 기적에 관한 명칭은 크게 세 가지가 있다. 도날드 맥클라우드 교수의 설명에 따르면[16] 첫째는 테라타(τερατα)인데 이는 불가사의한 일을 가리킨다. 이 단어는 그것을 목격한 사람들에게 끼친 감성적 영향에 의하여 그것을 정의한다. 사실 목격자들은 과거에 그들에게 익숙했던 것과는 완전히 다른 초자연적인 현상이기에 이에 대한 놀라움과 경이로운 감정에 사로잡히는 것이다.

---

16 Donald Macleod, ***Behold Your God***, Christian Focus Publication, 1990, 60.

둘째는 세메이아(σεμεια)가 있는데 이는 표적들이라는 의미이다. 그것은 하나님의 임재와 그것을 행하는 자들 대한 하나님의 승인과 사명의 표시였다. 그것들은 우리 주 예수 그리스도께서 하나님의 아들이심과 하나님의 보내신 구세주임을 확증하는 것과 그의 선지자들과 사도들이 하나님에 의해서 세움을 입은 자들이라는 분명한 표시를 나타내는 것이다. 이것은 또한 동시에 하나님 나라가 임하였다는 것을 나타내는 것이기도 했다. 표적은 주님의 일군들의 확고한 의지와 수고의 땀에 대한 격려와 장려책이었다.

셋째는 듀나메이스(δυναμεις)로 능한 일들을 의미한다. 기적들은 하나님 권능의 효과들이다. 곤경에 처한 사람에게 강력한 신적 개입으로 곤경에서 건져주는 행위인 것이다. 그것들은 하나님의 권능과 잘 어울리는 행위이다. 그래서 하나님의 권능이 아니고서는 설명이 안 되는 일인 것이다. 성경에서 찾아지는 출애굽의 역사를 필두로 모든 초자연적인 역사, 죽은 나사로 살리는 일, 귀신을 쫓아내는 일들이 다 이에 해당한다. 말씀으로 무에서 유를 이루신 천지창조만이 아니라 이런 일들을 능히 하실 수 있으신 전지전능하신 하나님을 우리는 믿는다.

(3) 아버지와 아들

그런데 신자들이 하나님의 자녀가 됨은 하나님의 아들 예수 그리스도 때문이다. 그를 구주로 믿는 자를 하나님 자녀로 삼으신 것이다. 신자들이 하나님을 아버지로 부르는 것은 만물의 시조라는 차원에서가 아니다. 실은 그의 독생자 예수 그리스도와 밀접한 관련이 있다. 성부와 성자와 성령 하나님의 본체와 관련해서 유한한 존재에 불과한 우리의 이해를 돕기 위하여 사용한 표현이라고 말할 수 있다. 예수님은 자기를 이 세상에 보내신 분을 아버지라고 언급하셨고 주기도문을 가르쳐 주실 때도 하나님을 "**하늘에 계신 우리 아버지**"라고 부르게 하셨다. 사도 바울은 하나님의 영과 더불어 우리가 하나님의 자녀인 것을 친히 증언하는 그 증거로 하나님을 '아바 아버지'라고 부르는 것이라고 하였다(롬 8:15-16). 우리가 하나님의 아들이기에 하나님을 '아바 아버지'라고 부르는 것이다(갈 4:6). 아람어에서 아바(Abba)에 대당하는 말은 매우 친근하고 존경하는 마음을 담은 "**아빠**"(Dad)라는 뜻이다.

사실 하나님은 예수님을 "**이는 내 사랑하는 아들이요 내 기뻐하는 자라**"고 말씀하셨다(마 3:17). 이 예수는 성부 하나님을 사랑하셨고 항상 아버지께서 기뻐하시는 것만 하신 분이다(요 14:31, 8:29). 그가 죄인을 구원하기 위하여 이 땅에 보내심을 받은 이후 단 한 번도 자기 의사대로 주도권을 쥐고 행사하신 일이 없었고 처음부터 끝까지 자기를 보내신 성부 하나님을 절대적으로 의존하셨다. 이를 가리켜 사도 바울은 하나님과 동등하신 분이시면서도 도리어 "**자기를 비어 종의 형체를 가져 사람들과 같이 되었고 사람의 모양으로 나타나셨으매 자기를 낮추시고 죽기까지 복종하셨으니 곧 십자가에 죽으심이라**"(빌 2:7-8)라고 말하였다. 예수는 아버지께서 주신 잔을 기꺼이 들이키셨다(요 18:11). 아들만 그런 것이 아니었다.

성부께서도 아들 예수를 극진히 사랑하셨다(요 3:35). "**아버지께서 아들을 사랑하사 자기의 행하시는 것을 다 아들에게 보이시고 또 그보다 더 큰 일을 보이사 너희로 기이히 여기게 하셨느니라**"(요 5:20). 비록 죄인의 구원을 위하여 죄인처럼 취급당하시기는 했어도 그 버림은 결국 그를 모든 이름 위에 가장 뛰어난 이름을 받게 하셨고 모든 무릎으로 예수 앞에 꿇게 하셨으며 그를 주라 칭하는 엄청난 영광을 얻게 하셨다. 제이 아이 팩커는 '영원하신 아들에 대한 하나님 아버지의 사랑이 구속받은 그분의 백성과 맺으신 은혜로운 관계의 원형이며, 하나님께서 인간 가족 안에서 창조하신 부모 관계의 모범이다'라고 하였다.[17] 성도들이 하늘에 속한 신령한 모든 복락을 누릴 수 있는 것은 하나님의 사랑하는 아들 예수 그리스도 때문이다.

---

17 J. I Packer, *I want to be a Christian*, Kingsway Publications, Eastbourne, 1977, 27.

아들 예수의 피로 속량함을 받은 하나님의 백성들이 아버지와 아들이라는 새로운 관계를 가지게 되었기에 자기 자녀들에게 복 주시기를 마다하지 않으시는 것이다. 그래서 그의 자녀들은 아들 예수 그리스도의 이름으로 기도하는 것이다. "이러므로 내가 하늘과 땅에 있는 각 족속에게 이름을 주신 아버지 앞에 무릎을 꿇고 비노니 그 영광의 풍성을 따라 그의 성령으로 말미암아 너희 속 사람을 능력으로 강건하게 하옵시며 믿음으로 말미암아 그리스도께서 너희 마음에 계시게 하옵시고 너희가 사랑 가운데서 뿌리가 박히고 터가 굳어져서 능히 모든 성도와 함께 지식에 넘치는 그리스도의 사랑을 알아 그 넓이와 길이와 높이와 깊이가 어떠함을 깨달아 하나님의 모든 충만하신 것으로 너희에게 충만하게 하시기를 구하노라"(엡 3:14-19). 아, 얼마나 놀라운 은총인가!

성부 하나님 편에서 사용하신 '독생자'(only begotten)라는 말을 한 번 더 음미해 보자. 무슨 의미가 있을까? 일반적으로 누가 '독자 아무개'라고 하며 소개할 때 그 아들과 아비와의 관계는 깊은 애정이 내포된 단어이다. 아끼고 소중히 여기고 눈에 넣어도 아프지 않을 만큼 큰 보물이다. 자기 분신과 같은 존재로 여길 것이다. 하나님도 예수 그리스도와의 관계가 그렇다. 아버지의 가장 사랑하는 아들이다. 예수는 전적으로 온전히 하나님이시다. 역사적으로 유니테리안이나 아리안들 혹은 현재의 여호와 증인들이 부정하는 그의 신성은 성경이 명백히 증언하는 진리이며 그는 하나님과 권능과 영광과 존재에 있어서 동등하신 분이다. 만물도 그로 말미암아 지어졌고 그를 위하여 만들어졌다, 그는 영원부터 하나님이시다(요 1:1-3).

그는 하나님의 아들이셨고 아들로 영원히 존재하신다. 하나님과 예수님과의 관계는 유일하고도 독특한 관계이다. 그는 단순히 하나의 아들이(a son) 아니라 유일한 아들이다(the son). 영어의 '독생하신'(begotten)이라는 말은 만들어진 혹은 낳은 아들이라는 말이 아니다. 즉 지음을 받은 피조물이 아니라 그 자신은 성부에게 의존되어 있는 신적 존재요 영원한 분이심을 뜻한다. 예수님은 스스로 이렇게 말씀하셨다: "**살아계신 아버지께서 나를 보내시며 내가 아버지로 인하여 사는 것 같이 나를 먹는 그 사람도 나로 인하여 살리라**"(요 6:57). "**내 아버지께서 모든 것을 내게 주셨으니 아버지 외에는 아들을 아는 자가 없고 아들과 또 아들의 소원대로 계시를 받는 자 외에는 아버지를 아는 자가 없느니라**"(마 11:27).

그렇다고 해서 아버지가 먼저 존재하시고 아들이 아버지에게서부터 나왔다는 말이 아니다. 또는 아들이 아버지보다 못한 존재라는 말도 아니다. 마치 우리가 창조의 행적이라는 시간 속에서 존재하게 되었듯이 예수님이 하나님의 과거 창조 행적에서 일어난 만물보다 먼저 존재한 것이 아니라 시간이 존재하기 이전부터 존재하는 신적 존재임을 말하는 것이다. 만일 예수님이 시간의 흐름 속에서 나신 분이라고 한다면 시간에 제약을 받는 피조물과 다를 바가 없다. 그러나 예수님은 창조주로서 시공간을 초월해 계신 분이다. 그는 영원부터 영원히 존재하시는 하나님이시다. 따라서 팩커가 주장하듯이 아들을 '낳으심'은 사도행전 13:33과 히브리서 1:5에서 그리스도에게 적용한 시편 2:7에 나오는 왕을 '낳으심'은 단순히 그를 왕좌에 앉히심을 의미하는 시간적이고 은유적인 표현과는 달리 하나님이 한때 단수였던 것이 복수가 된 순간적인 사건이 아니라, 첫 번째 인격이 항상 아들에 대한 아버지이고, 두 번째 인격이 항상 아버지에 대한 아들인 영원한 관계로 생각해야 한다.[18]

아버지와 아들은 영원부터 영원까지 함께하시는 신적 존재이다. 물론 삼위일체 자체를 우리 시각으로 온전히 다 이해할 수 없지만, 우리는 믿음으로 성경의 가르침을 받으며 그것이 사실임을 성경이 교훈하는 것을 다른 사람에게 가르치는 것이다. 믿음은 보지 못하는 것을 본다. 그래서 우리의 신앙고백서는 이렇게 기술하고 있다. '신격(神格)의 통일에 있어서 삼위가 있으시며, 본체와 능력과 영원성에 있어서 하나

---

[18] J. I Packer, Ibid, 40.

이신 성부 하나님, 성자 하나님, 성령 하나님이 계시다(요일 5:7, 마 3:16-17, 28:19, 고후 13:14). 성부는 아무 것에도 속하지 않으시고 나시지도 않으며 나오시지도 않으나 성자는 아버지에게서 영원히 독생하신 분이시며(요 1:14, 18), 성령도 아버지와 아들에게서 영원히 나오신다(요 15:26, 갈 4:6).'[19]

(4) 성육신하신 예수 그리스도

예수를 배움과 관련하여 그가 어떻게 해서 죄인의 구원을 성취했는지에 대한 교리적 설명을 더 살펴보자. 먼저 사도신경에서 말하는 것을 재차 음미해 보자: '우리 주 예수 그리스도를 믿사오니 이는 성령으로 잉태하사 동정녀 마리아에게 나시고 본디오 빌라도에게 고난을 받으사 십자가에 못 박혀 죽으시고 장사 된 지 사흘 만에 죽은 자 가운데서 다시 살아나시며 하나님 보좌 우편에 앉아 계시다가 저리로서 산 자와 죽은 자를 심판하시러 다시 오시리라!'

---

[19] 신론, 삼위일체론과 관련된 책 중에서 필자의 스승인 도날드 맥클라우드(Donal Macleod)교수의 책을 소개한다. ***Behold your God***(Christian Focus Publications, 1990), ***The Person of Christ***(IVP, 1998), ***A Faith to Live By***(Mentor, 1998). 첫 번째 책은 신론과 구원하시는 하나님의 사랑을 다룬 책이며, 둘째는 니케아 신조에서 명시하고 있는 그리스도의 위격에 대한 책이다. 마지막은 기독교 교리에 대한 설명으로서 신학적 확신에 의한 믿음 생활을 실천적으로 기술한 것이다. 독자 여러분들에게 이 책들을 강력하게 추천한다.

성육신하신 분은 하나님의 말씀이었다(요 1:14). 소요리문답 22문은 이것을 다음과 같이 요약하고 있다. "**하나님의 아들이신 그리스도께서 인간이 되신 것은 참된 인간의 육체와 이성적인 영혼을 취하시고, 성령의 능력으로 동정녀 마리아에게 잉태되어 탄생하셨으나 죄는 없으시다.**" 그리스도의 성육신은 문자적으로 그분이 육신으로 태어나신 것, 또는 구세주가 사람으로 태어나신 것을 의미한다. 이는 그가 선재(先在)하신 분이요 그는 신적 품격을 지니신 하나님임을 전제한다. 이미 이것은 앞에서도 다루었기 때문에 더 언급하지는 않지만, 그의 성육신은 그의 인성과 신성의 분명한 선언이다.

성부나 성령이 성육신한 것이 아니고 아들 예수께서 성육신한 것이다. 그는 하늘로부터 오신 하나님으로 인간의 몸을 취하신 분이다. 그렇다고 그의 신성이 인성에 병합하여 인간이 되었다는 것이 아니다. 그는 하나님이셨고 하나님이 되신 분이 아니다. 사도 요한은 그가 사람이 되었다고 한 헬라어에서 미완료 시제를 사용함으로 그가 영원한 하나님의 아들이심을 말하고 있다. 그러나 요한복음 1:14에서 "**말씀이 육신이 되어**"(became)라는 말씀에는 미완료 시제가 아니라 부정 과거 시제를 사용하였다. 말씀이 언제나 육신이었다는 것이 아니라 그가 어느 특정한 결정적인 순간에 육신이 되었다는 말이다. 즉 그가 언제나 신적 존재였는데 지금 육신이 되셨다는 말이다. 그가 육신이 된 상황은 죄의 결과로써 저주받고 매우 비천한 낮고 천한 죄인들 가운데 자리를 펴시고 함께하신 것이다.

그래서 그를 히브리서는 이렇게 묘사한다: "**우리에게 있는 대제사장은 우리 연약함을 체휼하지 아니하는 자가 아니요 모든 일에 우리와 한결같이 시험을 받은 자로되 죄는 없으시니라**"(히 4:15). 그런데도 그가 고난을 받은 것은 이사야 선지자의 고백과 같다: "**그는 실로 우리의 질고를 지고 우리의 슬픔을 당하였거늘 우리를 생각하기를 그는 징벌을 받아서 하나님에게 맞으며 고난을 당한다 하였노라 그가 찔림은 우리의 허물을 인함이요 그가 상함은 우리의 죄악을 인함이라 그가 징계를 받음으로 우리가 평화를 누리고 그가 채찍에 맞음으로 우리가 나음을 입었도다**"(사 53:4-5).

그의 죽음은 사고가 아니었다. 그의 죽음은 하나님의 악의적인 행동의 결과가 아니라 죄인을 위한 희생제물이었다. 세상 죄를 지고 가신 하나님의 어린 양이었다(요 1:29). 이는 피 흘림이 없이는 죄 사함이 없는 속죄 교리를 충분히 설명하는 출발점이다. 베드로 사도는 "**오직 흠 없고 점 없는 어린 양 같은 그리스도의 보배로운 피로**"(벧전 1:9) 우리가 하나님 앞에 거룩하고 흠 없고 책망할 것이 없는 자로 세움을 입은 것을 분명히 선언한다(골 1:22). 어린 양 예수 그리스도에게 우리의 죄가 전가된 것이다. 그의 부활은 우리에게 의롭다 함을 가져다 주었다. "예수는 우리의 범죄 함을 위하여 내어줌이 되고 또한 우리를 의롭다 하심을 위하여 살아나셨느니라"(롬 4:25). 사도 바울은 왜 이렇게 고백했을까? "내가 너희 중에서 예수 그리스도와 그가 십자가에 못 박히신 것 외에는 아무 것도 알지 아니하기로 작정하였음이라"(고전 2:2). 그리스도의 속죄 사건이 죄인에게 가져온 엄청난 복락 때문이다.

본 저서에서 조직신학적 내용을 다 포괄할 수 없어서 세세하게 말하기는 어렵지만 본 장에서는 특별히 그리스도의 십자가에 주목하고자 하며 그것 외에는 자랑할 것이 아무것도 없다는(갈 6:14) 주장의 핵심 내용을 언급하고자 한다.

하나님은 불변하시는 분으로서 성자 예수 그리스도의 구속 사건을 통하여 하나님이 어떤 분인지를 확실히 다졌다고 해도 과언이 아니다. 예수는 자신의 십자가 속죄를 통하여 하나님께서 영광을 받으신 것을 무엇보다 기뻐하셨고 그로 인하여 아들 예수도 모든 이름 위에 가장 뛰어난 이름을 받으셨다. 거룩하고 의로우신 하나님께서 어떻게 명백하게 불경건한 사람들을 의롭게 하시는 분으로 계실 수 있는가? 그 답은 그리스도의 십자가 복음이 제시한다. "곧 이 때에 자기의 의로우심을 나타내사 자기도 의로우시며 또한 예수 믿는 자를 의롭다 하려 하심이라"(롬 3:26). 한 마디로 죄에 대한 충분한 심판과 그 형벌을 자기 백성의 자리에서 대속물이 되신 그리스도께 둠으로써 이루어진 하나님의 진노를 만족케 하며 하나님의 공의를 드러내셨고 동시에 하나님은 자기 백성의 구원을 위한 엄청난 사랑을 그리스도의 십자가에서 하나로 만드셨다. 여기에는 엄청나게 중요한 신학적 교훈이 담겨있다.

① 희생 제사

"그리스도께서 너희를 사랑하신 것 같이 너희도 사랑 가운데서 행하라 그는 우리를 위하여 자신을 버리사 향기로운 제물과 희생제물로 하나님께 드리셨느니라"(엡 5:2). 이 교리의 중심 개념은 바로 대속이다. 이것은 다른 이를 대신하여 자신을 희생하는 속죄를 뜻한다. '대리하다'는 말은 자신을 속량물로 드리신 그리스도를 가리키고, 이는 죄인들인 우리를 대신하여 형벌을 받아 대속하시는 것을 의미한다. 그리스도는 자기 백성의 자리에 서서 그들의 죄를 속하신 형벌 대속자이다(penal substitute). 이 속죄에는 매우 중요한 단어가 사용된다. 하나는 속죄 또는 죄 씻음(expiation)과 달램 혹은 화해(propitiation)가 모두 포함되어 있다. 속죄 또는 죄 씻음은 죄 없앰과 죄 제거를 강조하는 단어이며, 더 구체적으로는 죄의 죄책감을 없애는 것을 말한다. "우리를 사랑하사 그의 피로 우리 죄를 씻어 주신 이에게"(계 1:5).

하지만 속죄에는 달램 혹은 화해를 의미하기도 하다. 이것은 하나님의 공의를 만족시키고 하나님의 진노를 누그러뜨리는 달램을 말한다. "**우리가 아직 죄인 되었을 때에 그리스도께서 우리를 위하여 죽으심으로 하나님께서 우리에게 대한 자기의 사랑을 확증하셨느니라 그러면 이제 우리가 그 피를 인하여 의롭다 하심을 얻었은즉 더욱 그로 말미암아 진노하심에서 구원을 얻을 것이니**"(롬 5:8-9). 의롭고 공의로운 하나님으로서의 하나님은 모든 죄에 대해 진노를 나타내셔야 한다. 그래서 그 분노는 그리스도의 죽음, 곧 그의 죽음을 통해 제거되게 함으로 그의 공의를 만족시키신 것이다. "**사랑은 여기 있으니 우리가 하나님을 사랑한 것이 아니요 오직 하나님이 우리를 사랑하사 우리 죄를 위하여 화목제로 그 아들을 보내셨음이니라**"(요일 4:10).

② 화해(reconciliation)

"**곧 우리가 원수 되었을 때 그 아들의 죽으심으로 말미암아 하나님으로 더불어 화목되었은즉 화목된 자로서는 더욱 그의 살으심을 인하여 구원을 얻을 것이니라 이뿐 아니라 이제 우리로 화목을 얻게 하신 우리 주 예수 그리스도로 말미암아 하나님 안에서 또한 즐거워하느니라**"(롬 5:9-10). 화해는 하나님과 우리의 적대감을 제거하는 것이다. 그래서 그리스도의 속죄는 죄가 인간에게 준 하나님과의 소외를 제거하고, 하나님과의 우정과 교제를 회복시킨다. 이것은 참으로 좋은 소식이며, 복음으로 선포되어야 할 메시지이며, 설교의 중요한 부분이다. 바울은 이렇게 설명하고 있다: "**모든 것이 하나님께로 났나니 저가 그리스도로 말미암아 우리를 자기와 화목하게 하시고 또 우리에게 화목케 하는 직책을 주셨으니 이는 하나님께서 그리스도 안에 계시사 세상을 자기와 화목하게 하시고 저희의 죄를 저희에게 돌리지 아니하시고 화목하게 하는 말씀을 우리에게 부탁하셨느니라 이러므로 우리가 그리스도를 대신하여 사신이 되어 하나님이 우리로 너희를 권면하시는 것 같이 그리스도를 대신하여 간구하노니 너희는 하나님과 화목하라**"(고후 5:18-20).

인간이 새로운 피조물이 되는 것과 영원한 생명을 누리는 일은 인간 스스로 획득하거나 성취할 수 있는 것이 아니라 전적으로 하나님에게서 나온 것이다. 하나님께서는 이 화해 사역을 시작하셨지만, 그분은 이 소원한 관계에서 무고한 당사자이시다. 그분은 우리를 그분과 화해시키셨지, 우리가 그분과 화해한 것이 아니다. 중요한 점은, 하나님께서 예수 그리스도를 통해 이것을 하셨다는 것이다. 하나님께서는 자기의 거룩한 정의를 소홀히 하거나 죄 많고 반항적인 인류에게 "**굴복**"함으로써 우리를 자기와 화해시킨 것이 아니다. 하나님은 놀랍고 의로운 사랑의 희생을 통해 이것을 하셨다. 하나님이 인간에게 요구하는 공의와 의로움은 예수 그리스도를 통해 충족된 것이다.

하나님께서 그리스도 안에서 세상을 자신에게 화목하게 하셨다는 것은 십자가에서 일어난 일을 비추어 볼 때 엄청 놀라운 일이다. 예수께서 죽으시기 전 어느 시점에, 성전의 휘장이 둘로 찢어지기 전, 예수께서 **"다 이루었다."**라고 외치기 전에, 경이로운 영적 거래가 일어난 것이다. 아버지는 우리 죄가 받을 만한 모든 죄책감과 진노를 아들에게 지우셨고, 예수께서는 그것을 자신 안에서 완벽하게 감당하셨고, 우리를 위한 하나님의 공의를 완전히 만족시키신 것이다. 아버지와 아들이 십자가에서 함께 일한 것이다. 예수께서 들이키신 이 잔은 하나님의 의로운 진노의 잔이었고, 예수님은 그것을 마시며 떨었다(눅 22:39-46, 시 75:8, 사 51:17, 렘 25:15). 십자가에서 예수님이 마치 하나님의 원수가 되어 심판을 받고 아버지의 분노의 잔을 마셔야 했기 때문에 우리는 그 잔을 마시지 않아도 되었고 예수님 안에서 하나님과 화목하게 된 것이다.

③ **구속**(redemption)

"우리가 그리스도 안에서 그의 은혜의 풍성함을 따라 그의 피로 말미암아 구속 곧 죄 사함을 받았으니"(엡 1:7). 구속은 우리의 구원과 우리를 다시 하나님에게로 사는 대가의 지불을 말한다. 속전(贖錢)의 개념이다. 구약에서 두드러진 이 개념은 그리스도의 대속의 은총으로 확립된다. 이집트에서의 탈출 사건 전체는 구속에 관한 것이었다. 여기에는 우리의 보증인으로서의 그리스도라는 개념이 포함되어 있다. 보증인으로서 그는 자기 백성의 죄에 대한 빚을 갚는 책임을 스스로 맡았다. 신약은 또한 그리스도가 속량물임을 분명히 밝히고 있다. 우리의 구속을 위해 지불한 대가는 우리 구세주의 피 흘림이었다. 그리스도께서는 "**많은 사람을 위한 대속물로 자기 목숨을 주려 하심이니라**"(막 10:45)라고 말씀하신 것은 자신을 가리킨 것이다.

좀더 구체적으로 설명하면 그리스도인들은 영적 속박으로부터 구속함을 받은 것이다. 특별히 죄의 속박과 죄책, 부정함 및 죄의 권세로부터 속량되었다. "**그가 우리를 대신하여 자신을 주심은 모든 불법에서 우리를 구속하시고 우리를 깨끗하게 하사 선한 일에 열심하는 친 백성이 되게 하려 하심이니라**"(딛 2:14). 또 하나님의 자녀는 율법의 모든 저주로부터 속량을 받았다. "**그리스도께서 우리를 위하여 저주를 받은바 되사 율법의 저주에서 우리를 속량하셨으니 기록된바 나무에 달린 자마다 저주 아래 있는 자라 하였음이라**"(갈 3:13). 또한 그리스도인은 마귀의 일들로부터 구속함을 받았다(요일 3:8). 그리고 사망의 권세에서 속량을 받았다. 그리스도의 죽음을 통해서 사망의 권세를 가진 자를 멸하신 것이다(히 2:14).

고린도전서 15장 부활 장은 그리스도의 권세 앞에서 사망의 권세가 속수무책으로 굴복됨을 분명히 선언하고 있다.

이러한 모든 일이 다 하나님의 아들 독생자 예수 그리스도로 말미암아 성취된 것이다. 이것을 받는 자들에게는(속죄의 범위는 모든 죄인이 아니고 영생을 주시기로 작정 된 자들, 예수를 구주로 믿는 자들이다)[20] 생명이 있는 길을 가는 것이요 거절하는 자는 사망

---

20 속죄의 혜택을 받는 자들에 대한 논쟁은 알미니안와 칼빈주의 주된 논쟁이었다. 성경을 정확무오한 하나님의 말씀으로 믿는 칼빈주의 혹은 개혁주의는 칼빈주의 5대 교리를 신봉한다. 아버지께서 아들에게로 이끄시는 자들, 주 예수 그리스도를 신뢰하는 자들이 그리스도의 속죄의 모든 복락을 누리는 것이다. 이에 대한 상세한 내용은 필자가 쓴 개혁교회는 무엇을 믿는가(진리의 깃발, 2009)을 참고하라. 그리고 John Murray, *the Collected Writings of John Murray*, the Banner of Truth, 1976, vol. 1, 29-39,를 참고하라. 존 오웬의 글을 소개한다: 아버지는 자신의 진노를 부으셨고 아들은 1) 모든 사람의 모든 죄, 2) 어떤 사람들의 모든 죄, 또는 3) 모든 사람의 일부 죄에 대한 벌을 받았다. 그런 경우, 첫째로, "만약 마지막 것이 사실이라면", 즉 그리스도께서 모든 사람의 일부 죄에 대해 벌을 받으셨다면, "모든 사람은 대답해야 할 죄가 있으므로 아무도 구원받지 못합니다."라고 말할 수 있다. 우리는 그것을 목록에서 제외할 수 있다. 둘째로, "만약 두 번째 것이 사실이라면", 즉 그리스도께서 어떤 사람들의 모든 죄를 위해 죽으셨다면, "그리스도는 그들을 대신하여 전 세계의 모든 택함받은 자들의 모든 죄를 위해 고통을 받으셨습니다. 이것이 참된 입장입니다." 하지만 셋째로, 이것은 알미니안의 주장인데, "만약 첫 번째 것이 사실이라면", 그리스도께서 모든 사람의 모든 죄를 위해 죽으셨다면, "왜 모든 사람이 그들의 죄에 대한 벌에서 자유롭지 않습니까? 당신은 불신 때문에라고 대답합니다." 오웬은 "그렇다면 저는 이 불신이 죄인지 아닌지 묻습니다. 만약 그렇다면, 그것은 죄이고, 그리스도께서는 그에 합당한 형벌을 받으셨거나 받지 않으셨습니다. 만약 그렇게 하셨다면, 왜 그것이 그분이 죽으신 다른 죄들보다 그들을 더 방해해야 합니까? 하

의 부활을 맞이하게 될 것이다. 이와 같은 엄청난 구속을 우리 속에 확증케 하시는 이가 있으니 이는 아들의 영으로 오신 성령 하나님이다.

(5) 다른 보혜사 진리의 영, 성령

삼위일체 하나님에 관한 웨스트민스터 신앙고백서 2장 3항을 다시 인용한다: '신격(神格)의 통일에 있어서 삼위가 계시며, 본체와 능력과 영원성에 있어서 하나이신 성부 하나님, 성자 하나님, 성령 하나님이 계시다(요일 5:7, 마 3:16-17, 28:19, 고후 13:14). 성부는 아무 것에도 속하지 않으시고 나시지도 않으며 나오시지도 않으나 성자는 아버지에게서 영원히 독생하신 분이시며(요 1:14, 18), 성령도 아버지와 아들에게서 영원히 나오신다(요 15:26, 갈 4:6).'

사도신경에서 "**나는 성령을 믿사오며**"라는 문구에서 영어는 'Holy Spirit' 대신에 'Holy Ghost'로 표기되어 있다. 영어 성경에서 종종 발견하는 '고스트'는 우리말에 귀신을 의미하는데 이것이 성경에서 말하는 영을 위한 적절한 단어라고 제이아이 팩커는 말한다. 그 이유가 바람을 뜻하는 히브리어의

지만 만약 그분이 그 죄를 위해 죽지 않으셨다면, 그분은 그들의 모든 죄를 위해 죽지 않으셨습니다." *The Works of John Owen*, The Death of Christ, vol. 10. The Banner of Truth, 1978, 248-249.

'루악'이나 헬라어의 '프뉴마'가 인격적 에너지 즉 신적인 것과 인간적인 양면을 표시하기 때문이라고 한다.[21] 그렇지만 '고스트'라는 단어가 공포심이나 불쾌감을 주기 때문에 신격에서 제삼위에 해당하는 '성령'(Holy Spirit)이라고 부르는 것이 낫다는 것이다. 사도신경은 성부 하나님의 창조 사역과 구원하시는 성자의 일을 언급하신 후에 성령의 새롭게 하시는 일을 고백한다. 그 성령으로 말미암아 죄인이 예수 그리스도 안에서 그리고 예수 그리스도를 통해서 새롭게 된다. 이로 인하여 믿는 자들의 모임인 새로운 공동체 교회가 출범하게 되고 죄 사함을 받아 원수 된 자들이 하나님과 화목한 관계가 형성되며 영생을 얻는 엄청난 구원의 역사가 발생하는 것이다.

웨스트민스터 신앙고백서에서 성령론에 관한 독립된 언급이 없지만 아버지와 아들에게서 나온 영원한 하나님으로 성령의 주된 역할을 잘 묘사하고 있다. 즉 성령의 주된 역할은 죄인을 구원하신 예수 그리스도를 증언하는 것이다. 성령의 역사로 말미암아 그리스도 구속의 은총이 모든 신자에게 적용된다(WCF 8:8, 11:4). 부르심과 믿음의 역사와 회개, 구원받는 은총의 주입도 다 성령의 역사이다(WCF 13:1). 성도가 성령의 은혜 가운데서 성장하는 것도 성령의 역사이며(WCF 13:3),

---

21 J. I Packer, ibid, 60.

은혜의 수단들이 개인적으로 효과를 발휘하도록 역사하심도 성령의 주권적 역사이다(WCF 7:5, 6). 성령으로 말미암아 성도들은 기도하며(WCF 21:3), 구원의 확신을 가지며(WCF 18:8), 성령은 하나님의 기뻐하시는 선한 뜻을 위하여 순종하며 살도록 이끄신다(WCF 16:3). 성령은 거룩한 삶을 살게 하며(WCF 17:1), 그의 역사와 증거를 통해 믿음으로 성도들이 구원에 이르도록 지켜진다(WCF 17:2).

성령은 우리의 영과 더불어 우리가 하나님의 자녀임을 증언하신다(WCF 18:2). 신앙고백서에서 성령론 항목이 없는 것은 어쩌면 그리스도를 증언하기 위하여 오신 성령의 주된 역사와도 무관하지 않다고 말할 수 있다. 즉 예수께서 요한복음 16:13에서 말씀하신 것이다: **"그러하나 진리의 성령이 오시면 그가 너희를 모든 진리 가운데로 인도하시리니 그가 자의로 말하지 않고 오직 듣는 것을 말하시며 장래 일을 너희에게 알리시리라!"** 그렇다고 성령 하나님이 경배의 대상이 아닌 것이 아니다. 그도 삼위 하나님이시다(WCF 21:2). 교회는 그의 영과 믿음으로 말미암아 머리이신 그리스도와 연합되고 성령에 의한 그리스도와의 연합을 통해서 교회는 서로가 사랑으로 연합되며 서로의 은사와 은혜 안에서 함께 교제를 누리는 것이다(WCF 25:1). 이외에도 성례와 관련된 성령의 역사하심(27:3), 성령으로 말미암는 약속된 은혜의 부어주심(WCF 28:6) 등 성령의 사역을 곳곳에서 다루고 있음을 알 수 있다.

예수를 배움이라는 본 장에서 삼위일체의 제2 위격인 예수만이 아니라 성부와 성령 하나님과 분리할 수 있는 것이 아니기에 성령 하나님의 인격과 사역을 다루는 것이다. 성부와 성자와 마찬가지로 성령 하나님도 상호 의존적으로 일하시지 독단적으로 하는 사역은 존재하지 않는다. 성령은 그리스도의 마리아 수태로부터(마 1:20, 눅 1:35)) 지상에서의 예수의 모든 사역을 섬기신 분이시다. 예수님이 세례를 받으실 때 성령이 비둘기 같이 임하심은 예수께서 성령을 주시는(Spirit-giver) 분만이 아니라 성령의 충만한 분(Spirit-filled)이심을 보이는 것이다(눅 4:1, 14, 18). 예수는 영원한 성령을 통해서 자신을 우리를 위한 속죄 제물로 바치신 것이다(히 9:14). 이 성령은 예수를 믿는 주님의 백성들을 진리 가운데로 인도하시는 일을 통해서 예수님의 구원 사역의 적용과 장차 그로 인하여 고난만이 아니라 하나님 나라를 기업으로 받게 하는 일까지도 완수하신다(롬 8:14, 17, 요 16:13).

그러므로 예수를 배움에 있어서 성령의 임하심이 없이는 불가능한 것이다. 더군다나 성령은 자신을 영화롭게 하는 것이 아니라 예수님을 영화롭게 하시며(요 16:14) 자신의 말을 하는 것이 아니라 예수님께서 가르치신 모든 것을 생각나게 하시는 분이니 그의 조명하심과 깨닫게 하심과 확신시키는 일을 통하여 성부가 계획하시고 성자께서 성취하신 구원의 역사를 우리가 친히 경험하도록 역사하시는 것이다. 성령께서는 특히 또 다른 보혜사로서, 즉 예수 그리스도의 대행자 (agent)로서 성도들이 마귀와 그의 졸개들이 들끓고 있는 세상에서 사는 동안 위로하고 돕고 지지하고 옹호하고 격려하는 일을 통하여 믿음의 선한 싸움을 다 싸우게 하고 달려갈 길을 다 달리도록 역사하신다.

성령은 진리의 영이시며 진리는 예수 그리스도이시다. 그 성령께서 예수를 따르게 하시고 닮게 하시는 위대한 일들을 주님이 이 땅에 다시 오시기까지 수행하신다. 이러한 성령의 인격과 사역 및 은사에 대해서 더 깊이 알고자 하는 자들은 시중에 나와 있는 성령론에 관한 책들을 참고할 수 있다.[22] 한 가지 강조하고 싶은 것은 성령에 대한 올바른 이해를 위해서 사도행전을 가지고 요한복음 14-16을 읽지 말고 요한복음에서 예수님이 교훈하신 성령에 관한 교훈으로 사도행전과 지금 한국과 세계 교회에서 자주 듣는 성령의 역사를

---

22 George S. Hendry, *The Holy Spirit in Christian Theology*, SCM Press LTD, London, 1957. Abraham Kuyper, *The Work of the Holy Spirit*, John W. Mongomary Christian Today, 1975. J. I . Parker, *Keep in Step With the Spirit*, IVP. 1984, A. W. Tozer, Holy Spirit, 이 용복 옮김, 규장, 2006, James S. Stewart, *The Wind of the Spirit*, Hodder and Stoughton,1969, George Smeaton, *The Doctrine of the Holy Spirit*, The Banner of the Truth, 1882, Benjamin B. Warfield, *the Person and the Work of the Holy Spirit*, Cavary Press Publishing,1997. William Fitch, The Ministry of the Holy Spirit, Pickering & Inglis, 1977, Geoffry Thomas, *The Holy Spirit*, Reformation Heritage Books, 2011, Donald Macleod, The Spirit of Promise, Chrostoan Focus Publications, 1986. Sinclair Ferguson, *The Holy Spirit*, IVP, 김재성 역, 1999. 이 외에도 성령론에 대한 책들은 상당수 존재한다.

검증해야 한다는 사실이다. 이것을 토대로 성령에 대한 이해를 요약한다면 다음과 같다.

첫째, 성령은 하나님의 보내신 자이신 예수 그리스도의 탄생부터 사역 내내 한량없이 임하셔서 그리스도의 사역을 완수하시도록 역사하셨다(눅 1:35, 요 3:34, 사 11:2). 그리스도께서 지상에서 하시 모든 일에 있어서 그 안에서, 그를 통하여, 그와 함께 역사하셨던 분은 그에게 임하셨던 성령이었다. 또한 성령은 그리스도께서 십자가에서 희생적인 죽음을 당하실 때 그를 붙들어 주셨다(히 9:4). 그리고 그리스도께서 성령으로 잉태되셨듯이 성령께서는 그리스도의 몸이 무덤 안에서 썩지 않도록 보존하셨다. 그의 부활의 역사에 깊이 간여하셨다(롬 8:11).[23] 그리스도를 살리신 그 영께서 신자들의 죽을 몸도 살리시는 것이다.

둘째로 그리스도의 승천 이후에도 성령은 지속적으로 그리스도 중심적 사역을 하신다. "**내가 아버지께로서 너희에게 보낼 보혜사 곧 아버지께로서 나오시는 진리의 성령이 오실 때에 그가 나를 증거하실 것이요**"(요 15:26). 오순절에 하늘부터 급하고 강한 바람 같은 성령의 부어주심은 사도행전 1:8

---

23 "예수를 죽은 자 가운데서 살리신 이의 영이 너희 안에 거하시면 그리스도 예수를 죽은 자 가운데서 살리신 이가 너희 안에 거하시는 그의 영으로 말미암아 너희 죽을 몸도 살리시리라!"

이 증언하는 대로 성령을 받은 자들이 다 그리스도의 증인이 되게 하기 위함이었다. 성령의 사역은 그리스도를 증언하는 것이다. 성령께서는 그리스도께 초점을 두시고, 그만을 영화롭게 하신다. 그는 그리스도께서 지상에서 그러셨던 것처럼 결코 자신을 높이는 일을 하지 않으신다. 그의 오심은 철저하게 그리스도 중심이다. 그리스도께서 하신 구원의 역사를 하나님 백성에게 보여주고 알려주고, 믿게 하고 따르게 한다. 그 일을 위하여 아버지와 아들로부터 성령이 보내심을 받은 것이다.

셋째로 성령은 그리스도인의 영적 거듭남으로부터 시작하여 종말의 때까지 항상 동행하시는 보혜사이시다. 성령은 허물과 죄로 죽은 자를 복음 선포를 통해서 신자로 거듭나게 하고 신자 안에 내주하심으로 그를 죽음에서 생명으로 옮기신다. 성령은 그리스도께서 자기 백성의 구원을 위해서 이루신 모든 것을 적용하신다. 성령의 사역이 없는 신자와 교회는 맹탕이다. 마귀의 전당이 될 뿐이다.

마지막으로 성령은 성경과 항상 함께 일하신다. 성경의 저자이신 성령의 역사가 없는 말씀 선포는 이성주의의 오류에 빠지고 반대로 말씀이 없는 성령의 역사는 신비주의의 늪에 빠진다. 성도나 교회는 내주하시는 성령으로 말미암아 그리스도의 말씀으로 충만해야 한다. 교회 일군의 주된 사역은 성령의 도우심으로 하나님의 말씀을 밝히 풀어 전하여 신자들로 풍성히 알게 하는 일이다(골 1:25, 3:16). 그래서 사도들은 기도하는 일과 말씀 전하는 일에 전무하겠다고 했다(행 6:4). 순서를 주목해야 한다. 성령의 역사는 기도가 뒷받침된 말씀 선포 사역에서 활발하게 나타난다. 하나님의 영이 거하시는 거룩한 전으로 지음을 받아야 하는 교회는 교회를 온전히 세움을 위하여 베풀어 주시는 성령의 은사가 필수적이다. 성도 개개인은 그리스도의 몸에 붙은 지체이고 이 지체는 성령 하나님의 기뻐하시는 뜻을 따라 각각 몸에 두신 것이지 지체의 소원을 따라 주어진 것이 아니다(고전 12:11, 18). 그런 의미에서 은사주의의 비성경적 가르침을 배격하지 않을 수 없다. 성령은 기록된 말씀 밖으로 벗어나도록 우리를 이끌지 않으신다. 그 안에 거하게 하고 그 안에서 거룩한 삶을 살도록 역사하신다. 그의 조명하심과 깨닫게 하심과 진리로 인도하심이 의의 말씀을 경험케 하고 믿음의 주요 우리의 믿음을 온전케 하시는 예수 그리스도를 더 알아가도록 역사하신다. 다음 장으로 넘어가기 전 17세기 청교도인 존 메이슨(John Mason, 1646-1694)의 시를 하나 소개한다.

하나님의 임재

하나님 영광의 임재는 하늘에 있다.

그의 권능은 땅에서 나타난다

그의 공의는 지옥에서 나타난다

그의 은혜는 그의 백성들에게 나타난다

만일 그가 그의 권능을 부정하신다면 우리는 아무것도 아니요

만일 그가 그의 은혜를 부정한다면 우리는 죄에 빠질 것이요

만일 그가 그의 자비를 부정한다면 우리는 지옥에 떨어질 것이다

그의 권능을 인하여 하나님을 두려워하라

그의 지혜를 인하여 하나님을 신뢰하라

그의 선하심을 인하여 하나님을 사랑하라

그의 위대하심을 인하여 하나님을 찬양하라

그의 신실하심을 인하여 그를 믿으라

그의 거룩하심을 인하여 그를 앙망하라

| 인간을 아는 지식 |

사실 하나님이 어떤 분인지를 알게 된 자는 그 하나님께서 인간을 위해 행하신 일에 깊은 관심을 가지지 않을 수 없다. 그가 아들을 보내시고 그 아들은 죽기까지 순종하시어

죄인의 구원을 완성하신 엄청난 일을 노래하며 간증하는 것이 보편적인 반응이다. 전능하신 하나님께서 그 일을 어떻게 누구에게 누구를 통해서 성취하셨는지를 알기 위해서는 구원의 대상인 인간이 어떤 존재인지를 알아야 한다. 인간이 누구인지를 아는 것은 우리의 책임과 일상 행동에 많은 영향을 끼친다. 그래서 인간에 관한 보편적 이해를 가지되 성경의 교훈을 따라 살피는 것이 매우 중요하다.[24] 더욱이 우리의 현실에서 드러나는 갖가지 문제들은 단지 하나님과 예수 그리스도를 모르는 무지에서 비롯된 것이 아니라 사실은 인간 자신에 대해서 잘 알지 못하는 데 기인한다고 말할 수 있다. 모든 인간이 죄로 인하여 타락하였으며 지정의 모두 전적으로 부패하여 인간 스스로 하나님을 알 수 없으며 항상 생각하는 것이 악한 것이며 하나님을 대적하는 존재로서 하나님의 진노를 피할 수 없으며 그리스도의 피로 구속함을 받아야 할 존재임을 믿는 것이다. 이에 대한 교훈도 웨스트민스터 신앙고백서의 가르침을 옮겨본다:

---

[24] 인간론에 대한 가장 탁월한 책은 18세기 스코틀랜드의 목사요 신학자인 토마스 보스톤의 인간 본성의 4중 상태(*Human Nature in its fourfold State*, 부흥과개혁사)이다. 이 책에서 창조된 인간, 타락한 인간, 구속받은 인간, 영화로운 상태의 인간에 대한 가장 개혁주의적이고 성경적인 가르침을 읽을 수 있다.

제6장 인간의 타락과 죄 및 형벌에 관하여

1. 우리의 첫 어버이는 사단의 간계와 시험에 의하여 유혹을 받아 금지된 열매를 따 먹는 죄를 범하였다(창 3:13, 고후 11:3). 이것이 그들의 죄인데 하나님은 그의 지혜롭고 거룩한 계획을 따라 기쁘게 허용하셨는데 이는 그것을 명하여 자신의 영광을 드러내기로 목적하셨기 때문이다(롬 5:19-21, 11:32).

2. 이 죄 때문에 그들은 그들의 본래 의로움과 하나님과의 교통함에서 끊어졌으며(창 3:6-8, 전 7:29, 롬 3:23), 그리하여 죄 가운데 죽은 자가 되었다(창 2:17, 엡 2:1). 그리고 영혼과 몸의 모든 기능과 지체들이 전적으로 더럽혀졌다(딛 1:15, 창 6:5, 렘 17:9, 롬 3:10-18).

3. 그들은 전 인류의 시조이기 때문에 이 죄의 죄책은 모든 후손에게 전가(轉嫁)되었다(창 1:27-28, 2:16-17, 행 17:26, 롬 5:12, 15-19, 고전 15:21, 22, 49). 또한 그 죄로 동일한 사망과 부패한 본성이 통상적인 출생법에 의하여 시조로부터 그들의 모든 후손에게 전해졌다(시 51:5, 창 5:3, 욥14:4, 15:14).

4. 이 원 부패로 말미암아 우리는 선을 행하고자 하는 마음을 전혀 가질 수 없으며 선을 행할 수도 없고 모든 선을 대항하며 전적으로 모든 악에 기울어져 있고 실제로 모든 허물을 행하게 된다(롬 5:6, 8:7, 7:18, 골 1:21, 창 6:5, 8:21, 롬 3:10-12, 약 1:14-15, 엡 2:2-3, 마 15:19).

5. 이 본성의 부패는 이 세상에 사는 동안 중생한 자들 안에도 남아 있다(요일 1:8, 10, 롬 7:14, 17-18, 23, 약 3:2, 잠 20:9, 전 7:20). 비록 그것이 그리스도를 통하여 사함을 받고 억제되고 있다고 하더라도 본성

그 자체와 본성에서 비롯되는 모든 행동은 참으로 그리고 정확히 죄이다(롬 7:5, 7-8, 25, 갈 5:17).

6. 원죄와 본죄 등 모든 죄는 하나님의 의로운 율법의 위반이며 그 율법에 반대되고 그 자체의 성질상 죄인들에게 죄책을 가져다주는 것이기 때문에 그로 인해 죄인은 하나님의 진노와 율법의 저주에 매이게 된다(요일 3:4, 롬 2:15, 3:9, 19, 엡 2:3, 갈 3:10). 그리고 영적으로 모든 비참함과 함께 영적으로, 현세적으로 영원히 죽음에 복종하게 되었다(롬 6:23, 엡 4:18, 롬 8:20, 렘애 3:39, 마 25:41, 살후 1:9).

위에서 인용한 것은 인간의 타락과 구속에 대한 것이다. 하나님은 자기 형상과 자기 모양을 따라 남자와 여자를 지으셨다(창 1:26). 인간은 하나님의 즉흥적인 생각으로 창조된 것이 아니다. 삼위일체 하나님께서 서로 의논하시며 결정한 것이다. 인간 창조는 무에서 유를 창조한 것이 아니었다. 이미 만들어진 흙을 사용하셨고 하와를 만드신 것도 아담의 갈비뼈를 취하셔서 만드신 것이었다(창 2:7, 22). 물론 이것은 다른 피조물의 창조와는 완연히 구분되는 경이롭고 놀라운 일이었다. 인간 창조는 하나님의 예술적 능력이 충분히 반영된 창조물임을 시사한다. 지었다(formed)는 단어가 이를 충분히 내포하고 있다. 맥클라우드 교수의 설명에 의하면 인간을 향한 '사랑과 돌봄'을 드러낸 것이라고 한다.[25] 다시 말하면 하나님께서 인간을 사랑스러운 존재로 만드시는 일에 엄청난 노력을 기울이셨다는 것이다. 다른 피조물들은 말씀 한 마디로 지어진 것이지만 인간은 하나님이 직접 손으로 흙을 빚으시고 자기의 형상과 모양을 따라 정교하게 제작한 최고의 작품이 되게 하신 것이다. 그래서 하나님이 직접 만드신 그 모든 피조물을 다 다스리고 정복하고 번성하라는 문화명령을 인간에게 주신 것이다. **"여호와 하나님이 흙으로 사람을 지으시고 생기를 그 코에 불어 넣으시니 사람이 생령이 된지라"**(창 2:7). '여기에는 하나님이 우주를 창조한 후 우주를 자연적으로 인간을 탄생시키도록 내버려 두었다는 이신론적 활동이 끼어들 여지가 없다. 또한 자족적이고 자가 감시하는 진화 과정도 끼어들 여지가 전혀 없다.'[26] 다시 말하면 인간은 단순히 발생한 것이 아니라 하나님이 직접 빚으시고 생기를 그 코에 불어 넣으심으로 완성된 최고의 예술적 피조물이 된 것이다. 하나님의 창조에 있어서는 유신 진화론도 설 자리가 없다. 하나님의 창조는 처음부터 완전한 생명체로 만드신 것이지 시간과 환경에 따라 온전한 종으로 혹은 다른 개체로 진화되게 만드신 것이 아니다. 최근에 한 지인으로부터 받은 서신에 있는 글을 여기에 소개한다:

---

25 Donald Macleod, *A Faith to Live By*, Mentor, 1998, 67.
26 Donald Macleod, ibid, 67.

(1) 신자가 진화론을 믿을 수 있는가?(Gregg R. Allison의 글)

'교회는 신성한 창조에 대한 성경의 기록을 지속적으로 읽고, 역사적 입장에 충실하며, 무(無)에서 유(有)로 창조하신 창조주 하나님을 찬양하고, 모든 생물과 무생물을 포함한 모든 특정한 종류의 창조를 찬양해야 합니다. 우리는 진화라는 용어에 익숙합니다. 제가 대학에서 과학을 전공했을 때, 생물학, 식물학, 생태학, 미생물학 등 제가 공부한 모든 과목은 진화의 관점에서 배웠습니다. 이 경우, 진화는 "**모든 생명체가 무생물에서 유래했고, 무작위 돌연변이가 수십억 년에 걸쳐 목적이나 설계 없이 변화를 일으키면서 자연 선택과 종 분화에 따라 발전했다는 이론**"입니다(Baker Compact Dictionary of Theological Terms, 76).

산소, 수소, 질소, 탄소와 같은 원소가 모여 공기, 물, 금속과 같은 무생물 물질과 나무, 풀, 곤충, 새, 코끼리, 인간과 같은 생물을 형성한다고 생각해 보세요. 눈에 띄지 않는 수준에서 우연히 변화가 발생했습니다. DNA의 무작위 돌연변이는 약간의 혁신으로 이러한 것들의 생존에 유리했습니다. 식물과 동물의 이러한 독특한 종류(종)가 생존 이점을 가지고 발전함에 따라, 그들은 결국 현재 존재하는 모든 무생물과 생물의 다양성을 만들었습니다. 중요한 것은 이 전체 과정이 하나님 없이 방향성도 목적도 없이 이루어졌다는 것입니다.

유신론적 진화론은 최소한 두 가지 버전이 있는 진화론

의 하위 집합입니다. 한 버전에 따르면, 유신론적 진화론은 "**모든 생명체가 때때로 신이 자신의 목적을 달성하기 위해 개입한 진화 과정에 따라 발전했다는 이론입니다. 그것은 신성한 행동('유신론적')과 진화를 모두 긍정합니다**"(Baker Compact Dictionary of Theological Terms, 77). 이 버전에 따르면, 진화론과 유신론적 진화론의 가장 중요한 차이점은 전자가 오늘날 존재하는 모든 무생물과 생물을 만들어낸 발전 과정에서 하나님의 역할을 부인하는 반면, 후자는 그러한 과정에서 하나님의 역할을 어느 정도 고수한다는 것입니다. 한 가지 예를 들자면, 유신론적 진화론은 "**하나님이 물질을 창조한 후 모든 생물이 순전히 자연적인 과정에 의해 진화할 때까지 물질의 자연적 행동에 경험적으로 감지 가능한 변화를 일으키거나 유도하지 않았다는 견해입니다**"(Theistic Evolution, 946). 따라서 하나님이 자신과 별개의 세계를 존재하게 하기 위해 최초로 창조한 이후에, 그는 자신이 시행한 진화 과정에서 지속적인 역할을 하지 않았습니다.

BioLogos라는 조직이 대표하는 두 번째 버전에 따르면, 유신론적 진화는 "**하나님이 그리스도를 통해 모든 생명체를 창조하고, 인간을 자신의 형상으로 창조하며, 과학자들이 오늘날 진화로 연구하는 의도적으로 설계되고 적극적으로 지속되는 자연적 과정을 활용한다.**"는 관점으로 정의됩니다("흠이 있는 거울"). 따라서 하나님은 처음에 세상을 창조하기 위해 행동했을 뿐만 아니라 존재하는 모든 것의 발전 전반에 걸쳐 적극적으로 관여합니다. 그는 자연 선택, 종 분화, 무작위 돌연변이와 같은 진화 과정을 감독하여 신성한 설계에 따라 무생물과 생물을 모두 생성합니다. 두 버전의 유신론적 진화가 성경과 맞습니까? 답하려면 교회 역사와 역사적 기독교 교리를 살펴봐야 합니다.

교회는 역사의 대부분 동안 하나님이 존재하는 모든 것을 무(無)에서 창조했다고 믿어 왔습니다. 교회는 주로 성경의 첫 구절인 **"태초에 하나님이 천지를 창조하시니라"**(창세기 1:1)에 근거하여 이 교리를 확증했습니다. 영원히 성부, 성자, 성령으로 존재하는 하나님은 자신과 다른 우주를 창조할 목적을 가지고 실제로 창조하셨습니다. 다른 구절들도 이 믿음의 기초를 더합니다. 예를 들어, 시편 기자는 창조를 하나님의 말씀과 숨결에 기인합니다. **"여호와의 말씀으로 하늘이 지어졌고 그 입의 숨결로 만물이 다 이루어졌도다…그가 말씀하시매 이루어졌고 명령하시매 굳게 섰도다"**(시편 33:6, 9). 이 구절에 대한 전통적인 이해에 따르면, 성부 하나님은 말씀(성자 하나님)과 그의 숨결(성령 하나님)을 통해 우주를 존재하게 하셨습니다. 창조는 삼위일체 하나님의 강력한 행위였습니다.

더욱이 성경 자체도 하나님께서 창조하실 때 이미 존재하는 재료를 사용하셨다는 것을 부인합니다. **"믿음으로 우리**

는 세상이 하나님의 말씀으로 창조되었음을 압니다. 그러므로 보이는 것은 보이는 것으로부터 이루어진 것이 아닙니다"(히브리서 11:3). 예를 들어, 하나님께서는 이미 존재하는 수소(H) 원자 두 개와 산소(O) 원자 하나를 취하여 물(H_2O)로 융합시키지 않으셨습니다. 오히려 그는 수소와 산소 원자를 모두 창조하셨고 물도 창조하셨습니다. 하나님의 창조는 무에서 나왔습니다! 창세기 1장의 나머지 창조 기록에 따라 교회는 또한 하나님께서 존재하는 모든 종류의 것, 즉 빛, 물, 공기, 흙, 식물, 해와 달과 별, 바다 생물, 날개 달린 새, 땅의 생물, 그리고 궁극적으로 신의 형상을 한 인간을 창조하셨다고 믿었습니다. 중요한 점은 교회가 모든 무생물과 생물이 자연 선택, 종 분화, 무작위 돌연변이와 같은 과정에 따라 존재하고 발전했다는 생각을 결코 용납하지 않았다는 것입니다. 실제로 초기 교회는 존재하는 모든 것이 작은 원소("**원자**")의 우연한 충돌로 시작되어 우연히 우연히 발전했다는 "**원자**" 이론을 철저히 비난했습니다. 교회는 무작위성을 받아들이기보다는 오리게네스가 한 것처럼 창조주를 찬양했습니다. "그러나 이러한 것들을 창조하신 유일하신 하나님을 경배하는 우리 그리스도인들은 그것들을 만드신 분께 감사함을 느낍니다"(셀수스에 반대하여, 4.75).

    교회가 성경의 권위와 진실성에 대한 많은 공격에 직면하여 창조 교리에 대해 흔들리기 시작한 것은 19세기가 되어서

였습니다. 찰스 다윈의 종의 기원(1859)이 출판되면서 무(無)에서 창조, 여러 종류의 무생물과 생물의 신적 설계와 발전, 그리고 신적 형상으로 인간을 특별히 창조했다는 것을 부인하는 새롭고 포괄적인 세계관이 생겨났습니다. 이 진화론적 세계관은 이제 우리 현대 서구 사회의 대부분 분야를 지배하고 있습니다. 비극적으로, 그것은 오늘날 성경적이고 역사적인 기독교에 가장 맹렬한 도전 중 하나를 제시합니다.

간단히 말해서, 교회는 항상 위에 제시된 창조 교리를 확언해 왔습니다. 가장 초기의 신앙 선언 중 하나인 니케아-콘스탄티노폴리스 신조(서기 381년)는 **"우리는 하늘과 땅, 그리고 보이는 것과 보이지 않는 모든 것을 만드신 전능하신 아버지 한 분의 하나님을 믿습니다."** 라고 확언했습니다. 이후의 신학적 발전에서 토마스 아퀴나스는 **"창조 자체가 다른 살아있는 실체를 창조하거나 발전시킬 수 있는 능력을 가지고 있다는 생각을 거부했습니다."** 그는 **"절대적 존재로서 창조의 능력을 가진 것은 오직 하나님뿐이며, 창조된 것에서는 불가능한 일"** 이라고 추론했습니다. 그의 입장은 물질과 순전히 자연적인 과정에 의한 물질의 발전에 창조적 능력을 부여하는 유신론적 진화론에 반대합니다(유신론적 진화론, 935-936). 마찬가지로 개신교 신학은 전통적인 창조 교리를 계속 확언했습니다.

따라서 유신론적 진화론을 받아들이는 기독교인은 성경

적 창조 설명과 상충되는 것 외에도 교회의 역사적 입장 밖에 서게 됩니다. 그들은 하나님이 물질을 창조했다고 믿지만, 하나님이 무생물 물질뿐만 아니라 모든 눈에 보이는 것(예를 들어 참나무와 말)과 보이지 않는 것(예를 들어 천사)을 창조했다는 것을 확언하지 못한다. "**따라서 하나님의 창조는 일반적인 물질을 창조한 것이 아니라 특정 종류와 품종의 생물을 창조한 것이었다**"(Theistic Evolution, 946). 이 논의를 두 번째 버전의 유신 진화론에 적용하면, BioLogos의 유신 진화론자(또는 그들이 선호하는 대로 "**진화적 창조론자**")는 공통 조상의 공리를 확언합니다. 인간과 침팬지(우리의 가장 가까운 친척)의 예를 들어보면, 공통 조상은 우리가 약 30만 세대 전으로 돌아가면 "**인간도 침팬지도 아닌 고대 집단이 두 그룹으로 나뉘었고, 이 그룹들은 생식적으로 고립되었다… 결국 각 그룹의 특성은 과학자들이 그것들을 다른 종으로 인식할 만큼 충분히 달랐다.**"는 것을 의미합니다. 진화적 창조론자들에게 중요한 점은 "**이전에 살았던 두 종의 조상 계통에 대해서도 비슷한 이야기를 할 수 있다.**"는 것입니다("진화란 무엇인가?").'

'종 전체와 특히 인간의 기원과 발전에 대한 이러한 관점은 하나님의 지시와 목적에 대한 호소가 주입되어 있더라도 성경의 설명과 상충됩니다. 진화적 창조론자들은 물고기, 새, 육지 동물, 그리고 마지막으로 인간을 자연적 과정을 거치지 않고 구체적으로 직접 창조했다는 창세기 1장의 설명을 부인하고, 대신 하나님께서 오랜 기간에 걸쳐 자연적인 메커니즘을 통해 이러한 생명체를 각각 창조했다고 말합니다. 그들의 입장에는 또한 타락에 대한 성경의 설명도 부인하는 것이 내재되어 있는데, 그러한 진화적 과정에는 역사적인 아담과 이브에 대한 여지가 없기 때문입니다. 이러한 이유(및 기타 이유)로 교회는 하나님의 창조에 대한 성경의 설명을 지속적으로 읽고 역사적 입장에 충실해야 하며, 무(無)에서 창조하신 창조주 하나님을 찬양하고, 무(無)에서 무(無)로 창조하신 목적 있는 창조와 모든 특정한 종류의 무생물과 생물을 찬양해야 합니다.'

다소 긴 글이지만 여기에 소개한 것은 최근 유신 진화론에 대한 이견이 많기 때문이다. 필자는 창세기 1장에 있는 창조 기사는 신화가 아니라 역사적 사실임을 믿는다. 성경이 그렇게 말씀한다. 성육신 하나님께서 인간이 알아듣는 말로 인간의 이해도에 맞게 창조 기사를 주셨다. 저녁이 되고 아침이 되니 이는 첫째 날이라고 하신 것은 이 성경을 읽는 독자들이 이해하는 수준의 말씀이지 고차원적인 의미로 천년 혹은 그 이상의 시간을 내포한 하루가 아니다. 더욱이 하나님께서 어제나 오늘이나 동일하시고, 과거도 없고 미래도 없고 오직 현재만 있으신 영원하신 분이라고 해서 엿새간의 창조하신 것들이 장차 진화의 과정을 거쳐서 완성될 피조물을 보시고 보시기에 참 좋았다고 표현했을 리가 없다. 인간 구원을 위한 하나님의 선택이 그가 믿을 것을 미리 내다보시고 하신 것이 아닌 것과 같다. 성경을 과학에 맞추려는 시도는 성경을 왜곡하기 쉽다. 더욱이 성경은 과학을 가르치는 책도 아니다.

(2) 인간이란 어떤 존재인가?

하나님의 직접적인 창조물로서 영과 육으로 구성된 정신신체적(psychosomatic) 연합체이다. 한 마디로 영혼과 몸이 독립된 개체로 따로따로 기능하는 것이 아니라는 말이다. 도리어 매우 밀접하게 연합된 것이다. 영을 떠난 인간은 존재하지 않는다. 몸이란 영이 없으면 부패하여 흙으로 돌아갈 물질에 불과하며 생화학적 특성을 지녔다. 여기에 몸을 악한 것이라거나 경멸할 만한 것이 전혀 없다. 몸을 하나님이 직접 빚으신 것이기에 하나님 작품이라는 위엄이 존재한다. 그러나 인간을 인간으로 만드는 것은 하나님이 그 코에 불어 넣은 생기 곧 영의 역사 때문이다. 영이신 하나님께서 성육신하실 때 인간의 몸을 취하셨다. 영을 담는 소중한 그릇이 되었다. 그 안에 "신성의 모든 충만이 육체로 거하신" 것이다(골 2:9).

우주 만물 가운데 하나님 아들의 몸이라는 개체가 있게

된 것이다. 하나님을 섬기기에 적합한 개체이다. 그런 의미에서 우리는 몸을 지나치게 애지중지하거나 탐닉할 권리가 없으며, 그것을 오용하고 고갈시킬 권리도 없다. 다만 부패하고 타락한 인간의 구원이 영혼만이 아니라 몸까지도 포함된 것이라서 몸으로도 하나님께 영광을 돌리는 것이 신자의 의무이다. "너희 몸은 너희가 하나님께로부터 받은바 너희 가운데 계신 성령의 전인 줄을 알지 못하느냐 너희는 너희 것이 아니라 값으로 산 것이 되었으니 그런즉 너희 몸으로 하나님께 영광을 돌리라"(고전 6:19-20).

인간은 물질적인 존재인 것만이 아니라 영적 존재이기도 하다. 왜냐하면 영을 지니고 있기 때문이다. 생각하고 결단하고 느끼는 기능이 영에 속한 것이다. 인간이 감정적인 피조물이라고 하는 이유가 여기에 있다. 물론 다른 동물들에게도 생각과 결단과 느낌이 다 있다. 그럼에도 인간이 만물의 영장으로 자리매김이 분명한 것은 하나님이 인간에게만 주신 생기 때문이다. 몸을 지닌 아담을 그 생기 때문에 '생령'(生靈)이라고 한 것이다. 인간이란 이렇게 기쁨, 슬픔, 두려움, 불안, 희망, 기쁨, 실망을 느끼는 감성을 지닌 피조물이다. 사랑하고 사랑받는 존재이다. 이런 인간의 최고 존엄성은 생명의 주인이신 하나님과의 교통이다. 맥클라우드 교수의 지적처럼 인간의 영혼은 '그의 성격에 부속되거나 소유된 것이 아니며, 그의 성격에 부수되는 어떤 종류의 외부적 부속물도 아니다.'²⁷ 이처럼 인간은 육과 영의 결합체이다.

　인간의 특성은 여기서 끝나지 않는다. 하나님이 남자와 여자를 지으셨다(창 1:27)는 것은 아버지와 아들과 성령이 구별되듯이 남자와 여자의 성적 구분이 존재함을 말하는 것이다. 이를 뒤섞어 놓을 자도 없고 부정할 수 없는 사실이다. 남성과 여성이라는 성적 구분은 하나님의 창조 원리요 뜻이다. 그런 의미에서 인위적인 성전환은 하나님의 뜻이 아니다. 하나님의 창조 질서 원리를 위배하는 일이다. 성경은 이렇게 말한다: "그러므로 하나님께서 저희를 마음의 정욕대로 더러움에 내어 버려두사 저희 몸을 서로 욕되게 하셨으니… 이를 인하여 하나님께서 저희를 부끄러운 욕심에 내어 버려두셨으니 곧 저희 여인들도 순리대로 쓸 것을 바꾸어 역리로 쓰며 이와 같이 남자들도 순리대로 여인 쓰기를 버리고 서로 향하여 음욕이 불일듯하매 남자가 남자로 더불어 부끄러운 일을 행하여 저희의 그릇됨에 상당한 보응을 그 자신에 받았느니라"(롬 1:24, 26-27). 나면서부터 고자가 된 자나 사고로 말미암았거나 성적 불구자인 내시와 같은 자들은 이성에 관심을 가질 수 없을 것이다.

　그러나 동성애 자체가 문제가 되는 것은 이성에 대한 성적 욕구가 없이 동성에 대해 그런 욕구 충족을 쏟고 그 성적

27　Donald Macleod, ibid, 71.

욕망을 해소하려는 동성애적 행동을 정당화하려는 것이다. 동성애에는 유전적 소인(genetic predisposition)은 없다고 보아야 한다.[28] 동성애에 대한 성경적 가르침은 앞에서 인용한 로마서 말고도 레위기 18:22, 20:13, 고린도전서 6:9-10, 디모데전서 1:9-10이 있다. 이는 다 동성애가 하나님의 율법이나 교훈에 배치되는 죄악 된 행위임을 명백하게 가르치는 것이다. 그러나 그리스도인으로서 동성애자들을 정죄하고 비난을 쏟는 것 대신에 그리스도의 사랑과 친절로 긍휼히 여기며 정상적인 인간관계가 형성되도록 이끄는 지혜와 온유한 자세가 필요하다.

이런 악한 현상들의 나타남은 인간이 하나님이 금하신 선악과를 따먹고 에덴동산에서 추방되며 하나님과 단절된 생명이 되어버린 타락한 존재가 되었기 때문이다. 이를 신학

---

[28] 일부 연구에 따르면 성적 지향에 유전적 요소가 있을 수 있다고 한다. 예를 들어, 쌍둥이 연구에서는 일란성 쌍둥이가 이란성 쌍둥이에 비해 동일한 성적 지향을 공유할 가능성이 더 높다는 것을 보여주었다는 것이다. 그러나 이는 유전적 영향을 시사하더라도 결정적이지는 않다. 즉, 유전학만으로는 성적 지향을 완전히 설명할 수 없다. 오늘날 대부분의 과학자와 연구자들은 성적 지향이 유전적, 호르몬적, 발달적, 환경적 요인의 조합에서 발생한다고 믿는다. 그것은 순전히 유전적이거나 순전히 환경적인 것이 아니라, 개인의 성적 정체성을 형성하는 여러 영향의 상호 작용에 불과한 것이다. 동성애에 대한 우호적인 사회적 현상, 드라마나 영화 문학 및 예술 분야에서 다루는 것들에 의해 더 확산되는 경향이 있다고 보아야 하기에 기독교는 이에 대한 분명한 메시지를 낼 수 있어야 한다.

적 용어로 인간의 전적 타락(Total Depravity)이라고 한다. 전적 타락은 아담과 하와가 저지른 원죄의 결과로 인간 본성의 모든 부분(정신, 의지, 감정, 신체)이 죄로 인해 타락했다는 교리이다. 이는 죄가 그들의 모든 측면에 영향을 미치고 결과적으로 하나님이 기대하는 선을 행할 수도 없고 하나님의 은혜 없이는 스스로 하나님을 선택하거나 찾을 수 없다는 인간의 무능력을 의미한다(롬 3:10-12). 즉 인간이 가진 지·정·의 모든 기능이 하나님과의 관계를 누릴 수 없는 무능력한 것이 되었다. 그래서 마음의 생각하는 모든 것이 다 악한 것이었고(창 6:5) 만물 중에 가장 부패한 것이 인간의 마음이 되었다(렘 17:9). 그렇다고 인간이 전적으로 사악한 존재가 되었다거나 악마라거나 악귀들이라는 말이 아니다. '우리가 말하는 **전적 타락**이란, 모든 변화를 감안하고, 일반 은혜의 제약들과 우리 인간 상황에서 발견되는 모든 인격의 장식을 고려하더라도, 여전히 모든 인간 존재의 전 인간성이 죄에 의해 영향을 받는다는 것을 의미한다.'[29]

사람들은 인간의 지성은 그래도 선함이 남아 있어서 인간의 기준에 있어서 다른 피조물보다 도덕적 우월성을 훨씬 자연스럽게 표명하며 규정하고 실행한다고 생각한다. 그러나 전적 타락은 맥클라우드 교수의 설명에 의하면 이렇다:

---

29 Donald Macleod, *A Faith to Live By*, 83.

'인간의 마음은 죄로 가득 차 있어서, 올바르게 생각할 수 없다. 그는 적절한 결론을 내릴 수 없으며, 올바른 논증을 추구할 수 없다. 정보를 수집하고, 그것을 조직하며, 그로부터 논리적으로 추론하는 과정에서 그의 지성은 죄로 물들어 있다. 그의 지성은 하나님을 대적하는 방식으로 작동할 것이다. 이는 **"육신의 생각은 하나님과 원수가 된다."**(로마서 8:7)라는 말씀과 같다.

인간의 사고 과정, 인간의 전제와 가정, 인간의 논리는 모두 하나님을 적대한다. 이성적인 능력이 손상되지 않았다고 생각하는 것은 완전히 잘못된 것이다. 죄의 왜곡, 하나님을 대적하는 편향은 이해력과 지성의 수준에서조차 이미 침투해 있다. 우리는 왜곡된 방식으로 생각한다. 우리는 경건하지 않은 방식으로 생각한다.'[30] 인간이 타락은 지성만이 아니라 감성도 마찬가지이다. 인간의 감정도 부패한 것이다. 잘못된 것들이 행복을 자아내고 슬픔을 자아낸다. 우울, 근심, 불만, 시기, 무질서, 혼란, 분노 등의 악한 감정들이 인간의 삶에서 발생하는 것은 다 죄의 영향 때문이다. 예를 들어서 사랑의 감정(eros)은 정말 가장 아름답고 숭고한 것이지만 이 감정은 도덕적 세상에서 그 어떤 다른 힘보다 또한 가장 파괴적이고 가장 무섭고 가장 위해(危害)적인 것이 되기도 한다. 그것은

---

30 Ibid, 83.

죄에 물든 감성 때문이다.

　인간의 의지도 마찬가지이다. 의지 자체가 죄의 노예이다. 예수님은 이렇게 말씀하셨다: "**예루살렘아 예루살렘아 선지자를 죽이고 네게 파송된 자를 돌로 치는 자여, 암탉이 그 새끼를 날개 아래 모음같이 내가 네 자녀를 모으려 한 일이 몇 번이냐 그러나 너희가 원치 아니하였도다**"(마 23:37). 사도 바울도 인간의 무능력을 친히 경험한 자였다. 율법의 의로 견주면 흠이 없다고 한 그가 가장 선하시고 의롭고 거룩하신 하나님의 아들을 핍박하는 자리까지 나아갔던 것이다. 왜냐하면 허물과 죄로 죽은 인간은 "**총명이 어두워지고 저의 가운데 있는 무지함과 저희 마음이 굳어짐으로 말미암아 하나님의 생명에서 떠난**"자이기 때문이다(엡 4:18).

　죄가 무엇인가? 소요리문답 24번은 이렇게 말한다: '죄는 하나님이 이성적 피조물에게 법칙으로 주신 율법에 순종함이 부족한 것이거나 그 율법을 하나라도 어기는 것이다.' 그리고 25번 질문은 이러하다: 인간이 타락한 상태의 죄성이 구성하고 있는 것은 무엇인가? 답: '인간이 타락한 상태의 죄성은 아담의 첫 범죄의 죄책과 그가 창조함 받았을 때 가지고 있었던 의를 상실한 것과 그의 본성의 부패로 구성된다. 그로 인하여 인간은 영적으로 선한 모든 것을 철저하게 싫어하게 되고 그것을 행할 능력이 없으며 도리어 그것에 대적하게 되었다. 그리고 전적으로 지속적으로 온갖 악으로 기울어졌다. 보통 원죄라 일컫는 이것으로부터 실질적인 모든 허물이 나온다.'

이 죄에 대한 맥클라우드 교수의 설명을 더 들어보자: '성경은 죄를 단순한 결함으로 묘사하지 않는다. 죄는 부패이고, 타락이며, 인간 삶 속의 암 덩어리이다. 그것은 만연하고, 생산적이며, 활기차고, 증식하며, 스스로 퍼져나가는 존재이다. 죄는 맹렬하다. 죄는 불이다. 죄는 살아있다. 그것은 힘이며, 엄청나게 강력한 힘이다.'[31] 죄는 하나님 보시기에 좋았던 모든 것을 파괴한다. 만물조차 탄식의 늪에 빠뜨린다. 인간은 결국 사망에 이르게 만든다. 죄의 삯은 사망이다(롬 6:23). 선악과를 따 먹는 날에는 '정녕 죽으리라'(창 2:17)고 하셨듯이 타락한 아담과 하와는 더 이상 생명의 주 하나님과 먹고 마시고 걷고 뛰는 에덴동산의 생명 역사에 나아갈 수 없게 되었다. 내 뼈 중의 뼈라고까지 말한 하와와 아담 사이에도 소원(疎遠)한 사이가 되었다(창 3:12). 그뿐만 아니라 인간과 환경 사이에도 예전과는 완연히 달랐다. 땅이 저주받았다(창 3:17). 죄의 영향이 갈수록 태산이다. 죄의 영향을 볼 수 없는 곳이 전혀 없다. 그런데도 속죄의 은총을 구하는 자도 없고 찾는 자도 없다. 어디에서보다 정의가 구현되고 공정과 정직이 요

---

31 Ibid, 85.

구되는 법을 제일 많이 다루는 곳에서도 죄 문제를 해결할 소망이 전혀 없다. 용서 없는 심판이 난무하고 속죄 없는 죄책감이 쌓이고, 정화 없는 더러힘이 코를 진동하고 오감을 뒤덮고 있다. 불신자들이 판을 치고 있는 세상만이 아니다.

예수를 믿고 거듭난 자들에게서도 죄는 여전히 남아 있다. 죄에서 벗어남을 얻은 것이 분명한데 실지로는 신자들의 삶이 죄와 상관이 없이 살 수 있는 것이 아니다. 죄는 신자들 심령 속에서도 요동친다. 죄의 유혹이 전혀 없는 올곧은 삶을 사는 일은 불가능하다. 죄는 변칙적이고 상상을 뛰어넘을 정도로 잔인하고 교활하다. 우리의 삶에서 만연된 죄의 이런 실체를 잊고 사는 것만큼 더 큰 실수는 없을 것이다. 이것 때문에 우리의 영적 전략은 죄와 사망의 권세를 깨뜨리시고 승리하신 우리 주 예수 그리스도 안에서 세워야 하는 것이다. 우리 안에 죄의 잔재가 남아 있는 한 우리는 영적으로 쉽게 죄의 불길에 휘말릴 가능성이 농후하다는 점을 잊어서는 안 된다. 그러므로 그리스도께서 죄에 쏟아부으시는 하나님 진노의 모든 찌꺼기까지 들이키시고 물과 피를 다 쏟아서 주홍같아도 눈과 같이 희게 하고 진홍같이 붉어도 양털같이 되게 하신다(사 1:18).

예수를 주님으로 믿는 신자들은 범한 죄 때문에 심판에 이르지 아니하고 징계를 받아 더 거룩한 삶을 살도록 성령의 이끌림을 받는다. 심판에 이르지 아니하고 사망에서 생명으로 옮겨진(요 5:24) 복을 누린다. 이를 위하여 강력한 죄의 모든 권세를 물리치신 그리스도의 일들과 주님이 계신 영원한 나라에서 그의 백성이 온전히 안식하기까지 지키시고 보호하시고 인도하시는 일들을 살피지 않을 수 없는 것이다. 마약이나 술, 도박, 게임 등에 중독된 자들은 자신의 의지로 그 죄악의 사슬로부터 탈출하지 못한다. 누군가가 옆에서 도와줘야 한다. 합법적인 범주를 넘어서지 않는다고 해서 죄의 불법적인 유혹과 무관한 삶을 사는 자는 아무도 없다. 그 모든 죄에 대한 해법은 오직 예수 그리스도뿐이다. 그는 포도나무요 우리는 가지이기에 그를 떠나서는 아무것도 할 수 없는 존재이다. 그러므로 인간의 전적 타락과 구속의 일은 자연스럽게 예수 그리스도 구속의 은총을 더 깊이 묵상하게 만든다.

　　죄인이 판사를 심판하는 일이 있을 수 있는가? 악인들이 득실대는 세상일지라도 그런 법정은 존재하지 않는다. 우리가 믿는 하나님은 세상을 만드신 분이기도 하지만 세상을 심판하시는 분이기도 하시다. 하나님이 정해 주신 궤도를 벗어난 인간에게 임할 것은 그의 공의로운 심판이다. 동시에 그의 의와 사랑이 입맞춤하게 되는 기이한 방식은 죄인은 벌하시고 동시에 구원하시는 위대한 신비이다. 그 일을 죄 없으신 독생자 예수 그리스도께서 십자가상에서 받은 죽음과 동시에 사흘 만에 다시 살아나사 죄인을 의롭게 하시는 방식으로 성취하셨다. 그러므로 누구든지 저를 믿으면 멸망하지 않고 영생을 얻게 된다. 이것이 복음이다. 사실 복음 중 복음인 요한복음 3:16이 선언하는 것은 모든 인간이 멸망의 바다에서 죽어가고 있다는 사실과 그 멸망의 바다에서 구조받는 길이다.

그렇지 않다면 하나님께서 독생자를 보내실 이유가 없다. 모든 인간은 죄 가운데서 잉태되고 탄생하고 죄 가운데서 살다가 죄 때문에 죽게 된다. 그런 비참한 죄인을 구원하시고자 제시한 구원의 길은 하나님이 우리에게 보내주신 독생자 예수 그리스도뿐이다. 종교다원주의가 개입할 여지가 눈곱만큼도 없다. 그를 믿으라고 하는 것은 누구도(인종차별이나 성차별이나 빈부 차별이 없이) 하나님이 인간의 구원을 위해서 보내주신 나사렛 예수 그리스도 없이는 파멸에서 속량함을 받을 길이 없기 때문이다. 십자가에서 하나님의 진노의 모든 잔을 들이키시고 저주를 온몸으로 받으시며 동시에 죄인의 구원을 위해서 보배로운 피를 아낌없이 쏟아주신 예수 그리스도를 믿으면(영접하면) 멸망이 아니라 영생을 얻게 하시는 것이다. 이것이 기독교 신앙의 핵심이다. 우리는 죄인이요 부패하고 타락하여 스스로 구원받을 수 없는 존재요 하나님과 멀리 떠나 있고 하나님 나라 밖에서 소망 없이 사는 존재임을 깊이 자각하고 하늘에서 보내주신 구원의 밧줄을 굳게 잡는 것이 신앙인 것이다.

그런데 문제는 인간이 구원받을 기회가 무제한으로 주어지지 않는다는 사실이다. 인간 편에서는 땅에서 사는 짧은 시간만 주어질 뿐이다. 적어도 지구가 존재하는 한 기회는 제공된다. 문제는 그날과 그 시가 언제인지 아는 자가 아무도 없다는 것이다. 따라서 구원의 기회가 제공되는 시간은 주 예수 그리스도의 재림 때까지이다. 하늘로 승천하신 예수님은 자기 백성들이 거처할 곳을 마련하시며 자기 백성들을 위하여 기도하시다가 하나님의 작정하신 구원자들의 온전한 구원을 위하여 다시 세상에 오실 것이다. 그날은 산 자와 죽은 자를 심판하시러 오시는 날이다. 죄 없으신 그리스도를 대역죄인으로 몰아 십자가에 죽인 심판관 노릇 하던 자들이 그리스도로부터 영원한 심판을 받아 다 수치와 낭패를 겪게 되고 다시는 돌아오지 못할 곳에 갇힐 것이다. 지금이 구원받을 만한 때요 지금이 은혜받을 만한 최적의 시간이다.

사실 사도신경의 놀라운 점은 바로 이 예수 그리스도의 과거와 현재와 미래의 일 모두를 포괄적으로 다 기술하고 있는 점이다. 그의 탄생과 그의 죽음과 그의 부활하심, 그의 승천하심 및 현재 그의 다스리심과 미래 재림까지 일목요연하게 선언한다. 그런데 그의 다시 오심의 목적은 산 자와 죽은 자의 심판이다. 유한한 인생에 대한 최후의 영원한 법적 판결이 선고되는 날이 다가온다. 누구도 그날은 알 수 없지만 분명한 것은 그날은 반드시 온다는 것이다. 이렇게 예수의 과거와 현재와 미래의 사역은 다 죄인의 구원과 밀접한 관계가 있다. 예수의 이 사역이 없이는 인간의 구원 문제를 논할 길이 없다.

사실 현대 인간은 소망이 없는 삶을 살고 있다. 죄로 인한 염세주의, 허무주의가 팽배해 있다. 사람들이 보고 듣는 일은 온통 전쟁과 파산과 파업과 늙어감과 고독에 대한 두려움과 급격한 인구 감소 문제만이 아니라 AI를 이용한 각종 범죄 현상에 정신 차릴 겨를이 없게 하는 것뿐이다. 당장 시급한 것 같아도 인간의 죄 문제는 끊임없이 문제를 낳을 뿐 해소할 소망이 전혀 없다. 인간의 힘으로 할 수 없기에 하나님께서 그의 무궁한 사랑으로 죄인을 인도하시고 잠시 있다가 사라지고 말 땅에 대한 애착에서 벗어나 하나님이 직접 지으시고 경영하는 보다 나은 도성을 사모하며 살 것을 촉구하는 것이다. 우리 자신만이 아니라 주변에 있는 인간을 다 살펴보아도 소망을 둘 만한 대상이 하나도 없다. 오로지 천지를 지으시고 타락한 인생의 구원을 위하여 독생자까지도 아끼지 않고 내어주신 주님만이 우리의 소망이요 기쁨이요 만족이다. 지상에서 유토피아를 약속하는 자는 누구라도 거짓 교사요 그들의 말에 현혹하여 정욕적이고 마귀적이고 세상적인 욕구 충족을 메꿔줄 것에 집착하는 이들도 참된 그리스도인이 아니다. 참 그리스도인은 보물을 하늘나라에 쌓는다. 장차 그곳에서 주님과 함께 영원히 살 것이다. 그 소망이 현재의 고난과 역경 속에서 인내하며 천성 길로 간다.

예수님의 의로운 심판은 어떤 도덕적 항의나 항소할 이유를 말할 것이 하나 없는 완전한 판결이다. 하나님을 인정하지 않는 비신앙인은 최후의 심판은 전혀 벌어지지 않을 거라고 호언 하나 성경은 이에 대해서 확실하게 말하고 있다. 과학자들이나 환경운동가들은 지구의 멸망은 핵폭탄이나 지구온난화와 같은 환경파괴로 찾아올 것이라고 경고하나 성경은 인간의 죄 때문에 망하며 부활하신 그리스도께서 다시 오심으로 벌어질 일임을 말한다. 그러나 앞에서 말한 것과 같이 그가 언제 오실지 모르나 도적같이 올 것이기에(살전 5:2) 우리는 항상 그를 맞이할 준비를 해야 할 것이다. 그날은 슬기로운 다섯 처녀와 미련한 다섯 처녀로 완연히 양분될 것이다. 그것이 우리를 세상에서 믿음으로 살도록 이끈다. 그는 사도행전 1장에서 그의 승천을 목격한 자들의 증언과 같이 하늘로 올라가심을 본 그대로 다시 올 것이지만(11절) 그 방법은 아무도 모른다. 사도 바울은 주의 날이 도적같이 이를 것이라고 하면서 사람들이 '평안하다', '안전하다'라고 말할 때, 그래서 노아의 홍수 때와 같이 사고팔고 먹고 마시고 시집가고 장가가는 일을 태평스럽게 행할 그런 때에 오심을 말한다. 그래서 **"멸망이 홀연히 저희에게 이르리니 결단코 피하지 못하리라"**고 단언하고 있다(살전 5:3).

그러나 이런 파멸은 어둠에 속한 자들에게 임할 것이요 빛의 자녀들은 오직 깨어 근신하며 믿음과 사랑의 흉배를 붙이고 구원의 소망 투구를 쓰고 사는 자들, 속량함을 받은 자들만이 다니는 거룩한 길을 간다. 성경에 의하면 **"주께서 호령과 천사 장의 소리와 하나님의 나팔로 친히 하늘로 좇아 강림하실 것"**을 말씀한다(살전 4:16).[32] 그의 오심은 악인에게는 공포와 파멸이지만 주님의 백성에게는 기쁨과 영광에 이르는 가장 복된 날이다. 이것이 끝까지 믿음으로 주님을 의지하며 주님께 붙어 떠나지 않는 길을 가도록 돕는다. 그리고 참 그리스도인들은 예수 그리스도와 같이 될 것이다. 왜냐하면 '그의 계신 그대로 볼 것이기' 때문이다(요일 3:2). 그래서 오 예수여 속히 오시옵소서! 라고 간구한다(계 22:20). 종말 신앙의 한 단면이다. 예기할 수 없고 그날과 그 시를 단언할 수는 없어도 그의 오심을 작정한 하나님의 시간은 흐트러짐이 없이 다가오고 있다. 어쩌면 참 그리스도인에게는 매일의 삶이 인생

---

[32] 성경은 주님의 다시 오심을 무려 300여 차례 언급하고 있다. 매 13 절 마다 한 번 꼴로 언급하고 있는 것이다. 하나님은 약속을 반드시 지키시는 분이시기에 성경의 예언 중 아직 성취되지 않은 것이 주님의 재림인데 이 약속도 반드시 하나님의 정하신 때에 이루어질 것이라고 믿는다. 그럼에도 주님의 재림에 대한 기대가 별로 없는 것은 이단들의 잘못된 재림설, 그리고 주님께서 오신다는 것이 이미 초대교회 때부터 있었는데, 그 이후 2000년이 지난 지금도 다시 오실 조짐이 거의 나타나지 않는것, 그리고 물질적 풍요로움 때문에 천국에 대한 기대감이 없는 것이 원인일 수 있다. 그러나 베드로 사도의 고백처럼(벧후 3장) 반드시 다시 오심을 믿는다.

의 마지막 날과 같은 생각으로 살아야 한다고 해도 과언이 아닐 것이다.

그러나 속량함을 받은 그리스도인은 죄악이 득실거리는 세상에 살고 있어도 세상에 속한 자가 아니라 하늘에 시민권이 있는 자이기에 타락한 상태로 사는 것이 아닌 은혜 아래 산다. 때를 따라 돕는 은혜를 얻기 위하여 은혜의 보좌 앞에 수시로 드나드는 특권을 가진 자들이다(히 4:15). 앞에서 이미 다룬 은혜의 수단을 사용할 권리와 누릴 특권이 있기에 성령의 능력으로 보호함을 받는 자리에 머무는 것이다. "**너희가 말세에 나타내기로 예비하신 구원을 얻기 위하여 믿음으로 말미암아 하나님의 능력으로 보호하심을 입었나니**"(벧전 1:5). 칼빈주의 5대 교리 중 마지막에 해당하는 성도의 견인(Perseverance of Saints)을 생각하지 않을 수 없다.

이 교리는 하나님 은혜로 말미암아 믿음으로 구원을 받은 신자는 삶의 종착지에 이를 때까지 믿음 안에서 지키심을 받고 결코 구원을 잃지 않도록 보호하심을 받는다는 가르침이다. 사람이 진정으로 거듭나고 믿음을 통해 그리스도와 연합되면, 그 사람은 하나님의 권능으로 안전하게 보호받고 영광(영원한 영광)에 이를 때까지 믿음의 행보를 놓치지 않을 것이다. 그리스도를 붙드는 믿는 자의 실패 없는 의로운 삶 때문이 아니라 나를 붙드시는 그리스도의 실패 없는 구속의 은혜 때문이다.

① 구원은 처음부터 끝까지 성 삼위 하나님의 일이다. 믿는 자들을 택하시고, 부르시고, 의롭게 여기시고, 거룩하게 하시고, 궁극적으로 영원한 영광으로 인도하시는 분은 바로 하나님이다. 구원은 전적으로 온전히 하나님의 역사이며, 하나님은 미쁘시고 은혜로우시며 신실하고 전능하시므로, 그가 아들의 피로 값 주고 산 자를 궁극적으로 버림을 받게 내버려 두지 않으신다. 성경은 이렇게 말씀한다: "**이것을 확신하노니 곧 너희 안에서 선한 일을 시작하신 이가 예수 그리스도의 날까지 그것을 이루시리라**"(빌 1:6), "**내가 저희에게 영생을 주노니 영원히 멸망치 아니할 터이요 또 저희를 내 손에서 빼앗을 자가 없느니라 저희를 주신 내 아버지는 만유보다 크시매 아무도 아버지 손에서 빼앗을 수 없느니라**"(요 10:28-29).

적어도 우리가 그리스도 안에 있는 한, 그를 믿는 우리를 그가 붙들고 있는 한 우리의 구원은 의심할 여지가 전혀 없다. 그의 창조가 완성체로 된 것처럼 그의 구속도 완성된 일이요 두렵고 떨림으로 우리가 받은 그 구원을(빌 2:12) 은혜의 수단을 적극 활용함으로 온전히 이루어 가는 것이다. 우리는 바울이 "**자신의 구원을 얻기 위해 일하라**"는 뜻이 아니라는 것을 안다. 바울이 의미한 것은 빌립보인들에게 그리스도인의 복음에 합당한 삶을 살도록 촉구하는 것이다. 이것은 구원을 성취한다는 의미에서 구원을 이루라는 것이 아니라, 예수께서 이루신 구원이 내 것이 되게 하라는 말이다. 현실적 삶의 모든 영역에서 구원받음이 분명하게 드러나도록 활성화하라는 것과 같은 것이다. 그러므로 회심하지 않은 사람에게는 일절 해당하지 않는 것이다. 하나님은 자기 백성을 끝까지 지키신다. 세상 끝 날까지 함께하여 주신다.

② 참된 그리스도인은 구원을 잃을 수 없다. 성도의 견인은 하나님의 영으로 참으로 거듭난 자들은 은혜에서 떨어지지 않을 것임을 가르치는 교리이다. 그들은 어려움을 겪거나 죄에 빠지거나 의심의 시간을 겪을 수 있지만 결코 은혜의 상태에서 완전히 떨어지는 없다는 말이다. 참된 신자는 믿음을 통해 하나님의 은혜로 보존된다. **"내가 확신하노니 사망이나 생명이나 천사들이나 권세자들이나 현재일이나 장래 일이나 능력이나 높음이나 깊음이나 다른 아무 피조물이라도 우리를 우리 주 그리스도 예수 안에 있는 하나님의 사랑에서 끊을 수 없으리라"**(롬 8:38-39). 전능하신 하나님께서 **"능히 너희를 보호하사 거침이 없게 하시고 너희로 그 영광 앞에 흠이 없이 즐거움으로 서게 하실"**것이다(유다서 24절).

하나님 구원의 역사는 창세 전에 택하시고 부르시고 거듭나게 하시고 의롭다 함을 받게 하신 것에서 멈추신 적이 없다. 잠시 후에 살펴볼 영화로운 상태에까지 들이셔서 그가 계신 곳에서 영원히 거하게 하실 것이다. 하나님의 절대 주권적 권능과 은혜는 그가 정하신 일에 실패함이 없으시다. 이런 하나님이 우리 하나님임이 얼마나 놀랍고 큰 은혜인가! 그러기에 고난을 받아도, 심지어 죽음의 위협에 빠져도 결코 부끄러워하지 아니하고 도리어 담대함은 우리가 믿고 있는 믿음의 주가 누구인지, 그가 우리의 믿음의 경주를 완성하실 자임을 알기 때문이다. 그는 그에게 피하는 자를 하나도 잃어버리지 않고 능히 지키실 분이시다(딤후 1:12).

성도의 견인을 혹자들이 오해하듯 이것이 구원의 증거를 나타내지 않아도 괜찮다는 것이 아니라는 점이다. 구원의 증거가 필요 없는 안전장치가 아니다. 믿음과 착한 행실이 함께 가야 한다. 회개 없는 죄 가운데 살거나 믿음에서 떠난 자들은(요일 2:19) 구원받았다는 증거가 없는 것이다. 성령의 열매(갈 5:22)나 빛의 열매(엡 5:8-9)를 맺는 자여야 한다. 그리스도에게 붙어 있는 가지는 그리스도로부터 공급받는 모든 양분에 힘입어 절로 열매를 맺힌다. 그런 증거가 없다는 것은 그리스도와 접붙임을 받은 자가 아니라는 것이다. 성도의 견인은 구원의 열매를 더욱 촉진하는 것이다.

마지막으로 한 가지 더 간략하게 살펴볼 것은 **인간의 영원한 상태**이다. 인간은 본래 무죄한 상태로 지어졌으나 죄로 인하여 타락하였고 그 타락한 인간이 그리스도의 피로 구속함을 받은 구원받은 자가 되었다. 그 구원 받은 자는 마침내 인간의 4중 상태의 마지막인 하늘 나라에서 영원히 사는 안식을 맞게 될 것이다.[33] **"영광스러운 상태"**는 의롭다 함을 받은 자들이 주님이 계신 천국에서 영원한 행복, 하나님과의 교제, 죄와 고통으로부터의 자유를 경험하는 궁극적인 운명의 종착점을 말한다. 여기에서는 부분적으로 알던 것이 완벽한 지식으로 채워질 것이다. 이곳에서는 시편 42편처럼 주를 찾기에 갈급한 심령 상태는 없을 것이다. 주님과 함께 얼굴과 얼굴을 대하며 교제함이 끊이지 않는 곳이기 때문이다. 죄와 타락의 모든 영향이 완벽하게 근절되고 영광으로 영광에 이르러 그리스도와 같은 형상이 될 것이다(고후 3:18). 영과 육이 결합하여 부활할 때는 육체의 한계를 느끼지 못하는 영광스러운 몸을 받게 될 것이다. 이곳에서는 슬픔도 눈물도 이별도 질병도 없는 영원한 기쁨과 만족이 넘쳐날 것이다(계 21:4). 이러한 영광스러운 날을 주시기까지 거듭난 성도는 전심으로 주님을 따르는 길을 가야 한다.

여기에서 이어지는 덕목은 예수를 따름과 예수를 닮음이다. 좌로나 우로나 치우치지 않고 오직 푯대 되신 우리 주 예수 그리스도만을 따른다. 그가 어디로 인도하시든 아골 골짜

---

33 인간의 4중 상태에 대하여 자세히 알고 싶다면 토마스 보스톤이 쓴 책을 읽어 보기를 바란다. 부흥과 개혁사에서 번역 출판하였다.

기든, 빈들이든 궁궐이든, 십자가를 지는 골고다 언덕이든, 땀방울이 핏방울이 되어 떨어진 겟세마네 동산이든 자신을 부인하고 자기 십자가를 지고 주님을 따라가는 것이다. 여기에 등 돌림도, 배신도 존재하지 않는다. 오로지 충성한다. 믿음(faith)과 충성(faithfulness)은 분리해서 설명이 안 되는 덕목이다. 교회 일군은 누구든지 자신의 야욕이나 철학적 이념이나 정치적 색깔을 나타내는 자가 아니라 오직 하나님의 말씀을 명백히 알게 하는 충성된 일군, 그 이상도 그 이하도 아니다. 우리 안에서 주님의 뜻이 이루어지는 것을 가장 영광스럽게 생각한다. 예수를 닮음은 그의 온전하심과 같이 우리도 온전한 자가 되는 것이다. 완전한 길로 나아가는 것은 디모데 후서 3:16-17이 말하듯 진리의 말씀으로 쳐서 복종케 함, 진리 가운데로 인도하시는 성령의 인도하심에 전폭적인 의지와 순종 및 우리를 거룩케 하는 진리의 말씀을 먹이고 돌보는 목사의 목양 지도에 적극적인 협력이 어우러져야 한다. 예수를 깊이 생각하라. 우리 믿음의 주이시며 온전케 하시는 이이신 주 예수만을 앙망함은 평생교육 내용이다.

학습 내용 되씹기

1. 옛사람과 새로운 피조물의 차이는 무엇인가? (고후 5:17, 엡 2:2-3)
   새로운 피조물이 성장하지 못하는 이유는?

2. 예수 배움의 길은 무엇인가?
   * 직접적인 길: 성경과 성경 주석 및 교리 해설서. 공적 은혜의 수단.
   * 간접적인 길: 신학은 삶이다. 삶의 현장에서 연단의 길을 간다. 지각을 사용한다.

3. 배움의 내용은 크게 두 가지로 구분한다.
   (1) 하나님은 어떤 분인가?
      ① 전능하신 하나님을 설명해 보라.
      ② 성부와 성자와의 관계를 설명해 보라.
      ③ 진리의 영, 성령의 주된 사역 4가지는 무엇인가?

   (2) 인간의 4중 상태는 무엇을 말하는가?
      ① 전적 부패와 타락을 설명해 보라.
      ② 예수 그리스도의 구속 사역에서 배우는 교리 3가지는 무엇인가?
      ③ 죄의 특성과 속죄의 특성을 말해 보라.
      ④ 최후의 종말과 심판을 설명하라.
      ⑤ 성도의 견인과 영원한 상태.

   (3) 진화론을 배격하는 이유는 무엇인가?

3장
예수를 따름

Following Jesus

3장
예수를 따름

Following Jesus

자기 양을 다 내어 놓은 후에 앞서 가면
양들이 그의 음성을 아는 고로 따라오되
타인의 음성은 알지 못하는 고로
타인을 따르지 아니하고 도리어 도망하느니라
(요 10:4-5)

너희가 내 양이 아니므로 믿지 아니하는도다
내 양은 내 음성을 들으며
나는 저희를 알며 저희는 나를 따르느니라
(요 10:26-27)

아무든지 나를 따르려거든 자기를 부인하고
자기 십자가를 지고 나를 좇을 것이니라
누구든지 제 목숨을 구원코자 하면 잃을 것이요
누구든지 나와 복음을 위하여 제 목숨을 잃으면 구원하리라
(막 8:34-35)

예수님은 선한 목자이다. 신자는 그의 기르시는 양이다. 푸른 초장에 누이시고 쉴만한 물가로 인도하는 목자가 있는 한, 양의 생명은 안전하다. 그러나 양이 주인의 음성을 듣지 않고 강도나 절도의 음성을 따르면 파멸의 구렁에 빠질 뿐이다. 스코틀랜드에서 유학할 때 여름 방학 때 시골에 목사가 없는 곳에서 매년 두 달간 목회를 했었다. 스코우리(Scouri)라는 지역에 있는 교회 사택은 카라반으로 만들어진 방 세 개 짜리 사택이었다. 그 사택 주변에는 푸른 초원이 펼쳐진 참으로 아름다운 곳이었다. 아침 일찍 눈을 뜨면 그 사택 주변에 양들이 몰려와서 풀을 뜯어 먹는 풍경은 탄성이 절로 나왔다. 아이들 깨워서 양들을 보라고 하면서 문을 열고 살며시 다가가면 양들은 쏜살같이 도망친다. 그런데 저 멀리서 목동이 부르면 풀을 뜯어 먹다가도 주님의 음성이 들리는 곳으로 다가갔다. 그때 양의 특성이 어떤지를 조금이나마 알게 되었다. 예수를 믿기 전의 사람들은 다 제 갈 길로 가기 바빠도 주님의 양들은 주님의 음성을 듣는다(요 10:4-5). 주님의 양은 주님을 알기에 양을 위해 자기 목숨을 버리신 참 목자를 따르는 일은 전혀 이상한 것이 아니다. 그런데 이 목자를 따르지 못하도록 자신을 광명한 천사로 가장하여 삼킬 자를 삼키려고 덤비는 도적과 강도 같은 마귀의 역사가 존재한다. 그러므로 참 그리스도인은 누구를 따르고 있는지를, 누구의 음성을 듣는 것인지를 세심히 점검해야 한다.

누군가를 따른다는 것은 좋아함과 호기심이 뒤섞여 있다. 상대방에 대한 소문만으로 만족하지 않고 직접 만나서 눈으로 보고 귀로 듣고 체험하고자 하는 욕망 표출이다. 그런 것들이 더 알고 싶은 궁금증을 낳고 호기심을 자극하여 계속 따라다니고 싶은 욕구가 끊이지 않는다. 그 욕구는 따르고 싶은 이의 인품이나 사는 모습 그리고 그의 세계에 대한 깊은 이해와 닮고 싶은 자리까지 나아가게 된다. 물론 인간 편에서는 알수록 허물투성이의 모습으로 실망과 좌절도 있게 되지만 주님을 따른다는 것은 내 끈기와 결단의 부족이 들통날지언정 주님을 실망 할 일은 전혀 없다. 전혀 후회를 낳지 않는 참지식이 될 뿐이다. 주님을 순전히 따라간 자들에게서 이구동성으로 쏟아져나오는 이야기는 감탄과 감동과 감격과 만족과 기쁨과 감사와 찬양과 놀람이 전부이다. 필자는 주님을 따르는 즐거움과 감격이 끊이지 않는 순례자의 길이 됨을 믿는다.

**1 예수를
따른다는 것은?**

사실 따름은 그리스도인에게 선택과목은 아니다. 그렇다고 졸업 학점을 따기 위하여 의무적으로 해야 하는 필수과목도 아니다. 예수를 따르는 것은 거듭 난 신자의 본능적 영적 욕구이다. 중생한 자의 자연현상이다. 왜냐하면 예수를 믿는 순간 예수 그리스도와 연합되기 때문이다. 누구도 풀 수 없고 끊을 수도 없는 끈으로 단단히 접붙여진 상태가 된다. 믿는 자는 그리스도 안에 있고 그리스도는 그 믿는 자 안에 거하시게 된다. 믿는다면서 누가 이 예수를 따르지 않을 수 있을까? 문제는 목적이다. 예수를 따르고자 하는 자들은 많이 있다. 우선 그에 대한 소문을 들은 자 중에게서 만나게 된다. 발 없는 말이 천리를 간다는 말이 있듯이 풍성한 입소문이 사람들을 예수님에게로 몰려오게 한다.

가장 대표적인 첫 출발은 안드레가 형제 시몬 베드로에게 가서 메시아를 만났다고 말하며 직접 예수님을 만나 게바라는 새 이름을 받게 된 베드로의 사례(요 1:40-42)이다. 또 빌립이 모세와 여러 선지자가 예언한 메시아를 만났다며 나다나엘에게 소개하고 예수께로 인도한 일이나(요 1:45-48), 밤중에 예수님을 찾아온 니고데모의 경우가 그렇다(요 3). 또 사마리아인으로서 남편을 6명이나 두었던 비천한 여인이 우물가에서 예수님을 만난 후에 본성으로 들어가 동네 사람들에게 예수님을 전하는 것이 계기가 되어 직접 예수를 만나고자 하는 열망으로 충천했던 수가성 사람들이 다 소문을 듣는 데서부터 출발했다(요 4:27-30). 어찌 이뿐만이겠는가? 12년이나 혈루병으로 갖은 고생 다 하며 수많은 의원을 찾아 고침을 받고자 애를 썼으나 악화일로의 상태에서 몸은 더 망가지고 경제 사정도 거의 바닥을 칠 무렵이었던 여인이 **"예수의 소문을 듣고"** 예수께 나와 순식간에 고침을 받은 사건(막 5:25-34)이 그러하고, 누가복음 7장에 보면, 어떤 백부장이 **"예수의 소문을 듣고"** 병들어 죽게 된 종을 낫게 하고자 예수님께 나아온 일, 이 일로 인하여 그는 예수님에게서 **"이스라엘 중에서도 이만한 믿음을 만나 보지 못하였다."**고 칭찬을 듣게 된 일(눅 17:1-9), 그리고 예수님이 어디로 가든지 따르겠다고 나선 자들에게 예수님은 **"여우도 굴이 있고 공중의 새도 거처가 있으되 오진 인자는 머리 둘 곳이 없다."**라고 대답하신 것이나 부친을 장사하고 따르겠다고 한 일(마 8:20-22)들도 다 예수의 소문을 듣거나 가르침을 받은 자들이 예수님에게 나온 경우들이다.

물론 마가복음 3장에 오면 예수의 소문을 들은 예수의 가족들은 도리어 예수께서 정신 나간 짓을 한다고 붙들려고 나온 것이라든지, 예수의 소문을 듣고 예수를 잡아 죽이려고 덤비는 자들도 예수께서 사역하시는 내내 존재했다. 그래도 확실한 것은 영생을 주시기로 작정 된 자는 예수의 소문만 듣고도 믿고 나오는 자들이 있는가 하면 예수를 죽이고자 작정한 마귀 자식들도 존재한다는 점이다. 그뿐만 아니라 떡을 먹고 배불러 따르는 자들도 있다(요 6:26). 이런 자들은 예수님을 배우고자 혹은 알고자 하는 마음이 전혀 없다. 썩는 양식으로 육신의 배를 불리고자 하는 생각뿐이었다. 예수가 목적이 아니고 수단에 불과한 것이며 자신의 안위와 번성과 명예를 위한 징검다리로 간주한다.

오늘날 교인 중 진리인 예수를 더 알고 싶어서 예배당에 나오거나 교회 일원이 되는 일보다 교회를 통해서 자기 손에 떨어지는 떡고물 때문임에 해당하는 자들이 꽤 된다. 그러나 필자가 의미하는 예수를 따른다는 것은 어떤 편에 있든지 진정으로 예수를 구세주로 믿는 자를 말한다. 예수님을 더 알고 예수님과 더 가까이 동행하고자 하는 마음으로 따르는 자들이다. 그런 자들에게 예수님이 던지는 근본적 답변이 이것이다.

"누구든지 나를 따르려거든 자기를 부인하고 날마다 자기 십자가를 지고 나를 따를 것이라"(눅 9:23, 마 16:24). "아비나 어미를 나보다 더 사랑하는 자는 내게 합당치 아니하고 아들이나 딸을 나보다 더 사랑하는 자도 내게 합당치 아니하고 또 자기 십자가를 지고 나를 좇지 않는 자도 내게 합당치 아니하니라"(마 10:37-38). "베드로가 여짜와 이르되 보소서 우리가 모든 것을 버리고 주를 따랐나이다 예수께서 이르시되 내가 진실로 너희에게 이르노니 나와 복음을 위하여 집이나 형제나 자매나 어미나 아비나 자식이나 전토를 버린 자는 현세에 있어 집과 형제와 자매와 어미와 자식과 전토를 백 배나 받되 박해를 겸하여 받고 내세에 영생을 받지 못할 자가 없느니라 그러나 먼저 된 자로서 나중 되고 나중 된 자로서 먼저 될 자가 많으니라"(막 10:28-31).

이상의 말씀은 주님을 따른다는 것은 주님과 깊은 관계를 맺고 있지 않는 자에게서는 전혀 일어날 수 없는 것들이다. 앞에서 우리가 살펴본 주님을 믿음과 배움의 길에 들어선 자들에게서 동시다발적으로 발생하는 예수를 따름이 감당해야 할 교훈들이다. 자기 부인과 자기 십자가를 지는 것만이 아니라 주님과 그의 복음을 위해서 집이나 형제나 자매나 아비나 어미나 자식이나 전토까지도 포기해야 할 험난한 길을 가야 할 일이다. 자기 비움이다. 그래야 예수로 채워지는 것이다. 인간 세상에서 가장 끈끈한 정으로 매여 있는 혈연관계나 인간의 욕심 보에 한없이 채우기를 바라는 소유욕까지도 포기하는 길이 되기에 마냥 좋다고 갈 수 있는 것이 아니다.

마치 건축자가 건축하기 전에 그 비용을 셈해 보아야 하듯이 주님을 따른다는 것은 반드시 치러야 할 대가가 있음을 잊어서는 안 된다. 그걸 생각하지 않고 무작정 나섰다가는 외식하는 자로, 불량아로, 불효자로, 매정한 자로, 무책임한 자로 비난을 받음과 조롱을 감수해야 할 것이다. 과연 예수 따름이란 무엇일까?

사실 주님을 따름에는 인종차별이나 어떤 편견도 존재하지 않는다. 사람들이 선호하는 외모나 소유나 지위에 상관없이 누구든지 주님을 따를 수 있지만 그 따름에는 따르고자 하는 모든 이에게 해당하는 조건이 있다. 그것은 자기 부인, 자기 십자가 짐, 주님에 대한 최우위의 사랑과 순종 등이다. 주여, 주여 한다고 해서 다 천국에 입성할 백성이 되는 것이 아니라 다만 하늘에 계신 하나님 아버지의 뜻대로 행하는 자라야 한다고 분명히 선언했듯이(마 7:21), 예수를 졸졸 따라다닌다고 해서 그들이 다 예수님과 함께하는 참 제자라고 단정할 수 없다. 예수님 당시에도 그의 소문을 듣고 따른 자들이 부지기수였지만, 그 많은 사람 중에는 예수를 십자가에 못 박으라고 외친 군중과 한패인 자들도 있었을 것이다. 가룟 유다의 배신도 있었듯이 떡을 먹고 배불러서 따라다닌 자들은 자신의 잇속 챙기기에 급급하기에 실속이 채워지지 않는다고 생각되면 분명 쉽게 등을 지고 떠나가는 것이다.

재물의 유혹 때문에 혹은 말씀으로 인하여 핍박을 받거나 고통을 겪는 경우 아무런 결실을 보지 못하고 등지는 길을 가는 것이다. 주님을 따르는 길에는 생명을 잃을 위험까지 포함하여 많은 유혹의 장애물이 있다. 그것을 분별하는 능력도 있어야 한다. 시련과 장애와 아픔을 극복하는 과정이 있어야 한다. 그렇지 않으면 의도하지 않았음에도 주님과 멀어지는 길로 퇴락할 수 있다. 언제나 깨어 있어야 할 이유이다. 예수를 따른다고 줄곧 달려왔는데 전혀 아닌 경우가 있음을 알아야 한다. 신랑이신 예수님을 기다리던 미련한 다섯 처녀들과 같은 낭패가 이를 증명한다. 그래서 단단한 음식을 먹고 지각을 사용하여 연단을 받아야 터득되는 분별력이 필요한 것이다. 그 길이 무엇인가?

2 좁은 문으로 들어간다

군자는 대로 행위(大路 行爲)라는 세상의 가르침과는 달리 예수를 따름은 무엇보다 좁은 문으로 들어가며 협착한 길을 가는 것이다. 좁디좁은 불편한 길을 마다하지 않는다. 그 문에 들어서는 자는 어떤 가혹한 현실이 기다리고 있어도 포기하지 않겠다는 굳은 결의를 다진 자일 것이다. 험난한 훈련이 요구된다고 해도 기꺼이 감당한다는 굳은 각오를 가진 자이다. 여기에 포함하는 인내와 연단을 회피하지 않는다. 예수님의 제자들도 3년이나 훈련을 받았다. 이것을 되짚어 보면 예수님 같은 스승 밑에서 훈련받음이 3년이나 걸렸다고 한다면 연약하고 능력 부족이 태반이나 되는 인간 스승 밑에서 훈련을 받는 것에는 얼마나 많은 시간이 필요한지를 생각지 않을 수 없다. 사실 인내와 연단의 훈련 과정은 주님이 오실 때까지 중단될 수 없는 일이다. 주를 따르고자 하는 이들을 넘어뜨리려는 굴곡들이 곳곳에 도사리고 있다.

심지어 스승이신 예수를 배신하는 유혹까지 벌어졌다. 주님께서 잡히시던 날 밤에 제자들 모두가 도망쳤다. 안타까운 심정을 금할 수는 없지만 그 도망침을 정죄할 필요는 없다. 그들이 직면한 현실에 우리가 있었다면 우리도 그 배반의 길을 갔었을 것이라는 생각을 지울 수 없다. 그러나 그들의 실패를 성공으로 이끈 것은 그들의 의지나 믿음이 아니었다. 죽은 자 가운데서 사흘 만에 다시 사신 부활의 주 예수 그리스도 때문이었다. 그에게서 다시 소생함을 받는 은혜를 입었다. 무기력한 자들, 본래 학문이 없는 그들을 세상이 감당치 못할 자들로 변하게 했다. 그러기에 좁은 길을 회피하지 않는다.

이처럼 거짓이 없는 믿음을 가진 자라면 먼저 예수의 복음이 무엇인지를 온몸으로 익히기까지 그를 따르는 일에 사력을 다해야 한다. 비단길이 아니다. 꽃길은 더더욱 기대할 수 없다. 대부분이 비포장도로이다. 그러나 이 길에 들어선 자는 일곱 번 넘어져도 일곱 번씩 일흔 번이라도 용서하시는 주님의 도우심에 힘입어서 다시 서고 걷고 뛰는 능력 발휘가 가능함을 경험하는 길이다. 손에 쟁기를 잡고 뒤를 돌아보는 일은 용납하지 않는다. 바라는 것들의 실상이요 보이지 아니한 것들에 대한 증거인 참믿음을 가진 자로서 현재의 고난은 장차 누릴 영광과 족히 비교할 수 없음을 고백한다. 넘어져도 일어선다. 푯대 되신 주님만 바라보며, 하나님의 영광을 바라보고 즐거워하는 영적 삶의 희열을 만끽한다. 그러나 이 길은 이 땅에 사는 동안 환난을 겪게 되고 그 환난이 인내를 낳고 그 인내가 연단을, 연단은 소망을 더욱 굳건하게 하는 (롬 5:2-4) 고난의 흔적이 가득한 길이다.

 그 과정 하나하나가 다 극기 훈련과 같다. 감당하지 못할 것 같아도 능히 피할 길을 내주시고 넉넉히 감당하게 하시는 주님과 함께하는 길이다. 이 단련은 단순히 육체의 연습을 통해서 단련된 근육질과 차원이 다른 것이다. 경건에 이르는 이 훈련은 금생과 내세까지도 분명한 약속이 있기에 멈출 수도 없고 포기할 수 있는 것이 아니다(딤전 4:8). 이것은 가장 쉬운 길을 가고자 하는 유혹을 버리게 하고 위험해 보여도 가장 안전한 길로 가는 것임을 믿음으로 안다. 고난이 없으면 영광도 없다. 그렇다면 장차 누리게 될 그 영광에 도달하기까지 감당해야 하는 그 훈련 혹은 연단, 혹은 경건에 이르는 연습에는 어떤 것들이 포함되는가?

앞에서 언급한 자기 부인에 대한 훈련, 자기 십자가 짐에 대한 훈련, 살아도 주를 위하여 살고 죽어도 주를 위하여 죽는다는 훈련과 결단이 매일매일 이어진다. 따름과 순종은 쌍둥이다. 순종 없는 따름이나 그 반대도 전혀 성립될 수 없다. 그러나 따르고 순종하는 이 일은 자력으로 할 수 없는 것이다. 최소한 성령 하나님의 강권적인 역사와 동역자들의 협력이 요구된다. 예수님도 한 명이 아닌 열두 명의 제자들을 뽑아 훈련하셨듯이 우리도 함께하는 동역자들이 필요하다. 지(枝)교회의 지도력도 목사 한 사람에게 맡겨진 것이 아니라 복수의 지도력 즉 치리 장로와 동역하게 하듯이 같은 말을 하고 같은 생각을 하며 같은 뜻으로 합해질 수 있는 동역자들이 필요하다. 구원은 개별적으로 성사되는 것이지만 믿음의 길은 나 홀로 가는 것이 아니다. 교회를 말할 때 성도의 교제라는 기능이 필수적인 것처럼 함께 일함으로 자기 단련이 이뤄진다. 혼자 자라는 아이보다 형제자매들 틈에 섞여 자라는 아이가 인성과 형제 우애가 남다른 것이다. 세상에서는 한 사람을 가리켜 일인 가구라는 말은 사용해도 기독교는 한 사람의 신자를 가리켜 단독 교회라고 말하지 않는다. 성도의 교제를 통해서 훈련하는 덕목은 이렇게 가르친다: 남을 나보다 낫게 여기라! 모든 일에 겸손과 온유로 하라, 군림하지 말고 섬기며, 원망과 시비가 없게 하라, 서로 아끼고 존중하라, 남의 유익을 구하라, 사랑 가운데서 진리를 말하라 등

등을 통해서 믿음의 공동체 건설에 앞장서야 한다. 그것이 이 시대에도 구현되어야 할 가장 효과적이고 효율성이 높은 섬김이다.

예수를 따름으로 세상에서 썩어질 것을 피하여 신의 성품에 참여하게 된 성도들을 향하여 사도 베드로는 이렇게 교훈한다: "그러므로 너희가 더욱 힘써 너희 믿음에 덕을, 덕에 지식을, 지식에 절제를, 절제에 인내를, 인내에 경건을, 경건에 형제 우애를, 형제 우애에 사랑을 더하라 이런 것이 너희에게 있어 흡족한즉 너희로 우리 주 예수 그리스도를 알기에 게으르지 않고 열매 없는 자가 되지 않게 하려니와 이런 것이 없는 자는 맹인이라 멀리 보지 못하고 그의 옛 죄가 깨끗하게 된 것을 잊었느니라 그러므로 형제들아 더욱 힘써 너희 부르심과 택하심을 굳게 하라 너희가 이것을 행한즉 언제든지 실족하지 아니하리라 이같이 하면 우리 주 곧 구주 예수 그리스도의 영원한 나라에 들어감을 넉넉히 너희에게 주시리라"(벧후 1:5-11). 베드로가 권하는 이 실천 사항은 좁은 문으로 들어와 좁은 길을 가는 자들을 위한 것이다. 그 과정에서 우리의 부르심과 택하심을 더욱 견고하게 다진다. 결국 예수 따름은 부지런함을 요구하는 예수 배움을 더 돈독하게 하고 그 배움은 반드시 열매로 나타나며 성도의 부르심과 택하심이 더 확실해지고 마침내 영원한 나라에 당당하게 입성하는 복락을 얻게 됨을 보장하는 것이다.

　배움에 대한 **호기심이 강한 자**는 따름에 대한 욕구 역시 강하다. 따라다니다 보면 변화가 일어난다. 이것이 없는 믿음 생활은 완전히 가짜이다. 예수를 따른 사람들을 기독교 초기의 세상 사람들이 그리스도인이라고 불렀다(행 11장 26절). 최초의 이방인 교회인 안디옥 교회가 설립되면서 일어난 일이었다. 성령과 지혜가 충만한 바울과 바나바의 지도력에 힘입어 예수 믿음과 배움과 따름이 동시다발적으로 벌어진 일이다. 아마도 그들은 로마서 2장에 등장하는 하나님의 율법을 가졌다고 뽐내는 유대인들로 인하여 하나님의 이름이 이방인들 가운데서 모독을 당하게 하는 일과는 상당히 거리가 먼 자들이었을 것이다. 예루살렘 교회에서도 초기에 분명했던 것은 복음을 듣고 회심하고 돌아온 사람들이 예수 믿음과 배움과 따름이 어떠한지를 몸소 보여줌으로 "**온 백성에게 칭송을 받았고**" 그로 인하여 "**주께서 구원받는 사람을 날마다 더하게 하시는**"(행 2:47) 복락을 누렸다.

　이러한 일은 우리나라 초기 기독교 역사 가운데서도 발견하는 사실이다. 주님을 신실하게 따른 '예수쟁이'들을 통하여 한국의 기독교가 급성장하는 계기를 마련한 것이다. 그러나 불행하게도 그 기반이 무너진 것은 예수 따름의 본을 상실한 것 때문이다. 좁은 길이 아닌 넓은 길을 선호하기 때문이다. 썩어 없어질 양식을 더 추구함이 하나님의 복이라는 번영신학에 치우쳤기 때문이다. 또 영적 훈련의 부족이나 기피 현상, 성령과 지혜가 충만한 지도자 부재, 믿는 도리 교육 부재로 인한 영적 분별력 상실, 형식에 머무는 종교의식, 신본주의에서 인본주의로 변화 등이 어우러져 만들어 낸 현상이지만 이 길로 가도록 방치하는 한 멸망은 필연적이다. 교회라는 신앙공동체에 나가지 않는다는 일명 '가나안'교인도 진리 안에서 성도의 교제를 회피하는 한, 안심할 수 없다.

오늘날 주변의 믿지 않는 자들이 기독교인을 보고 믿고 싶다는 호기심을 불러일으키는 신자들은 얼마나 될까? 물론 도덕적으로 순결하고 정직하고 착하며 친절한 사람들이 없는 것이 아니다. 그러나 그것은 보수적 불신자들에게서도 찾아지는 덕목이지 않은가? 그런 기독교인, 도덕적 착함을 추구하는 것이 전부라고 생각하며 주님을 따르는 그리스도인에게 세상은 매력을 느끼지 못한다. 사실 윤리 도덕적 인품의 탁월함, 교양 있고 고상한 매너와 삶의 자세 등도 꼭 갖춰져야 함은 분명하다. 그러나 그것보다 거룩하고 선하고 의롭고 자비가 풍성하신 하나님과 함께하는 깊은 인격적 교제와 나눔이 뒷받침되지 않는 품격은 영양가가 다른 하늘의 맛을 낼 수 없는 것이다. 주님과의 영적 친근함을 누리는 자만이 좁은 문으로 들어가며 좁은 길을 가는 동안 죄를 죽이고 자기를 부인하고 자기가 져야 할 십자가를 기꺼이 지는 따름을 가능케 하는 것이다. 주님을 따름에서 오는 영적 부요함과 끈끈한 사랑의 줄이 물과 불을 능히 통과하게 하고 주님의 살아계신 능력을 온몸으로 증언하는 삶이 될 수 있는 것이다.

사실 세상 사람이 보이지 않는 신적 존재를 가장 빨리 인식하는 길이 있다면 신적 존재를 따르는 자들의 삶을 통한 것이다. 그들의 언어와 행실과 품격이 다른 이들도 우리 주 예수 그리스도를 철저하게 따르게 하는 디딤돌로 작용할 것이다. 진실한 그리스도인들은 이렇게 찬양한다: '주 예수보다 도 귀한 것은 없네, 이 세상 부귀와 바꿀 수 없네, 영 죽을 내 대신 돌아가신 그 놀라운 사랑 잊지 못해 세상 즐거움, 다 버리고 세상 자랑 다 버렸네 주 예수보다 더 귀한 것은 없네 예수 밖에는 없네'(찬송가 94장 1절). 눈에 뵈는 것이 예수밖에는 없고 귀에 들리는 것이 예수 음성 외에 없으며 죽으나 사나 오직 그리스도만을 따라가는 것이다. 그의 기르시는 양은 그가 항상 푸른 초장에 누이시고 쉴만한 물가로 인도하심을 조금도 의심하지 않는다. 옆에서 같은 길을 가는 자들을 보면서 내가 가는 길이 헛된 것이 아님을 더욱 확신하게 된다.

여기서 오해하지 말아야 할 것은 이 따름은 강제성이 전혀 없는 순수한 자발적 따름이라는 사실이다. 나라를 지키는 국방의 의무는 의무적으로 어쩔 수 없이 순응해야 한다. 그러나 주님의 십자가 군병은 그것과는 차원이 다르다. 징집병이 아닌 자원병으로 헌신적 따름에 의한 것이다. 돈을 받고 수행하는 용병이 아니라 돈을 내고서라도 감당하는 자원병이다. 요즘 군대는 돈을 받고 복무하게 함으로 저절로 참 군인의 길을 가기보다는 용병으로서 살게 한다. 교회도 이상하게도 닮아간다. 지금 교역자 구함의 일 순위는 과거와는 달리 처우개선이 포함된 복지이다. 그러나 주님을 따라가는 길에서 요구하는 자기부정은 본질상 진노의 자식들이 가는 길에서 완전히 돌아서는 길이다. 철저하게 죄 죽임과 밀접하다. 영적 전투이다. 이 전쟁은 자아와의 싸움, 세상과의 싸움 및 사단과의 싸움이다(비 부분은 뒷장에서 따로 기술하였다).

본래 허물과 죄로 죽은 존재의 자아는 신적 의지가 머물 틈이 없다. 타락한 인간도 여전히 하나님의 형상을 소유하고 있어서 자연법에 드러난 하나님의 창조 의도와 목적에 따라 나름의 선과 악을 구별하고 공적인 것과 사적인 것을 분별할 수 있지만 신적 존재와의 관계는 전혀 생각할 수도 없고 영적 세계에 대한 인식 자체는 불가능한 일이다. 죄 죽임의 길을 가는 것은 소요리문답 35번에서 가르치고 있는 것처럼 성화, 거룩의 삶을 추구하는 길이다. 점점 죄에 대해서는 죽고 의에 대해서 사는 길을 가는 것이다. 이는 **"만물보다 거짓되고 심히 부패한"**(렘 17:9) 인간의 마음에 쌓인 것들, 그 마음이

품은 것들은 항상 악하다. 악을 행하는 것이 어려서부터 습관이 된 것들이기에 비록 하나님의 강력한 은혜로 새 생명을 얻은 자라고 하더라도 죄성 자체가 남아서, 끊임없이 그 죄성의 활동을 억제하는 강력한 힘이 필요하다. 그 힘은 외부에서 온다. 고린도 서신을 통해서 하나님은 이렇게 말씀한다: "사람이 감당할 시험밖에는 너희에게 당한 것이 없나니 오직 <u>하나님</u>은 미쁘사 너희가 감당치 못할 시험당함을 허락지 아니하시고 시험당할 즈음에 또한 피할 길을 내사 너희로 능히 감당하게 하시느니라"(고전 10:13, 밑줄은 필자의 강조).

3 무엇보다
네 마음을 지키라

"무릇 지킬만한 것보다 더욱 네 마음을 지키라 생명의 근원이 이에서 남이니라"(잠 4:23).

좁은 길로 다니는 자들은 항상 자기 마음을 굳게 지켜야 한다. 방치하면 우리 마음은 우상 공장으로 돌아가기 때문이다. 칼빈은 부패하고 타락한 인간의 마음을 '영구한 우상의 제조공장'(The human mind is a perpetual forge of idols)이라고 했다.[34] 영이신 하나님을 형상화하려는 시도는 타락한 인류 역사 속에서 사라지지 않는 일이다. 구속함을 받은 이스라엘 백성이 금 송아지를 만든 것이 그 증거이다. 예수님께서도 시험을 당하셨듯이 우리도 항상 유혹 거리들과 매우 가까이 있다. 마음에 쌓은 선에서 선한 것이 나오고 마음에 쌓은 악에서 악한 것이 나오기에 거듭난 심령이 부패에 휩싸이지 않도록 세심한 주의를 기울어야 한다.

하나님 앞에 정직하게 행하면서도 산당을 제거하지 않은 왕들처럼 우리가 인식하지도 못한 채 우상에 근접한 길을 갈 수 있는 것이다. 로마서의 표현처럼 육신을 따르고자 하는 마음의 정욕을 누르지 못하는 영적 소욕은 거짓이다. 그리스도인은 예수의 영을 따라 사는 자들이다. 그러므로 육신을 좇는 자는 육신의 일을 도모할 뿐이며 영을 좇는 자는 영의 일을 생각한다. 육신의 생각은 사망의 길로 나가게 되고 영의 생각은 생명과 평안을 누리는 것이다(롬 8:5-6).

그러나 세상의 신과 마귀는 이 성령의 역사를 맛보지 못하도록 정욕의 말초신경을 자극한다. 종종 하나님과 원수 되는 길까지도 대담하게 추구하게 한다. 반면에 그리스도께서 우리 안에 계시고 그의 영의 인도를 받는 자들은 죄 죽이기에

---

34 John Calvin, 『기독교 강요』, 127.

기꺼이 나서며 하나님께서 속량함을 받은 자들을 위하여 마련하신 거룩한 길로 다님을 무엇보다 즐거워한다. 예수 안에 있는 자들은 예수 그리스도께서 성취하신 복락의 수혜자들이다. 그래서 그를 따르는 것은 그가 성부 하나님의 명하신 것을 하나도 가감 없이 순종하셨듯이 우리도 그가 말씀하신 것은 때로 육적 피해 봄을 수반하더라도 영적 권익을 최우선으로 하는 자리로 나아가기를 힘쓰는 것이다.

그리스도의 영은 끊임없이 우리의 영과 더불어 우리가 하나님의 자녀인 것을 입증하실 뿐 아니라(롬 8:15-16) 그리스도와 함께 하나님 나라를 기업으로 받는 상속자의 자질을 잘 갖추도록 우리를 단련하여 그와 함께 영광을 누리는 자리에 나아가도록 보혜사 성령이 내주하게 하시고 하나님의 전신갑주를 입게 하신다. 협착한 길로 다니며 시련을 겪는 것은 그 고난을 통해서 주의 율례를 배우게 되고 주님의 거룩하심에 동참하게 하며 신자로서 허무한데 굴복하는 악으로부터 보호받음을 체험하는 복락이 수두룩하다.

이렇게 자기부정은 떡으로부터 자유, 부와 영화로부터 자유, 안일함과 타협함의 입맞춤으로부터 자유를 누리게 하는 죄 죽임의 길이다.[35] '시기심' '모욕감' '실망' '혐오' '복수

---

35 존 오웬, 『죄 죽이기』, 서문 강 역, SFC, 2009, Thomas Brooks, 사탄의 책략 물리치기, 서창원 역, 엘멘, 2007. 참고하라.

심' '분노와 격분' '괴로움' '부끄러움' '무관심' '무력감' '후회' '걱정' '음욕' 등 마음에서 동요되는 갖가지 감정들을 제어하는 길을 가는 것이다. 예수님은 이렇게 말씀하셨다. "**입에 들어가는 것이 사람을 더럽게 하는 것이 아니라 입에서 나오는 그것이 사람을 더럽게 하는 것이니라**"(마 15:11). 이 말씀을 잘 이해하지 못한 베드로는 이 비유를 설명해 달라고 간청했다. 그때 예수님의 설명은 이러했다: "**입으로 들어가는 모든 것은 배로 들어가서 뒤로 내어 버려지는 줄을 알지 못하느냐, 입에서 나오는 것들은 마음에서 나오나니 이것이야말로 사람을 더럽게 하느니라 마음에서 나오는 것은 악한 생각과 살인과 간음과 음란과 도적질과 거짓 증거와 훼방이니 이런 것들이 사람을 더럽게 하는 것이요 씻지 않은 손으로 먹는 것은 사람을 더럽게 하지 못하느니라**"(마 15:17-20).

이런 죄악 된 생각들을 죽이고 주님의 뜻을 이루는 방편은 주님께 기도하는 것이다. 기도 역시 자기 비움의 최적 도구이다. 내 마음을 열어 주님의 뜻이 채워지기를 기대한다. 나무는 그 열매로 안다고 했듯이 "**선한 사람은 마음의 쌓은 선에서 선한 것을 내고 악한 자는 그 쌓은 악에서 악을 내나니 이는 마음에 가득한 것을 입으로 말함이라**"(눅 6:45). 인간의 마음에서 나오는 악한 것들은 여호와께서 미워하시는 것이기에 우리의 마음에 선한 것을 쌓는 훈련이 필요한 것이다.[36] 예수를 따름은 산만해지기 쉬운 우리의 마음을 주님께 고정하는 것이요 주님으로 충만해지는 것이다. 우리 안에 내주하고 계신 성령께서 육신의 생각을 버리게 하고 영의 생각으로 가득하게 하여 생명과 평안을 얻게 함을 믿는다(롬 8:5-9).

동시에 자기 십자가 짐은 고난을 통해서 더욱 단단한 성도, 세상이 감당하지 못하는 믿음의 거장이 되게 하는 길이다. 십자가 없는 영광이 없고 죽음이 없는 부활이 없듯이 굴곡이 없는 영광은 하나도 없다. 인생 자체가 수고와 슬픔뿐이지만 그 굴곡진 길을 통해서 믿음의 뿌리가 단단히 박힌다. 세상의 어떤 바람에도 간혹 흔들림은 있어도 뿌리째 뽑히는 불행은 전혀 다가오지 않는 것이다. 도리어 소망을 가지고 우리를 그 모든 환난에서 능히 이기게 하시는 하나님을 앙망하는 자리로 나아간다. 주변이 온통 비참함과 무너짐과 파멸함이 널 천지라 하더라도 잠잠히 회상해 보면 소망이 솟아나서 고초와 재난과 담즙에 처한 예레미야처럼 고백할 수 있는 영적 거장이 되게 한다: **"내 심령이 그것을 기억하고 낙심되오나 중심에 회상한즉 오히려 소망이 있사옴은 여호와의 자**

---

[36] "여호와의 미워하시는 것 곧 그 마음에 싫어하는 것이 육칠 가지니 곧 교만한 눈과 거짓된 혀와 무죄한 자의 피를 흘리는 손과 악한 계교를 꾀하는 마음과 빨리 악으로 달려가는 발과 거짓을 말하는 망령된 증인과 및 형제 사이를 이간하는 자라"(잠 6:16-19).

비와 긍휼이 무궁하시므로 우리가 진멸되지 아니함이니이다 이것이 아침마다 새로우니 주의 성실이 크도소이다 내 심령에 이르기를 여호와는 나의 기업이시니 그러므로 내가 저를 바라리라 하도다"(렘애 3:19-24).

예레미야에게는 하나님을 떠날 명분이 충분했고 자신의 탄식을 합리화할 수 있는 이유도 분명하였다. 그렇지만, 그 명분에 굴복하지 않고 하나님의 목적에 순종하였다. 그것은 곧 자기부정의 전쟁터에서 전쟁에 능한 만군의 주 여호와를 지속적으로 앙망함으로부터 획득되는 은총이다. 의심과 불안과 불만의 요소들은 자기부정의 훈련에서 제압되는 마귀의 일들이다. 가장 효과적인 자기부정은 죄 죽이기와 더불어 기도와 말씀의 권세를 굳게 신뢰하는 것이다. 사실 기도는 내 뜻을 꺾고 내 안에 하나님의 뜻을 확고하게 세우는 방편이다. 주님으로 풍성히 채움을 받는 기회이다. 기도는 주님의 말씀이 우리 속에서 살아 역사하는 것을 실감케 하는 힘이다. 그래서 쉬지 않고 기도하며 주야로 주의 말씀을 묵상하는 길을 간다.

또한 자기부정은 **자기 비움**과 같다. 하나님께 여는 것이다. 자아를 내려놓는 일은 예수님을 따르는 좋은 본보기이다. 예수께서도 죄인의 구원을 위하여 자기를 비우셨다. 본래 하나님과 동등한 분이셨지만 자기를 비어 종의 형체를 가져 사람들과 같이 되셨고 사람의 모양으로 나타내셨으며 자기를 낮추시고 십자가에 죽기까지 순종하셨다(빌 2:6-8). 예수님의 자기 비움(ἑαυτὸν ἐκένωσεν, 일명 케노시스 이론)은 그 비운 자리에 취함이 있었다. 주님께서 자기를 비워 종의 형체를 취하신 (λαβών) 것이다. 그는 우주 만물의 주이시요 주재자이시요 주권자이셨다. 그러나 그가 자기를 비워 율법 아래에 있는 종과 같이 되셨다(갈 4:4). 사람은 그를 종인 척하는 자로 본 것이 아니라 실지로 종이었다. 여호와의 고난 받는 종이었다. 제자들의 발을 씻겨주신 분이었다. 그리고 그는 죄가 없으심에도 십자가의 저주받은 죽음을 취하셨다. 그는 자기를 아무것도 아닌 존재로 낮추신 것이다.

그가 이렇게 자기를 비우시고 스스로 가난하게 되심은 우리가 그로 인하여 구원의 부요한 은총을 누리게 하시기 위함이었다. "**우리 주 예수 그리스도의 은혜를 너희가 알거니와 부요하신 자로서 너희를 위하여 가난하게 되심은 그의 가난함을 인하여 너희로 부요케 하려 하심이니라**"(고후 8:9). 이것이 매우 중요하다. 자기부정이 엄청 손해를 보는 것 같아도 도리어 그것이 그리스도 예수 안에서 부요한 자가 되는 길임을 말씀하는 것이다. 즉 자기 비움은 예수 채움으로 이어진다. 따라서 예수를 따른다는 것은 불순종하는 아들들 가운데 역사하는 영을 따라 살았던 육체적이고 정욕적인 본능을 내려놓는 것이다. 자기의 육체적 권익을, 그리스도를 위하여 포기하는 것이다. 그런데 이렇게 비우는 자들, 자기를 부정하는 자들에게 주님께서 엄청난 것으로 채우신다. 즉 진리의 영이신 성령으로 충만함을 입게 하신다. 우리의 마음을 잘 지켜야 할 것은 **"내 아들아 네 마음을 내게 주며 네 눈으로 내 길을 즐거워할지니라"**(잠 23:26)라고 말씀하듯이 주님이 원하는 것이 입술만의 존경이 아닌 마음을 다한 존중이기 때문이다.

4 성령 충만함을
받으라

　　　　　　　　　사실 예수를 따른다는 것은 다른 말로 하면 예수로 충만해지는 성령 충만함을 받는 것이라고 해도 다르지 않다. 오순절에 제자들과 120여 성도들이 마가 다락방에서 기도했을 때 하나같이 다 성령의 충만함을 받았다(행 2:4). 단순히 열한 제자만 받은 것이 아니라 거기에 모여 기도하던 각 사람 위에 임하였고 그들은 자연스럽게 성령이 말하게 하심을 따라 방언으로 말하기를 시작하였다. 과연 성령 충만함은 무엇을 의미할까?[37]

　여기서 우리는 용어 정리를 먼저 해야 한다. 성령의 충만

---

[37] 이 부분의 내용은 도날드 맥클라우드 교수의 *A Faith to Live By*, 제13장의 내용을 발췌한 것임을 밝힌다.

함을 받는 것(Filled with the Spirit)과 성령으로 세례를 받는 것(Baptized in the Spirit)이 무엇인지를 알아야 한다. 혹자는 성령을 받는 것과 성령 충만은 다르다고 주장한다. 성경에는 충만함을 받았다, 세례를 받았다, 성령을 받았다. 성령의 인침을 받았다는 표현들이 있다. 우리가 그들을 구분할 수 있는가? 그것들을 구별된 독특한 경험들로 규정할 수 있는가? 맥클라우드 교수는 불가능하다고 하면서 사실은 같은 경험을 말한다고 한다. 즉 '성령으로 세례를 받는다는 것은 성령으로 충만함을 받는다는 것이요 성령을 받는다는 것은 성령을 가진다는 것과 같으며 그것은 성령으로 인침을 받았다는 것과 같다'는 것이다.

그가 그렇게 말하는 것은 오순절에 벌어진 일들이 정확하게 그런 내용들이었음을 묘사하고 있기 때문이다. 사도행전 1:5에 예수께서 예견하시기를 "**성령으로 세례를 받으리라**"고 하셨다. 그런데 이것이 오순절에 일어날 일임에도 성령으로 세례를 받았다고 말하지 않고 이미 앞에서 언급한 것처럼 각 사람이 "**성령으로 충만함을 받았다.**"라고 묘사하였다(행 2:5). 그리고 사도행전 10:47에서 베드로는 고넬료 집에서 있었던 일을 보고하면서 "**이 사람들이 우리와 같이 성령을 받았으니**"라고 하였다. 즉 오순절 경험을 그는 성령을 받은 것으로 말한 것이다. 따라서 성령을 받는 것이 곧 성령으로 세례를 받는 것이요 성령으로 세례를 받는 것이 곧 성령으로 충만함을 받는 것으로 이해할 수 있다. 맥클라우드 교수는 '세례를 받지 않은 사람은 성령을 받을 수 없고 세례를 받지 않은 사람은 누구도 성령 충만을 받을 수 없다'라고 하였다.[38]

따라서 성령 충만을 받는 것은 항상 성부 하나님 혹은 성자 예수님께 빚진 것이다. 이것이 중요한 것은 우리에게 성령을 충만하게 하시는 분이 성부 하나님 아니면 성자 예수님이라는 말이다. 다시 말해서 우리는 성령에 의하여 세례를 받는다든지 성령으로 말미암아 충만함을 받는 것이 아니다. 성령은 우리가 세례를 받게 하는 매개체요 우리가 충만함을 받는 요소이다. 성령은 성부 혹은 성자께서 세례를 베푸시는 그 영이요 성부와 성자께서 우리가 그에 의하여 완전히 적셔질 때까지 부어주시는 그 영이다.

세례는 항상 하나님의 성령으로 충만해지거나 매우 충만한 경험이다. 다시 말하면 우리가 세례를 받을 때 인격자이신 성령의 일부분을 받는 것이 아니라는 말이다. 우리는 성령으로 충만해지고 성령으로 세례를 받는다. '우리는 성령님의 신적 인격의 충만함과 그분의 모든 활동의 충만함을 온전히 받는다. 성령님은 그리스도인의 삶에서 절반만 일하시거나 일부 기능만 수행하시거나 부분적인 사역만 하시는 것이 아니

---

38 Donald Macleod, ibid, 164.

다. 성령님은 그분이 가진 모든 것을 가지고, 그분이 하실 수 있는 모든 일을 하신다.'

물론 여기에 종종 의문이 있다. 아니 그렇게 엄청난 성령께서 어떻게 보잘것없는 우리의 삶에 들어오실 수 있는가? 그리고 하나님은 성령으로 충만하게 하신다고 하는데 왜 우리는 일상생활에서 실감하지 못하는가? 하나님은 그분의 인격적 영광의 충만함으로 우리의 하찮은 삶에 찾아오시며, 그 결과 우리는 성령의 전이 되어(고전 6:19) 성령의 모든 사역을 경험하게 된다. 그러나 이 경험은 모든 그리스도인에게 공유되는 것일까? 아니면 일부, 어쩌면 소수의 특권일까? 오순절 교단은 성령의 세례나 성령 충만함은 모든 신자의 것이 아니며 또 세례를 받을 때 주어지는 것이 아니라 회심한 후에 하나님 자녀의 일부가 경험하는 두 번째 축복의 표시라고 주장한다.

한 마디로 신자가 되지만 아직 성령 충만함이 없는 교인으로 남아 있음이 가능하다는 것이다. 거듭난 그리스도인이요 구원받을 수 있고 그리스도와 연합될 수 있지만 성령의 세례를 경험하지 못한 신자로 남을 수 있는 것이다. 그러나 이것은 성경적으로 매우 잘못된 주장이다. 왜냐하면 성령으로 세례를 받지 않은 자는 그리스도인이 전혀 아니기 때문이다. 물론 그리스도인 중에는 육신에 속한 어린아이와 같은 자들이 있다(고전 3:1). 그러나 육에 속한 사람(canal)은 하나님 성령의 일을 받지도 못하고 깨닫지도 못한 자들이다(고전 2:14). 성령으로 세례를 받는다는 것 혹은 성령 충만함을 받는다는 것은 모든 참 그리스도인의 경험이다.

왜냐하면 ① 사도행전 2:4절이 그렇게 말씀하기 때문이다. 마가 다락방에 모여 기도하던 그들 모두에게 성령이 충만히 임하였다. 모든 사람이 성령으로 세례를 받았다. 요엘 선지자의 예언이 성취된 것이다(행 2:17). ② 오순절의 후속 조치가 말하기 때문이다. 즉 베드로의 설교를 들은 후 3,000명이 회심하였다. 그들 모두에게 성령을 선물로 받는다고 약속하였다(행 2:38). 베드로는 여기서 회개하여 세례를 받고 죄 사함을 얻으라 그리하면 성령을 선물로 받는다고 했지 '회개하라, 그리고 다른 경험을 기다리라'라고 말하지 않았다. 3천 명이 다 회개하였고 세례를 받았으며 성령이 그들에게 주어진 것이다. 더구나 고린도전서 12:13은 **"우리가 다 한 성령으로 세례를 받아 한 몸이 되었다."**라고 말하고 있다.

이것은 사도행전 1:5의 약속이 고린도전서 12:13에서 보편적인 현상일 것을 선언한 것이다. 같은 구절에서 한 성령을 마시게 하였다고 한 말씀도 원문의 뜻은 우리가 다 '한 성령으로 흠뻑 젖게 되었다'는 것을 말하는 것이다. 다른 말로 하면 하나님의 정원에 일일이 다 심은 식물처럼 우리는 다 하나님의 정원에서 성령으로 물에 적셔진(irrigated) 자라는 말이다.

따라서 정원사이신 하나님께서 어떤 식물에만 물을 주고 어떤 식물에는 물을 대주지 않는다는 것은 상상할 수 없는 일이다. 물이 공급되지 않으면 그 식물은 말라 죽는데 하나님께서 말라 죽으라고 심은 것은 아니지 않겠는가?

우리의 몸은 유기체로서 복잡한 관개수로 조직으로 구성되어 있다. 그 조직으로 신체의 각 부분에 영양분이 공급되어 제 기능을 수행하게 하듯이(그게 막히면 탈수 현상으로 치명적인 손상을 가지는 것이다) 그리스도의 몸도 영적으로 관개수로 조직이 형성되어 있어서 머리인 그리스도를 중심으로 "**온몸이 각 마디를 통하여 도움을 입음으로 연락하고 상합하여 각 지체의 분량대로 역사하여 그 몸을 자라게 하며 사랑 안에서 스스로 세워**"가는 것이다(엡 4:16). 그 일의 원활한 활동을 위하여 각각의 지체가 다 한 성령으로 흠뻑 젖게 되는 것이다. 그리스도에게 붙어 있지 않은 가지는 죽는 것이기에(요 15:5) 모든 회심한 그리스도인은 한 성령으로 세례를 받는 것이요 한 성령으로 충만함을 받는 것이다.

따라서 어느 특정인들만의 전유물처럼 성령의 세례를 언급하는 것은 기독교의 구원론에 있어서 근본적인 요소들을 해치는 것이 된다. 개혁신학은 오직 믿음으로 구원을 받은 자는 구원의 모든 영광에 해당하는 복락을 다 소유하는 자가 된다고 가르친다. 오순절 교파의 주장처럼 특정인들이 경험하는 '성령 세례' 교리는 그리스도와의 연합된 신자라는 성경의 가르침과 위배 되는 것이다. 그리스도의 영이 그리스도와 연합된 모든 신자에게 부어지는 것이 아니라면 그리스도 안에서 성도가 누리는 모든 영적 복락은 다 허구가 되는 것이다.

성도가 그리스도와 연합하여 그리스도 안에 있기에 에베소서 1:5의 그리스도 안에서 우리의 양자 됨과 택정 함을 받은 것, 7절의 우리의 구속과 죄 사함의 은총을 얻게 된 것, 하늘에 속한 모든 신령한 복을 누리는 자가 된 것임을 증언하는 것이다(1:3). 그런데 우리가 그리스도 안에 있다고 하면서 하나님의 성령으로 세례를 받음과 인침을 받음과 충만함을 얻는 것이 빠져있다고 한다면 우리가 그리스도 안에서 신령한 모든 복을 받는다고 말하는 것이 어떻게 가능할 수 있겠는가? 그러므로 제한된 성령 세례에 대한 개념은 구속에 대한 기독교 신앙의 원 꼭대기를 싹둑 잘라버리는 것과 같다.

예수 그리스도 구속의 은총은 하나님의 모든 약속을 그리스도 안에서 누리는 것이요 여기에 성령 충만함의 은혜(성령의 약속)가 당연히 포함되는 것이다(갈 3:14). 구속의 은혜를 받은 사람이 성령을 가지고 있지 않다고 말하는 것이 가능한가? 아니다. 신자는 믿음으로 말미암아 성령의 약속을 받으며 믿음으로 말미암아 그리스도 안에서 성령을 가지고 있다.

그러므로 '성령 세례', 혹은 '성령 충만함'을 두 번째 축복이라고 말할 수 없다. 그들이 주장하는 방언도 신약시대의 특정한 소수의 사람만이 경험한 은사가 아니었다. 그리고 방언이 성령의 세례를 받았다는 증거라고 말할 수 없다. 오순절 사람들이 말하는 성령의 세례가 없어도 방언을 한 그리스도인들이 많았으며, 반대로 방언을 못해도 성령으로 세례를 받은 자들도 많이 있었다. 그리스도의 십자가 은혜를 받은 그리스도인은 누구든지 다 그리스도 안에서 충만한 자이다(골 2:10). 사실 여기 원문의 뜻은 그리스도 안에서 완전하다는 말이다. 그런데 뭐가 부족하다고 제2의 축복이 필요하다고 말할 수 있겠는가? 그리스도 안에서 신령한 모든 복을 받게 되고 그리스도 안에서 우리는 하나님의 모든 충만으로 충만함을 받는다(엡 3:19).

이에 대한 반론도 있다. 사도행전 8장에서 빌립이 전도하여 믿게 된 사마리아 사람들이 베드로와 요한이 와서 보니 성령을 받지 못했다. 그리하여 사도들이 기도 했더니 그들이 받은 같은 성령을 사마리아 그리스도인들도 받게 된 것이다. 이 사례가 두 번째 축복의 필요성을 강조하는 근거로 제시된다. 이는 하나님의 의도적인 뜻이 깔린 특수한 사례라고 본다. 유대인들이 생각하는 사마리아인들은 상종할 수 없는 존재들이었다. 그런데 그들이 빌립의 전도를 받아 예수 그리스도를 믿는다고 한다. 베드로와 요한이 사실 여부를 확인하고자 갔는데 성령의 충만함이 보이지 않았다. 그러자 그들이 기도함으로 성령이 임하신 것은 예루살렘에서 사도들과 120여 성도들이 받은 똑같은 성령이 내리심으로 다 한 성령 안에서 세례를 받은 같은 시민권자임을 확정하는 사례이다. 고넬료 집에서 일어난 것도 마찬가지이다.

그리스도 예수의 십자가 복음이 유대 땅에서만이 아니라 사마리아와 땅끝까지 이르러 증거되어야 하는 복음의 보편성을 나타내는 것이다. 그리스도 예수 안에서 한 형제요 자매인 것을 확증하는 것이다. 오직 그리스도의 하나 된 교회와 사도들과의 연합에서만 성령의 충만함과 성령의 은사들을 경험할 수 있는 것이다. 즉 말씀이 신실하게 선포되는 주님의 교회에서 성령의 새롭게 하시는 은총을 경험하는 것이다. 사도행전 19장의 요한 세례밖에 몰랐던 에베소 교인들의 경험도 비슷한 맥락에서 이해할 수 있다. 그리고 그런 현상은 신약의 그 어디에서도 발견되지 않는 특수한 상황에서 일어난 것이라고 할 수 있다.

그렇다면 실제적으로 성령의 충만함을 받으라는 명령이 이미 믿는 에베소 교회의 신자들에게 주어진 것은 무엇 때문인가? 예수를 믿을 때 성령으로 세례를 받은 것이요 그것이 곧 성령의 충만함이라면, 다시 말해서 앞에서 성령을 받음과 성령으로 세례를 받음과 성령으로 충만함이 다 같은 의미로 사용된 것이라고 한다면 왜 성령 충만함을 받으라는 명령을 교인들에게 했을까? 라는 의문점이 생긴다. 그것은 성령의 충만함이 단번에 영원히 누리는 단회적인 복이 아니라 지속적으로 성도의 신앙생활에 필요한 것임을 강조하는 것이다. 실지로 에베소서 5:18의 문자적 의미는 지속적인 성령의 충만함을 받으라는 말씀이다(be constantly being filled with the Holy Spirit). 그 이유는 신자의 삶에서 성령을 근심케 하거나(엡 4:30) 성령의 하나 되게 하신 것을 훼손하는 죄에 빠짐이 가능하기에 이를 방지하기 위함이다(엡 4:3).

성령의 충만함은 우리가 남은 날들을 살아가는 일회성 사건으로 끝나는 것이 아니다. 그것은 끊임없는 충만함이어야 하며, 충만해지기를 구하고 믿음으로 충만함을 받는 것이다. 우리의 영적 삶에서 약함, 패배, 무기력함의 대부분은 우리가 끊임없이 성령으로 충만해지지 않는다는 사실에 기인할 수 있다. 따라서 '충만해지는' 지속적인 삶이 필요한 것이다. 이에 대한 고대 헬라어 문법은 또한 두 가지 중요한 것을 나타낸다. 첫째, 동사가 수동태이므로 이것은 인위적으로 만들어진 경험이 아니라는 것이다. 둘째, 이것은 필수적이므로 오순절 교파가 주장하는 것처럼 일부 그리스도인들의 선택적인 경험이 아니라는 사실이다. 앞에서도 언급한 것처럼 성령의 충만함은 예수로 충만해 짐을 뜻한다. 예수님 안에 머물며 예수님과 교제하며, 예수님을 더 알아가는 즐거움으로 가득해지는 것이다. 이것이 성령으로 살며 성령으로 행하는 지속적인 믿음 생활이다(갈 5:25).

성령으로 행한다는 것은 영어로 'keep in step with the Spirit'인데 성령과 보조를 맞추는 걸음을 의미한다. 이것은 같은 장 16절에서 성령을 좇아 행하라는 말씀과는 다른 헬라어를 사용하고 있다. 후자는 페리파테오(περιπατεο)인데 이는 걷는다는 뜻의 일반적인 단어로, 거기서는 **"인생의 행보"**를 묘사하는 데 사용되는 단어이다. 이는 성령이 우리 안에 거하시는 분이기에 성령의 영향력에 열려 있고 민감하게 반응하고 그 성령의 영향력에 따라 우리의 삶의 품격을 세워가게 하라는 의미이다. 그 성령은 앞에서도 많이 강조하였듯이 예수 중심적인 증인의 삶을 살도록 이끄신다(요 14:16-17, 14:26, 15:26, 16:13-15). 그런데 25절에 사용된 헬라어는 스토이케오(στοιχέω)인데 이는 '함께 있다', 혹은 '함께 걷다'라는 말이다. 바울이 여기서 이 단어를 사용한 것은 '성령과 함께 보조를 맞추는 행보'를 가리킨다. 한 마디로 성령의 이끌림에 따르라는 것이다.

성령의 인도하심을 받는 하나님 아들들의 길을 가는 것이다(롬 8:14). 성령께서 우리 생명의 출처이기에 그의 인도하심에 적극 순종하는 것이 성령으로 충만함의 삶을 사는 것이다. 동사 스토이케오는 '사람이나 사물과 일치하다, 곁에 서다, 붙잡다, 동의하다, 따르다'를 의미하는 현재 명령법으로 쓰였기에 성령 하나님과 함께 보조를 맞춰 걷는 것이 신자의 습관적인 관행이어야 함을 나타내는 것이다.

그런데 우리가 성령의 소욕보다 육체의 소욕을 따르려는 미혹에 쉽게 노출되기에 주님께서 교회에 주신 은혜의 방편을 적극적으로 활용하여 성령과 함께 걷는 거룩한 삶을 추구해야 한다. 성령의 충만함을 받아야 한다. 받는다는 것은 누군가가 주어야 받는 것이다. 앞에서도 지적했던 것처럼 성부 혹은 성자로부터 보내심을 받은 성령을 받는 것이다. 모든 진리 가운데로 인도하시는 진리의 영으로 충만한 삶을 사는 것이 곧 예수를 따라가는 삶이요 자기를 부정하고 예수로 충만히 채움을 받는 길이다. 이것은 술 취함과 정반대의 삶이다. '술 취하지 말고 오직 성령의 충만함을 받으라'라고 한 말씀을 사람들은 종종 성령으로 취하라 혹은 하나님께 취한 사람이 되라는 뜻으로 이해한다. 그들이 생각하는 것은 참으로 열광적인 종교인의 모습, 뭔가 황홀한 상태에 젖어 있거나 예수의 사랑에 깊이 취해 있는 인상을 심어 준다.

그러나 성경에서 말하고 있는 것은 그런 것과는 사뭇 다르다. 술에 잠겨있는 자의 모습을 그린 잠언 23장 33절 이하의 장면에서 발견하는 것처럼 술 취한 자는 자기 통제력을 상실한 자이다. 육체적으로도 그렇고 감성적으로도 자기를 주체할 수 없다. 술기운에 괴력을 발휘하는 것처럼 보이지만 제정신이 아니다. 자제력 발휘가 불가능하다. 그런데 성령으로 충만함을 받으라는 것은 주변에서 보듯 광신자들의 지나친 언행과는 거리가 멀다. 인격자이신 성령의 충만함은 자기 부정과 자기 통제가 깔끔하게 나타나는 품격 있는 신앙인이 되게 하는 것이다. 스스로는 근신하고 절제하며 성령의 풍성한 열매를 맺는 신의 성품에 참여하는 하늘나라 시민권자로 살게 하는 것이다. 신자의 입맛이나 감성이나 욕망이나 본능이 다 성령의 영향력 안에서 통제되는 삶을 기뻐하는 것이다.

복음서 어디에서 예수님을 술 취한 자의 모습으로 묘사한 적이 있었는가? 그의 삶이 성령의 충만한 삶이었음을 부정하지 않는다면(왜냐하면 그는 성령이 한량없이 부어짐을 받은 분이기에, 요 3:35) 그가 성령에 취하셨다는 말을 쓸 수 없다. 성령 충만한 것은 성도의 열정과 헌신과 감정과 사랑과 민첩성과 고뇌와 슬퍼함 등, 이 모든 것이 다 비정상적인 방식으로 표출되지 않고 항상 성령의 통제를 받는 매우 이성적 판단에 의한 고품격 고품질의 삶이다.

성령으로 충만한 삶은 윤리 도덕적 영역에서도 구별된 길을 가게 한다. 성령은 우리 존재의 모든 측면을 더 낫고 완벽한 질 좋은 신자가 되게 한다. 부부관계와 부모자식관계, 상사와 직원의 관계에서 발생하는 문제들에서 각각의 자기 역할을 충실하게 감당하는 모습을 띤다. 부정함과 불의함과 거짓됨과 눈가림과 음해와 모함과 시기함의 덫에 걸리지 않도록 최선을 다한다. 실수나 실패가 없다는 것이 아니다. 미혹은 가장 가까이에서 찾아오기에 항상 깨어 기도하기를 힘쓰며 성령의 인도하심을 받고자 몸부림치는 것이다. 그래서 성령의 충만함을 받으라고 명령한 것이다. 성령으로 충만한 삶을 사는 성도는 관계에 있어서 자신의 권리보다 의무 수행에 중점을 두고 산다. 남편으로서, 아내로서, 자식으로서, 부모로서, 고용주로서, 고용인으로서의 자기 임무에 충실하고 반대로 상대방의 권리를 존중하는 삶을 산다. 이것이 예수를 따르는 일에 있어서 필연적으로 자기부정이 낳는 열매들이다.

5 자기 십자가를 지라

자기 십자가를 진다는 것은 구체적으로 무엇일까? 많은 논란을 가질 수 있지만 사람의 일을 생각하지 않고 하나님의 일을 먼저 생각하는 것이다. 십자가 짐의 회피는 마귀의 일을 성취하는 도우미가 되는 것이다. 사실 예수님 당시 제자들이 이 말씀을 들은 것은 예수님께서 고난을 받으시고 버림당하며 십자가에 죽임을 당할 것을 말씀하신 후였다. 매우 상심한 가운데 있을 그들에게 누구든지 나를 따르려거든 자기를 부인하고 자기 십자가를 지라고 하신 것이다. 예수님이 가신 길을 가야 한다는 것이다. 실지로 예수님께서는 자기가 이 세상에 오신 것이 섬김을 받으려고 오신 것이 아니라 섬기려고 오셨다고 했다.

많은 사람의 희생 위에서 자신의 신적 권위를 높이겠다는 것이 아니라 도리어 자신의 생명을 속량물로 제공하여 많은 사람을 살리겠다는 것이다. 한 사람의 불순종으로 모든 인간이 죄인이 되었고 하나님 진노의 불길을 피할 수 없는 상황으로 추락했지만 둘째 아담이신 예수 그리스도 한 분의 순종으로 많은 사람이 생명을 얻게 된 것이다. 이것이 주님을 따른다는 의미이다. 자기 십자가를 진다는 것은 십자가 지는 자도 사는 길이지만 주변의 많은 사람을 그리스도에게로 이끌어 영생을 얻게 하는 것이 된다.

내가 처음 예수를 믿었을 때 사랑하는 부모님으로부터 가혹한 핍박을 받았었다. 그것을 은혜로 기꺼이 감수했더니 그 고난을 통해서 하나님의 살아계심이 무언으로 증언되었고 그 결과 가족 전부가 그리스도 안으로 들어온 열매를 맺었다. 예수님 당시 십자가는 무자비한 형벌의 도구였다. 긍휼함이 전혀 없는 사형 집행 수단이었다. 그 외에 다른 목적이 있는 것이 아니었다. 그리스도인의 가정에 장식품으로 걸어놓는 것이나 자동차 안에 걸어두거나 목걸이로 사용되었던 장식물이 아니라 처절한 죽음을 맞이하는 형벌도구였다. 종교적인 의식이나 영적인 감정을 불러일으키는 도구가 아니었다. 죄인에게 형을 집행하는 도구였고 피비린내가 진동하며 고통의 외침이 곳곳에 깊이 새겨져 있는 형틀이었다. 그러나 지금 우리는 십자가를 깨끗이 소독하고 단장하여 장식용으로 훌륭하게 활용하고 있다. 그런 우리에게 예수님은 '나를 따르려거든 매일 죽음의 길을 가라 그리고 나를 따르라'라는 것이다. 날마다 죽는다고 한 사도 바울의 고백이 여기에서 나온 것이다. 그리스도인은 날마다 죄에 대해서는 죽고 의에 대해서는 사는 자이다.

십자가 지기는 관광상품이 아니다. 왕복 티켓을 발권받는 것도 아니다. 오직 한길이다. 그 가는 길에서 겪는 짜증나는 일이라거나 곤욕스러운 굴곡진 길, 모퉁이 길, 생명의 위협까지도 불사하는 험한 길을 한시적으로 통과하는 것이 아니다. 그 모든 일이 항시 도사리고 있는 순례자의 길이다. 중세 시대의 수도승들이 나무 십자가를 만들어 등에 지고 수행하는 풍자도 아니고 필리핀에서 부활절 축제 기간에 진짜 나무 십자가에 달려 못이 박히는 고행 행렬에 일시적으로 참여하는 정도를 말하는 것이 아니다. 이는 평생 주님의 품 안에 안기기까지 지속되어야 할 영적 삶이다. 평생을 굴곡진 삶을 통과해야 하는 것과 같다. 그 과정에서 배우는 것은 자기를 부인하는 것이다. 사실 이 둘은 서로 나눠서 시험과목 치듯 하나씩 통과해야 할 과제가 아니라 평생 같이 가는 것이다. 십자가 짐은 '나는 이런 정도의 종교적인 사람'임을 과시하는 기구가 아니다. 십자가를 지는 자는 그것 자체가 자신을 구원할 수 있는 것이 아님을 안다. 십자가 짐은 겸손을 배우는 것이요 주님의 심장을 품는 것이다. 일시적인 극기 훈련이 아니라 항상 그리스도에게 항복하는 것이요 내 뜻이 아니라 그리스도의 뜻이 이뤄지기를 갈망하는 것이다.

그런데 이 길을 가는 동안 경험하는 신비로운 일이 있다. 나그네 인생, 행인 같은 삶을 걷는 길에서 받는 갖은 상처와 아픔들이 어느 시인의 표현처럼 '잘 익은 상처'로 남게 되고 예수 그리스도를 아는 흔적을 몸에 지니는 영광스러운 것으로 남는 것이다.[39] 그 상흔에서는 꽃향기가 난다. 예수 그리스도를 아는 꽃향기이다. 생명에 이르는 참 향기이다. 인생은 본능적으로 상처받는 길, 고통스러운 일을 피하고자 한다. 그렇지만 수고와 슬픔뿐인 인생은 곤고와 궁핍과 핍박과 환난을 피해 갈 수는 없다. 그렇다면 이왕 받을 수밖에 없는 것이라면 즐겁게 감당하는 것이 필요하다. 즐거운 마음으로 십

---

39 복효근의 시「상처에 대하여」
오래 전 입은 누이의 / 화상은 아무래도 꽃을 닮아간다 / 젊은 날 내내 속 썩어 쌓더니 / 누이의 눈매에선 / 꽃향기가 난다 /…(중략) / 향기가 배어 나는 사람의 가슴속엔 / 커다란 상처 하나 있다는 것 / 잘 익은 상처에선 / 꽃향기가 난다

자가 지고 가게 되는 길은 감당할 시험밖에는 허락됨이 없고 상처를 받을 수밖에 없는 시험을 당할 때에도 피할 길을 내사 넉넉히 이기는, 다시 말하면 **"잘 익은 상처"**가 되어 생명에 이르는 냄새를 물씬 풍기는 열매를 낳게 되는 것이다. 더욱이 우리 마음을 살피시는 주님께서 즐거이 감당할 힘을 공급하시고 때를 따라 돕는 은혜를 베푸셔서 주님 앞에서 상 받을 수 있는 소망이 가득하게 만드는 것이다.

그러므로 주님이 우리에게 십자가를 지라는 것은 주님을 따름에는 언제나 일사 각오의 믿음과 헌신이 무의미한 것으로 남는 것이 아니라 영원한 영광을 누리는 것임이 분명하다. 흥미로운 것은 영어에 축복을 뜻하는 'bless'가 프랑스어에서 '상처'를 뜻하는 'blessure'와 어근이 같다는 것이다. 상처를 잘 익혀서 나오는 것이 영롱한 진주알이듯이 그리스도의 이름과 그의 복음 때문에 겪어야 할 모든 고초의 상처는 극복의 대상으로 멈추는 것이 아니라 영광으로 나아가게 하는 축복의 계단이다. 예수께서 찢기시고 짓밟히시고 채찍에 맞으시고 창에 찔림을 받으신 그 모든 상처는 죽은 자 가운데서 다시 살아나심으로 누구도 무너뜨릴 수 없는 주님 나라의 천군천사들과 함께 영원히 노래하는 영광에 들어가셨다. 그를 신실하게 따르는 자들 역시 주님이 계신 그곳에서 하늘나라 백성으로 영원히 거하게 될 것이다. 슬픔이 변하여 기쁨이 되고 아픔이 면류관이 되며 고난을 영광이 되게 하시는 하나님을 찬양한다.

십자가를 지는 것은 또한 자기 유익을 구하지 않고 다른 사람의 유익을 구하는 일이 된다. 이런 길을 가지 않으면서 영광만 누리려고 하거나 안락과 대접받는 길에 있기를 원하는 것은 진짜 그리스도인이 아니며 주님을 따르는 것이 전혀 아니다. 본성적으로 인간은 자기부정이 안 되는 자이다. 항상 자기만족을 게걸스럽게 추구하는 자이다. 그러기에 자기를 부정하는 훈련이 날마다 필요하다, 날마다 죽는다는 것은 본성에 어긋나는 것이요 죽기보다 싫은 일일 수 있다. 그러나 그리스도의 생명이 우리 안에 있으면 새로운 피조물이 되어 더 이상 육체대로 사람을 알려고도 하지 않고 하나님에 대해서도 인간의 우수성을 앞세워 신적 지위에 올려놓고자 하는 인본주의자들의 관념에 매료되지 않는다.

새로운 피조물은 우리를 위하여 죽으셨다가 사흘 만에 다시 사신 그리스도를 위하여 사는 자이다(갈 2:20, 고후 5:15-17 참고). 거듭난 사람의 유일한 소망은 부활하신 주님의 능력 안에 있음을 아는 것이다. 그래서 진리의 말씀과 하나님 부활의 능력으로 의의 무기를 소유한 그리스도인은 사도 바울처럼 이렇게 고백할 수 있다: **"무명한 자 같으나 유명한 자요 죽은 자 같으나 보라 우리가 살아 있고 징계를 받는 자 같으나 죽임을 당하지 아니하고 근심하는 자 같으나 항상 기뻐하**

고 가난한 자 같으나 많은 사람을 부요하게 하고 아무것도 없는 자 같으나 모든 것을 가진 자로다"(고후 6:9-10).

그러므로 십자가 짐은 채움을 위한 버림이요, 얻기 위한 내어 줌이고, 살기 위한 죽음과 희생이다. 이런 각오와 헌신이 빠진 삶은 빈 껍질뿐이요 생명이 없기에 외부로부터의 존중과 두려움의 시선은 전혀 느낄 수 없는 삶이다. 그런 기독교인들 때문에 '개독교'라는 조롱을 받고 예수는 좋으나 교회는 싫다는 혐오가 확산하는 것이다. 신자의 존재는 신자가 사는 세상의 빛이기에 세상의 갖은 모든 어둠을 물리치고 선한 열매가 가득하게 하는 것이다. 주변이 신자로 인하여 복을 받는 역사를 추구함이 하나님께 영광을 돌리는 것이다.

6 하나님의 전신 갑주를 취하라[40]

예수님께서 잡히시던 날 밤에 베드로는 군인들을 향해 칼을 휘둘렀다. 그 칼에 대제사장의 종

---

[40] 하나님의 전신 갑주에 대한 탁월한 책은 William Gurnal의 그리스도인의 전신 갑주, 크리스천다이제스트, 2019, 로이드 존스의 에베소서 6:10-20, *The Christian Soldier* 강해가 있다. 하나님의 전신 갑주는 6개만 언급되어 있지만 이것만이 전신 갑주의 전부를 말하는 것은 아니다.

말고의 한쪽 귀가 잘려 나갔다. 전투가 벌어질 수 있는 일촉즉발의 상황에서 예수님은 이렇게 말씀하였다: "**예수께서 이르시되 네 검을 도로 집에 꽂으라 검을 가지는 자는 다 검으로 망하느니라 너는 내가 내 아버지에게 구하여 지금 열두 영(營) 더 되는 천사를 보내시게 할 수 없는 줄로 아느냐 내가 만일 그렇게 하면 이런 일이 있으리라 한 성경이 어떻게 이루어지리요 하시더라**"(마 26:52-54).[41] 합법적인 정당방위라고 강변할 수 있는 베드로의 행동에 제동을 걸면서 성경대로 이루어지는 일을 위하여 묵묵히 순응하셨다. 하나님의 뜻이 자신의 안위보다 더 중요한 것임을 몸소 보여주셨다. 하나님의 뜻이 성취되는 것이 개인의 명예와 이익보다 더 소중한 것이다.

 예수를 따른다는 것은 예수님께서 하신 일을 본받는다는 것과 같다. 이 부분은 본 책의 마지막 부분에서 다룰 것이지만 여기서 간략하게 언급하고자 하는 것은 예수께서 마귀의 일을 멸하려고 오셨다는 측면이다. 다시 말하면 그리스도인이 예수님을 따르는 와중에 수시로 직면하는 것이 마귀 곧 사탄의 공격이다. 이 공격을 어떻게 물리치며 주님이 걸어가신 그 길을 우리도 온전히 나아갈 것인가가 주님과 동행하는 성도들의 관심사이다. 거짓과 당 짓는 쪼갬과 불화와 부정과 음란과 탐욕의 우상숭배 죄로부터 우리 자신을 잘

---

41 여기에서 사용된 영은 로마 군단의 일개 군단을 뜻하는 말로 한 영은 보병 6,000명, 말 700필로 이루어진 군대라고 한다.

지키는 것이 마귀의 일을 멸하는 주님의 사역에 동참하는 것이 될 것이다.

감사하게도 주님은 아무것도 염려하지 말고 주님을 믿고 따를 것을 말로만 하신 것이 아니라 신자들 속에 내주하시는 성령님의 크신 역사를 통해 확정해 주시고 동시에 그 성령 안에서 악한 마귀의 모든 공격을 막아낼 수 있는 무기를 충분히 공급해 주셨다는 사실이다. 이것이 여기에서 살펴볼 하나님의 전신 갑주(The complete armour of God)이다.

사도 바울이 에베소 교회에 쓴 서신에서 언급한 말씀은 이것이다: "**종말로, 너희가 주 안에서와 그 힘의 능력으로 강건하여지고 마귀의 궤계를 능히 대적하기 위하여 하나님의 전신 갑주를 입으라 우리의 씨름은 혈과 육에 대한 것이 아니요, 정사와 권세와 이 어두움의 세상 주관자들과 하늘에 있는 악의 영들에 대함이라 그러므로 하나님의 전신 갑주를 취하라 이는 악한 날에 너희가 능히 대적하고 모든 일을 행한 후에 서기 위함이라 그런즉 서서 진리로 너희 허리띠를 띠고 의의 흉배를 붙이고 평안의 복음의 예비한 것으로 신을 신고 모든 것 위에 믿음의 방패를 가지고 이로써 능히 악한 자의 모든 화전을 소멸하고 구원의 투구와 성령의 검 곧 하나님의 말씀을 가지라**"(엡 6:10-17). 한 마디로 하나님의 전신 갑주는 마귀의 일을 능히 물리치거나 멸하는 일에 가장 유용한 도구임을 알 수 있다.

하나님은 구주 예수를 믿는 자에게 필요한 모든 장비를 주시고, 필요한 그 모든 것으로 영적 전투에 나가게 하심을 알 수 있다. 갑옷을 의미하는 이 고대 헬라어 단어는 신약에서 단 한 군데에서만 사용된다. 누가복음 11:21-22에서 예수님은 완전히 무장한 강한 자에 대해 말씀하셨지만, 더 강한 자가 와서 그를 물리치면 모든 무장(갑옷)이 빼앗기게 된다고 하셨다. 우리는 예수님께서 모든 정사와 권세를 그의 십자가로 무장 해제하셨다는 것을 안다(골 2:15). 더욱이 그가 성도에게 준 이 갑옷은 하나님에게서 온 하나님 것이다. 구약에서 이 갑옷을 입으신 분은 주님이셨다(사 59:17).

그는 지금 그 갑옷을 자기를 따르는 신자들과 공유하신다. 이렇게 하나님의 갑옷을 갖추었으니, 우리가 정복자 이상인 것도 당연하다(롬 8:37).[42] 사실 넉넉히 이긴다는 것은 허풍이 아니라 사실임이 보증되는 것이다. 왜냐하면 우리의 대장 예수 그리스도께서 자기를 따르는 자들에게 날마다 승리를 보장하시기 때문이다. 위의 본문에서 바울은 "**능히**"라는 말을 세 번이나 사용하였다. 이 전쟁은 사실은 여호와께 속한 전쟁이고 이 전쟁의 이기고 짐은 사람 수나 무기의 많고 적음에 달린 것이 아니다. 그래서 참 그리스도인은 "**우리 주 예수**

---

[42] 우리 말 성경에서는 "**우리가 넉넉히 이기느니라**"로 번역되어 있다.

그리스도로 말미암아 날마다 이김을 주시는 하나님께 감사하는"(고전 15:57) 삶을 사는 것이다. 이제 전신 갑주 그 내용을 간략하게나마 음미해 보자.

① 그런즉 서서(stand therefore)! 사실 전쟁에 나서는 군사들이 적의 무기나 수에 압도되어 바싹 쫄 수 있다. 그러나 성도의 영적 전투는 사기충천에 이르는 싸움이다. 잔뜩 겁에 질려 실의나 좌절이나 낙심이나 물러섬이나 항복 같은 일은 벌어지지 않는다. 우리 하나님은 전쟁에 능하신 만군의 주 여호와이시다. 그러므로 당당하게 서서 원수 마귀를 대적한다. 성경은 우리에게 이렇게 권면한다: **"마귀를 대적하라 그리하면 너희를 피하리라"**(약 4:7). 자기 백성에게 **"더욱 큰 은혜를 주시는"**(약 4:6) 하나님 편에 선 자들은 넉넉히 이기게 하시는 은혜를 힘입어 당당하게 맞서는 용감무쌍한 십자가 군병이다. 신자가 패배하는 일은 오직 한 가지 원인만 있을 뿐이다. 그것은 하나님 의지함이 없이 홀로 영웅이 되고자 하는 교만이다.

하나님은 교만한 자를 물리치시는 분이기에 그 앞에서 겸손해야 한다. 적 앞에서는 당당하되 하나님 앞에서는 자기를 한없이 낮추는 자가 승리자의 반열에 오른다. 겸손은 전폭적으로 하나님께 순복하는 것이다. 그가 우리를 지었으며 그가 자기 아들의 피로 속량하여 하나님의 소유가 되게 하였다. 그런 하나님께 순복하지 않는 것은 화를 피할 길이 없는 것이다. 그에게 순종하지 않으면 한 번도 마귀를 대적하는 용맹을 발휘할 수 없다. 그러나 '예수 따라가며 복음 순종하면 우리 행할 길 환하겠네. 주를 의지하며 순종하는 자를 주가 늘 함께 하시리라. 의지하고 순종 하는 길은 예수 안에 즐겁고 복된 길이로다'라는 찬송을 실감케 될 것이다.

따라서 하나님께 겸손히 순복하는 것은 곧 마귀를 대적하게 되고 승리가 보장되는 자리로 나아간다. 마귀를 대적한다는 것은 마귀의 속임수와 그의 위협하는 모든 노력에 당당하게 맞서는 것을 의미한다. 우리가 마귀를 맞서서 저항하면 그는 우리에게서 도망칠 거라는 주님의 약속을 보지 않았는가? 믿음은 주님의 약속 위에 굳게 서서 행동하는 것이다. 사실 야고보 사도가 말하는 것은 우리를 위하여 누군가가 마귀를 쫓아낸다는 것이 아니라 개별 그리스도인에게 사탄을 정복당한 원수로 다루라고 도전하라는 것이며, 사탄은 개인적으로 능히 대적할 수 있고 대적해야 할 존재임을 말하는 것이다.

대적하라는 말은 영어로 Resist(저항하다)인데 이 단어는 두 개의 헬라어 단어인 선다는 것(stand)과 대항한(against)다는 것에서 유래했다고 한다. 따라서 겸손히 우리의 대장 예수 그리스도의 이름을 의지하고 맞서면 우는 사자와 같이 삼킬 자를 삼키려고 덤비는 마귀를 능히 물리칠 수 있는 것이다. 소년 다윗이 양을 칠 때 사자나 곰이나 늑대가 덤벼도 당당하게 맞서서 양을 구하고 지켜낸 것과 같이 주를 의지하며 주를 따르는 자들은 주님의 도우심을 힘입어 언제나 승리를 맛볼 수 있는 것이다.

하나님의 전신 갑주를 언급하는 가운데 그런즉 서서! 라고 말한 것이 바로 이것이다. 하룻강아지 범 무서운 줄 모르는 우리 개개인의 성향에 의존한 담대함이 아니라 **"주 안에서 그리고 그 힘의 능력으로"** 강하고 담대한 믿음의 용사로 나서는 것이다(엡 6:10). 서서 맞서는 것은 마귀의 궤계를 **"능히"** 물리치기 위한 기본적인 동작이다. 아슬아슬하게 간신히 이기는 것이 아니다. 넉넉히 이기는 전쟁이다. 가슴을 쓸어내릴 일이 없다. 오금 절이거나 온몸에 식은땀이 줄줄 흘러내리는 일이 아니다. 본문에서 '능히'라는 단어는 세 번이나 사용한 것은(11, 13, 16절) 그만큼 확실한 승리를 보장한다는 말이다. 평화스러운 날이 아니라 악한 날에 능히 대적하고 당당하게 서기 위하여 하나님의 전신 갑주를 입는다.

전혀 주눅 듦이 없고 두려워하지도 않고 용감하게 맞서는 믿음의 행보이다. 모든 그리스도인에게 없어서는 안 되는 전신 갑주이다. 우리가 직면하는 모든 시련과 아픔과 유혹거리와 핍박은 우리를 위협하고 두렵게 하고 당혹스럽게 한다. 그러나 모든 것이 합력하여 선을 이루시는 하나님의 지혜와 권능은 하나님을 사랑하는 자기 백성들의 패배가 아니라 궁극적인 승리이기에 환경과 상황에 굴복하지 말고 하나님께 순종하여 당당하게 맞서라는 것이다. 천신만고 끝에 겨우 얻어진 승리같이 보여도 매우 값진 승리를 보장하는 것이다. 사실 절체절명의 위기 속에서, 기막힐 웅덩이에서 건져지는 것은 전능하신 하나님의 능력이 어떠함을 체득하는 최고의 기회이다. 승리는 여호와의 편에 있다.

성도는 난민도 아니고 스스로 일어설 수 없는 부상병이 아니고 살아계신 하나님의 매우 건강하고 용감한 군병임을 잊지 말아야 한다. 십자가 군병이 공격을 안 받는다는 것도 아니다. 부상의 위협이 전혀 없다는 것이 아니다. 사방에 우겨 쌈을 당한다. 답답한 일도 당한다. 핍박을 받는다. 거꾸러뜨림을 당하기도 한다. 그러나 낙심하지도 않고 버린 바 되지도 않고 망하지 않는다(고후 4:8-9). 바울은 고린도후서 6장에서 생각하기도 싫은 처절한 모습을 언급하고 있다. "오직 모든 일에 하나님의 일군으로 자천하여 많이 견디는 것과 환난과 궁핍과 고난과 매 맞음과 갇힘과 요란한 것과 수고로움과 자지 못함과 먹지 못함과"(4-5절). 여기에 머물지 않고 이어서 고백한다: "깨끗함과 지식과 오래 참음과 자비함과 성령의 감화와 거짓이 없는 사랑과 진리의 말씀과 하나님의 능력 안에 있어 의의 병기로 좌우하고"(6-7절). 그러니 '서서'라는 말은 실망도 좌절도 낙심도 주저앉지도 말고 당당해지라는 말이다. 바울이 겪은 난관도 있다. 부딪힘도 있다. 예상치 못한 침범을 당할 수 있다. 그래도 당황하지 말고 '담대하라'라는 말이다. 약함을 보일 필요가 전혀 없는 것이다.

사탄의 전략은 교묘해서 우리의 취약점을 집중적으로 파고든다. 그래서 넘어지거나 치명적인 상처를 안을 수 있다. 이기게 하신다는 하나님의 약속하고는 거리가 먼 느낌을 지울 수 없는 일들이 생긴다. 패배자요 낙오자라는 트라우마에 젖게 될 수도 있다. 에베소서 수신자들은 한번도 실패해 본 적이 없는 자들이었을까? 아니다. 우리와 성정이 똑같은 사람들이다. 우리가 삶의 현장에서 직면하는 모든 문제를 안고 씨름한 자들이다. 그런 자들에게 사도는 '서서'라고 권면한다. 복음 때문에 아시아 전역에 흩어진 성도들에게 편지한 사도 베드로도 이 일을 잘 알고 있었다. 그래서 이렇게 권면한다: **"사랑하는 자들아 너희를 시련하려고 오는 불 시험을 이상한 일 당하는 것같이 이상히 여기지 말고 오직 너희가 그리스도의 고난에 참예하는 것으로 즐거워하라…"**(벧전 4:12-13).

믿음으로 당당하게 맞선 거인들, 세상이 감당하지 못한 하나님의 십자가 군병들에 대한 모습은 우리가 히브리서 10장과 11장에서 넉넉히 읽을 수 있다. 그들이 겪은 고난과 시련은 사단이 존재하고 죄가 우리 주변을 맴도는 이상, 피할 수 없는 일이다. 그러나 그것들이 그들을 낙심케 하거나 배반의 길로 간 것이 아니고 그리스도의 고난에 참예하는 것으로 여기면서 즐거워하였고 마침내 승리의 면류관을 쓴 것이다. 그들은 누구도 전쟁에서의 승리에 대한 반신반의 혹은 불확실성으로 벌벌 떤 적이 없다. 로이드 존스는 그의 에베소서 강해에서 이렇게 말했다: '기독교가 숙제(a task)라면, 하나님의 집에서 하나님을 경배하는 것이 우리 자신을 강요해야 하는 일이라면, 우리는 이미 패배한 것이다. 우리는 서 있는 것이 아니다. 우리는 비틀거리고, 구부정하게 서 있는 것이다. 우리는 다른 사람들에게 떠받쳐져야 하고, 우리 자신의 것이 아닌 다른 어떤 추진력에 의해 떠받쳐지고 있는 자가 될 뿐이다.'[43]

주님을 따르는 것은 무언가에 의해 마지못해 떠밀려 가는 것이 아니라 자발적인 헌신이다. 주님을 따름은 근신하고 깨어서 마귀와 맞서는 용감한 십자가 군병으로 부지런히 좇아가는 열심이다. 우리는 은혜 안에 서 있어야 하며(롬 5:2), 우리는 복음 안에 서 있어야 한다(고전 15:1). 우리는 용기와 힘 안에 서 있어야 하고(고전 16:13), 우리는 믿음 안에 서 있어야 한다(고후 1:24). 우리는 그리스도인의 자유 안에 서 있어야 하며(갈 5:1), 우리는 그리스도인의 연합 안에 서 있어야 한다(빌 1:27). 우리는 주님 안에 서 있으며(빌 4:1), 우리는 하나님의 뜻

---

43 D M Martin Lloyd Jones, ***The Christian Soldier***, The Banner of Truth, 1977, 160. 번역은 필자의 것.

안에서 완전하고 온전하게 서 있어야 한다(골 4:12). 하나님의 전신 갑주를 취하라.

② 진리의 허리띠: 허리띠는 남이 띠게 해 주는 일이 아니고 내가 착용해야 할 일이다. 이것은 장식용이 아니다. 몸치장에 꼭 필요한 액세서리용도 아니다. 왜냐하면 진리의 허리띠이기 때문이다. 갑옷에 없어서는 안 될 절대적으로 필요한 무기이다. 허리띠의 기능을 보면 바울 당시의 일반적 옷차림은 긴 옷이 많았다. 헐렁헐렁한 것이었다. 지금 중동지방의 사람들이 입는 옷과 유사하다고 본다면 허리띠의 효능이 전쟁 상태에서는 매우 절실한 것임을 알 수 있다. 단단히 허리에 동여매고 민첩하게 움직일 수 있어야 한다. 거추장스러움이 없이 전쟁에 나설 수 있도록 돕는 것이 허리띠이다. 허리띠를 매는 것은 즉시 행동에 나설 수 있게 한다.

허리띠를 단단히 동여맴으로 군인은 이제 모든 행동과 움직임에 어떤 방해를 받음이 없이 한 손엔 방패 다른 손에는 칼을 들고 전투에 임할 수 있는 것이다. 옷 때문에 걸려 넘어지거나 어느 부분에 얽힐까 두려워할 필요가 없이 적군을 향해 담대하게 나설 수 있는 것이다. 그래서 예수님도 "**허리에 띠를 띠고 등불을 켜고 있으라**"(눅 12:35)라고 하셨다. 진리의 허리띠를 띠고 진리의 횃불을 치켜들라는 것이다. 즉시 행동으로 옮길 준비가 된 상태를 만들라는 것이다. 군인들은 전쟁을 대비하여 항상 훈련한다. 임전 태세를 통해서 국방과 안보를 튼튼히 다지는 길을 마련한다. 호시탐탐 노리고 있는 악한 마귀의 공격이 언제 어디서 어떻게 날아올지 모른다. 그렇기에 그리스도인들은 마귀와 맞서 싸울 준비를 단단히 해야 한다. 우리가 즉각 전투에 임하도록 단단히 묶어줄 허리띠는 진리의 띠이다.

여기서 말하는 진리는 무엇을 말하는가? 혹자는 뒷부분에 가서 성령의 검 곧 하나님의 말씀을 가지라는 말씀이 따로 나오기 때문에 '진리의 허리띠를 매라'라는 말씀에서 진리는 객관적인 진리인 하나님의 말씀이 아니라 일종의 주관적 사실로 해석하기도 한다. 즉 진리의 허리띠를 맬 당사자의 '성실성, 공정성, 정직성, 관대성'과 같은 특질로 보는 것이다.[44] 이런 해석은 매우 위험한 해석이다. 왜냐하면 영적 전쟁에서 승리는 군인들 개개인이 가진 주관적 특질에 달린 독자적인 행동이 아니라 전적으로 주님의 진리에 의존된 일사불란한 모습이어야 하기 때문이다. 우리는 우리 자신을 신뢰할 만큼 완벽한 존재가 아니다.

우리가 우리 됨은 전적으로 주님의 은혜로 말미암은 것임을 인정한다면 예수 그리스도 안에 있는 객관적인 하나님의 모든 진리를 굳게 신뢰하고 그 진리 안에서 연합하도록

---

44 Lloyd Jones, Ibid, 186.

그 진리로 우리의 몸과 마음을 단단히 고정해야 한다. 그 진리만이 마귀의 궤계로부터 자유를 누리게 할 것이다. 의혹이나 불확실성이 전혀 존재하지 않는 참 진리의 허리띠를 매고 진리인 주님을 부지런히 따라가야 한다. 더욱이 사단은 거짓의 아비이기에 할 수만 있으면 진리를 왜곡하고 편벽되이 사용하여 넘어뜨리고자 하기에 주님의 보편적인 진리의 말씀을 굳게 붙들어야 한다.

진리의 왜곡과 혼잡스러움은 사단이 교회에 심은 전술이다. 그래서 하나님의 말씀을 옳게 분변하여 부끄러울 것이 없는 일군으로 인정된 자로 자신을 주님께 드리기에 힘쓰는 자여야 한다(딤후 2:15). 특히, 구원에 필요한 모든 진리로 단단히 동여맨 십자가 군병이어야 한다. 하나님의 전신 갑주라는 무기 차원에서 바울의 복음 선포 정신을 깊이 새길 필요가 있다: **"우리의 싸우는 병기는 육체에 속한 것이 아니요 오직 하나님 앞에서 견고한 진을 파하는 강력이라 모든 이론을 파하며 하나님 아는 것을 대적하여 높아진 것을 다 파하고 모든 생각을 사로잡아 그리스도에게 복종케 하니"**(고후 10:4-5). 그런즉 서서 진리의 허리띠를 단단히 동여매야 승리한다.

③ 의의 흉배를 붙이라. 우리 몸의 가장 중요한 장기를 보호해 주는 장비가 바로 흉배이다. 군인은 방패가 없어도 어느 정도 효과적으로 싸울 수 있다. 그러나 십자가 군병은

의의 흉배가 없이는 영적 대적자들과 전혀 싸울 수 없다. 이것은 우리 자신이 얻은 의로움이라거나, 의로움에 대한 느낌이 아니다. 예수를 믿는 믿음으로 받은 주님의 의이다. 혹자는 전쟁터에서 뼈가 굳은 백전노장의 경험에 의한 흉배로 이해하려는 자들이 있으나 바울은 '의의 흉배'를 붙이라고 말하였다. 우리는 종종 영적 전쟁에서 마귀를 대적한 소중한 경험을 앞세우고 싶은 유혹을 받는다. 경험이 없는 믿음 생활은 가짜이지만 그러나 우리의 신앙은 경험에 의존하는 것이 아니라 전적으로 진리의 말씀에 의존하는 것이다.

우리의 경험은 주님의 객관적 진리의 확정이다. 그렇지만 경험이나 감정은 항상 유동적이다. 환경이나 상황에 따라 변화무쌍하게 움직일 수 있다. 그러나 그리스도의 의의 옷은 변함이 없고 흔들림이 없고 누구도 벗겨낼 수 없는 것이다. 하나님께서 마련해 주신 하나님의 전신 갑주임을 잊지 말라. 바울은 빌립보서 3장에서 일반적으로 사람들이 자랑하는 것들에 대해서 자신은 누구보다 뒤지지 않는 사람이었지만 그러나 그리스도를 알고 난 후 그런 것들은 다 배설물로 간주한다고 했다. 그러면서 그의 모든 새로운 욕망은 예수 그리스도 안에서 발견되는 것이었고 예수님을 더 아는 것임을 고백하며 이렇게 말하였다: "**그 안에서 발견되려 함이니 내가 가진 의는 율법에서 난 것이 아니요 오직 그리스도를 믿음으로 말미암은 것이니 곧 믿음으로 하나님께로서 난 의라**"(빌

3:9). 이 사실을 알지 못한 유대인들은 잘못된 지식 때문에 자기들의 열심을 가지고 자기들의 의를 드러내고자 애써 하나님의 의를 복종치 아니하는 죄를 저질렀다(롬 10:2-3). 바울이 예수 믿기 전에 가졌던 죄와 동일한 것이었다.

오늘날 교회에서도 이는 쉽게 발견되는 현상이다. 자기들의 공적이나 공로를 앞세운다. 주를 위해서 살아온 헌신적인 업적을 예수 그리스도의 의보다 더 신뢰하는 경향이 많다. 그러나 앞에서도 이야기했듯이 우리의 우리 됨은 전적으로 하나님의 은혜임을 망각해서는 안 된다. 우리는 믿음으로 말미암는 하나님의 의이신 예수 그리스도를 옷 입어야 한다. "**낮에와 같이 단정히 행하고 방탕과 술 취하지 말며 음란과 호색하지 말며 쟁투와 시기하지 말고 오직 주 예수 그리스도로 옷 입고 정욕을 위하여 육신의 일을 도모하지 말라**"(롬 13:13-14). 이 의는 예수를 구주로 믿고 따르는 자들에게 전가된 의이다(imputed righteousness). 분배받은 의이다(imparted righteousness).[45] 이것

---

[45] 마틴 로이드 존스는 그의 에베소서 강해에서 전가된 의와 분배된 의를 구분하여 다음과 같이 설명한다: '전가된 의와 분배된 의의 차이점은 전가된 의에 멈추면 내가 전에 있던 곳에 남는 것이다. 나는 주 예수 그리스도의 의로 옷을 입고 덮여 있지만, 내 안에는 전혀 의가 없는 것이다. 그것은 시작일 뿐이다. 그것이 나를 그리스도인으로 만드는 것이다. 그것은 기초이다. 그러나 하나님은 거기서 멈추지 않으시고, 이제 그분 자신의 아들의 의를 내 안에서 역사하기 시작하신다. 그는 그것을 나에게 부여하시고, 그것을 나의 일부로 만드시고, 그것을 내 안에 넣으신다. 이것은 거듭남, 중생, 새로운 삶의 결과로 필연적으로 일어났

이 무엇을 의미하는지 현대 기독교인들은 잘 모르기 때문에 설교자들은 종교개혁자들이나 청교도들이 했던 것처럼 분명하고 확실하게 전해줘야 한다. 믿음으로 말미암아 의롭다함을 받는다는 '이신칭의' 사상은 그리스도의 의가 예수 그리스도를 구주로 믿는 자에게 믿음으로 말미암아 전가되었다는 것이다.[46]

이것이 예수 그리스도를 옷 입는 것이다. 율법의 의로 말할 것 같으면 흠이 없다고 과시했던 바울도 해보다 더 밝은 빛인 그리스도 앞에서는 죄인의 괴수라는 고백 외에는 할 것이 없었다. 윤리와 도덕적으로 법 없어도 살 수 있는 사람도 가장 거룩하고 의로우신 하나님 앞에서는 머리끝에서 발끝까지 온통 죄로 물든 자신임을 고백하지 않을 수 없다. 특히

다. 내 안에 새로운 생명의 씨앗이 심어졌다.'(ibid. 230). 그러나 굳이 둘을 떼어서 구분할 필요는 없다고 본다. 전가된 의 자체가 분배된 의를 포함하고 있기 때문이다. 필자는 로이드 존스가 구분한 전가된 의에서 멈춰진 구원의 역사로 멈추신 적이 없으시며, 그리스도를 믿음으로 의롭다 함을 얻는 것은 중생의 시작만이 아니라 거룩한 백성, 의로운 백성으로 하나님 앞에 능히 서게 하는 것까지 포함한다고 믿는다.

46 그리스도의 의의 전가에 대한 핵심과 주된 논쟁을 읽고 싶은 독자들에게 신호섭의 개혁주의 전가 교리(서울: 지평서원, 2015)를 참고하라. 사실 전가교리는 크게 세 가지로 구분한다. 첫째 아담과 하와의 죄가 그의 후손들에게 전가되었다는 것, 둘째 죄인들의 죄가 그리스도에게 전가되었다는 것, 셋째 그리스도의 의가 그를 믿는 자들에게 전가되었다는 것이다. 따라서 단지 내 죄가 제거되었다는 것으로 족한 것이 아니라 거룩하시고 공의하시고 지극히 선하신 하나님 앞에 하나님이 인정하시는 의가 우리에게 필요한 것이다. 그리스도의 본질적인 의가 우리에게 전가되는 것 외에는 다른 길이 없다.

하나님께 더 가까이 가면 갈수록 우리의 죄만 더욱 커 보일 뿐이다. 우리의 의지로 더 나은 삶을 살 수 있고 심지어 예수님의 산상수훈을 지키려고 몸부림칠수록 죄가 찰떡처럼 달라붙어 있어 전혀 소망이 없는 자신 앞에 절망할 것이다.

하나님의 표준에 비친 (마 22:37-39) 우리의 모습은 먼지만도 못한 자요 벌레만도 못한 죄인일 뿐이다. '오호라 나는 곤고한 사람이로다 이 사망의 몸에서 누가 날 건져내랴?' 그런 탄식 앞에 사도 바울은 이렇게 확신을 심어 준다: **"그러므로 그리스도 예수 안에 있는 자에게는 결코 정죄함이 없나니"**(롬 8:1). 그리스도의 의(義) 때문이다. 하나님의 의를 얻기 위해서 우리가 할 수 있는 일은 사실상 아무것도 없다. 노력하면 할수록 죄만 늘어갈 뿐이다. 그런 죄악에서 우리를 건져주신 그리스도만 붙들어야 한다. 그의 은혜 외에는 해결책이 없기 때문이다. 그 안에서만 정죄 받음이 없고 우리가 의인으로 인정받게 된다.

흠도 없고 죄도 없으신 하나님의 아들 예수 그리스도를 믿으라는 주님의 약속을 붙들고 그를 배우며 그를 따르는 자들은 다 믿음의 의의 흉배를 붙인 자들이다. **"하나님이 죄를 알지도 못하신 자로 우리를 대신하여 죄를 삼으신 것은 우리로 하여금 저의 안에서 하나님의 의가 되게 하려 하심이니라"**(고후 5:21). 하나님께서 하신 것을 받는 것 외에는 다른 길이 없다. 오직 예수 그리스도 안에서 거룩하고 흠이 없고 책망할 것이 없는 자로 하나님 앞에 선다. 우리가 하나님이 요구하시는 율법을 온전키 지켜서가 아니라(지킬 수도 없다) 그리스도께서 완벽하게 지키신 것 때문이다. **"사람이 의롭게 되는 것은 율법의 행위에서 난 것이 아니요 오직 예수 그리스도를 믿음으로 말미암는 줄 아는 고로 우리도 그리스도 예수를 믿나니 이는 우리가 율법의 행위에서 아니고 그리스도를 믿음으로서 의롭다 함을 얻으려 함이라 율법의 행위로서는 의롭다 함을 얻을 육체가 없느니라"**(갈 2:16).

1563년에 만들어진 하이델베르크 요리문답 3번 질문에 답을 보면 우리 인간의 죄와 비참함에 대하여 알게 되는 것이 하나님의 율법에 의한 것임을 말하고 있다. 그 율법을 온전히 지킬 수 없기에 우리가 의롭게 되는 것은 율법의 요구를 만족케 하신 예수 그리스도로 말미암은 것임을 60번과 61번 문답에서 이렇게 언급하고 있다: '당신은 어떻게 하나님 앞에서 의롭게 됩니까? 오직 예수 그리스도에 대한 참된 믿음으로만 됩니다. 비록 내가 하나님의 모든 계명을 크게 어겼고 단 하나도 지키지 않았으며 여전히 모든 악으로 행하는 성향이 있다고 나의 양심이 고소하지만, 하나님께서는 나의 공로가 전혀 없이 순전히 은혜로 그리스도의 온전히 만족케 하심과 의로움과 거룩함을 선물로 주십니다.

하나님께서는 마치 나에게 죄가 전혀 없고 또한 내가 죄를 짓지 않은 것처럼 실로 그리스도께서 나를 위해 이루신 모든 순종을 내가 직접 이룬 것처럼 여겨 주십니다. 오직 믿는 마음으로만 나는 이 선물을 받습니다.' '당신은 왜 오직 믿음으로만 의롭게 된다고 말합니까? 나의 믿음에 어떤 가치가 있어서 하나님께서 나를 받으실 만한 것은 아니면 오직 그리스도의 만족케 하심과 의로움과 거룩함만이 하나님 앞에서 나의 의가 됩니다. 오직 믿음으로만 이 의를 받아들여 나의 것으로 삼을 수 있습니다.'[47] 그리스도의 완전한 의로 옷 입은 그리스도인에게 율법이 건드리고 정죄할 건 덕 찌는 일 절 없다. 그러므로 승리를 확신하며 담대하게 영적 전쟁에 임하는 것이다. 우리가 그리스도 안에 있는 한, 구원의 확신을 의심해야 할 이유는 없다. 주님을 사랑하는 모든 성도는 주님께 피하며 주님을 따르는 자에게 베푸시는 은혜가 원수들의 모든 공격력보다 크심을 기억하고 강하고 담대한 십자가 군병이다.

④ 평안의 복음의 예비한 것으로 신을 신고! 여기서 신발은 평범한 사람들이 신는 일반적인 것을 말하지 않는다. 전투에 나서는 군인들이 신는 군화이다. 당시 로마 군병들이 공격하거나 피하거나 물러서거나 하는 모든 동작에 민첩하

---

[47] 『하이델베르크 요리문답』, 성약출판사, 2004, 94-95.

게 움직이도록 발을 돕고 보호하는 군화였다. 물론 당시는 오늘날 군화처럼 최고의 기능을 장착한 장비가 아니라 샌들과 같은 것이었지만 전쟁에 나서는 군인에게서는 없어서는 안 되는 매우 유용한 보호 장비였다. 발을 다치면 이동하는 것이 불편하고 공격하는 것은 더더욱 힘든 일이다. 따라서 발을 잘 보호해야 기동성이 강한 군인으로 활약할 수 있는 것이다. 성경은 이 군화를 평안의 복음의 예비한 신발로 규정한다.

그냥 신발을 신으라고 하지 않고 예비한 것으로 혹은 준비한 것으로 신을 신으라고 한 말의 의미는 무엇일까? 평안의 복음이 무엇을 의미하는 지는 그리스도인이라면 쉽게 이해할 수 있다. 원수 된 자들과 하나님과 화목케 하는 그리스도의 십자가 복음이 전파되는 곳마다 분리의 장벽이 사라지고 십자가로 가까이 되어 성도들과 동일한 시민이요 하나님 나라 왕실의 권속이 되는 복음의 특징을 잘 설명하는 것이다. 그런데 예비(preparation)라는 단어가 왜 쓰였을까? 일반적으로 두 가지 용법으로 해석한다. 하나는 평안의 복음에 의해서 우리에게 주어지는 견고성(firmness)을 의미한다. 복음 선포가 죄인에게 평강을 가져다주는 것에는 조금도 의심할 바 없는 확실한 것이라는 뜻이다.

또 하나는 전쟁터에 곧장 투입이 가능한 '대비 태세', 혹은 '임전 태세'를 의미한다는 것이다. 전투준비가 완료된 상태를 설명한다. "**너는 저희로 하여금 정사와 권세 잡은 자들에게 복종하며 순종하며 모든 선한 일 행하기를 예비하게 하며**"(딛 3:1)라는 말씀에 사용된 '예비'가 같은 의미로 쓰인 것이다. 한 마디로 전쟁에 임할 채비가 완벽하게 갖춰진 상태를 말하는 것이다. 명령이 떨어지면 즉각 나설 준비된 자세이다. 여기에는 싸움에 대한 훈련이 잘된 상태가 내포되어 있다. 훈련이 안 되어 있거나 덜 된 상태에서 전투 완료 상태라고 말할 수 없다. 평화 시에 준비할 훈련에는 어떤 것이 있을까?

일반적으로 군대에서 사용하는 전술훈련은 공격과 방어 전술이 다 포함되어 있다. 영적 전쟁에서도 마찬가지이다. 방어 전술은 이단 사상의 공격에 대한 정통 신학적 입장의 교리체계를 굳게 붙드는 것이요, 공격 전술은 때를 얻든지 못 얻든지 그리스도의 십자가 복음을 적극적으로 전파하는 것이다. 사실 전술에 대한 직접적인 효과는 훈련보다 실전에서 더 많은 능력을 획득하게 된다. 그러므로 교리학습을 통해서 적의 심장을 공격하는 능력을 삶의 현장에서 발휘하는 자가 되어야 한다. 교리교육은 단회적인 것이 되어서는 안 된다. 어떤 전술이든 반복적이듯이 교리교육도 교묘하게 도전하는 이단 사상에 효율적으로 대처하기 위하여 반복적인 학습이 필요하다. 웨스트민스터 표준 문서인 대소 요리문답과 웨스트민스터 신앙고백서의 가르침에 익숙한 자가 되게 해야 한다.

동시에 최고 사령관인 우리 주님께서 명령하신 지상 최대의 명령을 실천하는 것이다: **"그러므로 너희는 가서 모든 족속으로 제자를 삼아 아버지와 아들과 성령의 이름으로 세례를 주고 내가 너희에게 분부한 모든 것을 가르쳐 지키게 하라!"**(마 28:19-20). 훈련 지침서에 따라 잘 훈련받은 자는 언제 어디서든 전쟁에 능숙한 베테랑으로 활약할 수 있다. 그러나 훈련을 제대로 받지 못한 자는 적의 먹잇감이 되기 쉽다. 사도 베드로는 복음 전파와 관련하여 우리에게 이렇게 권면한다: **"너희 마음에 그리스도를 주로 삼아 거룩하게 하고 너희 속에 있는 소망에 관한 이유를 묻는 자에게는 대답할 것을 항상 예비하되 온유와 두려움으로 하고 선한 양심을 가지라"**(벧전 3:15-16).

물론 로이드 존스의 주장처럼 본문에서 사도 바울은 복음 전파를 언급하는 와중에 이 말씀을 한 것이 아니다. 그것은 악한 마귀와의 전쟁을 말하는 문맥에서 한 것이기에 효과적인 복음 전파를 위한 전술 준비를 강조할 이유는 없다고 할 수 있다. 그러나 우리가 믿는 도리를 적극적으로 확신하고 분명하게 제시할 수 있는 자질을 갖춤이 사탄의 교활한 궤계를 능히 물리칠 확률이 높다. 이런 차원에서 보면, 하나님의 전신 갑주 중 유일한 공격형 무기, '성령의 검 곧 하나님의 말씀을 가지라'라고 한 것이 마지막에 등장하는 것은 유의미하다.

즉 교리적 학습을 게을리하지 말고 몸으로 익혀 그 교훈을 확실하게 담대하게 선포하는 공격적 전술이 어둠의 세력을 물리치며 건전한 교리 수호를 위한 최선의 길임을 말씀하는 것이다. 이사야 52장에서도 이렇게 말씀한다: **"좋은 소식을 가져오며 평화를 공포하며 복된 좋은 소식을 가져오며 구원을 공포하며 시온을 향하여 이르기를 네 하나님이 통치하신다 하는 자의 산을 넘는 발이 어찌 그리 아름다운고"**(7절)! 따라서 예비한 신을 신으라는 것은 이 명령 수행을 위한 단호한 결단과 각오를 나타내는 표현이라고 말할 수 있다. 사기가 충천한 모습이다.

오늘날 기독교가 뜯듯 미지근한 모습을 보이는 이유 중 하나가 여기에 있다. 굳은 결의를 다지게 하는 순수한 복음 선포의 결여이다. 흔들림이 없는 견고한 믿음으로 굳게 서서 구원의 복음 진리를 휘날리는 결의에 찬 용사들이 점점 사라지고 있는 지금이 믿음의 백전노장이 그 어느 때보다 필요하다. 갈피를 못 잡고 흔들리며 요동치며 슬그머니 세상으로 미끄러지는 현상들은 평안의 복음 나팔을 분명히 불지 못하는 상황과 무관하지 않다. 교회를 향해 사탄은 웃음을 감추지 않고 있다. 교회 안에 사탄이 틈탈 공간이 너무 많아졌다. 그러므로 성도 개개인이나 교회는 항상 우리가 믿는 도리가 무엇인지를 늘 새기면서 주위 사람들에게 생생하게 들려주고 듣게 해야 한다.

　대다수가 타협할 준비는 잘 되어 있다. 핑곗거리를 만들어 뒤로 물러설 준비 역시 차분히 잘한다. 지금까지 강조한 성경적이고 신학적인 가르침에 대한 확고한 믿음보다 적당한 선에서 세상과 공존하고자 하는 길을 찾는 자들에게는 영적 전쟁을 피해야 할 이유가 하나도 없다. 혹 세상에서 벌어지는 전투에서는 적과 동침할 수 있을지 몰라도 영적 싸움에서는 불가능하다. 그리스도인은 두 주인을 섬길 수 없다. 하나님 말씀을 옳게 분별해야 한다. 진리는 종종 갈라섬을 낳는다. 믿는 자와 믿지 않는 자, 천국 백성과 지옥 자식으로 구분한다. 진리를 거슬려 할 수 있는 것은 아무것도 없고 오직 진리를 위할 뿐이다(고후 13:8). 타협하는 순간 교리만이 아니라 실천적 삶에서 기준은 다 미끄러지고 무너진다. 하나님이 정하신 지표가 고무줄 잣대가 된다. 한 입으로 두말하게 된다. 겉과 속이 다르다.

　그러나 예수 그리스도의 십자가 복음 진리는 명확하다. 두루뭉술 아리송하게 나타나지 않는다. 달리면서도 읽을 수 있는 선명한 것이다. 복음의 색깔에 합당한 삶의 색을 규정한다. 진리는 교회 생활, 가정생활 및 사회생활의 유일한 규범이다. 그렇지 않으면 진리가 아니다.[48] 두 주인 섬김이 허락

---

[48] 이 부분에 대하여 필자가 쓴 『신학은 삶이다』(크리스천르네상스, 2023)를 읽으라고 적극 추천한다.

되지 않듯이 양다리 걸침도 용납하지 않는다. 오직 한 길만 존재한다. 하나님이 정해 주신 옛적 길로 다닌다. 넋을 놓고 사는 법이 없다. 늘 경각심을 가지고 깨어 근신한다. 적이 어디서 언제 출몰할지 알 수 없기 때문이다. 파수꾼의 경성(警省)이 성 사람들이 안심하며 자기 임무에 충실한 자가 되게 만든다. 그러므로 교회 일군이나 세상에서 빛인 성도들이 깨어 믿음에 굳게 서서 남자답게 강건해 지는 길을 지속적으로 달려야 한다(고후 16:13).

우리를 공격하는 사탄도 절대로 지치는 법이 없고 자는 법도 없다. 그는 항상 정사와 권세에 명령한다. 그는 언제나 악한 영들을 통솔하며 하나님의 택한 백성들을 향해 불화살을 쏘게 한다. 그는 성도들보다 지혜롭고 교활하다. 그러기에 가장 지혜롭고 지식의 모든 보고를 가지신 그리스도를 앙망하며 당연히 그만을 따르는 굳은 각오가 없이는 사탄에게 당할 수밖에 없다. 자신의 업적을 세우려고 덤비는 자는 누구든지 사탄의 먹잇감이다. 그런데도 태만하게, 안일하게, 무기력하게 전쟁터에 나설 수 있겠는가? 절대 불가하다. 민첩하게 움직이면서 결의에 찬 십자가 군병으로서 우는 사자처럼 삼키려고 덤비는 마귀를 능히 대적하는 자라야 한다.

⑤ 믿음의 방패를 취하라. "모든 것 위에 믿음의 방패를

취하라"라는 말씀은[49] 전투에 즉각 투입될 십자가 군병으로 없어서는 아니 될 모든 장비를 갖춘 그 중요한 것들 말고도 또 갖춰야 할 것이 더 있다는 것이다. 그것은 믿음의 방패이다. 여기에서 의미 있는 것은 믿음의 방패를 '가지라'는 말이 아니라 '취하라'는 말을 사용하고 있는 점이다. 이 갑주의 용도는 본문이 밝히고 있듯이 **"이로써 능히 악한 자의 모든 화전을 소멸하는"** 것이다(16절). 로이드 존스는 총 6개의 갑주 중 앞 세 개와 뒤 세 개를 구분하며 설명한다.[50] 그는 전자의 갑주들은 특별한 고정장치에 의해 몸에 부착되는 것이라고 했다. 허리띠도 의의 흉배도 신발도 다 우리 몸에 단단히 고정되어 있어야 하는 것이다.

그에 비해 후자의 세 개는 우리 몸에 고정하는 것이 아니다. 믿음의 방패, 구원의 투구, 성령의 검이 그것들이다. 그것들은 전쟁에 나갈 때 다 취하는 물품이다. 우리가 취하여 유용하게 사용하지만, 우리 몸에 항상 단단히 부착된 것은 아니다. 때에 따라 우리 몸에서 분리할 수 있는 것이다. 그래서 사도는 가지라는 말보다 취하라는 용어를 사용한 것이다. 앞의 세 개는 항상 가지고 있어야 한다. 그러나 뒤의 세 개는 상황에 따라 취할 수 있는 것들이다. 뒤의 세 가지는 실질적

---

49 우리 말 성경은 가지라고 표현되어 있으나(개역성경, 개역개정) 다 잘못 번역한 것이다.

50 Martin Lloyd Jones, Ibid, 297.

인 전투에서 사용되는 것이며 앞의 세 가지는 전투 때만이 아니라 쉴 때도 착용하고 있어야 하는 것들이다. 앞의 세 개는 전술훈련에 반드시 착용하고 있어야 하고 실질적 전투에 투입될 때 취할 것은 뒤의 세 가지이다.

우리가 생각하는 방패는 손에 쥐고 들었다 내렸다 할 수 있는 가볍고 작은 것으로 생각하기 쉬우나 실지로 로마 병사가 사용한 방패는 상당히 큰 것이었다. 길이가 120cm요 넓이가 75cm나 되는 것이었다고 한다. 마치 문짝과 같아서 그 뒤에 능히 우리 몸을 숨길 수 있는 것이다. 흥미로운 것은 방패가 나무로 만들었지만, 표면에 방화 금속 안감이 있어서 적의 불화살이 날아들 때 방패를 들어 올리면 불화살이 이 방화 금속 안감에 떨어지게 되어 있었다는 것이다. 그러므로 이 방패로 앞에서 언급한 세 개의 갑주가 능히 보호함을 받게 되는 것이다. 본문이 이 믿음의 방패로 악한 자의 모든 화전을 능히 소멸한다고 언급한 이유이기도 하다. 사탄은 아군이나 적이나 상대방에게 혼란을 주기 위해서 모든 방향에서 불화살을 막 쏜다. 그리고 길이 열리면 군대가 진군하는 것이 전술 중 하나일 것이다. 그런데 지금 이런 불화살을 사탄이 주의 자녀들에게 날리는 것이다. 우리 진영에 대혼란을 일으킨다. 단일대오가 무너진다. 지금 신학적 사상의 차이로 인하여 교회들이 수백 갈래로 갈라져 있는 것이 중앙집권제인 로마 가톨릭교회보다 못한 모습으로 추락한 원인이다. 사상으로 철학으로 이론으로 이성으로 과학으로 무장한 마귀와 그의 집단적 공격에 진리 안에서 하나였던 교회가 사방으로 뿔뿔이 흩어지고 말았다. 물론 세상은 하나님도 거부하지만, 악마의 존재 역시 믿으려고 하지 않는다. 악한 영들에 대하여 부정하는 경향이 더 커지고 있다.

그러나 성경은 여전히 **"정사와 권세와 이 어둠의 세상 주관자들과 악의 영들"**에 대해서 말씀한다. 그러므로 하나님의 전신 갑주는 구시대적인 발상이 아니다. 지금도 여전히 영적 전쟁에서 매우 유용한 무기들이다. 영원불변하시는 하나님에게서 나온 무기인데 어찌 유효기간이 지난 구닥다리로 치부하고 말 수 있겠는가? 악한 마귀는 하나님을 대적하는 편에 선 모든 존재를 이용한다. 그러므로 우리가 맞설 적은 실로 가공할 만한 군대와 무기들을 총력 동원한다. 결코 추상적인 존재가 아니라 매우 구체적이고 실재적이다. 이 사실을 인식하지 않으면 예수 따라감이 산책 다니는 것이나 관광 나서는 여행객 수준에 머물 뿐이다. 그러나 참 그리스도인은 실재적 현실을 보는 자가 아니라 날마다 이김을 주시는 그리스도를 보며 전쟁에 나선다. 그가 규정한 방식대로, 그가 주신 무기에 익숙한 자로 자신을 단련하며 악한 마귀의 모든 화전을 소멸한다. 하나님의 전신 갑주가 왜 필요한지는 전쟁의 현장에서만 실감하는 것이다. 죄와의 싸움, 세상과의 싸움, 마귀와의 싸움에서 우리 대장 예수 그리스도로 말미암아 승리의 면류관을 쓰고 환호하는 십자가 군병이어야 한다.

여기서 한 가지 짚고 갈 것은 사탄이 쏘아대는 불화살은 어떤 것들일까? 이다. 한 마디로 하나님께 집중하지 못하게 막는 잡다한 생각들과 불필요한 일에 매달리게 하는 것들이다. 하나님께 예배하는 일을 방해하는 것이나 기도하는 일에 집중하지 못하고 무익한 생각들이 침범하는 것이나 마음이 먼 입술의 고백이나 노래가 이에 해당한다. 우리 머리에 혹은 마음에 잠깐 스치고 지나가는 것들이라도 주님만 따라가는 일에 혼선을 빚게 하는 것이 되기에 충분하다. 잠깐의 방심이 치명적 손상을 입는 일은 운동경기에 임하는 선수들에게서 발견되듯이 영적 전쟁에서도 찰나적인 한눈팔이가 전체 진영을 파괴하는 도화선이 될 수 있는 것이다. 졸음운전을 방지하자는 캠페인 중 이런 것이 있다: '졸음운전의 종착지는 이 세상이 아닙니다.' '깜박 졸음 번쩍 저승!' 섬뜩하지 않은가?

영적 전쟁에서 깜빡 졸음, 혹은 순간적 한눈 팜과 같은 방심이 초가삼간을 다 태워버리는 결과를 낳을 수 있음을 기억하고 언제나 깨어 있어야 한다. 오늘 안전하였다고 내일도 안전하다고 보장할 수 없듯이 오늘 사탄의 불화살을 다 막아냈음이 내일의 영적 전쟁에서 승리를 장담할 수 없는 것이다. 목사 안수식 때나 교회 직분 자 임직식 때 한 서약은 매우 진지하고 실제적 고백이지만 그 서약을 무시하고 편리주의나 실용주의에 치우치게 하는 것도 사탄이 쏜 불화살에 타 들어 가게 만드는 것이다. 학문의 자유라는 이름으로 그리스도의 이름을 욕보이거나 정확무오한 하나님 말씀을 곡해하여 성경의 권위를 훼손하는 행위들도 다 악한 자의 궤계에 해당하는 것이다.

그런 관용적이고 무비판적인 흐름에 젖어 있는 현실적 치유책은 우리의 믿는 도리를 올곧게 부여잡는 것이다. 반복적으로 되뇌고 새기고 선포하는 일에 부지런해야 한다. "**우리는 수다한 사람과 같이 하나님의 말씀을 혼잡하게 하지 아니하고 곧 순전함으로 하나님께 받은 것같이 하나님 앞에서와 그리스도 안에서 말하노라**"(고후 2:17). 불같은 시험이 다가와도 믿음의 방패를 놓치지 말라. 세상 끝 날까지 함께하신다는 주님의 약속을 붙들고 넉넉히 이기게 하시는 주님을 찬양함이 넘쳐나는 예수 따름이어야 한다. 주님의 음성 외에 무엇이 위로하며 주님의 말씀 외에 무엇이 우리를 승리자의 반열에 설 수 있게 하겠는가?

⑥ 구원의 투구: 여기에 사용된 문구 역시 로마 군병을 연상하는 것이다. 군인들에게 철모가 있듯이 당시 로마 군인들도 투구를 착용했다. 전신 갑주 자체가 다 몸을 보호하는 것이듯이 구원의 투구 역시 보호형 혹은 방어형 도구라고 말

할 수 있다. 당시 투구는 가죽으로 만든 모자와 같은 것이었다고 한다. 그러면서 점점 강화되었는데 우연히 보호장치를 위한 금속판이나 돌기로 장식되었다고 한다. 따라서 전쟁에 투입되는 군사는 군복을 착용한 상태에서 방패를 들고 투구를 쓰며 칼을 들고 싸움터로 나가는 것이다. 사실 투구의 용도를 생각하면 영적 전쟁에 임하는 십자가 군병인 그리스도인에게 어떻게 적용할 것인지 곰곰이 생각하지 않을 수 없다.

투구는 머리에 쓰는 것인 만큼 머리를 보호하는 기능 장비이다. 그런데 무엇으로부터 보호인가? 이 투구를 구원의 투구라고 했으니 구원과 관련된 것으로 생각할 수 있다. 즉 구원의 확신을 의심하는 생각들이 우리의 마음이나 생각을 주관하지 못하도록 방어하는 것과 연관 된다. 지정의 가운데 생각과 이해력과 직결된 지적 부분과 관련이 있다. 거짓의 아비인 사탄이 우리의 첫 부모를 유혹하여 넘어뜨릴 때도 생각과 마음의 문제였다. 죄 없는 상태로 지음을 받은 아담과 하와가 쉽게 무너졌다면 죄짓지 않을 수 없는 성향의 우리들은 얼마나 더 잘 쓰러지겠는가! 믿음의 방패가 전술과 전략의 문제였듯이 구원의 투구도 오직 믿음으로 말미암는 구원, 이신칭의와 같은 근본적인 교리 문제에 대한 것이라기보다는 일반적인 것과 가깝다.

로이드 존스는 이를 기독교인의 삶에서 경험하는 나약한

감정이나 지쳐버림 또는 포기함과 연계하고 있다.[51] 왜냐하면 기독교인들도 종종 난관에 부딪히며 살 소망이 전혀 보인다든지 혹은 적들에게 포위되는 상황이 벌어지기 때문이다. 물이 없는 황량한 광야와 같은 곳에 떨어진 듯한 느낌이 밀려오기 때문이다. 같은 동료로부터 받은 상처와 교회에서 겪는 실망스러운 일들로 인하여 구원의 자리에서 이탈하는 것은 아니라고 하더라도 훈련에 소극적이고 전쟁이 미온적이며 아예 주저앉거나 물러서는 일들이 일어나는 것이다. 이를 염두에 두고 그와 같은 전혀 도움이 되지 않는 생각이나 감정이 파고들지 않도록 구원의 투구를 쓰라고 한 것이다.

우리는 신앙 여정에서 때때로 헛수고한다는 느낌이 들 때가 있다. 그렇게 기도해도 응답이 없고 이렇게 수고의 땀을 흘렸는데도 어떤 보상도 어떤 실질적 혜택도 누리지 못하는 경우에 신앙인으로 뒤로 물러서는 일이 자연스럽게 벌어진다. 그래서 성경은 그런 경험을 한 자들에게 위로와 격려의 말씀을 준다: "**우리가 선을 행하되 낙심하지 말지니 피곤하지 아니하면 때가 이르매 거두리라**"(갈 6:9). 여기에 '피곤하지 아니하면'으로 번역된 뜻은 '약해지지 아니하면'이라는 의미이다. 좌절하거나 낙심하지 아니하면 반드시 심은 대로 거두는 것

---

51   Martin Lloyd Jones, Ibid, 310.

이다. 예수님도 우리에게 비슷한 말씀을 주셨다. 항상 기도하고, 즉 응답이 있든 없든, 하나님의 즉각적인 손길이 있든, 혹은 장기간 침묵하시는 것 같이 보여도 낙망치 말아야 할 것을 비유로 누가복음 18장에서 말씀하셨다.

불의한 재판관, 하나님도 두려워하지 않고 사람들도 무시하는 안하무인격의 존재도 번거롭게 하는 과부의 원한을 풀어준다고 나섰는데 하물며 밤낮으로 부르짖는 택하신 자들의 원한을 풀어주지 아니하시겠느냐고 하시면서 우리에게 기도의 끈을 놓지 말라고 당부하셨다. 왜냐하면 하나님은 자비롭고 은혜가 충만한 분이기 때문이다. 히브리서 기자는 가혹한 형벌과 환난을 겪은 그리스도인들을 언급하며 이렇게 도전한다: "**우리는 뒤로 물러가 침륜에 빠질 자가 아니요 오직 영혼을 구원함에 이르는 믿음을 가진 자니라**"(히 10:39). 한마디로 고난과 핍박 때문에 배교의 길, 멸망의 길을 가는 자들이 아니라 도리어 믿음을 가진 자라는 단호한 확신을 주고 있다. 그런 의미에서 구원의 투구를 쓰고 전쟁에 나서는 것이다.

때로 무거운 짐 때문에, 사람들의 무신경, 혹은 알아주지 않음 때문에 잘하고도 낙심에 빠지기도 하고 우울한 감정에 휘말릴 때가 온다. 긴병에 효자가 없다고 하듯이 전쟁이 질질 끌리는 상태에 있다든지 물질적 혹은 정신적 손상이 회복 불가능한 것처럼 보일 때 두손 두발 다 들고 포기할 수 있다.

그때 하나님을 원망하고 구원을 의심하게 되고 공동체의 교제에서 발을 빼게 되며 거의 실족 상태에 떨어지는 경험들이 전혀 남의 일로 간주할 것이 아니다. 우리 각자에게 얼마든지 찾아올 수 있는 실존적 현실이다.

지금 주님의 교회가 처한 상황은 너무나도 암담한 느낌이다. 교회도 전혀 소망을 주지 못하는 대혼란에 빠져있다. 사탄은 이런 교회에 다가와서 불난 곳에 기름을 붓는다. 동성애 문제로, 인권 문제로, 남녀평등 사상으로, 여성안수 문제로, 교권 다툼으로 갈피를 잡기 힘든 상황을 이용하여 무기력한 교회, 무기력한 교인들이 늘어가게 한다. 국민의 신임도가 바닥을 치게 하고 있고 교회를 등진 젊은 세대들로 인하여 멀지 않은 때에 교회당이 텅텅 비는 현상을 낳을 것을 예측하는 사회학자들이 많다. 이미 서구교회에서 본 현상이 우리나라에서도 벌어지는 것이다. 원수 마귀는 더 강해 보이고 주님의 백성들을 매우 초라하고 약해 보이는 현실이다. 교회를 등진 사람들이 그 어느 때보다 많아졌다. 혹자의 설명에 의하면 교회에 나가지 않는 일명 '가나안' 교인이 2백만 명이 넘는다고 한다(정확한 사실은 알지 못한다). 왜 이와 같은 몰골의 교회가 되었는가? 기독교에 대해서 우호적인 상황은 거의 사라졌다. 영화나 드라마에서 간혹 비치는 기독교에 대한 인식은 지나치다 싶을 정도로 조롱과 웃음거리를 낳는 부정적 장면이다. 진짜 소망이 보이지 않는 시대에 산다.

살 소망까지 끊어진 상태에 떨어진 사도 바울이 어떻게 권면하는지를 보라: "**형제들아 우리가 아시아에서 당한 환난을 너희가 알지 못하기를 원치 아니하노니 힘에 지나도록 심한 고생을 받아 살 소망까지 끊어지고 우리 마음에 사형 선고를 받은 줄 알았으니 이는 우리로 자기를 의뢰하지 말고 오직 죽은 자를 다시 살리시는 하나님만 의지하게 하심이라 그가 이같이 큰 사망에서 우리를 건지셨고 또 건지시리라 또한 이 후에라도 건지시기를 그를 의지하여 바라노라**"(고후 1:8-10). 잔혹한 피 냄새가 우리 무덤까지 따라올 수도 있다. 그러나 극렬히 타는 풀무 불 속에 던져질 운명으로부터 건짐을 받은 사드락과 메삭과 아벳느고의 고백을 생각해 보라. "**느부갓네살이여 우리가 이 일에 대하여 왕에게 대답할 필요가 없나이다 만일 그럴 것이면 왕이여 우리가 섬기는 우리 하나님이 우리를 극렬히 타는 풀무 가운데서 능히 건져내시겠고 왕의 손에서도 건져내시리이다 그리 아니하실지라도 왕이여 우리가 왕의 신들을 섬기지도 아니하고 왕의 세우신 금 신상에게 절하지도 아니할 줄을 아옵소서**"(단 3:16-18).

이런 고백이 어찌 바울이나 다니엘의 친구들만의 고백이겠는가? 기독교의 역사, 특히 순교자들의 역사 속에서 쉼 없이 발견되는 일이다. 그들은 그들이 처한 상황에서 구원의 투구를 내동댕이치지 않았다. 하나님의 약속은 더딘 것 같아도 하나님의 때에 하나님의 방식으로 하나님께서 친히 이루실 것이다. 흔들림이 없는 구원의 투구 챙기는 것을 잊지 말자. 영적 전쟁의 위대한 전사였던 루터의 고백을 들어보자: '내 주는 강한 성이요 방패와 병기 되시니 큰 환난에서 우리를 구하여 내시리로다 옛 원수 마귀는 이 때도 힘을 써 모략과 권세로 무기를 삼으니 천하에 누가 당하랴, 내 힘만 의지할 때는 패할 수밖에 없도다 힘있는 장수 나와서 날 대신하여 싸우네 이 장수 누군가 주 예수 그리스도 만군의 주로다 당할 자 누구랴 반드시 이기리로다, 이 땅에 마귀 들끓어 우리를 삼키려 하나 겁내지 말고 섰거라 진리로 이기리로다 친척과 재물과 명예와 생명을 다 빼앗긴대도 진리는 살아서 그 나라 영원하리라' 아멘!

쉽게 좌절하고 쉽게 낙망하여 포기 직전에 이르는 일들이 있어도 참 그리스도인이 기억할 것은 주는 강하다 이다. 주를 경외하는 자에게 힘을 주시는 분이다. 물론 넘어진다. 그러나 아주 엎드러지지 아니함은 여호와께서 강한 손으로 붙드시기 때문이다(시 37:24). 영원히 보호받는다. "**젊은 사자는 궁핍하여 주릴지라도 여호와를 찾는 자는 모든 좋은 것에 부족함이 없으리로다**"(시 34:10). 그러나 악한 자는 잠시 복을 받고 장수하는 것 같아도 반드시 멸망하고 어린 양의 기름같이 연기되어 없어지는 운명을 맞게 될 것이다. 의인은 고난이 많아도 그 모든 고난과 조롱과 핍박과 모독당함에서 우리 하나님이 능히 건지심을 믿으라. 구원의 투구는 그래서 필요하다. "**하나님이 우리에게 주신 것은 두려워하는 마음이 아니요 오직 능력과 사랑과 근신하는 마음이니**"(딤후 1:7).

하나님의 전신 갑주 마지막 부분을 다루기 전에 잠시 살펴볼 것은 '구원의 투구'라는 말씀에서 구원이 무엇이냐는 것이다. 로이드 존스는 찰스 핫지가 현재 신자가 느끼고 확신하는 구원받았다는 깊은 자각이라고 말한 것을 부정하면서 (물론 그 의미도 포함하고 있지만) 데살로니가 전서 5:8을 근거로 "**구원의 소망의 투구**"로 해석하고 있다.[52] 구원의 소망이라는 말은 아직 구원받지 못했다는 것이 아니라 우리의 구원이 장차 온전히 완성될 그 소망을 말한다는 것이다(롬 13:11). 이것은 우리가 그리스도 안에서 참 쉼을 가지고 있으나 영원한 안식에 들어갈 날을 소망하며 살듯이 신자가 가진 확실한 구원의 소망의 투구를 말하는 것이다.

온전한 구원을 맛보는 날이 이르기까지 두렵고 떨림으로 우리의 구원을 이루어 가는 것이다. 예수를 믿음으로 예수를 알게 된다. 그러나 예수를 따르는 과정에서 언제나 유토피아가 펼쳐질 것이라고 기대한다면 크나큰 오산이다. 물론 세상

---

[52] Martin Lloyd Jones, Ibid, 315.

이 줄 수 없는 참 평화 가운데 거하는 것이 분명하다. 무명한 자로 취급당하고 가난한 자로 드러나고 가진 것이 없는 자와 같아 보여도 그리스도 예수 안에서 유명한 자로, 부요한 자로, 모든 것을 가진 자로 살아가는 이유가 있다면 장차 받게 될 영광의 소망인 우리 주 예수 그리스도로부터 받게 된 의의 면류관이 기다리고 있기 때문이다. 세상 사람들이 보는 것과 기대하는 것과 차원이 다른 영적 혜택이다.

이러한 소망이 있기에 때로 지루한 싸움 같은 전쟁터에서, 지치고 약한 모습으로 인하여 심란한 상태에 빠지게 될 상황에서도 끝까지 소망의 풍성함에 이르고자 한 것은 "**게으르지 아니하고 믿음과 오래 참음으로 말미암아 약속들을 기업으로 받는 자들을 본받는 자 되게 하려는 것**" 때문이다(히 6:12). 예수께서도 그 길을 가셨고 그를 따르는 그의 제자들도 그렇게 하였다. 주님의 구원은 과거 현재 미래를 다 포함하고 있다. 성도는 믿음으로 말미암아 구원을 받았다. 믿음으로 말미암아 의롭다 함을 받았다. 그래서 율법이 아닌 은혜 아래에 있는 자이다. 그러나 우리의 구원이 이 땅에서는 완전한 것이 아니다. 완성된 온전한 구원을 향하여 달려가는 것이다. 그 영광스러운 날이 이르기까지 버림을 당하거나 홀로 남겨진 인생이 아니라 항상 우리와 함께하시는 주님의 영의 인도함을 받으며 산다.

그리고 완성될 온전한 구원의 자리에 나아갈 것이다. 이것을 의심하거나 부정하는 모든 외부의 속삭임으로부터 온전히 보호함을 받아야 한다. 하나님의 전신 갑주는 그래서 필요하다. 로이드 존스는 이 구원의 소망의 투구를 세 시제의 현상으로 구분한다: '과거는 칭의, 현재는 성화, 미래는 영화이다.'[53] 온전하고 최종적이고 절대적이고 흠이 없고 어떤 책망도 없는 확실한 구원이 우리 앞에 펼쳐질 것이다.

신자가 가진 구원의 투구는 이렇게 소망의 투구요 확실하고 분명하고 영원한 구원이 보장되는 투구이다: "**내가 저희에게 영생을 주노니 영원히 멸망치 아니할 터이요 또 저희를 내 손에서 빼앗을 자가 없느니라 저희를 주신 내 아버지는 만유보다 크시매 아무도 아버지 손에서 빼앗을 수 없느니라**"(요 10:28-29). 그런 의미에서 하나님의 부르심에는 후회하심이 없다. 구원의 투구는 우리를 낙담으로부터, 포기하려는 욕망으로부터 보호하며, 우리가 구원받았다는 것을 아는 것뿐만 아니라 구원받을 것이라는 참 소망을 준다. 그것은 하나님께서 승리하실 것이라는 확신이다.

⑦ 성령의 검 곧 하나님의 말씀을 취하라. 이 말씀은 신자들에게 성령께서 검을 제공하는데 그 검이 하나님 말씀임

---

[53] Ibid, 319.

을 밝힌다. 이 성령의 검을 효과적으로 사용하는 것은 성경을 마법의 주문 책으로 혹은 길흉과 관련된 부적으로 사용하는 것이 아니다. 성령의 검을 가장 효과적으로 사용하는 것은 이것이 하나님 말씀임을 굳게 신뢰하는 것이다. 이 말씀은 거룩하신 영, 진리의 영, 아들의 영, 하나님의 영이신 성령에게서 나온 말씀인 것을 조금도 의심해서는 안 된다. 성령의 검이기에 죽은 자도 살리고, 무지한 자도 지혜롭게 한다. 연약한 자도 강하게 하고, 실의에 빠진 자도 용기를 갖게 되고 슬픔에 젖은 자를 기쁨이 넘치게 하고 소망이 없는 자에게 소망을 주는 것이다. 성령 하나님의 말씀이기에 에스겔 골짜기의 마른 뼈들을 큰 군대로 만드시는 것이다. 성령께서 우리에게 성경을 주셨을 뿐만 아니라, 그분께서 성경을 우리에게 살아있게 하셨고(또는 우리가 성경에 살아있게 하셨고), 적절한 시기에 적절한 칼을 휘두르도록 우리를 준비시켜 주셨다.

훈련 중인 군인이나 검투사가 칼 찌르기와 움직임, 자세를 연습하는 것을 생각해 보라. 검투사이든 사병이든 항상 훈련에 훈련을 거듭한다. 미리 연습해 두어야 실전에서 힘을 쓴다. 그가 뛰어난 전사이고 뛰어난 싸움 본능을 가지고 있다면, 전투 시에 그는 어떤 찌르기, 어떤 자세가 정확한 순간에 적합한지 즉시 기억해 낼 것이다. 그러나 사전에 준비된 것이 없다면 결코 싸움에서 방어적 본능은 물론이고 공격적 본능도 사용할 수 없을 것이다.

특히 교회 일군은 말씀에 능한 사람이어야 한다. 검을 잘 사용하는 고수는 칼과 몸이 따로 놀지 않는다. 검이 몸에 붙은 지체처럼 날렵하고 예리하게 움직일 수 있다. 주의 종들이 기록된 하나님의 말씀을 넘어가는 일을 피하려면 그 진리를 명확하게 꿰뚫고 있어야 한다. 사탄의 모든 공격은 사실 하나님 말씀에 무지한 상태로 남아있거나 부정 혹은 변질하게 만드는 것이다. 잘못된 이해와 해설 및 강론이 주님을 온전히 따름으로부터 점점 멀어지게 만든다. 사탄의 무모한 공격을 생각해 보라. 진리인 예수님, 지식과 지혜의 모든 보화를 가지신 예수님께 하나님의 말씀으로 시험하였다. 그렇다면 우리같이 무지한 인생들은 얼마나 쉽게 유혹되어 넘어가겠는가? 하나님 말씀에 익숙한 사람이어야 병든 사람을 살리는 수술을 제대로 할 수 있고 동시에 악한 자의 모든 궤계를 단숨에 분쇄하는 능력을 발휘할 수 있다. 히브리서 4장에서 말씀하는 성령의 검에 대한 특색이 어떠한지를 보라: "**하나님의 말씀은 살았고 운동력이 있어 좌우에 날 선 어떤 검보다도 예리하여 혼과 영과 및 관절과 골수를 찔러 쪼개기까지 하며 또 마음의 생각과 뜻을 감찰하나니 지으신 것이 하나라도 그 앞에 나타나지 않음이 없고 오직 만물이 우리를 상관하시는 자의 눈앞에 벌거벗은 것같이 드러나느니라**"(히 4:12-13).

하나님의 말씀은 죽은 문자가 아니다. 살아 역사하는 말씀이다. 사람의 말은 입에서 나가면 공중에 흩어진다. 문자로 남기지 않으면 찾을 수 없다. 그러나 하나님은 성경에 기록된 문자가 있어서만 알 수 있는 것이 아니다. 하나님은 자신을 자기가 지은 피조물 가운데에 그의 신성과 능력을 담아내셨다. 다른 말로 하면 일반 계시 자체도 하나님이 말씀하시는 분임을 증명하는 증거물이라는 말씀이다. 말씀하신 대로 이루어졌기 때문이다. 구원에 있어서는 특별계시인 성경이 없어서는 아니 되지만 일반 계시 역시 하나님 능력의 산물이다. 그러나 그것으로 하나님을 충분히 알 수 없어서 보이지 않는 하나님의 형상인 예수 그리스도께서 육신을 입으시고 이 땅에 오신 것이다. 말씀이 육신이 되셔서 죄인들과 함께하셨다. 그가 가르치고 전한 모든 진리를 이해하게 하고 기억하게 하고 적용하게 하시는 성령 하나님이 그 진리를 친히 사용하신다.

이 말씀이 가진 위력은 사람들이 만들어 낸 그 어떤 검보다 예리하다. 육체의 검은 사람의 몸을 절단할 수는 있어도 사람의 영과 혼과 관절과 골수를 찌르고 또 사람 마음의 생각과 뜻까지도 온 천하에 드러내는 일은 단연코 할 수 없다. 그러나 진리의 말씀은 능히 그렇게 한다. 육체의 무기는 몸을 죽일 수 있지만 성령의 검은 몸도 마음도 살리는 무기이다. 동시에 이 검은 적을 향한 공격만이 아니라 적의 공격을 막아내는 방어의 역할까지 감당한다. 다른 갑주들과 달리 몸의 일부만 방어하는 것이 아니라 온 몸을 보호하는 것이다. 의사의 손에 들려진 칼은 환부를 도려내고 상처를 치료하는 중요한 도구지만 어린아이의 손에 들려진 검은 큰 상해를 입히거나 생명까지도 잃게 되는 흉기가 될 수 있다.

따라서 하나님 말씀을 사용함에 있어서도 말씀에 능한 일군들은 죽은 자도 살리고 병든 자도 고치며 약한 자도 강하게 하고 무지한 자도 지혜롭게 하는 위대한 역사를 낳는다. 그 사실을 경험한 자들은 정금보다 더 사모하게 되고 송이 꿀보다 더 단 말씀으로 고백하며 찬양한다. 우리가 잘 아는 디모데 후서 3장에서 그 말씀의 효력을 읽을 수 있다: "**모든 성경은 하나님의 감동으로 된 것으로 교훈과 책망과 바르게 함과 의로 교육하기에 유익하니 이는 하나님의 사람으로 온전케 하며 모든 선한 일을 행하기에 온전케 하려 함이라**"(3:16-17). 성경은 최고의 교과서요 최고의 지침서요 유일한 규범이다. 무엇을 믿을 것인지를 상세하게 밝혀주고 어떻게 살 것인지를 교훈하는 완벽한 책이다.

신자들은 예수님께서 친히 하신 말씀처럼 "**사람이 떡으로만 사는 것이 아니요 하나님의 입으로서 나오는 모든 말씀으로 산다.**"(마 4:4)라는 것을 잘 인식하고 있다. 그런데 떡을 먹고 배불러서 주님을 믿는다고 말하거나 주님의 교회 회원이 되는 것은 현실 세계에서는 가능하지만, 영적 세계에서는 말도 되지 않는 일이다. 신자가 사는 길은 이 세상의 유행도 풍속을 따르는 것이 아니라 오로지 하나님께서 주신 하나님의 규례와 법도뿐이다(레 18:1-5). 그런데도 주님의 말씀을 등한히 여기는 것은 주님을 사랑하지 않는다는 것과 같다. 인간이 세상에서 겪는 곤고와 흑암은 다 이 말씀을 거역한 것에서 비롯된다(시 107:11-12). 그러므로 인간을 살리는 일 역사 하나님 말씀뿐이다.

교회의 무기력증, 신자 개개인의 나약함은 다 성령의 검과 관련이 있다. 진리의 기둥과 터인 교회에 반드시 있어야 할 기둥 하나가 빠져있다든지, 활력있게 하는 영양분 섭취가 충분하지 않는 상황이 빚어낸 증상이다. 어둠은 빛이 스며들지 않는 곳에서만 활동한다. 그러나 빛이 들어오면 어둠은 맥도 못 추고 순식간에 사라진다. 교회에 빛이 비치지 않는 곳이 있다면 어둠에 점령당하여 어둠의 일을 만들어 낸다. 마귀를 대적하는 것은 참 빛인 주님 말씀의 위력에서 나온다. 어둠의 왕인 사탄을 격퇴하는 것은 진리의 말씀이다. 오류와 거짓으로 둘러싼 마귀의 성곽을 단숨에 무너뜨릴 수 있는 것은 참 진리인 주님의 말씀뿐이다. 인간의 눈에 비친 인간적 교훈과 사상의 고상함, 세련미, 신선함, 화려함, 논리 정연함이 상당히 호기심을 끄는 매력이 있다.

그러나 하나님 말씀이 지닌 양면성, 즉 방어와 공격, 수호와 공략, 지킴과 세움에 효과적인 면은 전혀 갖추고 있지 않다. 정확 무오한 말씀인 진리를 학문과 삶의 원리와 틀로 삼지 않음은 보암직도 하고 먹음직도 하고 지혜롭게 할 만큼 탐스럽기도 한 고상한 이론들이라고 하더라도 만물보다 부패하고 타락한 인간의 심령을 변화시키는 역사는 이루지 못한다. 현대과학의 탁월성을 앞세우고, 객관적이고 보편적인 상식을 내세우며 학문의 자유와 기발한 이론의 이름으로 성경의 절대 권위를 훼손하고 다양한 규범 중 하나로 치부하게 하는 허튼짓들은 결국은 다 진리의 온전함 앞에 무릎을 꿇게 될 것이다. 그런 이들의 눈에 조금 무식해 보이는 것 같고, 융통성이 빠진 것 같고, 포용력이 부족한 것 같아도 성경을 성경 그대로 전하고 가르치려는 땀 흘림은 반드시 헛되지 않음을 진리 자체가 증언할 것이다. 왜냐하면 성경을 대적하는 인간의 사상과 이론은 잠시 있다가 지나가고 말 것들이나 성경은 어디에도 변동성을 표방하는 것이 없다.

주님은 천지는 다 없어져도 주님의 말씀은 사라지지 않음을 말씀하셨다(마 24:35). 변화무쌍한 인생이 변함없으신 주님의 진리를 부정하려는 것이 당연한 짓이겠지만, 진리로 거듭난 그리스도인은 생명보다 귀한 말씀으로 붙들어야 한다. 그렇지 않으면 존재 자체가 불가능하기 때문이다. "**오직 너희의 하나님 여호와께 붙어 떠나지 않은 너희는 오늘까지 다 생존하였느니라**"(신 4:4). 이것은 지금도 진리로 그 위용을 드러낸다. 여호와를 경외하는 자에게 주신 깃발을 진리를 위해서 높이 다는 일이 신자가 할 일이다(시 60:4). 그 진리의 깃발 아래에 놓이는 것이 불법 천지요 무지와 무기력증에 빠진 사람을 살리는 유일한 방편이다.

말씀의 출처인 성령은 그 말씀의 능력을 사용하여 영혼을 구원하고, 구원받은 자들에게 영적 힘을 주어 타락하고 사악한 세상에서 주님을 위하여 싸우는 베테랑 군인이 되게 한다. 성령께서 감동하심으로 우리에게 주신 하나님의 말씀을 우리가 더 많이 알고 이해할수록, 우리는 하나님의 뜻을 행하는 데 더 유용한 군사가 될 것이고, 우리 영혼의 적과 맞서는 데 더 효과적인 전술을 익히는 것이다. 이처럼 사탄을 줄행랑치게 하는 성령의 검에 익숙한 그리스도인이 되는 것이 예수를 따름에서 누리는 복락이다. 로이드 존스의 에베소서 강해를 읽는 중 충격적인 것이 하나 있었다.

나는 로마가톨릭 교회가 평신도들에게 자신들의 언어로 성경을 읽도록 정책을 바꾼 원인이 궁금했었지만, 사실 여부를 알려고 하지 않았다. 그런데 로이드 존스가 그 책에서 밝힌 내용은 가히 놀라움을 금치 못한 것이었다. 그들이 성경을 자기 언어로 읽어도 성경에 대해서 전혀 두려워하지 않는 것은 한 마디로 '개신교도들이 더 이상 성경을 믿지 않기 때문이란다. 성경을 파괴적으로 비판하는 개신교도들이 사람들의 성경에 대한 신뢰를 훼손했다. 따라서 성경을 옹호하는 사람은 우리뿐이라고 말할 수 있다'라고 말했다.[54] 예수를 따르다는 자들이 명심해야 할 것은 그의 입에서 나온 모든 말씀으로 살아간다는 점이다. 신구약 성경 전부이다. 성령의 검 곧 하나님의 말씀을 취하는 일에 게으름이나 나태함을 가져서는 안 된다. 과학이나 철학을 잘 몰라도 하나님의 말씀은 인간의 모든 이론과 하나님을 대적하는 모든 사상을 굴복케 하는 좌우에 날 선 어떤 검보다 예리한 것임을 믿으라. 그러나 성경에 관한 우리의 지식이나 능력이 악한 마귀의 공격을 능히 물리칠 수 있는 것이 아니다. 성령께서 그렇게 역사해 주셔야 하는 것이다. 그래서 사도들은 항상 "**모든 기도와 간구로 하되 무시로 성령 안에서 기도하고 이를 위하여 깨어 구하기를 항상 힘쓰며**" 복음 전하는 자들을 위해서 기도하라고 당부한 것이다(엡 6:18-19).

여기서 주님을 전심으로 따르는 참 그리스도인들에게 주는 또 다른 담대함은 우리가 어떻게 기도해야 할지, 무엇을 위해 기도해야 할지 난감할 때 성령께서 하나님의 뜻대로 우리를 위하여 간구하신다는 사실이다(롬 8:26). 그가 악한 영들과 대적하는 자들에게 감당할 힘만 주시는 것이 아니라 우리 안에서 하나님의 뜻이 이루어지도록 우리를 돕는 성령님이

---

[54] Martin Lloyd Jones, Ibid, 353.

계신 것이다. 이것만이 아니다. 사실 우리의 기도가 거부되지 않을 뿐 아니라 우리를 있는 그대로 받아주시는 것은 우리를 구속하여 하나님의 아들이 되게 하신 부활의 주 예수 그리스도 때문이다. 부활하신 주님께서 지금도 하늘 보좌 우편에서 자기 백성들을 위하여 간구하시는 분이다. 성령만이 아니라 성자께서 특히 자기 목숨을 담보로 우리를 위해 간구하심으로 **"자기 아들을 아끼지 아니하시고 우리 모든 사람을 위하여 내어 주신"** 하나님 아버지께서 **"그 아들과 함께 모든 것을 우리에게 은사로 주신다"**(롬 8:32, 34). 성령은 아버지로부터 성도들에게 중재하신다. 반면에 예수님은 성도들을 위해 아버지께 중재하신다. 성령은 아버지의 뜻을 밝혀 우리의 기도 내용을 알려 주심으로써 중재하신다.

아들은 두 가지 방법으로 중재한다. ① 그는 자기의 죽음을 통해 자기 백성이 아버지께로 나아가게 하신다. 성소의 휘장이 위에서 아래로 찢어지어 그리스도를 믿는 자는 누구든지 지성소에 들어갈 길이 열린 것이다. 우리가 은혜의 보좌 앞에 담대히 엎드리는 것은 성자 예수로 인하여 하나님의 아들로 입양된 자가 되었기에 하나님의 귀에 들리는 것이다. 아버지가 아들의 말씀을 들으시는 것을 기뻐하시는 것처럼 아들 안에 있는 성도들의 말씀을 들으시는 것을 기뻐하신다. ② 그는 우리를 대신하여 아버지께 적극적으로 간구하신다.

"그러므로 자기를 힘입어 하나님께 나아가는 자들을 온전히 구원하실 수 있으니 이는 그가 항상 살아서 저희를 위하여 간구하심이니라"(히 7:25). "나의 자녀들아 내가 이것을 너희에게 씀은 너희로 죄를 범치 않게 하려 함이라 만일 누가 죄를 범하면 아버지 앞에서 우리에게 대언자가 있으니 곧 의로우신 예수 그리스도시라"(요일 2:1).

이처럼 기도와 관련하여 성령께서, 구원과 관련하여 성자께서 성부에게 친히 간구하시니 연약한 우리의 예수 따름에 어떤 의혹도 후회도 포기도 전혀 없는 것이다. 예수께서는 우리를 대신하여 변호하는 변호사처럼 항상 아버지 앞에서 우리의 사건을 변호하시니 어찌 예수만을 따라가지 않겠는가? 사탄은 고소자로서 우리의 연약함과 허물을 하나님 앞에 낱낱이 펼쳐 보이지만(조작이 아닌 사실적 증거들임) 우리의 죄책을 온전히 갚으신 예수 그리스도 안에서 오직 예수만을 따르는 자들은 더 이상 죄인이 아닌 완전한 의인으로 하나님 앞에 서게 되는 것이다. 더욱이 예수 그리스도만이 하나님과 인간 사이에 유일한 중보이기에(딤후 2:5) 성모 마리아든지 천사든지 혹은 앞서간 성인들을 의지하여 하나님께 받아들여질 자는 아무도 없다. 오직 예수만을 따라가야 한다.

'예수 나를 오라 하네 예수 나를 오라 하네 어디든지 주를 따라 주와 같이 같이 가려네 주의 인도 하심 따라 주의 인도 하심 따라 어디든지 주를 따라 주와 같이 같이 가려네'(찬 324장).

학습 내용 되씹기

1. 주님 따라가는 데 필수 조건은 무엇인가?

2. 좁은 문으로 들어가기 꺼리는 현실적 이유 극복의 길이 있는가?
    (1) 벧후 1:5-11이 주는 교훈을 찾으라.
    (2) 요 21:15에서 예수님의 질문에 대한 우리의 답은 무엇인가?

3. 마음 지킴에서 얻어지는 복이 무엇일까? (잠 4:23, 빌 2:5-11)

4. 성령 충만함을 받는다는 것은 무엇을 의미하는가? (행 2:4, 17)
    오순절 이후의 후속 조치: 사마리아, 고넬료
    엡 4:16, 요 15:5 엡 1:5, 5:18

5. 성령과 함께 보조를 맞추려면 가장 시급한 것이 무엇이라고 생각하는가?

6. 자기 십자가를 지는 것은 무엇을 의미하나?
    (1) '잘 익은 상처'가 되려면?
    (2) 남의 유익이 먼저인가? 내 유익이 먼저인가?
    (3) 고후 6:9-10은 내게 어떤 의미가 있는지를 말해 보자.

7. 하나님의 전신 갑주의 중요성을 말해 보자. (엡 6:10-17)
    (1) 그런즉 서서
    (2) 진리의 허리 띠
    (3) 의의 흉배
    (4) 평안의 복음의 예비한 신
    (5) 믿음의 방패
    (6) 구원의 투구
    (7) 성령의 검

〈특별 묵상 1〉

성도가 치르는 전쟁들
세상과의 전쟁

"대저 하나님께로서 난 자마다 세상을 이기느니라
세상을 이긴 이김은 이것이니 우리의 믿음이니라"(요일 5:4)

정부는 종종 국민을 상대로 전쟁을 선포한다. 마약과의 전쟁, 범죄와의 전쟁, 성매매와의 전쟁, 테러와의 전쟁, 물가와의 등이 그것이다. 그것만이 아니다. 이 세상에는 전쟁이 끝이 없다. 개인과 개인 사이의 전쟁을 비롯하여 단체와 단체 간의 다툼, 국가와 국가 간의 싸움 등 경제전쟁, 외교 전쟁, 물 전쟁, 자원전쟁, 이념전쟁 등 쉴 사이 없이 전쟁이 치러지고 있다. 그 속에서 죽어가는 사람들이 얼마나 많은지 모른다. 전쟁에서 지는 자들은 참혹한 아픔과 고통을 당한다. 전쟁으로 역사의 무대에서 사라지는 자들이 얼마나 많은가? 일반적으로 사람은 전쟁보다 평화를 더 선호한다. 전쟁의 참혹함 때문만이 아니라 같이 공멸하는 길임을 알기 때문이다. 외세의 침입만이 아니라 동족상쟁의 아픔을 겪은 우리는 다시는 이 땅에서 전쟁의 비극이 없기를 염원한다. 통일전쟁이든, 침략전쟁이든 전쟁은 피해야 하고 서로가 평화적으로 하나 되는 것이 가장 소중한 인류문화 유산을 지킬 수 있는 길이다. 그리고 고귀한 생명을 사랑하는 일이다.

그러나 성도에게는 피할 수 없는 전쟁을 겪는다. 일시적인 것이 아니라 땅에서 호흡하고 있는 동안 매일 치러야 할 전쟁이다. 그것은 인간의 모든 비극을 몰고 온 원인자와의 다툼이다. 우리는 이것을 사탄 혹은 마귀라고 하는 존재와 싸움이라고 하는데 한마디로 '영적 전쟁'이라고 부른다. 이 영적 전쟁에 대해서 종교개혁자 루터는 삼중 전투로 표시했다. 즉 그리스도인은 전선에서 세상과의 전쟁, 육체와의 전쟁, 및 마귀와의 전쟁을 치러야 한다는 말이다. 이 전쟁들은 모두 가공할 만한 무기들로 성도들에게 다가온다. 이들과의 싸움은 항상 공정한 싸움이 아니다. 때론 패거리로 공격하기도 하고 때로 교묘한 전술로 함정에 빠뜨린다. 사탄은 기습 공격의 명수이다. 육체는 사람의 내부에 있는 원수로서 성령께 큰 훼손을 끼치는 방해자이기도 하다.

선하시고 의로우신 하나님을 기쁘시게 하려고 할수록 이런 원수들과의 전쟁은 피할 수 없는 일이며 세상에 존재하는 한 반드시 감당해야 할 일이다. 피해 갈 수만 있다면 좋으련만 세상은 우리를 결코 가만히 두지 않는다. 이런 전쟁을 늘 직면하고 있는 성도로서 필자는 고린도 전서 15장 57절 "**우리 주 예수 그리스도로 말미암아 우리에게 이김을 주시는 하나님께 감사하노니**"라고 한 말씀을 묵상하지 않을 수 없다. 한마디로 이 전쟁의 승리는 우리 주 예수 그리스도에게서 얻어지는 것임을 알 수 있다. 그가 승리의 원인이시다. 본문 요한일서 5:4절 말씀은 세상과의 전쟁에서 이기는 비결은 믿음이라고 했다. 그런데 그 믿음은 주 예수 그리스도를 믿는 믿음이요 이 믿음은 하나님께서 우리에게 주신 선물이지 우리 스스로에게서 나오는 것이 아니다. 그러므로 성도의 싸움은 이미 이겨놓은 전쟁이라고 말할 수 있다. 그런데 왜 우리는 종종 실패하는가? 지피지기하면 백전백승이라는 말이 있듯이 적어도 이 전쟁에서 승리하기 위해서는 적에 대한 것을 잘 알아야 할 것이다. 이 전쟁에서의 승리는 매우 어려운 일이기 때문에 우리가 싸워야 할 대상인 세상과 육체와 마귀에 대한 정보를 충분히 알고서 적절하게 잘 대처해야 한다. 우리가 사는 세상이 어떤 세상인가? 수년 전에 「장밋빛 인생」이라는 드라마가 시청률 최고라고 하지만 대다수 사람은 세상의 달콤한 유혹의 향기에 속아 살고 있다. 세상 정신 곧 타락한 창조 세계의 가치체계는 육체와 마귀를 구분하듯이 구별할 수 있는 것이 아니다. 육체는 타락한 세상 일부분이며 마귀는 이 세상 임금이다. 어둠의 권세자인 이 마귀가 지배하는 세상은 안전한 곳이 없다.

1 비무장지대가 없다

성도는 이 세상의 일부분이다. 시민권은 하늘에 있어도 이 세상에 살고 있다. 이 세상의 모든 문화와 흐름에 직간접적으로 영향을 받으며 산다. 영적 전쟁의 전투장인 세상에 투입된 십자가 군병이다. 이 전쟁터는 남북한의 한반도나 우크라이나와 러시아 혹은 이스라엘과 하마스에 한정된 것이 아니다. 물론 하나님으로부터 난 그리스도인이지만 우리의 고향도 이 세상이고 이 나라도 세상이다. 그런데 전쟁터에서 나고 죽는 인생들이다. 세상 모든 장소가 영적 싸움의 현장이다. 이 전쟁터에는 비무장지대가 없다. 모든 장소, 모든 시대를 초월하여 전쟁이 없은 적이 없다. 지구라는 행성 전체가 다 타락한 세상이요 창조된 세상 전부가 다 구속을 기다리면서 신음하고 있다. 인간의 발길이 닿지 않은 하늘의 무수한 행성들조차도 적어도 인간의 발길이 닿는 순간 참혹한 전쟁 터로 변한다. 자연도 그렇지 않은가? 태고적 모습을 간직한 밀림지대도 일단 사람들이 드나들기 시작하면 훼손되고 오염되어 탄식하는 일들이 벌어진다. 죄인들이 존재하는 곳은 다 치열한 싸움터이다.

우리는 약육강식의 법칙이 지배하는 세상에 살고 있다. 그래서 이리가 어린양과 함께 뒹굴고 아이가 독사 굴에 손을 넣어도 해를 받지 않는 새 하늘과 새 땅을 고대하며 살아간다. 그러나 지금은 양치는 목자들은 결코 이리들을 초청하여 양들과 함께 어울리라고 말하지 않는다. 무서운 짐승들은 이리 떼만이 아니다. 땅에 기는 독사들을 비롯한 무수한 피조물들이 다 성도의 영적 전쟁에 큰 해를 미칠 수 있다. 특별히 세상은 성도들을 비참하게 만들기 위하여 존재하듯 잔인한 결과를 배출한다. 세상은 유혹자이다. 우리의 관심과 헌신을 뽑아내려고 안간힘을 다 기울인다. 세상은 우리와 아주 가깝고 우리 눈에 아주 잘 보이고 매우 매혹적으로 비친다. 하늘에 대한 우리의 눈을 가리는 일에 금메달감이다. 눈에 보이는 화려함으로 우리의 마음과 정신을 빼앗는다. 하나님이 지으시고 다스리시는 보다 나은 도성을 결코 바라보지 못하게 차단하는 일에 곳곳에서 성공을 거두는 승전보를 날린다. 세상이 제공하는 것에 도취한 자들은 슬프게도 세상의 미끼 뒤에 숨은 갈고리를 전혀 보지 못한다.

그런 인간이 득실대는 영적 전쟁터에 그리스도인이 산다. 세상을 기쁘게 하는 것이 하나님을 기쁘게 하는 것과 일치하는 경우란 전무하다. 사람을 기쁘게 하는 것도 하나님을 기쁘게 하는 것과 항상 동일시되지 않는다. 그러나 하나님을 기쁘게 하는 것은 사람들도, 피조물도 기쁘게 하는 것이 된다. 왜냐하면 전능하시고 지혜로우신 하나님이 자기 백성을 세상에서 그렇게 만드시기 때문이다. 성도는 이 세상을 본받지 말아야 할 자들이다. 본문에 "세상을 이긴 이김"이라는 문구 자체가 세상은 우정을 나눌 대상이라든지 숭배의 대상으로 말하지 않는다. 싸워 이겨야 할 적으로 묘사하고 있다. 이것이 성경의 가르침이지만 세상은 거꾸로 우리가 자기와 동반자로 친구로 다정하게 지내자고 속삭인다. 세상은 세상의 가장 화려하고 달콤한 것들을 앞세워 우리를 유혹한다. 그 유혹이 너무나 강렬한 것이기 때문에 대다수 사람의 눈과 귀가 쏠리게 된다.

요즘은 교회가 세상의 비위를 맞추려고 몸부림치는 듯한 느낌을 받는다. 세상에 인정받으려고 안간힘을 다하는 듯하다. 전쟁해서 정복해야 할 상대에게 추파를 던져서 도리어 그들의 인정을 받지 않으면 안 되는 듯이 사람들의 칭찬과 인기에 우쭐대고 그 반열에 들어서기 위해 너도나도 사력을 다한다. 성도들은 그런 것이 다 물거품과 같은 것임을 알면서도 이생의 자랑에 적어도 한 건 이상을 올리고 싶어서 안달이다. 사탄의 교묘한 전술에 당하고 있다. 마치 북한하고 친해지지 못해서 안달이 난 것처럼 처신하는 남한 인사들의 꼴불견 때문에 반공으로 무장해 온 이 사회에 공산주의자들이 버젓이 득세하는 사회가 되어버린 것과 다르지 않다. 주적이 바뀌게 되어 극심한 혼란이 가중되고 있는 것과 마찬가지로 교회가 세상을 정복하고 다스리려고 하기보다 세상과 짝하며 나란히 걷고 싶은 온갖 아양을 다 떨고 있다. 일부는 이미 적의 밥이 되어버렸다. 심지어 세상의 환호를 의지하지 않는 법을 터득한 자일지라도 그것을 무시하는 법은 배우지를 못해서 종종 넘어진다.

사람들에게 '인기 짱'이 되기 위해서 하나님 마음에 드는 것을 애써 포기하는 일이 너무나 자주 일어나고 있다. 세상이 우리를 미워하지는 않을까 두려움에 떤다. 갈등과 다툼을 피하고 싶어서 순응하고자 쏟는 정력과 돈의 낭비가 얼마나 심한지 모른다. 세상의 형식에 또는 구조에 편승하여 인기를 얻고자 노력하는 것 때문에 세상의 감언이설에 쉽게 속는다. 속에서 갈등을 느끼면서도 '세상이 다 그런 걸 어떻게 해'하며 일어설 줄 모른다. 그리스도인으로서 정말 해야 할 것은 하지 않고 하지 않아도 될 일에 정신이 팔린다. 사회생활 해봐! 별수 없지! 하며 스스로 위안하며 합리화시킨다. 싸울 엄두도 못 내고 어떻게 하면 세상과 친해질지를 궁리하는 것 같다.

모든 시대, 모든 문화에는 주도적이고 지배적인 정신이 있다. 독일 사람들은 그 뜻을 담아 '시대정신'(Zeitgeist)이라고 했다. 시간을 뜻하는 '자이트'라는 말과 정신을 뜻하는 '가이스트'라는 두 단어가 합성되어 시대정신이라는 말이 생겨난 것이다. 우리가 살고 있는 이 시대정신은 무엇인가? 그것은

'세속주의'이다. 세속주의의 강조점은 이 세상, 이 시대이다. 이 세상 너머에 있는 것에는 별로 주의를 기울이지 않는다. 영원한 문제에 대해서는 장례식장에서 잠시 생각하는 것, 그 이상도 그 이하도 아니다. 우리의 문제는 항상 우리가 사는 이곳에서 직면하는 것들이다. 지금이라는 현실이다. 지금, 이 순간을 위해서, 현재의 낙을 위해서 사는 것이 이 세상의 정신이다. 70년대에 태어나서 90년대에 대학을 다닌 세대를 X세대라고 하는데 그들이 결혼하여 자녀를 키우고 있는 현시점을 동아일보는 재미있게 보도하였다. 결혼하여 자녀를 낳아 기르면서도 결코 자기 자신의 몫을 포기하지 않는 엄마들이다. 그들이 자랄 때 그 시대의 특성은 '우리'보다 '나'만을 아는 시대로 묘사했었다. 이제 그들이 자라 엄마가 되었는데 취재 기사를 보면 자기들이 먼저 행복해야 자녀도 행복하다는 논리를 편다. 과거 부모들은 오로지 자식이 행복해지기를 바라서 자기의 전부를 희생하던 시대와는 전적으로 다른 가치관이다. 그들은 '우린 쇼핑한다. 고로 존재한다'는 논리를 펴며 철저한 자기중심의 행복과 만족한 삶을 살고자 한다. 물론 이런 현상이 어제오늘만의 일은 아니지만 사람들의 관심은 땅의 일들임이 틀림없다. 이런 현상은 더욱 가중되었다.

　세상에서 어떻게 하면 행복하게 살 것인지, 세상에서 어떻게 하면 낙을 누리며 살 것인지에 몰입하는 이 시대정신은 예수님 당시에도 있었다. 주님은 우리의 눈을 영원한 세계를 향하여 바라볼 것을 주문하셨다. 우리의 보물을 하늘에 쌓아 두라는 것이다. '사람이 온 천하를 얻고도 제 목숨을 잃으면 무엇이 유익하겠느냐'(마 16:26)고 다그치지만, 그 말에 꿈적도 하지 않는다. 교회 목사들도 그런 시대정신을 반영하여 어떻게 하면 세상에서 마음껏 누릴 것인지에 초점을 두고 있다. 세상에서의 행복이 마치 성도의 삶 전부인 양 호도하고 있다. 그런 책들이 인기를 구사하고 있고 실지로 많은 돈벌이가 된다. 우리의 눈을 세상에서 돌려서 하늘나라로 향하게 하는 일은 정말 인기가 없다. 그런 자들은 늘 배고프다. 힘겨운 싸움에 종종 지쳐있다. 그것 때문에 견디다 못해 쓰러지고 포기하는 일이 너무나 많이 일어난다. 좋은 것이 좋다고 하며 현실 안주에 능숙해져 간다. 주님의 의와 진리를 위한 고난과 핍박과 자기 절제와 희생의 덕목들은 이제 골동품 가게의 넓은 공간을 버젓이 차지하고 있다.

우리는 하늘나라 백성인가? 아니면 이 세상 나라 사람인가? 이 세상 것들을 소유하고자 하는가? 아니면 영혼을 얻을 것인가? 세상을 기쁘게 할 것인가 아니면 하나님을 기쁘게 할 것인가? 이것이 그리스도인으로서 세상을 살 때 점검해야 할 것들이다. 이 세상에 순응하고 살려면 자기 영혼을 잃을 각오를 해야 한다. 세상은 영혼에 아무런 가치도 매기지 않는다. 오늘날의 시대정신에 따르면 눈에 보이는 육체 하나가 보이지 않는 영혼 둘보다 가치가 있다고 한다. 세상 정신은 오늘 놀고 값은 내일 치르라고 한다. 물론 방점은 오늘에 있다. 이것이 인기를 누리는 생활방식이다. 내일은 아무도 모르기 때문이다. 그래서 그리스도인이 이 세상의 유혹을 거절하려면 시대의 물결을 거슬러 갈 각오를 해야 한다. 하나님을 기쁘게 하기 위해서는 사람들을 기쁘게 할 수 없음을 각오해야 한다. 사도 요한의 가르침에 귀를 기울여보라: "**이 세상이나 세상에 있는 것들을 사랑치 말라 누구든지 세상을 사랑하면 아버지의 사랑이 그 속에 있지 아니하니 이는 세상에 있는 모든 것이 육신의 정욕과 안목의 정욕과 이생의 자랑이니 다 아버지께로 좇아 온 것이 아니요 세상으로 좇아 온 것이라**"(요일 2:15-16).

세상을 사랑한다는 것은 육체의 정욕과 안목의 정욕과 이생의 자랑에 힘껏 빠져드는 것을 말한다. 눈에 보이는 대로 끌리고 육체가 이끄는 대로 좇아간다. 물거품 같은 것이지만 인기를 위해서 몸을 던지는 투자를 일삼는다. 결과는 죄악 덩어리들이다. 그러니 그 속에 아버지 하나님의 사랑이 존재할 수 없다. 세상을 사랑하는 것이 하나님과 원수가 되기 때문이다. 하나님이 싫어하시는 것들로 넘쳐난다. 예수께서는 이렇게 가르치신다: "**나를 인하여 너희를 욕하고 핍박하고 거짓으로 너희를 거스려 모든 악한 말을 할 때에는 너희에게 복이 있나니 기뻐하고 즐거워하라 하늘에서 너희의 상이 큼이**

라 너희 전에 있던 선지자들을 이같이 핍박하였느니라"(마 5:11-12). 주님은 분명히 세상의 복보다 천국의 복을 취하라고 요구하신다. 이 말씀의 핵심 구절은 '나를 인하여'라는 말이다. 세상에 순응치 말아야 할 가장 큰 이유가 **"주님을 위하여"**이다. 누구든지 비 동조자가 되어 사람들의 관심을 끌 수 있다. 촛불시위 현장에서 홀로 서서 반대 시위 피켓을 들고 있는 것은 분명 시선을 사로잡을 수 있다. 개인의 의사가 존중되는 사회에서 반대편에 있다고 해서 나쁜 것이라고 비난할 수 없다. 그러나 영적 세계에서는 값싼 불순응과 진정한 불순응을 구별하는 잣대는 **"주님을 위하여"**이다. 이유 없이 따로 노는 것이 아니라 반드시 주님을 위한 것이어야 그것이 세상과 싸우는 성도의 자세이다. 즉 선별적이고 명분이 분명한 것이어야 한다. 반대를 위한 반대를 주님께서 원하시는 것이 아니다.

2 하나님의 구속 현장인 세상

사도 요한은 세상은 우리가 싸워 이겨야 할 대상임을 지적한 후에 그 싸움에서 이기는 길이 믿음이라고 했다. 그리스도인은 세상 사람들과 똑같이 세상을 사랑하는 자가 아니라 마음에 변화를 받아 새사람이 된 성도들이다. 그리스도 예수 안에서 의와 진리의 거룩하심으로 지음을 받은 새 사람, 새로운 피조물이다. 새사람이 되었다는 것은 세상을 등지고 살라는 말이 아니다. 만일 세상을 등지고 살아야 한다면 주님께서 우리를 세상에 두실 이유가 없으시다. 어차피 세상은 하나님을 대적하는 전쟁터인데 뭐하러 보배로운 피를 흘려 구속해 주신 하나님의 백성들을 치열한 전쟁터에 두시겠는가? 수도원이 필요한 것이 아니다. 우리를 이 세상에 두신 것은 믿음으로 싸워 이겨서 세상을 변화시키시기 위함이다. 그 일에 최고의 무기가 주님을 굳게 믿는 믿음이다. 주님을 온전히 따르는 정신이다. 이것이야말로 이 세상의 틀을 넘어 사는 것이 최고의 행복임을 세속주의에 만족하고 사는 자들에게 보여주는 강력한 무기이다.

 성도는 세상에 굴복해서도 아니 되지만 세상을 회피해서도 안 된다. 주님께서 보여주신 하늘나라 정신을 보여주어야 한다. 이 세상의 장벽을 뚫고 들어가야 한다. 세상에 사는 자이나 세상과 같은 편이어서는 안 된다. 다시 말하면 세상에 살지만, 세상의 정신과 유행과 풍습에 순응하는 현세적인 사람들이 되어서는 안 되는 것이다. 이것 때문에 그리스도인은 고난과 핍박을 받는다. 그래도 그리스도인은 세상을 사랑해야 한다. 탐욕스러운 본성이 아니라 그리스도의 심장으로 사랑해야 한다. 왜냐하면 이 악한 세상에 있는 자들을 구원하심이 주님의 뜻이기 때문이다. 세상이 싫다고 다 도망하거나 외면하면 구원의 역사를 어디서 이룰 것인가?

　죄인들을 위한 하나님의 구속 무대는 이 세상이다. 이 세상을 떠나서 하나님의 구원 능력이 어디서 발휘될 수 있는가? 하나님이신 예수께서 인간의 몸을 입고 오신 곳이 바로 이 세상이다. 죄와 사망의 권세를 깨뜨리시고 마귀의 일을 멸하신 그리스도께서는 제자들이 죽음과 핍박이 두려워서 문을 걸어 잠그고 다락에 숨어 지내는 것을 원치 않으셨다. 변화 산상에 은둔처를 짓고 살 것을 원하지도 않으셨다. 도리어 예루살렘과 유대와 사마리아와 땅끝까지 이르러 주님의 증인이 되라고 명령하셨다. 예루살렘도 이 세상에 있고 유대도 이 세상에 있고 사마리아도 마찬가지이다. 땅끝도 여전히 이 세상이다. 그러므로 이 세상이 싫다고 자살하거나 도피처를 찾아 산속에 숨어 지내려는 것은 그리스도인의 자세가 아니다. 외면하거나 도피한다고 해서 주님을 기쁘게 한다고 생각해서는 큰 오산이다. **"세상을 이긴 이김은 이것이니 곧 너희의 믿음이라."** 믿음의 주시며 우리의 믿음을 온전케 하는 주님을 위하여 사는 것만이 세상을 변화시키고 다스릴 수 있는 것이다.

　우리는 하나님의 백성으로서 세상과 함께 세상 안에서 사는 법을 배워야 한다. 마틴 루터는 유익한 그리스도인의 장성한 분량에 대해서 언급했다. 누구든지 그리스도인이 되면 우선 세상을 등지고 포기하는 기간을 지나게 된다는 것이다. 참된 회심자는 세상과는 볼일 다 본 사람이라는 말이다. 과거에 세상에 순응하고 타협하며 살아갔던 모든 자세를 버려야 하는 것이다. 물러서는 기간이 필요하다. 이 기간에 성도는 하나님의 것에 푹 빠진다. 바울은 이방인의 사도로 보내심을 받기 전에 먼저 아라비아 광야로 들어갔다. 모세는 바로의 궁으로 보내심을 받기 전에 혼자 미디안 광야에서 하나님과만 있어야 한 것이다. 이처럼 세상에서 물러나 하나님과 함께하는 시간을 가지는 것은 아주 정상적으로 건강한 것이다. 그러나 그것이 전부가 아니다.

루터는 두 번째 단계에 이를 때만이 장성한 분량에 이르는 것이라고 했다. 즉 하나님께서 이 세상을 사랑하여 독생자를 주시기까지 한 것처럼 세상에 다시 들어가 그것을 끌어안을 수 있어야 한다는 말이다. 하나님 아버지께서는 세상을 당장 멸시하지 않으신다. 세상을 구속의 무대로 삼을 만큼 그는 세상을 사랑하신다. 세상에 찾아오신다. 세상을 버리시거나 포기하시지 않으신다. 성도들도 하나님의 이러한 마음을 본받아야 한다. 예수 믿기 전의 지난날과 똑같은 방식으로 세상을 끌어안는 것이 아니라 세상을 구속의 무대로 여기고 가슴에 품어야 하는 것이다. 세상은 전쟁터임과 동시에 우리의 일터이다. 하나님이 지으시고 그리스도께서 인간의 몸을 입고 오셔서 구원을 완성하신 무대이다.

그러므로 성육신하신 주님을 신뢰하는 믿음이 없이는 이 세상을 품을 수 없다. 하나님의 백성으로서 하나님을 대신하여 세상에 대한 소유권을 주장하는 법을 배워야 하는 것이다. 이제는 세상에 순응하거나 세상의 유혹에 굴복함으로써가 아니라 세상에 그리스도를 증거하고 세상을 변화시켜 감으로써 세상이 주님께 속한 것임을 나타내야 한다. 우리가 거룩하게 살기를 바라시는 하나님은 이 타락한 세상에서 별처럼 밝게 빛나기를 원하신다. 우리의 심령이 변화를 받아서 믿음으로 사는 일을 시작하기만 한다면 못쓰게 된 이 세상을 구속의 무대로 삼고 일하시는 하나님의 선한 일에 적극적으로 동참할 수 있게 되는 것이다. 그것이 창조주 하나님을 기쁘게 하는 일이요 구세주 예수 그리스도를 위하여 사는 것이다.

이 세상에는 비무장지대가 없다. 안전한 도피처가 없다. 오로지 전쟁터일 뿐이다. 세상과 입 맞추며 사는 자가 아니라 영적 싸움의 현장으로서의 세상을 직시해야 한다. 세상은 싸워 이겨야 할 대상이지 굴복되어 포로처럼 갇혀 살아야 할 곳이 아니다. 세상의 권력과 화려한 세속주의의 초청에 순응하는 자가 아니라 주 예수 그리스도를 믿는 믿음으로 세상을 이기는 자가 되어야 한다. 그것은 세상을 등짐으로 일어나지 않고 그리스도의 심장으로 세상을 사랑할 때 일어난다. 세상의 인정을 받아야만 참 교회요 성도가 되는 것이 아니다.

세상에서 도리어 미움을 당하는 것이 정상이다. 주님에게 속해 있기 때문이다. 그러나 그 세상을 사랑하셔서 죄인의 구원을 이루신 주님의 마음을 품고 주님의 구속 무대에서 마음껏 활보하는 주연이 되어야 할 것이다.

〈특별 묵상 2〉

성도가 치르는 전쟁들
육체와의 전쟁

"내가 이르노니 너희는 성령을 좇아 행하라 그리하면 육체의 욕심을 이루지 아니하리라 육체의 소욕은 성령을 거스리고 성령의 소욕은 육체를 거스리나니 이 둘이 서로 대적함으로 너희의 원하는 것을 하지 못하게 하려 함이니라 너희가 만일 성령의 인도하시는 바가 되면 율법 아래 있지 아니하니라 육체의 일은 현저하니 곧 음행과 더러운 것과 호색과 우상 숭배와 술수와 원수를 맺는 것과 분쟁과 시기와 분 냄과 당 짓는 것과 분리함과 이단과 투기와 술 취함과 방탕함과 또 그와 같은 것들이라 전에 너희에게 경계한 것같이 경계하노니 이런 일을 하는 자들은 하나님의 나라를 유업으로 받지 못할 것이요"(갈 5:16-21).

　루터가 말한 성도들이 치러야 하는 삼중 전투 중 두 번째에 해당하는 육체와의 전쟁을 살펴보려고 한다. 세상과의 싸움에서 한번 이겼다고 해서 앞으로는 걱정을 안 해도 되는 것은 아니다. 적어도 우리가 이 세상에서 숨을 쉬고 있는 동안은 세상과의 싸움은 피할 수 없는 현재진행형 전쟁이다. 비무장지대가 없는 싸움이기에 경각심을 갖지 않으면 우리도 모르는 사이에 세속주의가 침투해 들어와 우리를 지배하게 된다. 그러므로 항상 깨어 있어야 한다. 평화 시에도 파수꾼은 언제나 성루에 나가서 보초를 선다. 적의 침투가 언제 어디서 이루어질지 모르기 때문에 적의 움직임을 예의 주시하며 경고의 나팔을 불어 공격과 방어 태세를 갖추게 한다.

오늘 내가 예수를 믿었다고 해서 더 이상 육에 속한 사람이 아니요 영에 속한 사람으로만 충만한 삶을 사는 것은 아니다. 끊임없는 죄의 유혹이 우리의 마음과 몸을 괴롭힌다. 그 싸움에 직면하는 자들마다 고백하는 것은 인간의 연약함을 가장 잘 아시는 주님께서 하신 마태복음 26:41절 말씀이다. **"마음에는 원이로되 육신이 약하도다."** 이 말은 하나님의 모든 자녀가 겪는 깊은 갈등을 나타낸다. 사도 바울은 이 부분과 관련하여 그 유명한 로마서 7장에서 그와 유사한 고백을 하고 있다: **"내가 원하는 바 선은 하지 아니하고 도리어 원치 아니하는바 악은 행하는도다"**(19절).

이 부분을 불신자들은 마음의 문제 즉 양심과 육체와의 갈등으로 묘사할 수 있다. 그러나 불신자들은 양심 자체도 죄로 인하여 다 타락한 본성을 지닌 것이기 때문에 결코 양심이 육체의 모든 욕망을 극복한다는 것은 불가능하다. 성도도 똑같은 타락한 양심을 가진 자들이다. 그러나 성도들에게는 불신자들이 가지지 않은 하나님의 거룩한 영이 있다. 이 영이 우리를 지배한다. 그래서 육신의 생각과 영의 생각이 전혀 다른 것으로 나타난다. 이 갈등을 본 장에서 다루는 "**육체와의 전쟁**"이라고 말한다. 즉 우리 속에 거하시는 성령 하나님의 생각과 인도하심이 타락한 본성을 지닌 육체의 본능과 심한 다툼을 일으키는 것이다.

그 싸움에서 육의 생각이 압도적이면 죄악 된 말과 행위가 뒤따르게 되고 그 싸움에서 영의 생각이 우세하면 거룩하고 의롭고 진실한 영적 경건의 능력이 성도에게 드러나게 된다. 그러나 성도 중에 누가 거룩한 삶을 살고 싶지 않겠는가? 다 마음은 원이지만 육신이 약한 것 때문에 너무나 자주 실패한다. 실패를 거울삼아 더 나은 그리스도인이 되기를 소망하는 모든 성도는 육체와의 싸움의 특성이 무엇인지를 살피며 그리고 이 싸움에서 승리할 수 있는 길이 무엇인지를 살펴보아야 할 것이다.

1 육체와의 싸움은 타락한 인간의 본성과의 싸움이다

육체와의 싸움의 특성은 무엇보다도 타락한 인간의 본성과의 싸움을 말한다. 이 부분을 잘 이해하기 위해서는 우리가 사용하고 있는 단어, '육체'가 무엇을 의미하는지를 알아야 할 것이다. 육체는 우리의 몸을 말하는가? 아니면 타락을 말하는가? 성경에서 가르치는 육체라는 말에는 두 가지 헬라어가 있다. 하나는 가장 많이 사용되고 있는 쏘마(σωμα)요 또 하나는 사륵스(σαρχ)이다. 대체로 우리의 몸을 가리키는 쏘마는 죄악이나 타락의 의미가 담겨 있는 것은 아니다. 그러나 사륵스는 몸을 가리키는 말이기는 하지만 사람의 타락한 본성을 담고 있다. 요한복음 1장에서 **"말씀이 육신이 되어 우리 가운데 거하셨다."**는 말씀에서 육신의 의미는 말씀이 타락했다는 의미가 아니라 단순히 로고스께서 즉 예수께서 인간의 몸을 취하셨다는 말이다. 또 동족, 골육지친을 의미할 때도 이 단어가 사용되고 있다.

그러나 사륵스는 타락한 본성을 나타낼 때도 사용하고 있다. 이때는 단지 우리의 육신 자체만을 의미하는 것이 아니라 전인을 나타낸다. 즉 인간의 전적 타락, 죄가 인간의 모든 존재 자체를 감염시켰고 그로 인하여 무슨 선을 행할 수 없는 존재가 된 것이다. 다시 말해서 우리의 마음과 정신 및 육체가 다 타락했음을 말하는 것이다. 그러므로 의인은 없나니 하나도 없는 것이며 사람의 생각하는 것마다 항상 악한 것뿐이라고 한다.

그 타락한 인간 본성인 육체가 저지르는 일들이 어떠한 것인지를 갈라디아서 본문이 명확하게 밝히고 있다: "**육체의 일은 현저하니 곧 음행과 더러운 것과 호색과 우상 숭배와 술**

수와 원수를 맺는 것과 분쟁과 시기와 분 냄과 당 짓는 것과 분리함과 이단과 투기와 술 취함과 방탕함과 또 그와 같은 것들이라 전에 너희에게 경계한 것과 같이 경계하노니 이런 일을 하는 자들은 하나님의 나라를 유업으로 받지 못할 것이요"(갈 5:19-21).

여기에는 육체와 하나님이 영의 일들과 엄격한 대조가 있다. 이것은 몸과 정신 혹은 양심과의 갈등이 아니라 타락한 본성의 지배를 받는 옛사람과 하나님의 영이 내주하고 있는 새사람 간의 전쟁을 설명하는 것이다. 하나님의 영과 육체는 분명 반대되는 개념이다. 그 둘 사이에는 어떤 타협점도 없고 화해할 여지가 눈곱만큼도 없다. 상대를 죽이든지 아니면 자신이 죽든지 둘 중의 하나일 뿐인지 결코 함께 갈 수 있는 것이 아니다. 사람들이 주님께 나오기를 꺼리는 가장 큰 이유가 여기에 있다. 타락한 본성을 지닌 육체는 성령 하나님께서 주관하시는 것을 결코 용납할 수 없기 때문이다. 그래서 육체는 성령을 거스르고 성령을 이겨보려고 안간힘을 쓴다.

동시에 성령 하나님은 이러한 육체와는 원수지간이다. 육체가 가장 좋아하는 것을 성령 하나님은 가장 싫어한다. 육체가 가장 싫어하는 것을 성령 하나님은 가장 좋아하신다. 그러니 이 둘이 어떻게 공존할 수 있겠는가? 이 둘은 갈라설 수밖에 없는 것이다. 성령의 일과 육체의 일을 바울은 본문에서 이렇게 비교하며 시작하고 있다: "내가 너희에게 이르노니 너희는 성령을 좇아 행하라 그리하면 육체의 욕심을 이루지 아니하리라 육체의 소욕은 성령을 거스리고 성령의 소욕은 육체를 거스리나니 이 둘이 서로 대적함으로 너희의 원하는 것을 하지 못하게 하려 함이니라"(16-17절). "오직 성령의 열매는 사랑과 희락과 화평과 오래 참음과 자비와 양선과 충성과 온유와 절제니 이같은 것을 금지할 법이 없느니라"(갈 5:22-23). 이처럼 팽팽하게 맞서고 있어서 결코 함께 공존하거나 화친할 수 없는 것이다.

바울 사도는 로마서 8장에서도 육체의 일과 성령의 일을 이렇게 구분하여 가르치고 있다: "육신을 좇는 자는 육신의 일을, 영을 좇는 자는 영의 일을 생각하나니 육신의 생각은 사망이요 영의 생각은 생명과 평안이니라 육신의 생각은 하나님과 원수가 되나니 이는 하나님의 법에 굴복치 아니할 뿐 아니라 할 수도 없느니라 육신에 있는 자들은 하나님을 기쁘게 할 수 없느니라 만일 너희 속에 하나님의 영이 거하시면 너희가 육신에 있지 아니하고 영에 있나니 누구든지 그리스도의 영이 없으면 그리스도의 사람이 아니니라"(롬 8:5-9).

이처럼 육신 곧 육체를 좇아가는 것과 성령을 좇아가는 것과는 결코 합일점을 찾을 수 없는 극과 극의 현상을 나타낸다. 육신에 속한 사람은 영의 일을 생각할 수 없다. 영에 속한 사람은 육신에 속한 일들을 생각할 수는 있어도 육신에 속한 사람은 결코 영적인 일을 알 수 없다. 왜냐하면 영적인 것은 영으로라야 분별할 수 있기 때문이다. 그리스도인과 그리스도인이 아닌 사람은 성령 은혜의 지배를 받는 것과 죄의 지배를 받는 것의 차이이기 때문에 결코 하나가 될 수 없다. 그래서 이 둘이 만나기만 하면 으르렁거리며 싸울 수밖에 없는 이유가 그것이다.

육체의 일들을 조금 세밀하게 보면 한 가지 요소가 우리를 놀라게 한다. 그 목록 안에는 육체에 관련된 죄악들과 더불어서 비육체적 성격을 지닌 죄목들이 함께 들어 있는 것이다. 음행과 술 취함은 육체의 욕구와 신체적 기능을 가지고 짓는 죄악들이다. 그런데 같은 목록에는 투기와 시기와 이단과 우상 숭배와 같은 죄들이 있다. 물론 시기와 투기는 다 우리의 몸과 관련이 있다. 사실 우리는 몸 없이는 어떤 일도 하지 않는다. 그러나 투기는 육체적 행위가 아니다. 정신적 태도와 관련되어 있다. 우리의 정신과 사고 행위에 속한 것이다. 우상 숭배도 우리 몸을 사용할 수 있다. 그러나 우상 숭배의 본질은 몸짓에 있지 않고 마음의 내면적인 태도에 있는 것이다. 그렇다면 결론은 이것이다. 즉 신약 성경에서 성령 하나님과 직접 대조하여 육체(사륵스)를 말할 때는 주로 몸을 의미하는 것이 아니라 전인을 포함한 인간의 타락한 본성을 말한다는 것이다. 두 가지 생활방식 간의 갈등이다. 죄에 대한 욕구에 지배를 받는 육체의 생활과 우리를 의와 희락과 화평의 하나님 나라 백성으로 살게 하도록 인도하시는 성령 하나님의 방식으로 사는 것과의 전쟁은 필연적이다.

성도는 우리의 몸으로도 하나님의 영광을 돌리는 일에 귀히 쓰임을 받아야 한다. 이미 그리스도께서 피 값으로 산 몸이기 때문이다. 그러나 동시에 성도는 타락한 인간의 본성에 지배를 받으며 살기 때문에 이 세상에 사는 날 동안은 이 육체의 소욕을 좇고자 하는 욕구와 전쟁을 치러야 한다. 그 길이 무엇인가? 이에 대한 답변을 생각하기 전에 성도라면 항상 품게 되는 질문 하나를 생각해 보자. 요한일서 3:9절에 보면 **"하나님께로서 난 자마다 죄를 짓지 않는다."** 라고 했는데 왜 성도는 종종 죄를 범하며 사는가? 이다. 예수를 믿는 자들은 이제 옛사람을 벗어버리고 새사람이 되었는데 어찌하여 우리는 죄 때문에 괴로워하고 눈물을 흘리는가? 정말 죄로부터 완벽한 자유를 누릴 수 없는 것인가?

이 부분에 대하여 한 저명한 목사는 **"죄와 은혜의 지배"** 를 언급하면서 아주 재미있는 예화로 설명하고 있다. '신자의 삶에 대한 은혜의 지배는 죄가 전혀 없는 신자의 삶의 상태를 가리키는 것이 아닙니다. 신자 안에 죄가 잔존하고 있지만 여전히 하나님의 은혜가 마음과 영혼에 대하여 실제적으로 지배력을 획득한 상태를 가리킵니다. 곧 신자가 하나님의 은혜에 붙들려 사는 상태를 가리킵니다… 여러분의 이해를 돕기 위하여 비유를 들자면 이런 것입니다. 어느 도시에 가끔 총을 든 테러범들이 거리에 나타난다고 합시다. 그렇다고 할지라도 곧 경찰이 출동하여 그들을 사살해 버린다면 여전히 합법적인 정부의 공권력이 그 도시를 장악하고 있는 것입니다. 어떤 때는 서너 명이 나타나기도 하고 어떤 때는 십여 명이 나타나기도 하지만 그들이 출현하는 즉시 공권력이 의하여 반드시 제압됩니다.

테러범이나 폭력배가 출현은 하지만 그들은 곧 쉽게 제압됩니다. 말하자면 신자가 비록 작은 죄를 지을지라도 은혜의 지배 아래 있는 상태가 바로 그런 것입니다. 그러나 그렇게 나타난 테러범들이 동료들을 모아 구체적으로 조직을 갖추고 도심 한 복판을 점령하고 시민의 통행을 통제하고 거리를 활보하여 일정한 지역에서 강력한 화력으로 무장을 하고 점령군 사령부를 설치하고 그 도시 전역의 주민들에게 세금까지 거두고 젊은이들을 징집해 군사훈련까지 시킨다면 그것은 테러범들이 출현한 것이 아니라 그 지역에 불법 정부의 통치가 시작된 것입니다. 신자 안에서 죄가 이런 식으로 활동한다면 그것은 죄의 지배 아래 있는 것입니다.' 우리가 전쟁을 치러야 할 이유가 우리 안에서 종종 출현하는 테러범들 때문이다. 이것을 정복하고 죄의 지배하에 사는 자가 아니라 성령의 은혜 안에 거하는 자가 되는 길이 있다.

존 오웬은 죄가 폭군적 권세를 휘두르지만 하나님 은혜

는 예수 그리스도를 통해 신자의 삶을 통치하는 주권적 권세로 제시한다. 은혜는 신자를 죄의 형벌에서 해방할 뿐 아니라 죄의 권세를 깨뜨려 하나님의 법에 순종하며 살게 하는 것임을 설명하고 있다.[55] 신자의 삶에서 육신의 생각과 성령의 소욕 사이에 끝나지 않는 전쟁이 계속되기에 신자의 마음에 내주하시는 은혜의 성령을 깊이 의존해야 한다.

2 성령을 좇아 행하라

본문 16절은 "내가 이르노니 너희는 **성령을 좇아 행하라 그리하면 육체의 욕심을 이루지 아니하리라**"라고 말씀한다. 죄의 영향력이 감소하고 은혜의 지배력이 왕성하게 나타나는 가장 효과적인 길이 이것이다. 현재시제로 쓰인 것은 성령을 좇아 행하는 것, 성령과 함께 걷는 것이 성도의 삶의 지속적인 습관이 되어야 할 것을 의미한다. 이것은 외적인 요소만 말하지 않는다. 만약 성령의 인도함을 받는 것이 외적인 것으로만 치우친다면 우리가 바리새주의로 빠질 가능성이 많다. 친절한 웃음으로 마음에 가득한 시기를 감출 수 있기 때문이다. 정중한 태도로 질투가 가득한 정신

---

[55] John Owen, *Death of Death in the death of Christ*를 참고하라.

을 감출 수 있기 때문이다. 그러나 성령의 인도함은 외면과 내면의 삶 모두를 깨끗하게 하고 중심을 보시는 하나님 앞에서 정직하게 살게 하시기를 원하신다. 그래서 마음의 변화를 받은 성도의 사고는 행동의 변화를 낳게 되는 것이다.

물론 어떤 사람들은 속이 중요하지, 겉이 뭐 중요하냐고 생각하고 자신의 외적인 행동에 대해서 문제 삼지 않는 자들도 있다. 동기나 정신이 중요한 것이기 때문에 외적인 행위들은 대수롭지 않다는 것이다. 복장과 관련한 것, 언행과 관련한 것에 별로 주의를 기울이지 않는다. 이것은 자기기만이다. 많은 사람이 이런 생각을 가지고 온갖 죄들을 정당화한다. 오늘날 젊은이들 사이에서는 사랑하기 때문에 간음하는 일을 정당화시킨다. 육체가 육체적 죄나 성향만을 가리키는 것은 아닐지라도 그것들을 포함하고 있다. 우리의 삶에는 타락한 본성으로 얼룩지고 그것에 영향을 받는 강력한 육체적 세력이 존재하고 있다. 육체적인 욕망은 종종 통제하기 어려운 경우가 많이 있다. 저녁 식사를 한 뒤에 살을 빼겠다고 결심하기는 쉽다. 그러나 저녁 먹기 전 시장기가 우리의 의지를 공격할 때는 상황이 달라진다.

우리 안에 주어진 그리스도의 영을 의지하고 사는 것, 은혜의 모든 수단을 부지런하게 그리고 성실하게 사용함으로 죄의 유혹을 이기며 은혜의 왕성한 지배력에 자신을 맡기는 훈련이 그 어느 때보다 필요한 때에 살고 있다. 지금 우리가 사는 시대를 보라. 절제의 은사를 사용하지 못할 정도로 먹거리들이 많이 있다. 그리고 음란한 풍조들이 곳곳에 널려있다. 사이버 공간에서는 그 도가 넘고 있다. 티브이 드라마나 비디오 영상물들, 서적들 등이 우리의 시선을 어디에다 두어야 할지 난감할 때가 한두 번이 아니다. 이 시대에 우리는 더욱 절제의 은사를 필요로 한다. 성령 하나님은 우리의 육체의 욕구를 억제하고 그것에 재갈을 물리라고 하신다. 식욕 자체는 죄가 아니다. 우리 몸의 정상적인 기능이요 본능이다. 그러나 식욕을 억제하지 못하면 폭식하게 되고 그것이 비만으로 이어지며 온갖 질병을 유발하고 결국은 병으로 사망에 이르게 된다.

성적 충동 역시 몸의 자연스러운 본능이다. 그것 때문에 하나님은 합법적인 결혼제도를 제정하여 주셨다. 부부들은 배우자에 대해서 성적 권리뿐 아니라 의무도 있다. 혼전 성행위, 혼외정사 등은 다 하나님이 금하시는 명령이다. 우리의 몸은 신체적 자극에 대단히 민감하게 반응하는 복잡한 말초신경 조직을 지닌 몸이다. 하나님은 육체적인 쾌락 없이도 자손을 낳을 수 있는 능력을 인간에게 부여하여 만드실 수 있었다. 마찬가지로 맛의 즐거움이라는 부가적인 유익이 없이도 음식을 먹을 수 있는 능력을 부여하여 인간을 지으실 수 있는 하나님이시다. 그러나 하나님은 그보다 나은 방법을 택하셨다. 성은 거기에 따르는 모든 신체적 즐거움과 함께 하나님이 주신 선물이다. 그러나 그 선물을 사용할 때는 하나님이 정하신 규제가 딸려 있다는 사실이다. 죄란 바로 하나님이 주신 이 선물을 오용하는 것이다. 하나님이 허락하지 않은 방법으로 선물을 사용하는 것이다.

무의식적인 신체적인 충동이 있다. 윤리적 생각을 가지고 심장을 박동하도록 만들 수 없다. 그러나 모든 신체 행위가 다 무의식적이지는 않다. 하나님은 우리에게 성행위를 통제하라고 하신다. "**또 주의 종으로 고범죄를 짓지 말게 하사 그 죄가 나를 주장치 못하게 하소서 그리하시면 내가 정직하여 큰 죄과에서 벗어나겠나이다**"(시 19:13). 여기서 고범죄란 의도를 가지고 계획적으로 짓는 죄를 의미한다. 한마디로 의도된 범죄로서 오늘날 우리가 말하는 실행 죄를 말한다. 이런 죄는 우리 영혼에 대해서 파괴적인 영향력을 발휘할 수 있다. 왜냐하면 우리가 그 죄의 욕구에 의지적으로 복종할 수 있고 정서적으로 그 죄가 주는 즐거움에 빠질 수 있기 때문이다. 성적 매력에 대한 인식은 통제할 수 없을지 몰라도 그것을 행동으로 옮기는 것에 대해서는 억제할 수 있는 것이다.

마틴 루터는 정욕이라는 문제를 가지고 이렇게 설명했다. '새가 우리 머리 위를 지나 날아가는 것은 막을 수 없다. 그러나 새가 우리 머리에 둥지를 틀도록 놔두는 것은 전혀 별개의 문제이다.' 성적인 것에 대한 생각을 마음에 품고 자라게 할 때 단순한 의식이 정욕으로 발전하게 되어 실행 죄에 빠지는 것이다. 그러므로 육신의 일들에 대한 목록을 열거하면서 사도 바울은 그러한 죄를 범하는 자들마다 하나님 나라를 유업으로 받을 수 없다고 선언한 것이다. 에베소서에서는 이렇게 말씀하고 있다: "**음행과 온갖 더러운 것과 탐욕은 너희 중에서 그 이름이라도 부르지 말라 이는 성도의 마땅한 바니라**"(엡 5:3). 정신과 의사들은 혈기 왕성한 젊은이들에게 음행은 아주 자연스럽고 정상적인 것이라고 말한다. 음행은 타락한 평범한 인류에게 자연스럽다고 말할 수 있을 것이다. 그러나 그 일들을 정당화한다고 생각해 보라. 이 사회가 어떻게 되겠는가? 하나님은 그 일을 분명히 금하신다.

정절을 지키기가 참으로 어려운 시대에 산다. 성적 금기가 사라지고 우리의 감각이 매일 호색적인 자극으로 폭격을 당하는 세속 문화 흐름에 노출되고 있는 상황은 우리를 매일 생각으로 행동으로 말로 범죄에 빠지게 한다. 그러나 하나님의 율법은 분명하다. 하나님은 안된다!라고 분명하게 말씀하신다. 타락한 문화 속에 살고 있을지라도 우리는 그의 소유된 백성으로, 그의 거룩한 나라 시민들로서 하나님의 거룩하심과 같이 우리도 거룩하게 살 것을 요구하신다. 동성애의 성향을 지닌 사람의 곤경을 생각해 보라. 이 사람은 심각한 딜레마에 빠져 고민한다. 하나님은 남자와 여자의 결혼을 제정하셨지, 남자와 남자, 여자와 여자 사이의 성행위를 허용한 것이 아니다. 동성애의 성향을 갖지 않은 자들에게 혼외정사를 금하셨듯이 동성애 성향을 갖고 있는 사람들에게도 똑같이 정절을 요구하신다. 성경 어디에도 동성애가 합법적이라고 가르쳐주지 않는다. 정절은 하나님을 기쁘게 해드린다. 성적 정절은 육체의 연약함 때문에 성취하기가 어려운 것도 사실이다. 그러나 지킴은 가능하다. 하나님은 정절을 성취하도록 요구하시고 명령하신다. 실패는 죄악이다. 우리는 죄를 범한 자들에게 인내해야 하지만 하나님의 표준을 변경하여 우리의 미약한 행위들을 용인하는 것은 옳은 것이 아니다. 하나님의 법을 변경하여 선을 악으로 악을 선으로 말하고자 하는 것은 하나님께 무례히 행하는 것이다. 육체는 세상과 동무이다. 육체의 표준을 세상의 기준에서 삼고자 하는 것은 성도의 올바른 자세가 아니다.

    성도는 성령의 인도하심을 받으며 사는 자이다. 진리의 말씀을 들으며 살아야 한다. 그것이 하나님을 기쁘게 하는 삶을 사는 길이다. 그 길이 우리가 죄를 이기고 거룩하신 하나님을 닮아가는 길이다. 죄를 죄로 여기지 않는 사회 관습과 교육하고는 상관없이 성도는 하나님의 법에 의존하며 사는 자들이다. 하나님은 우리가 생명을 가진 자요 평안을 소유하며 살기를 원하신다. 그것이 우리 안에 계신 성령께서 원하시는 바이다. 실수하지 않는 자는 아무도 없다. 그러나 정당화하지 말고 회개하고 돌이켜서 성령 하나님의 인도를 따라 의와 진리의 거룩함으로 지음을 받은 새 사람답게 살아야 할 자는 그리스도에게 속한 신자이다. "음행을 피하라 사람이 범하는 죄마다 몸 밖에 있거니와 음행하는 자는 자기 몸에게 죄를 범하느니라 너희 몸은 너희가 하나님께로부터 받은바 너희 가운데 계신 성령의 전인 줄 알지 못하느냐 너희는 너희의 것이 아니라 값으로 산 것이 되었으니 그런즉 너희 몸으로 하나님께 영광을 돌리라"(고전 6:18-20).

육체와의 전쟁에서 승리하며 성령 안에서 성령의 열매를 맺으며 사는 신자여야 한다: "사랑과 희락과 화평과 오래 참음과 자비와 양선과 충성과 온유와 절제니 이같은 것을 금지할 법이 없느니라 그리스도 예수의 사람들은 육체와 함께 그 정과 욕심을 십자가에 못 박았느니라"(갈 5:22-24). 나는 날마다 죽노라, 세상에 대하여 십자가에 못 박혀 죽은 자로 간주하고 하나님의 거룩한 백성으로서 경건한 삶을 사는 복된 성도들이 날마다 더해지는 역사를 꿈꾼다. 이 육체와의 전쟁에서도 승리를 주시는 하나님께 감사하자.

〈특별 묵상 3〉

성도가 치르는 전쟁들
마귀와의 전쟁

"종말로 너희가 주안에서와 그 힘의 능력으로 강건하여지며 마귀의 궤계를 능히 대적하기 위하여 하나님의 전신 갑주를 입으라 우리의 씨름은 혈과 육에 대한 것이 아니요 정사와 권세와 이 더움의 세상 주관자들과 하늘에 있는 악의 영들에게 대함이라 그러므로 하나님의 전신 갑주를 취하라 이는 악한 날에 너희가 능히 대적하고 모든 일을 행한 후에 서기 위함이라"(엡 6:10-13).

세상, 육체, 마귀와의 삼 중 전쟁을 날마다 치러야 하는 성도들에게 어떤 것이 가장 힘겨운 싸움일까? 그것은 단연 마귀와의 싸움이다. 사탄 혹은 마귀라고도 하는 악한 영들과의 싸움은 가장 무서운 전쟁이다. 사탄은 그냥 원수가 아니다. 철천지원수이다. 성경에서 소개하고 있는 그의 이름은 다양하다. 어둠의 주관자, 거짓의 아비, 형제들 간의 참소자, 간교한 뱀으로 불린다. 마귀와의 전투는 인간의 상상을 초월하는 일이다. 본문 12절에서 성도들이 직면하고 있는 싸움의 강력한 대상을 이렇게 소개하고 있다: "우리의 씨름은 혈과 육에 대한 것이 아니요 정사와 권세와 이 어두움의 세상 주관자들과 하늘에 있는 악한 영들에게 대함이라."

성도는 세상과의 힘겨운 싸움과 육체의 정욕과 싸움만이 아니라 무서운 악한 영들과의 치열한 싸움을 해야 한다. 이것 때문에 지레 겁을 먹고 아예 기독교 신앙을 버리려는 자들도 있다. 고통 많은 세상을 사는 것도 힘든데 날마다 전쟁을 치러야 한다니 아예 포기해 버리는 것이다. 그러나 사랑하는 형제자매 여러분! 포기하기엔 너무 이르다. 본문 11절은 이 싸움에서 능히 승리하기 위하여 하나님의 전신 갑주를 입으라고 권면하고 있다. 비록 이 싸움이야말로 가장 무섭고 험난한 싸움임을 말씀하고 있어도 동시에 이길 수 있는 싸움임을 말씀한다. 그렇지 않으면 하나님의 전신 갑주를 입으라고 말할 필요가 없다. 먼저 우리는 우리가 싸울 철천지원수인 사탄이 어떤 존재인지를 파악해 보자.

**1 마귀는 가공인물이
   아니다**

사람들은 마귀의 존재에 대해서 의심하거나 믿으려고 하지 않는다. 그저 종교인들이 만들어 낸 가공인물인 것처럼 생각한다. 그러나 마귀는 실존적 존재이다. 현대인일수록 마귀를 단지 귀신의 일종으로 생각하고 애써 부정하려고 한다. 우리나라는 전설 따라 삼천리와 같은 티브이 드라마에서 항상 귀신들 이야기를 다루기 때문에 대체로 귀신의 존재를 인정한다. 그러나 마귀 혹은 사탄과 귀신의 존재는 분명 다르다. 불신자들은 사람이 죽으면 귀신이 되어 구천에 떠도는 것처럼 말한다. 그래서 무당굿을 하고 제사를 지내면서 원혼들을 달래주려고 애를 쓴다. 그러나 성경은 어디에서도 사람이 죽어 귀신이 된다고 가르쳐 주지 않는다. 귀신은 사단이 부리는 악귀들이다. 복음서에 등장하는 귀신들은 헬라어로 다이모니온(δαιμονιον)이라고 하는데 대부분 복수 형태이다.

이들은 항상 하나님과 사람들에 대해 적대관계에 있는 영적인 존재들이다. 바알세불이 그들의 왕이기 때문에(막 3:22) 귀신들은 그의 하수인으로 간주 된다. 예수를 귀신 들렸다고 몰아붙이면서 귀신의 왕 바알세불의 힘으로 능력을 행한다고 놀렸다. 귀신 들린 사람들을 분석해 보면 말을 못하게 하는 귀신(눅 11:14), 간질(막 9:17-18), 누드 귀신, 무덤 사이를 오고 가게 하는 귀신(눅 8:27) 등 인간을 인간이 되지 못하게 하는 악한 영들임을 알 수 있다. 예수께서는 귀신 들린 자들을 고쳐주심으로 하나님의 능력이 귀신들의 권능보다 큼을 증명하셨다. 그리고 제자들에게도 귀신을 쫓아내는 능력과 병을 고치는 능력을 주셨다(눅 9:1). 그리고 70인을 전도자로 파송하셨을 때도 주의 이름으로 귀신들이 항복하는 것을 경험하게 하셨다. 어떤 사람들은 인간의 모든 질병이 다 귀신 들림과 관련된 것으로 말한다. 그러나 성경 어디에서도 질병과 귀신 들림이 일치된다고 가르치지 않는다. 앞에서 언급한 몇 가지 사례들이 질병과 관련 있는 것처럼 보이지만 실상은 명확하게 구분된다. 예를 들면 마태복음 4:24에 있는 말씀을 보면 예수의 소문이 온 사방에 퍼지면서 사람들이 모든 앓는 자들을 예수께로 데리고 왔다.

거기에 보면 '각색 병과 고통에 걸린 자, 귀신 들린 자, 간질 하는 자, 중풍 병자'들을 언급하면서 다른 병자들과 귀신 들린 자들을 구분하여 언급하고 있다. 단순한 병은 안수하거나 기름을 바름으로 치유되었지만, 귀신 들림은 예수의 이름으로 떠나가라고 명령함으로써 고쳐주셨다. 주로 복음서에 많이 언급된 귀신 들림은 사탄이 그리스도와 그의 제자들에게 덤벼들기 위해 특별한 방법으로 그의 세력들을 결집한 것으로 드러난다. 그렇다고 한다면 지금도 귀신들은 복음을 대적하기 위하여 활동하는 마귀의 대항 세력으로 말하지 않을 수 없다. 그래서 오늘 본문에서 사도 바울은 악한 영들에 대한 싸움으로 언급한 것이다.

귀신들이 존재한다면 마귀의 존재는 더욱 분명하다. 혹 마귀의 존재나 귀신의 존재에 대하여 의심이 있는 자들이 있다면 이렇게 묻고 싶다. 하나님이 계심을 믿는가? 하나님이 사람들에게 선을 행할 수 있게 하는 영향력을 가진 영적 존재라고 믿는가? 이렇게 사람들에게 선한 영향력을 끼치는 영적 존재가 있다고 한다면 악한 영향력을 끼칠 능력을 지닌 영적 존재를 왜 믿지 못한다고 하는가? 아무리 과학이 발달하고 문명이 사람들을 무지와 미신에서 벗어나게 한다고 할지라도 악한 영들의 존재는 인간이 존재하는 한 항상 존재하는 것이다. 사람들이 생각하는 마귀의 존재는 붉은 옷을 입고 쇠스랑을 들고 선 우스꽝스러운 모습이다. 그러나 성경은 인간의 장난스러운 풍자적인 존재로 묘사하지 않는다. 그보다 훨씬 무서운 실제적인 존재이다. 변화무쌍한 존재이다.

2 마귀는 변장술에 능한 존재이다

성경에서 가르치고 있는 마귀의 이미지는 광명한 천사로 변장함이 탁월한 존재이다. 고린도후서 11:14에 보면 "사탄도 자기를 광명의 천사로 가장한다."라고 하였다. 자신을 지극히 선한 존재인 것처럼 꾸미는 일에 탁월한 능력을 지닌 자이기에 사람들이 대부분 속아 넘어가기 쉽다. 그래서 성경은 그를 '간교한 자'라고 한다. 그 간교함은 사람들을 속이는 탁월한 교활함을 말한다. 에덴동산에서 아담과 하와를 속인 사단의 입은 뱀을 통해서 나타났는데 그 뱀을 간교하다고 묘사하고 있다(창 3:1). 사단은 결코 우스꽝스러운 바보나 가무단이 아니다. 그는 간교한 사기꾼이다. 그는 웅변력이 뛰어나다. 외모는 놀랄 만큼 아름답다. 어둠의 주관자는 광명의 옷을 입고 다닌다. 그의 화려한 화술과 천사로의 변신에 넘어가는 사람들이 한둘이 아니다. 그를 "거짓의 아비"(요 8:44)로 묘사하신 주님의 가르침을 우리는 깊이 새겨야 한다. 자신을 그리스도의 사도로 가장할 수 있는 속임의 명수이다. 자신을 참 진리라고 놀랍게 사람들을 속이는 사기꾼이 바로 사탄이다.

사탄이 어떻게 하와를 유혹하였는가? 진리를 왜곡하여 자기의 말을 진리로 받게 한 것이다. 오늘날에도 우리가 영적으로 깊이 깨어 있지 않으면 우리도 사단의 일군들에게 짓밟히게 되고 진리에서 떠나 악한 일들을 일삼게 될 것이다. 즉 하나님의 뜻을 저버리고 육체의 정욕에 이끌리게 하며 세상의 향락에 젖어 사랑하며 살게 된다. 그리고 그것이 마치 하나님의 참된 축복인 양 인식하게 하고 주님의 복음과 진리를 위해 고난 당함과 능욕당함을 결코 생각하지 못하게 한다. 그것을 말하는 것은 어리석은 극단주의자들의 행동이라고 간주하고 주 안에서 부귀영화를 누리는 것이 참 행복임을 열심히 각인시킨다. 이렇게 사단의 변장술은 모두를 속이기에 적합한 능력이다. 우리가 참 진리를 바르게 알지 않는 한, 진리 아닌 것을 진리로, 진리를 비 진리로 착각하며 신봉하게 한다. 그래서 우리는 진리의 말씀에 깊이 뿌리를 내리고 그 말씀 위에 굳게 서야 한다. 사도적 가르침을 잘 받아야 하며 그 안에서 행하는 자라야 한다.

사탄의 분장술로 속임 당함은 두 가지 차원에서 이루어진다. 하나는 자신의 힘을 과소평가하게 만든다. 다른 하나는 과대평가하게 만드는 것이다. 어느 경우든 사탄은 우리를 속이고 우리를 넘어트리려고 하는 것이다. 베드로는 사탄을 과소평가하였다. 예수께서 베드로가 예수를 부인하고 넘어질 것을 말하자 결코 그런 일이 일어날 수 없음을 말하면서 그는 단호하게 선언하였다: **"주여 내가 주와 함께 옥에도, 죽는 데도 가기를 준비하였나이다"**(눅 22:33). 베드로는 자기 능력을 과신한 것이다. 그리고 그를 끈질기게 넘겨달라고 밀 까부르듯 하는 사탄의 능력을 과소평가한 것이다. 주님이 말씀하신 사탄의 힘을 공개적으로 무시하였다. 그 결과 주님이 말씀하신 것처럼 그날 밤에 닭이 울기도 전에 주님을 모른다고 세 번이나 부인하였다.

이 사건을 통해서 성도들이 기억해야 할 것은 사탄이 결코 만만한 존재가 아니라는 점이다. 그렇다고 그의 기만에 속수무책으로 당하고만 말 것인가? 아니다. 사탄의 능력은 제한적이다. 그는 우리보다 강하지만 우리가 능히 그를 물리칠 수 있고 실제로 물리치시는 옹호자가 계신다. 성경은 분명히 말씀하신다: "**너희 안에 계신 이가 세상에 있는 이보다 크심이라**"(요일 4:4). 야고보 사도는 이렇게 말씀하신다: "**그런즉 너희는 하나님께 순복할지어다 마귀를 대적하라 그리하면 너희를 피하리라**"(약 4:7). 우리가 이렇게 우리 안에 내주하시는 성령 하나님의 권능을 힘입어 살면 분장술에 뛰어난 사단의 궤계를 능히 물리칠 수 있다.

3 사단은
우는 사자와 같다

그는 울부짖으며 삼킬 자를 두루 찾아다니는 사자의 형상을 가지고 있다(벧전 5:8). 앞에서 분장술에 뛰어난 존재라고 했던 것을 생각하라. 그리스도의 표상으로 사용되고 있는 사자의 위용을 그대로 베껴서 적그리스도의 원형인 사탄에 의해서도 사자의 이미지를 사용하는 것이다. 그런데 이 두 사자의 하는 일은 아주 정반대이다. 우는 사자와 같은 사탄의 일은 게걸스럽게 삼켜버리기 위한 것이지만 유다의 사자는 죄인들을 구속하시는 주님을 나타낸다. 사자의 힘은 밀림의 왕자답다. 그의 위용에 감히 누구도 맞설 생각을 하지 못한다. 그러나 파괴적인 그 힘은 그리스도의 힘과는 비교가 되지 않는다. 그리스도께서 이 땅에 오신 것 중 하나는 곧 마귀의 일을 멸하시기 위함이었다(요일 3:8). 그러므로 마귀는 예수께서 인간의 몸을 입고 이 세상에 오실 때부터 그를 죽이기 위해 안간힘을 다한 것이다.

실지로 예수께서 공생애를 시작하셨을 때 사탄은 그를 유혹하여 죄인을 구속하기 위한 주님의 사역을 대적하였다. 그것도 가장 사랑하는 예수의 제자들을 통해서 말이다. 그는 우는 사자와 같이 삼킬 자를 찾아다니는 부지런한 자이다. 밤낮 쉬지 않고 다닌다. 지칠 줄 모르는 근력을 자랑한다. 주어진 기회를 전혀 놓치지 않는다. 누가 먹잇감인지도 잘 안다. 세상 공중 권세 잡은 자답게 세상의 화려한 부귀영화를 보여줄 뿐 아니라 40일 금식기도 하고 난 후 배고픔을 이기지 못하고 계실 줄 알고 떡으로 시험하고 하나님의 능력을 의심케 하는 시험을 가하는 사탄의 모습을 우리는 생생하게 기억하고 있다. 그러나 하나님의 아들 예수 그리스도는 사탄의 그 어떤 간교함도 물리치셨다.

성도들이 기억할 것은 사탄이 그리스도의 힘과 지혜보다 못한 존재이지만 우리의 힘과 지혜보다는 훨씬 뛰어난 존재라는 사실이다. 그는 그리스도만큼 강하지는 않지만, 우리보다는 강한 존재이다. 고로 사탄의 일을 멸하시기 위하여 이 세상에 인간의 몸을 입고 오신 주 예수 그리스도를 굳게 붙들어야 한다. 그 안에서 행하는 자가 되어야 한다. 그래야 승리의 전리품을 하나라도 차지할 수 있다. 그렇지 않으면 누구도 사탄의 힘을 꺾을 수 없다. 그러나 성령 하나님의 권능은 사탄의 힘을 능히 제압하신다. 베드로를 밀 까부르듯 흔들었으나 그것은 잠시뿐이었다. 우리가 사탄을 과소평가하면 멸망의 선봉인 교만이 우리 안에 들어온다. 그러나 그를 과대평가하면 그에게 과분한 영예와 존경을 안겨다 준다. 우리는 이 둘을 피해야 한다.

그는 피조물에 불과하다. 그는 유한하고 그의 능력은 제한되어 있다. 하나님의 손안에서만 활동할 뿐이다. 구약에서 욥을 시험하려고 덤벼든 사탄은 분명히 하나님의 허용적 섭리 안에서만 움직였다. 사탄은 사람보다 강하다. 욥의 모든 재산과 자식들을 한꺼번에 몰살시킬 수 있는 능력이 있다. 그러나 하나님과는 견줄 수 없다. 강한 자 편에 서야 행세깨나 할 수 있는 것이다. 약한 자 편에 서면 일시적으로는 밥이라도 얻어먹을 수 있을지 몰라도 결국은 망하게 된다. 사탄보다 더 강한 주님 편에 서라. **"오직 나와 내 집은 여호와만 섬기겠노라"**라고 한 여호수아의 고백이 항상 우리의 고백이어야 한다. 사탄의 지식과 지혜는 우리보다 크다. 그러나 그는 전지하지 못한 존재이다.

그의 능력은 분명 탁월한 것이지만 전능한 것이 아니다. 우리보다 영향력의 폭이 크지만, 그는 무소 부재한 존재가 아니다. 사탄은 한 장소 이상을 동시에 차지할 수 없다. 선하든 악하든 모든 천사가 시공의 제약을 받듯이 사탄도 동일한 제약을 받는다. 확률로 치더라도 여러분이 평생 사탄을 직접 대면할 기회는 없을 것이다. 사탄의 하급 부하 중 하나가 즉 악한 영 중 하나가 여러분을 대면할 수 있을지 몰라도 사탄으로서는 우리보다 더 큰 표적을 대면하기 위해서 자신의 시간과 공간을 사용할 것이다. 사탄은 예수를 직접 공격할 때조차도 "얼마 동안" 예수에게서 떠나 있었던 것이다(눅 4:13). 그러므로 본문에서 사도 바울은 우리들의 싸움은 마귀의 궤계를 맞서는 것이지만 "**정사와 권세와 이 어두움의 세상 주관자들과 하늘에 있는 악의 영들에게 대한 것**"임을 분명히 하는 것이다.

여기서 우리가 한 가지 짚고 갈 것은 세상이 혼미해지고 있는 틈을 타서 사탄 숭배 주의라든지 혹은 귀신을 소재로 하는 영화들이나 드라마를 통하여 잘못된 인식들이 사람들에게 확산 되고 있는 점이다. 옛날에 엑소시스트나 오멘과 같은 유의 영화들이 한참 주를 이루더니 여고괴담이나 파묘를 필두로 하여 귀신들에 대한 영화들이 줄을 잇고 있다. 귀신 종류만도 엄청나게 많이 있다. 몽달귀신, 처녀 귀신, 선녀부인, 터 귀신, 달걀귀신, 나무귀신, 물귀신 등등. 이단 들 중에는 귀신론을 강조하는 자들도 있다. 특정 귀신이 특정 죄를 일으킨다고 한다. 술 귀신, 우울증 귀신, 담배 귀신이 있다고 하면서 귀신들을 쫓아내는 능력을 강조하는 목사들이 많이 있다. 그들 중 한 사람은 담배 귀신을 쫓아내는 것을 말하면서 한숨은 담배 귀신이 떠났음을 표시한다는 것이다. 담배 귀신은 숨을 들이쉴 때 들어오게 되지만 숨을 크게 내쉬면 나간다는 것이다. 구토는 술 귀신이 떠났다는 증거라고 한다. 그러면서 우리가 파악 가능한 모든 죄에는 다 귀신들이 있어서 귀신들을 다 내쫓아야 하고 다시는 들어오지 못하도록 필요한 조치(措置)를 취해야 한다는 것이다.

그러나 이러한 가르침은 성경 어디에도 언급함이 없음에도 불구하고 사람들은 거기에 귀를 기울인다. 슬프게도 사탄과 귀신에 대한 지나친 관심은 우리가 그리스도에게 관심을 덜 두고 살게 하는 것이요 하나님을 기쁘게 하는 것이 아니라 사탄을 숭배시키고자 하는 사탄의 간계에 빨려 들어가는 것이다. 사탄 숭배자를 비행기 안에서 만났다는 조엘 비키(Joel Beeke)목사의 이야기를 듣고 놀란 적이 있었다. 그가 어느 지역에서 열린 집회를 하기 위해 가는 길이었다. 기내식이 배분되자 옆자리에 앉은 승객이 간절히 기도하는 것을 보고 반가워서 '그리스도인이냐? 나도 그리스도인이다'라며 인사를 나눴는데 상대방은 그리스도인이 아니라고 대답했단다. 그래서 '그럼, 아까 누구에게 기도했냐고' 물었더니 사탄에게 기도했다는 것이다. 무엇을 위해 기도했냐고 했더니 하루에 미국 교회 200개가 문을 닫게 해달라는 것이었다. 말로만 들었던 사탄 숭배자를 목격하게 되고 기도 내용까지 알게 된 그는 부지런히 복음을 전했다는 경험담이었다. 전 세계적으로 교회의 무너짐이 심한 이유가 무엇인지를 진지하게 고민해야 한다. 복음을 들고 있는 한, 마귀와의 싸움에서 절대 물러설 수 없다.

성도가 귀신에게 사로잡힐 수 있는가? 아니다. 그리스도인은 성령께서 내주하고 있기에 귀신에게 사로잡힐 수 없다. 주의 성령이 계시는 곳에는 자유가 있다. 성령의 내주하심이 있는 자가 동시에 악한 영에게 지배당한다는 것은 그리스도의 구속 사건을 물거품 되게 하는 것이다. 그러므로 참되게 거듭난 성도들은 귀신들 때문에 혹은 마귀의 권세에 두려워 떨지 않는다. 거짓 영을 소유한 자들에게 귀신이 활동한다. 진리에 매이지 않으면 모든 능력과 거짓 표적과 기사로 사람들을 사로잡는다(살후 2:9-10). 마귀에게 초점을 지나치게 맞추면 죄의 실체를 부정하는 자리에까지 나간다. 우리가 죄를 범하는데 사탄이 동조자로 간여할 수 있다. 그러나 실행 죄에 대한 책임을 마귀에게 떠넘길 수 없는 것이다. 물론 그는 유혹자이다. 마귀에게 사로잡혀야만 술에 취하는 것이 아니다. 스스로 술에 취할 수 있는 악한 성향이 우리 속에 충분히 자리 잡고 있다. 우리는 마귀가 이 일을 하도록 만들었다고 변명할 수 없다. 사탄에게 유혹받았다고 말은 할 수 있어도 사탄의 지배를 받았다거나 협박에 못 이겨 죄를 범했다고 말할 수 있는 것이 아니다. 죄는 내가 범한 것이다.

    죄가 귀신의 지배 때문에 일어난다고 주장하는 자들의 잘못은 두 가지이다. 하나는 **죄에 대한 개인적 책임회피이다.** 사탄이 시켜서 한 일처럼 말하는 것은 자신의 범죄행위에 대한 변명거리이다. 또 하나는 **귀신을 추방하는 사역을 의지해야만** 죄 범함으로부터 해방될 수 있다는 잘못된 인식을 심는 것이다. 이것은 성경 전체가 가르치는 성화 개념을 부정하는 것이다. 오직 하나님의 진리로 거룩해 진다. 우리의 성결한 생활은 귀신을 쫓아냄으로 일어나는 것이 아니라 우리 안에 부어주신 성령 하나님의 능력을 의지함으로 나타나는 것이다. 고로 귀신론에 사로잡혀서 뭐든지 악귀가 들렸다고 하여 굿을 한판 벌어야 하는 식의 액땜을 이른바 기독교란 이름으로 저지르는 무당 굿판과 다를 바가 없는 신종 사이비 종교로부터 우리는 벗어나야 한다. 여러분의 영적 생명을 보존하기 위해서라도 그런 잘못된 가르침에서 벗어나야 한다. 떠나야 한다.

4 사탄이 인간에게 할 수 있는 일

사탄이 성도들을 공격할 때 사용하는 방법은 크게 두 가지이다. 그것은 유혹과 고소이다. 우선 유혹 문제를 살펴보도록 하자. 성경에 나타난 가장 큰 사탄의 유혹은 창세기와 마태복음에 있다. 인류의 시작을 다루고 있는 성경의 기록 첫 부분과 하나님의 아들 예수 그리스도의 공생애가 시작된 첫 부분에 사탄의 유혹이 가장 크게 드러난다. 유혹자로서 사탄의 일이 무엇인지를 보자.

먼저 사탄의 유혹을 생각하기 전에 먼저 우리가 알아야 할 전제 지식이 있다. 그것은 그의 간교함이다. 따라서 그의 간교함은 성도들을 유혹하는 일에 가장 폭넓게 사용된다. 성경에 나타난 사탄의 간교한 유혹은 창세기에서 인류의 조상 아담과 하와를 유혹한 장면과 하나님의 아들 예수 그리스도를 유혹하는 장면이 수록된 마태복음에서 가장 잘 드러난다. 이 두 사건에서 우리는 적어도 사탄의 간교한 유혹에 대하여 몇 가지를 살펴볼 수 있다.

첫째는 진리를 의심케 함으로 우리를 유혹한다. 우선 창세기 3:1을 보라: "하나님이 참으로 너희더러 동산 모든 나무의 실과를 먹지 말라 하시더냐?" 사탄은 하나님께서 아담과 하와에게 주신 하나님의 명령이 무엇인지를 너무나 잘 알고 있었다. 이것이 우리가 사탄의 유혹에 쉽게 넘어가는 이유 중 하나이다. 앞에서도 언급한 것처럼 광명한 천사로 가장하는 분장술이 뛰어난 사탄은 하나님의 진리를 왜곡시킴에도 탁월하다. 그가 하나님의 아들 예수 그리스도를 유혹할 때도 그는 하나님의 말씀으로 시험하였다. 따라서 우리는 진리를 섣불리 혹은 대충 알아서는 안 된다.

분명하게 배워야 하고 확실하게 알아야 한다. 배우고 확신한 일에 거하도록 힘써야 한다. 사탄은 우리에게 의심을 불러일으켰다. 하나님의 규율과 금령이 사람들에게 가혹한 것이라는 생각이 들게 하였다. '그토록 사랑이 많으신 하나님이 너희에게 그 좋은 열매를 먹지 말라'고 하신 것이 납득이 안 되는 일인 것처럼 의심을 불러일으킨 것이다. '정말 하나님이 동산 모든 나무의 실과를 먹지 말라고 한 것이냐?' 이에 대해서 하와는 마귀에게 이렇게 대답하였다: "**동산 나무의 실과를 우리가 먹을 수 있으나 동산 중앙에 있는 나무의 실과는 하나님의 말씀에 너희는 먹지도 말고 만지지도 말라 너희가 죽을까 하노라.**"

하나님은 아담과 하와에게 에덴동산의 모든 것을 다 주셨다. 다만 한 가지 예외가 있었을 뿐이었다. 그 예외는 동산 중앙에 보면 두 그루의 나무가 있었는데 하나는 생명나무가 있고 다른 하나는 선악을 알게 하는 나무가 있었다. 그러나 생명나무 열매는 따 먹을 수 있지만 선악을 알게 하는 나무의 열매, 이른바 **"선악과"**는 먹지 말라고 명령한 것이다. 따라서 아담과 하와가 이 한 가지 규정만 어기지 않는다면 그들은 그 동산에 있는 전부를 마음대로 요리할 수 있는 자유와 능력을 부여받은 자들이었다. 얼마나 놀라운 은총인가! 그런데 사탄이 그들이 누리는 자유가 진정한 것이 아니라고 그들 속에 의심을 불러일으켰다. 사탄은 **"하나님이 참으로 너희더러 동산 모든 나무의 실과를 먹지 말라 하시더냐?"**라고 물었다. 여기에 뱀이 하와를 유혹하는 간교함이 드러난다. 그 물음에는 하나님이 좋으신 하나님이 아니라는 것을 인식시켜 주고자 하는 의도가 들어있다. '너희의 자유에 한 가지 제약을 두신 하나님이라면 그것은 너희에게서 자유를 박탈한 것이나 다를 바가 없는 것이라'라고 주장하는 것이다. 하나님의 선하심과 공의와 자비하심을 정면으로 의심케 하기에 충분한 질문이었다.

하나님이 아담과 하와에게 동산에 있는 나무들의 열매들은 얼마든지 자유롭게 먹을 수 있게 하신 것은 지음을 받은 피조물이 누리는 최고의 행복이었다. 동산 안에 있는 것 중 그 어느 것 하나 아담과 하와가 만든 것이 있었는가? 풀 한 포기조차도, 돌멩이 하나도 그들의 손에 의해서 존재한 것이 아니다. 아름다운 하늘과 푸르른 초장, 공중에 나는 새들, 땅에 사는 들짐승들, 미세한 미생물들에 이르기까지 그 어느 것 하나도 그들의 손에 거쳐서 이루어진 것이 하나도 없었다. 인간이 살기에 가장 적합하고 부족함이 없는 여건을 조성하시고 그 속에 인간을 두신 하나님의 놀라운 자비하심이다. 거기에 비해 단 한 가지, 둘도 아니다. 단 한 가지 예외를 두셨는데 그것은 선악과만은 먹지 말라는 것이었다. 생명나무의 열매를 먹도록 허용하신 것은 인간이 영생할 수 있게 하시려는 하나님의 뜻이 있기 때문이다. 그러나 그 영생은 선악과를 입에 대지 않는 조건에서만 가능한 것이었다. 선악과를 먹지 않았더라면 그들은 분명 에덴동산에서 영생의 축복을 누렸을 것이다.

하나님이 그 법을 제정하신 것은 하나님의 공의 때문이다. 인간으로 최소한의 제약이 있음을 알게 하심으로서 하나님의 지음을 받은 피조물임을 인식하게 하심이며, 동시에 하나님을 떠나서는 그 어떤 자유도 참 자유가 아님을 알게 하신 것이다. 하나님을 떠난 인간의 자유란 방종일 뿐이다. 물을 떠난 물고기의 자유는 죽음이듯이 인간 역시 하나님의 정하신 법의 테두리 안에서만 참 자유를 누리는 것이다. 그러나 사탄은 이 진리를 뒤집고자 했다. 아름다운 인간들이 속박 속에서 사는 것은 있을 수 없는 일이라고 부추겼다. 하나님의 선하심과 공의를 의심케 하였다. 이러한 의심을 불러일으키는 일들은 지금도 성도들에게 사탄이 즐겨 쓰고 있는 방식이다. 십일조나 주일성수와 같은 것이 대표적이라고 할 수 있다. 하나님은 모든 것의 주인이다. 우리가 일을 해서 얻은 것들이 어떤 것이든지 그것은 다 하나님에게서 온 것이다. 모든 일에 하나님의 주인 되심을 인정하고 사는 자들이 성도이다. 그러나 불신자들은 하나님의 소유권을 인정하지 않는다. 그래서 그들은 하나님을 위해서 단 일원도 헌금하지 않는다. 아니 할 수도 없는 자들이다. 돈이 우상이기 때문이다.

그러나 성도들에게는 하나님의 소유권을 인정하라는, 다시 말해서 에덴동산에서 아담과 하와가 지음을 받은 피조물이요 하나님의 법을 떠나서는 살 수 없는 존재임을 늘 가슴에 깊이 새겨야 했듯이 십일조를 주님께 드림으로써 우리가 하나님께 속한 하나님의 백성임을 드러내는 일이다. 하나님의 소유를 하나님께 드린다는 믿음의 행위인 것이다. 그런데 하나님이 십의 구를 요구하셨다고 해보자. 해야 할까 말아야 할까? 그래도 해야 한다. 전부를 원하셔도 드려야 되는 것이 원칙이다. 선택의 여지가 없다. 그런데 자비하신 하나님은 십의 구를 원하신 것이 아니다. 십의 일을 원하셨다. 하나를 원한 것이다. 나머지 아홉은 임의대로 사용하고 먹을 수 있게 하셨다. 그렇다고 해서 우리 자신의 욕망을 달성하기 위한 일들에, 또는 흥청망청 무분별하게 사용해도 되는 것은 아니다. 진정한 그리스도인들은 나머지 아홉을 어떻게 효과적으로 하나님의 뜻을 구현함에 사용할지를 진지하게 고민하며 바른 경제활동을 위해서 노력하는 자들이다.

분명한 것은 그 모든 일의 주인은 하나님이다. 주일성수도 마찬가지이다. 일주일의 주기를 허락하신 하나님은 엿새 동안은 힘들여 우리들의 일을 하라고 권하셨다. 그러나 그중에 단 하루는 주님의 날이기 때문에 이날을 거룩하게 구별하여 지킬 것을 명령하신 것이다. 그러나 사탄은 십일조와 마찬가지로 하나님의 자비하심과 의로우심을 의심하게 한다. '참으로 너희더러 일주일 내내 주님의 날로 지키라 하더냐?' '참으로 너희더러 번 것은 모두 다 주님에게 바치라 하더냐?' 하나님은 가혹하지? 일단 이러한 의심과 부정이 심령에 파고들면 문제가 심각해진다. 그래서 주일도 자기 마음대로 사용한다. 그것이 진정한 자유라고 주장하면서 말이다. 십일조를 주님께 드리는 것을 포기하게 만들고 내 마음대로 사용하는 권리가 있다고 떠들게 한다. 결국 인간으로 하나님의 자비하심과 선하심을 더욱 맛보게 하고 그를 즐거워하게 하는 것이 아니라 하나님을 폭군으로 혹은 가혹한 독재자로 생각하게 하고 그로부터 떠나가게 만들고자 하는 사탄의 간교한 유혹 뒤에 있는 갈고리이다.

인류의 첫 조상들이 경험한 이런 유혹 거리들은 지금도

성도들에게 변함없이 찾아오는 유혹 거리이다. 사실 많은 것들을 누릴 수 있게 하시고 단지 한 가지만 금하는 것이지만 우리들은 하나님이 **우리로 아무 것도 못하게 한다**고 주장한다. 이것이 사탄이 우리들을 유혹하는 방식이다. 사탄의 유혹 단계를 눈여겨보라. 그는 하와의 심령에 하나님의 진리를 의심케 했다. 하와는 분명하게 답한다. 다 먹을 수 있지만 "**동산 중앙에 있는 나무의 실과는 하나님의 말씀에 너희는 먹지도 말고 만지지도 말라 너희가 죽을까 하노라 하셨느니라**" 라고 답하였다. 물론 하와의 이 대답은 정확한 대답이 아니다. 그러나 내용은 먹지 말라, 먹으면 죽는다고 하셨다는 주님의 뜻은 분명하게 드러냈다. 그러자 사탄은 곧장 반박한다. 정면으로 하나님의 진리를 공격하고 나선 것이다: "**뱀이 여자에게 이르되 너희가 결코 죽지 아니하리라 너희가 그것을 먹는 날에는 너희 눈이 밝아 하나님과 같이 되어 선악을 알 줄을 하나님이 아심이니라**"(창 3:4-5).

사탄은 여기서 하나님의 진리를 대담하게 부정하고 나섰다. 일단 우리 마음에 의심이 생기면 그다음 단계엔 사실 여부를 확인하는 작업을 하지 않는다. 부정하는 측면이 강하게 부각 되면서 법을 제정해 주신 하나님을 대적하는 자리에 나아가게 된다. 비꼬는 말로 시작되고 공격하는 단계에 이르게 된다. 그러면서 말꼬리를 잡고 싸우는 일이 벌어진다. 한마디로 피를 끓게 한다. 정확한 이성적 사고보다 감정적 사고가

판을 치는 세상이 되어버렸다. 성도들도 예외가 아니다. 지금 하와는 사탄의 진짜 같은 거짓말에 완전히 속고 있다. "**결단코 죽지 아니하리라!**" '그게 사실이란 말이야, 하나님이 우릴 속이시다니! 어찌 그럴 수 있어, 말도 안 돼. 우리가 하나님과 같이 될까바 금하신 거군!' 일단 의심과 부정이 마음에 자리 잡는 한 행동으로 옮기지 않으면 안 된다. 하와는 하나님이 금하신 열매를 성큼 따 먹었다. 인류의 비극이 시작된 결정적인 전환점이다.

문제는 누구 말이 사실이요 참인가 하는 것이다. 하와는 하나님 말씀이 사실인지, 사탄의 말이 진실인지 확인하는 작업을 벌이지 않았다. 예수는 사탄을 가리켜서 '거짓 말장이요 거짓의 아비'라고 분명하게 가르쳐 주신다(요 8:44). 그러나 사탄은 '아니다. 나는 참말을 하고 있고 하나님이 너희에게 거짓말을 하고 있다'라고 속였다. 그 속임이 너무나 강렬하여 하나님의 진리를 의심케 했다. 그 의심은 결국 하나님을 부정하는 자리에 나아가게 했다. 그것이 참 자유로 알고 행동했고 옳은 것인 줄 믿고 처신했지만, 결과는 돌이킬 수 없는 비극을 낳았다. 사탄이 성도들을 공격하는 방식은 한결같다. 그 방식은 지금도 여전히 관통하고 있다. 하나님의 진실성을 공격한 것이다. 하나님을 거짓말쟁이로 몰아간다. 하나님의 진리가 소용없는 것으로 전락 되게 한다. 더구나 사탄은 그 이유까지 적절하게 설명하고 있다. 그러니 하와가 넘어가지 않을 수 없었다. 하나님이 잘못되게 행동하셨다는 논리 때문이다.

하나님이 시기해서 그러셨다는 말이다. '너희가 그 열매를 먹기만 하면 너희도 하나님처럼 될 것인데 그렇게 되지 못하도록 금하셨다'라고 하는 말에 속았다. 아담과 하와가 눈이 열리는 것을 원치 않으셨다는 말이다. 자신이 지니고 계신 수준의 지식을 하나님 자신에게만 한정시키려고 하고 너희에게는 결단코 허락하지 않기 때문에 금한 것이라고 말한다. 아, 얼마나 설득력이 대단한 말인가! 하나님이 아담과 하와에게 금한 선악과 열매는 생명나무 열매와 비교할 때 아무것도 아니다. 그 효능으로 따지면 선악과는 단지 선과 악을 분별하는 능력을 갖출 뿐이다. 그러나 생명나무는 인간이 죽지 않고 영원히 살게 하는 열매를 맺는 나무이다. 그 열매를 먹으라고 허락해 주신 하나님이다. 그런데 선악과를 먹지 말라고 했다고 해서 인간에게 하나님이 부정직하고 불공정하며, 옳지 않다고 반기를 들었다. 이것은 명백한 죄악이다.

그 순수한 하와가 그만 사탄의 그와 같은 논리와 설득력에 굴복당한 것이다. 이러한 일은 오늘날에도 늘 상 일어나고 있다. 하나님의 진실성을 공격한다. 사도 바울을 보라. 얼마나 집요하게 그가 하나님으로부터 온 사도가 아니라고 사람들이 공격하였는지, 그의 목회를 어지럽히는 악의적인 선동을 사방에 퍼뜨리고 다녔다. 오죽하면 그가 편지를 쓸 때마다 '하나님의 뜻으로 말미암아 사도로 부름을 받은 자'라고 일일이 언급했겠는가? 더욱이 고린도 전서를 쓰면서 상당한 분량을 할애하여 자신의 사도권을 변호했었겠는가?

오늘날에도 주의 종들인 교회 지도자를 비방하는 악의적인 말들이 많이 떠돌아다닌다. 인터넷 사이트엔 그 도가 너무 심하여 읽기조차 낯부끄러운 것이 많이 있다. 사람들이 그런 기사에 귀를 기울이는 것은 가장 설득력 있는 논지를 사용해서 하나님의 합당한 일군이 아니라고 몰아세우기 때문이다. 같은 목사 편에서 그들의 공격은 결국 교회 지도자들인 개인에게 향한 공격 같지만, 그를 세우신 하나님을 공격하는 것과 같은 것이다. 주의 종이나 성도들이나 다 같은 것이지 전혀 다르지 않다고 말한다. 틀린 말이 아니다. 그러나 그 말의 진위는 말하는 사람들에 따라서 다르다. 일부의 사람들은 그런 주장을 통해서 주의 종들의 품위와 인격을 격하시키려는 의도를 가지고 있다. 결국 그들의 입을 통해서 선포되는 하나님의 진리를 하찮은 것으로 받게 한다. 설교 말씀에 힘을 실리지 못하게 하고 도리어 자신들의 말이 더 참된 것이라고 비방하는 일들이 한국 교회 곳곳에서 벌어지고 있다. 그러므로 사도 바울은 이렇게 호소하고 있다: "**우리가 하나님과 함께 일하는 자로서 너희를 권하노니 하나님의 은혜를 헛되이 받지 말라**"(고후 6:1).

사탄이 불어넣은 의심 거리는 하나님의 금령이 인간에게 불공정하고 이기적이기에 수용할 필요가 없다고 주장한 것과 같은 것이다. 그 일은 연약한 자들 편에서는 항상 옳은 주장이다. 강자가 공정하게 행동한다고 해도 그것은 약자에게 불공정한 것으로 둔갑할 수 있다. 강자가 진짜 약자들을 도와 헌신하고 있는 것도 약자에겐 억울한 대접을 받는 것으로 인식될 수 있다. 교회 안에서도 익히 경험하는 일이다. 참 그리스도인은 하나님의 진리를 진리로 받는다. 하나님이 교회 안에 세우신 지도자들을 지도자로 인정한다. 그들을 통해서 하나님은 하나님의 진리를 밝힌다. 그들을 무시하고 경멸하면서 나는 하나님의 은혜를 받고 있다고 말할 수는 없다. 그들을 통하지 않고도 얼마든지 은혜를 받을 수 있다고 장담할 수도 없다. 그것은 사탄이 하나님의 진리를 부정케 하는 수작이다. 하나님이 '성도들을 온전케 하고 봉사의 일을 하게 하고 그리스도의 몸을 온전히 세워' 가기 위해서 교회에 주신 선물은 주의 말씀을 전하는 일군들뿐이다(엡 4:11-12).

구약에서나 신약에서나 하나님의 일군들은 일반 성도들과 주님 편에서 볼 때 형편없는 죄인들이요, 누가 높고 낮은 지위를 가진 것으로 가르쳐주지 않는다. 그런데도 모세의 지도력을 붙들고 흠을 낸 아론과 미리암을 하나님은 죄 없다고 말하지 않으셨다. 더구나 그들의 주장은 모세가 분명히 잘못한 사실을 근거하여 말한 것이었다. 그들은 '어찌 하나님이 너하고만 말씀하시느냐 우리와도 말씀하지 않느냐, 그런데 어찌하여 네 맘대로 처신하느냐'고 항변한 것이다. "**하나님이 그 말을 들으셨다.**"고 민수기 12장 2절은 밝히고 있다. 그러면서 하나님이 이 세 사람을 불러 세우시고 말씀하신다. "**너희 중에 선지자가 있으면 나 여호와가 이상으로 나를 그에게 알리기도 하고 꿈으로 그와 말하기도 하거니와 내 종 모세와는 그렇지 아니하니 그는 나의 온 집에 충성됨이라 그와는 내가 대면하여 명백히 말하고 은밀한 말로 아니하며 그는 또 여호와의 형상을 보겠거늘 너희가 어찌하여 내 종 모세 비방하기를 두려워 아니하느냐**"(민 12:6-8). 비록 모세의 명백한 허물을 근거하여 비방한 아론과 미리암이었어도 그 일은 하나님을 진노케 하였다.

　물론 오늘날 목사는 모세가 아니다. 모세에게 말씀한 것을 오늘날 교회 지도자들에게 적용하는 것은 어떤 면에서 무리가 따른다. 모세처럼 하나님과 대면하며 지내는 목사는 없기 때문이다. 물론 영적인 측면에서 늘 하나님과 교제한다고 하지만 이는 성도들도 마찬가지이다. 그러나 여기서 우리가 끄집어내야 할 원리는 분명하다. 하나님이 교회에 세우신 하나님 진리의 일군들을 신뢰하지 못하게 하고, 비방을 하여 하나님 말씀이 작동됨을 막는 그 어떤 행위를 금하신다는 말이다. 그러한 일은 사탄의 시험방식이다. 사울 왕이 죽어야 마땅한 명백한 악의적인 행동들이 있음에도 불구하고 다윗은 그가 하나님의 기름 부음을 받은 자라는 것 때문에 그의 몸에 손을 대기를 거부했다. 철저하게 하나님께 맡겼다. 교회 지도자들을 공격하는 것은 누구에게도 복이 되지 못한다. 그래서 연합군을 맞이하여 싸워야 할 유다 나라 여호사밧 왕은 그의 백성들에게 이렇게 선포한다: "**너희는 너희 하나님 여호와를 신뢰하라 그리하면 견고히 서리라 그 선지자들을 신뢰하라 그리하면 형통하리라**"(대하 20:20).

옛날 전투에서는 항상 적의 수장을 치는 것을 제일 목표로 삼았다. 아군들은 자기들의 수장을 지키기 위해 노력했다. 수장이 넘어지면 나머지는 쉽게 정복당하기 때문이다. 사탄이 누구를 가장 많이 노리겠는가? 왜 에덴동산에 거처하는 아담과 하와를 노렸겠는가? 그들이 인류의 대표이기 때문이다. 왜 하나님의 아들 예수 그리스도를 노리고 공격했겠는가? 그가 구원받는 하나님의 백성들을 대표하는 둘째 아담이기 때문이다. 왜 교회 지도자들을 공격하기를 쉬지 않는가? 그가 교회 대표이기 때문이다. 교회 대표가 무너지면 그 안에 있는 자들도 다 공략당하는 것이다. 끊임없이 흔들어 대고 공략하는 사탄의 제일 목표는 항상 교회 지도자들이다. 과거 에덴동산에서 아담과 하와를 넘어뜨린 경험을 잊지 않는 사탄은 지금도 교회의 지도자들을 넘어뜨리기 위해서 각양 모양과 방식을 동원한다. 진리의 말씀으로 진리의 말씀으로 받지 못하게 하는 어떤 의심과 부정한 생각들과 행동은 설사 아무리 우리가 옳다고 할지라도 피해야 한다. 하나님의 은혜를 헛되이 받지 말아야 한다.

하나님의 정직성을 총체적으로 공격하고 있는 사탄의 간교함을 보라. 아담과 하와가 그 나무에 대해서 권리를 갖고 있다고 하지 않는가? 하나님이 금하신 규율은 불공정한 것이라고 아예 단정했다. 사람은 비록 하나님을 기쁘게 해드리지 못하더라도 자기가 하고 싶은 것을 할 양도할 수 없는 권리를 갖고 있다는 말이다. 이로 인해 많은 사람이 넘어진다. 똑같은 악마적인 생각이 매일 매일 우리들의 정신세계에서 발견된다. 우리가 매번 죄를 지을 때마다 하나님이 내게 하기를 바라시는 일보다 내가 하고 싶은 일을 하고 싶기에 죄를 짓는 것이다. 우리 마음속 깊은 곳에 하나님의 율법이 공정하지 않다는 패역한 생각을 품고 있는 한 우리는 결코 하나님을 기쁘게 할 수 없다. 하나님의 진리에 순종할 수 없다.

우리가 가진 권리를 생각해 보라. 어디에서 난 권리인가? 인간이기 때문에 당연히 여기는 권리를 잘 분석해 보면 그것조차도 하나님에게서 온 것이다. 에덴동산 전부를 관장할 권리는 인간에게 창조주 하나님께서 주신 것이지 인간 스스로 쟁취한 것이 아니었다. 하나님이 에덴동산의 주인이시다. 그 주인이 에덴동산을 관리하고 다스리고 생육하고 번성하며 경작하라고 주셨다. 따라서 인간의 기본권은 다 인간을 지으신 하나님에게서 온 것이지 사람 스스로에게서 우러나온 것이 아니다. 그렇다면 우리들은 항상 하나님의 권위에 복종해야 하고 그가 정하신 법칙에 따라서 움직여야만 행복한 신앙생활을 할 수 있는 것이다. 우리가 가진 권리가 무엇이든 그것은 다 주님이 주신 것이다. 주님이 허락하지 않은 것은 그 누구도 권리행사를 할 수 없다. 그런데도 인간은 마치 이 권리가 자신들에게서 나온 자신들의 소유인 양 하나님의 진리를 총체적으로 부정하는 말과 행동을 두려워하지 않고 행한다.

필자는 이 부분에 대해서 하나님께 회개할 것이 많다. 사도 베드로가 분명하게 권면하고 있는 것과 같이 마치 내 것인 양 허세 부린 것이 많이 있다는 느낌이 있기 때문이다. 사도 베드로는 뭐라고 가르치는가? **"너희 중에 있는 하나님의 양무리를 치되 부득이함으로 하지 말고 오직 하나님의 뜻을 좇아 자원함으로 하며 더러운 이를 위하여 하지 말고 오직 즐거운 뜻으로 하며 맡기운 자들에게 주장하는 자세를 하지 말고 오직 양 무리의 본이 되라"** (벧전 5:2-3). 이 말씀 중에 **"맡기운 자들에게 주장하는 자세를 하지 말고"** 라는 말씀에 가장 많이 마음에 찔렸다. 다른 것은 솔직하게 말해서 그렇게 하려고 애를 쓰고 있음을 목자 장이신 주님께서 아신다고 본다. 그러나 양 무리의 본이 되는 일들은 그렇지 못했다. 목사라고 해서 허세 부린다든지, 교수라고 해서 인간적인 권위를 앞세우고 있는 죄를 범하는 것은 아닌지 두려운 마음이 있다. 주님이 세우신 법안에서 양 무리의 본이 되도록 교회 지도자들을 위하여 기도하기를 멈추지 말라. 목사나 회중은 사단의 시험에 들지 않도록 조심하며 진리의 하나님을 부정하거나 의심하는 악에 빠지지 않도록 주의 말씀을 굳게 붙들어야 한다.

〈특별 묵상 4〉

예수 그리스도께서 받으신 시험[56]

　아담과 하와가 받은 시험과 예수 그리스도께서 받은 시험은 같은 것이 아니다. 아담과 하와는 낙원 한복판에서 일어난 것이었다. 아담에겐 그를 위로해 줄 아내 하와가 있었다. 그는 배고픈 일을 경험한 적이 없었다. 손만 내밀면 얼마든지 맛있는 음식을 먹을 수 있었다. 모든 것을 쉽게 사용할 수 있는 거리에 있었다. 그러나 그리스도는 홀로 있었다. 고독한 중에 있는 것도 힘겨운 것이었지만 그가 처해 있는 환경 역시 최악이었다. 유대 광야에는 전갈이 득실거리고 있고 가시덤불이 우거져 있으면 그리고 몇 종류의 새들이 서식하는 곳이었다. 온정을 나눌 사람이 하나도 없는 상황에서 예수는 사십 일 동안 음식을 전혀 드시지 않았다. 그곳에 간교한 사탄이 찾아왔다. 이처럼 전혀 다른 상황이었지만 쟁점은

---

[56] 마태복음 4장 1-11절 중심으로.

같은 것이었다. 하나님 말씀의 **진실성을 공격한 것이다.**

사탄은 예수에게 다가가 이렇게 말한다: "**네가 만일 하나님의 아들이어든 명하여 이 돌들이 떡 덩이가 되게 하라**"(마 4:3). 이 질문에서 우리가 주목할 것은 사탄이 '너는 하나님의 아들이니까…'라고 말하지 않은 점이다. 강조점은 '만일'이다. '만일 네가 하나님의 아들이어든…'이라고 말했다. 왜 '만일'인가? 이것은 하나님의 아들 예수의 자기 인식을 의혹케 하고 부정하려는 사탄의 술책이다. 예수께서 40일 금식기도 하시기 전에 하늘로부터 예수께서 들은 음성을 기억하는가? 요단강에서 세례를 받으실 때의 장면을 마태는 3장 16절 이하에서 이렇게 기록하고 있다: "**예수께서 세례를 받으시고 곧 물에서 올라오실 새 하늘이 열리고 하나님의 성령이 비둘기 같이 내려 자기 위에 임하심을 보시더니 하늘로서 소리가 있어 말씀하시되 이는 내 사랑하는 아들이요 내 기뻐하는 자라 하시니라.**" 같은 내용을 기록하고 있는 누가복음 3:22에서는 "**너는 내 사랑하는 아들이라 내가 너를 기뻐하노라**"라고 하셨다. 하나님은 분명 아들 예수에게 하나님의 사랑하는 아들임을 선포하셨고 확인하여 주셨다. 이제 죄인들을 구원하시려는 주님의 공생애를 시작하는 시간에 하나님의 아들로서 가야 할 길을 분명하게 인식시켜 주신 것이다.

그런데 사탄이 지금 40일을 금식기도 한 후에 굶주린 상태에 있는 예수께 나아와 질문한 것이다. "**네가 만일 하나님**

의 아들이어든." 다시 말해서 '네가 정말로 하나님의 아들이라고 확신하느냐? 만일 네가 하나님께 그토록 사랑받는 아들이라면 지금 여기서 뭐하고 있느냐? 아무것도 먹을 것이 없는 이곳에서 처량하게 있을 것이 아니다. 너의 이 처지가 정말 네가 하나님의 사랑받고 하나님의 기뻐하시는 아들인지 확인해 보자. 지금 무척 배고프지? 정말로 하나님의 아들이라면 이 돌 몇 개로 떡을 만들어 보라. 그게 뭐 크게 잘못된 것은 아니겠지?'

물론 예수께서는 40일을 금식하셨기 때문에 허기짐이 심했을 것이다. 금식 기도해 본분들은 다 아시겠지만, 하루 금식도 힘든 일이다. 10일, 20일, 30일 40일 정말 아무나 할 수 있는 일이 아니다. 머릿속에 음식이 빙빙 도는 일이 허다하다. 눈만 감아도 밥상이 아른거리는 것이 금식할 때의 경험들이다. 그런데 40일 금식기도를 끝냈으니 먹을 것을 찾는 것이야말로 당연한 일이다. 돌 몇 개로 떡 만드는 것이 주님에겐 식은 죽 먹기였다. 그러나 주님은 사탄에게 즉각적으로 대답하였다. **"사람이 떡으로만 살 것이 아니요 하나님의 입으로 나오는 모든 말씀으로 살 것이라."** 주님에게 있어서는 육신의 배를 채우는 것보다 더 중요한 것이 의에 주리고 목마름이었다. 예수의 음식과 음료는 요한복음 4장 32절 이하에서 분명하게 언급하고 있는 것과 같이 제자들이 알지 못하는 양식이 있다. 그것은 "**하나님의 뜻을 행하며 그의 일을 온전히 이루는**" 것이었다. 예수의 삶의 모든 동인은 육신적인 배고픔과 목마름이 아니었다. 유대 지역을 떠나 갈릴리로 가시는 길에 사마리아를 통과하여 가는 여정에 몹시도 피곤하셨고 먹을 것이 없었기에 시장하신 예수님이었다. 제자들이 급히 먹을 것을 구하러 나간 사이에 사마리아 여인에게 복음을 전파하신 후 돌아온 제자들에게 한 말씀이었다. 전혀 배고파하지 않으신 주님은 오로지 하나님의 뜻을 행하며 죄인을 구원하시려는 하나님 아버지의 일을 온전히 이루어 드리는 일에 모든 관심이 쏠려 있었다. 그 일을 하시기 위해 오신 예수님이었다.

사탄은 주님의 이러한 자기 인식과 사명에서부터 예수를 떨어뜨리려고 했다. 그러나 예수님은 사탄의 간교한 말을 꿰뚫어 보았다. 예수의 마음에는 '만일'이라는 것이 없다. 하나님께서는 이미 그가 하나님의 사랑하는 아들이요 기뻐하는 자임을 말씀하셨다. 이에 대해 추호의 의심도 없었다. 의심할 필요가 없다. 주님은 하나님의 입에서 나오는 모든 말씀을 힘입어 사셨다. 아담과 하와는 사단의 유혹에 넘어가 하나님 말씀의 진실성을 부정했다. 그러나 주님은 한 발짝도 물러서지 않았다. 이것이 오늘 성도들이 배워야 할 교훈이다. 하나님이 우리를 위하시면 누가 우리를 대적하겠는가? 사도 바울의 이 선언은 지금도 우리를 넘어뜨리고자 간교한 술책을 동원하는 사탄의 전략에 능히 대처하는 유일한 길이다. 사탄은 지금 성도들의 신분에 대하여 공격한다. 그것도 하나님 말씀의 진실성을 부정하는 전략을 사용한다. 우리가 하나님의 자녀임을 부정하는 일을 한다. 이 부분에 대해서는 사탄의 두 번째 공격 전략인 참소 부분을 다루면서 더 생각하고자 한다. 그러나 분명한 것은 **"영접하는 자 곧 그 이름**(주 예수 그리스도)**을 믿는 자에게는 하나님의 자녀가 되는 권세를"** 받은 자라는 사실이다. 구주 예수를 믿는 모든 성도는 다 누가 뭐라고 해도 하나님의 자녀이다. 성도에게는 '만일'이라는 말이 필요 없다. 우리는 하나님의 아들들이요 딸들이다.

사탄은 예수를 다시 공격하였다. 이번엔 사탄도 예수께서 사용하고 있는 성경을 인용하였다. 예수를 성전 꼭대기로 데리고 간 사탄은 **"만일 네가 하나님의 아들이어든 뛰어내리라"**고 말했다. 그 근거로 하나님이 성경에 말씀하기를 **"저가 너를 위하여 그 사자들을 명하시리니 저희가 손으로 너를 받들어 발이 돌에 부딪히지 않게 하리로다."**라고 말씀한 것을 들이대었다(마 4:5-6). 물론 사탄이 사용한 이 성경 구절은 성경에 있는 내용을 그대로 사용한 것이 아니다. 왜곡된 해석을 들이댔다. 성경을 성경과 대립시킴으로써 성경을 곡해한 것이다. 죄를 정당화하기 위한 근거로서 성경에 호소했다. 주님은 성전에서 뛰어내릴지라도 사자들이 상하지 않도록 지켜

준다고 말씀한 것이 아니다. 주께서 구속의 일을 성취하시러 가는 길에 지켜주시며 손을 붙들어 발이 돌에 부딪히지 않게 하시겠다고 한 것이다. 사탄의 성경 인용은 실은 이런 의미였다. '좋다, 예수야, 너는 성경을 믿는다고 말한다. 그러면 그걸 증명해 보라. 하나님을 시험해 보라, 여기서 뛰어내려 천사들이 정말로 너를 받아 주는지 보자.' 주님은 이와 같은 사단의 유혹에도 정면으로 받아 쳤다.

그는 다시 기록된 말씀으로 정확하게 사단을 공격한다: **"주 너의 하나님을 시험하지 말라"**. 예수께서 하신 말씀은 분명하다. '나는 하나님의 약속을 안다. 그러나 금령이 딸린 약속으로 나를 시험하러 들지 말라. 성경은 하나님을 시험해서는 안 된다고도 말씀하신다(신 6:16). 나는 굳이 성전 꼭대기에서 뛰어내리지 않아도 천사들이 나를 보호해 준다는 것을 안다. 하나님이 그렇게 말씀하셨고 나는 그 말씀이 사실임을 확신 한다.' 실지로 사탄의 모든 시험이 끝나고서 마귀가 예수를 떠나자, 천사들이 나아와서 수종 들었다(마 4:11).

우리는 종종 사탄의 이러한 전략에 쉽게 넘어가 결국 하나님을 부정하게 된다. 한 번도 하나님은 하나님을 시험해도 좋다고 말씀한 적이 없다. 단 한 가지 예외는 있다. 그것은 세상을 사랑하고 돈을 사랑하는 사람들이 결코 듣고 싶어 하지 않는 것이다. 말라기 3:10 말씀이다: **"만군의 여호와가 이르노라 너희의 온전한 십일조를 창고에 들여 나의 집에 양**

식이 있게 하고 그것으로 나를 시험하여 내가 하늘 문을 열고 너희에게 복을 쌓을 곳이 없도록 붓지 아니하나 보라." 그러나 우리는 정말 하나님이 자신을 시험해 보라는 것은 시험하지 않고 시험치 말라는 것엔 시험해 보고 싶은 욕망에 사로잡힌다.

하나님의 살아계심을 부정하는 짓을 해서는 안 된다. 수년 전에 독사의 독을 마시면서 믿는 자에게는 독사의 독이 해를 미치지 않는다고 큰소리치며 방송에서 장담하며 실행한 것은 하나님을 시험하는 일이다. 죽음을 피할 수 없는 일이 되었다. 사자의 굴에 어린아이를 집어넣고 물려 죽지 않는다고 시행했다가는 아이를 잃을 뿐이다. 물론 다니엘은 사자 굴에서도 살았다. 그의 세 친구는 극렬히 타는 풀무 불에서도 살아남았다. 도리어 그들을 불 속에 집어넣은 군사들은 열기에 타 죽었어도 그들은 살았다. 그런데 우리가 알아야 할 것은 그들 모두가 스스로 사자 굴에 던져 넣으라, 또는 불 속에 던지라고 말하며 하나님이 살려주는지 안 하는지 보자고 허세 부린 적이 없다. 그들은 단지 진리의 말씀을 붙들었고 진리의 하나님을 믿는 신앙을 지켰다. 그리고 하나님께서 구원하지 않을지라도 왕의 신상 앞에 절하지 않겠다는 굳은 믿음을 보였다. 결국 하나님이 그들을 살려주신 것이다.

사도행전 28장에 보면 바울이 죄수의 몸으로 로마에 가는 길에 풍랑을 만나 모든 선원과 죄수들이 다 멜리데라는 섬에 잠시 정박하게 되었다. 죽을 고비를 넘긴 이들은 토인들의 특별한 대접을 받으며 모닥불을 쬐고 있었는데 나무속에 숨어 있던 독사가 튀어나와 불을 쬐고 있던 사도 바울을 물었다. 모두가 그 광경을 보았다. 사람들은 실로 바울이 살인자라고 생각하여 바다에서는 살았을지 몰라도 땅에서 공의가 살지 못하게 한다고 하며 그가 곧 피를 토하며 사지가 뻣뻣이 굳어 죽어갈 것을 기대하고 지켜보았다. 한참 지났으나 조금도 상함이 없이 멀쩡하게 살아 있었다. 그 일로 인하여 그 섬의 토인들이 복음을 듣게 되는 놀라운 일이 벌어졌다. 하나님의 영광을 선포할 수 있었다. 여기서도 사도 바울이 일부러 독사의 입에 손을 갖다 댄 것이 아니었다. 성경의 사람 중 누구도 하나님을 시험하고자 나선 자는 없다.

그러나 우리는 물질 때문에 하나님과 흥정하고자 덤비는 일이 얼마나 많은가? 우리는 건강 때문에 하나님과 담판 짓고 싶은 유혹이 얼마나 많은지 모른다. 돈 벌게 하지 아니하면 하나님이 계시지 않은 것인가? 건강 회복시켜 주지 않으면 하나님이 없는 것인가? 좋은 직장 주지 않으면 하나님이 없는 것인가? 우리는 하나님을 시험하는 죄를 범해서는 안 된다. 그러나 하나님이 시험하라고 한 십일조는 온전히 하라. 분명 하나님이 창고에 쌓을 것이 없도록 넘치게 부어주실 것이다. 이것도 오해하지 말라. 온전한 십일조를 하면 갑자기

벼락부자가 된다는 말이 아니다. 넉넉하게 쓰고도 남게 할 것이며 남에게 베풀고 주님의 복음을 위해서 아낌없이 쓸 수 있도록 복을 주실 것이다. 온전한 십일조라고 했다. 수입이 얼마가 되든, 계산하지 말고 주님께 드리라. 적은 것은 십일조하고 큰 것은 십의 이조, 혹은 십의 삼조를 할 생각하지 말라. 월급은 십일조 하고 경조사 수입이나 부동산 팔은 이득에 대해선 입 닦는 일들은 온전한 것이 아니다. 하나님 앞에서 큰 사람이 되라. 우리의 헤아림으로 우리도 헤아림을 받는다. 많이 심은 자는 많이 거두고 적게 심는 자는 적게 거두는 것이 주님의 법칙이다.

이제 사탄이 마지막으로 예수를 시험하는 장면을 보자. 사탄은 예수님에 대하여 전략을 바꾸었다. 이 세상의 모든 왕국과 그 영광을 다 보여주었다. 그러면서 말한다: '만일 내게 엎드려 경배하면 이 모든 것을 네게 주리라.' 누가복음 4장 6절에서는 사단의 구체적인 말이 첨가되어 있다: '이 모든 권세와 영광을 내가 네게 주리라 이것은 내게 넘겨준 것이므로 나의 원하는 자에게 주노라 그러므로 네가 만일 내게 절하면 다 네 것이 되리라.' 권세와 영광이야말로 모든 인간이 탐내는 것이 아닌가? 엄청 큰 유혹이다. 천하만국과 그 영광을 다 주겠다는 제의에 넘어가지 않을 자가 누가 있으랴! '그까짓 한번 절해서 얻어지는 이 부귀영화라면 못할 리가 없지!' 우리들은 대체로 그렇게 생각한다. 누가 여러분들에게 50억을 제시하면서 절간에 한 번만 가서 부처에게 절하자고 할 때 그것 단호하게 거절할 수 있겠는가?

머뭇거리는 자들은 주 예수께서 대답하신 것을 들으라: "**예수께서 말씀하시기를 사탄아 물러가라 기록되었으되 주 너의 하나님께 경배하고 다만 그를 섬기라 하였느니라.**" 이번에도 사탄이 노리는 목적은 똑같았다. 그것은 하나님 말씀에 대한 부정이다. 사탄의 제안을 받아들이면 예수님은 하나님의 말씀을 포기하셔야 한다. 그러나 예수께서는 성경을 가지고 사탄을 물리치셨다. "**사탄아 물러가라!**" 신명기 6:13을 인용하시면서 "**기록하기를 주 너의 하나님께 경배하고 다만 그를 섬기라 하였느니라!**" 하나님이 입에서 나오는 모든 말씀으로 사는 것임을 다시 한번 천명하신 주님의 답변이었다.

우리는 기도 생활에 있어서도 깊이 생각해야 할 부분이 있다. 주님께서 가르쳐주신 대로 인간의 염려 거리, 예를 들면 "**무엇을 먹을까, 무엇을 마실까, 무엇을 입을까 하지 말라, 이는 다 이방인들이 구하는 것이라 너희 천부께서 이 모든 것이 너희에게 있어야 할 줄을 아시느니라**"라고 분명하게 선언하셨다(마 6:31-32). 우리가 기도하는 것들 대부분은 하나님이 우리에게 필요한 것이 무엇인지 알지 못할 것임을 전제하고 기도한다. 그래서 우리의 필요에 대한 것들을 열심히 청구한다. 사람이 떡으로만 사는 것이 아니라고 그렇게 가르쳐주었고 주님께서 몸소 실천하시기를 하나님의 입에서 나오는 모든 말씀으로 산다고 하였지만 천하만국의 부귀영화에 탐이 나서 쉽게 주님의 말씀을 부정하고 마는 우리들의 속물근성들을 사탄은 너무나 잘 알고 있다. 그것들을 제시하면 하나님의 말씀은 무용지물이 된다. 몸은 교회에 와서 예배하고 있지만 마음은 여전히 콩밭에 가 있는 것이다.

생명을 건지는 문제 때문에 주님께 예배하지 못하는 일들이 많은가? 아니면 경제적인 것 때문에 주님을 예배하는 일에 빠지는 것이 많은가? 정말 사람들을 살리는 일 때문이고 이 민족과 국가를 위해서 중요한 사명 때문에 공예배에 참여치 못하는가? 아니면 개인적인 이익이나 사적인 욕망 때문에 공예배에 빠지는 일이 많은가? 사단의 교묘한 전략에 우리는 속수무책으로 당해서는 안 된다. 지금도 전쟁 중이다. 잠시 방심하면 당하고 마는 것이다. 우리의 주된 관심은 주님의 나라와 그의 의이다. 그리하면 이방인들이 구하는 것조차도 하나님은 다 넉넉하게 채워주실 것이다. 더 나아가서 우리에게 있어야 할 것이 무엇인지 아시는 주님께서 그런 것 필요하지 않다고 말씀하신 적이 한 번도 없다는 사실이다. 우리는 떡이 필요하다. 그러나 떡만으로 사는 것은 아니다. 돈 때문에 돈을 숭배하고, 권력 때문에 인간들을 숭배하고, 하나님 대신 눈에 보이는 것들에 엎드리는 어리석은 일을 하지 말라.

하나님께 경배하고 다만 그를 섬기라. 이것이 사탄이 우리 곁에 얼씬거리지 못하게 하는 비결이다.

아담과 예수께서 받은 시험의 쟁점은 한 가지이다. 하나님의 말씀에 대한 신뢰성과 관련된 것이다. 우리 안에 주님의 진리 말씀에 대한 의혹의 여지가 조금만 있어도 우리는 타락의 길을 갈 가능성이 농후하다. 사탄은 그 틈새를 비집고 들어온다. 참 신앙은 보이지 않는 하나님을 보는 것처럼 믿는 것이다. 그것은 하나님에 대하여 어떤 그림을 그려놓고 섬기는 것을 말하는 것이 아니다. 하나님은 십계명에서 분명하게 선언하셨다: "너를 위하여 새긴 우상을 만들지 말고 또 위로 하늘에 있는 것이나 아래로 땅에 있는 것이나 땅 아래 물속에 있는 것의 아무 형상이든지 만들지 말며 그것들에게 절하지 말며 그것들을 섬기지 말라 나 여호와 너의 하나님은 질투하는 하나님인즉 나를 미워하는 자의 죄를 갚되 아비로부터 아들에게로 삼 사대까지 이르게 하거니와 나를 사랑하고 내 계명을 지키는 자에게는 천대까지 은혜를 베푸느니라"(출 20:4-6).

하나님은 어떤 형상도 만들지 말라고 하신다. 그런데 요즘 많은 교회에서 십자가상을 만들어 걸어 넣고, 소위 '성화'라고 해서 예수님의 화상들을 그려 벽에 걸어놓는다. 하나님이 말씀하시는 것은 하나님이 말씀하신 계명을 지키라고 했다. 성도들에게 필요한 것은 말씀을 대신할 어떤 무엇을 만들어 놓고 그것이 하나님인 양 섬기고 절하는 것이 아니다. 그것을 금한 것이다. 그러므로 하나님은 법궤도, 성경 원본도 감추셨다. 그것들이 하나님인 양 음란하게 섬기는 죄를 방지하시기 위함이다. 바른 신앙은 주님께서 말씀하신 것을 믿는 것이다. 하나님의 말씀을 믿지 못하는 것이 모든 죄의 근원이다. 죄는 하나님이 원하는 것을 싫어하고 하나님이 싫어하는 것을 내가 원하는 것이다. 신자의 욕구는 기록된 말씀에 맞춰야 한다. 하나님의 진리 말씀을 제쳐 둔다면 우리 눈에 옳은 일을 하는 것을 막을 장치가 없게 된다. 우리의 일을 하는 것이 불순종의 본질이요 사탄의 공격 목적이다. 우리 눈에 옳은 것에만 계속해서 초점을 맞추게 되면 하나님의 말씀을 지켜 행하는 일로부터는 점점 멀어지게 된다. 하나님의 말씀을 신뢰치 못하는 것이 죄악이며 그것이 사탄이 우리를 유혹하는 전략임을 잊지 말아야 한다.

사탄은 우리를 삼키려고 항상 올무를 친다. '비논리적인 이야기지만 올무를 피하는 방법은 그곳을 지나가지 않거나, 올무를 봐도 걸리지 않는 것이다. 그러나 올무를 놓는 사람은 그 두 가지를 염두하고 올무를 설치한다. 즉 반드시 그리로 지나갈 수밖에 없는 길에 올무를 설치한다. 그리고 올무에 걸려들 수밖에 없는 유혹을 제시한다. 새에게는 가장 좋아하는 곡식을 제공하고, 짐승에게는 이기기 힘든 식욕을 자극하는 고기를 설치하는 등 올무란 언제든지 긴장하고 있지 않으면 걸릴 수밖에 없는 속성을 가지고 있다. 그 유혹을 이기는 방법도 비현실적이긴 하지만 그것을 아예 안 보는 것이고, 또 한 가지는 봐도 꾹 참는 것이다. 그러나 일부러 눈앞에 잘 보이라고 배치한 것을 안 볼 수는 없다. 그리고 보이지 않게 설치하는 올무도 있으니 결국 특정한 사람을 겨냥하여 설치한 올무에는 걸릴 수밖에 없는 것이 현실이다.

그러나 그 유혹을 피하거나 이기는 제 삼의 방법이 있다. 그것은 올무의 유혹보다 월등하게 좋은 것을 보면서 올무를 지나치는 방법이다. 사람은 아주 큰 기쁨이 오면 작은 슬픔쯤은 이겨낼 수 있다. 그러므로 하나님의 말씀을 사랑하는 사람은 하나님으로 즐거워하기 때문에 차원이 낮은 세상의 유혹을 이겨낼 수 있다. 또한 내가 못 보는 올무일지라도 하나님은 보셨기 때문에 빛이요 길이신 하나님과 동행하면 말씀을 통하여 영안을 열어 올무를 보게 하신다.[57] 옛말에 '우리를 넘어뜨리는 것은 큰 산이 아니라 작은 돌부리다'라는 말이 있다. 펀치도 한 방의 케이오패도 있지만 작은 잽을 계속해서 맞는 것이 무너지는 요인이 된다. 우리를 유혹하고자 보이게 혹은 보이지 않게 쳐놓은 올무에 걸리지 않도록 항상

---

[57] 이광우, 시편 119:110 "악인이 나를 해하려고 올무를 놓았사오나 나는 주의 법도에서 떠나지 아니하였나이다." 묵상의 글에서 발췌.

깨어 있어야 한다.

그러나 늘 아쉬움이 있다. 신자들이 진리의 말씀을 들어도 왜 신앙이 자라지 못하는지 아는가? 한 가지 이유뿐이다. 그것은 하나님의 말씀을 들어도 등한히 여기거나 그 듣는 말씀을 믿음으로 화합하지 않기 때문이다(히 4:2). 다시 말해서 이것이 하나님께서 지금 내게 주시는 하나님의 말씀이라는 믿음이 없기에 가슴에 새기지 않으며 한 귀로 듣고 한 귀로 흘러버리는 것이다. 그것에 대하여 사도 바울은 데살로니가전서 2:13에서 이렇게 설명하고 있다: "**이러므로 우리가 하나님께 쉬지 않고 감사함은 너희가 우리에게 들은바 하나님의 말씀을 받을 때에 사람의 말로 아니하고 하나님의 말씀으로 받음이니 진실로 그러하다 이 말씀이 또한 너희 믿는 자 속에서 역사하느니라.**" 비밀이 여기에 있다. 사탄의 전략은 목사의 설교를 목사의 말로 들리게 하는 것이다. 그래서 성도들도 대부분이 오늘 목사의 설교가 어떠냐고 묻고 답하는 것은 있어도 주님이 목사의 입을 통해서 들려주시는 주님의 말씀이 어떠했는지를 논하는 것은 잘 못한다. 하나님 말씀으로 받을 준비와 각오가 없다. 당연히 우리에게 들려준 하나님의 말씀이 무엇인지를 생각하지 않는다. 그러나 목사의 말로 받아서는 아무런 유익이 없다. 하나님의 은혜를 체험하거나 그의 인자하심과 의로우심을 맛볼 수가 없다. 하나님의 말씀으로 받을 때 그 말씀이 하나님의 말씀이라고 믿는 자 속에서 살아 역사하게 된다. 그것이 삶을 변화시키고 말이 달라지게 하며 성령의 열매를 맺으며 살게 하는 것이다. 하나님의 성품을 닮게 한다. 목사는 설교 준비하면서 그 내용이 하나님의 말씀임을 믿는 마음으로 준비하는데 성도들은 사람의 말로 받으니 전하고 듣고 하는 일에 무슨 스파크가 일어나겠는가?

불신앙이 죄 임을 주님은 사단의 시험 속에서 분명하게 밝히셨다. 하나님의 말씀을 신뢰하지 않는 것이 하나님의 의로운 성품을 비방하는 죄악이다. 주님의 말씀을 신뢰하지 않는 것은 하나님이 목사를 통해서 혹은 기록된 말씀을 통해서 말씀하시는 것을, 하나님 자신도 모르신다고 주장하는 것이거나 하나님이 말씀하시는 것이 사실상 악하다고 주장하는 것과 같은 것이다. 어떤 경우이든지 하나님의 정직성과 의로움을 공격하는 것이다. 우리가 하나님의 말씀을 맹목적으로 믿으라고 하는 것이 아니다. 맹목적인 신앙은 미신과 비합리적인 편견에 기초하고 있다. 믿을 만한 이유가 없는데도 믿는 것이다. 그러나 하나님이 요구하시는 것은 맹목적인 것이 아니다. 인간은 늘 진실한 것 같아도 거짓이 많다. 자기모순에 빠질 때가 한두 번이 아니다. 그러나 하나님은 그런 결함을 가지신 분이 아니다. 항상 거짓말하고 약속을 잘 지키지 않는 사람의 말을 아무리 잘 믿으라고 해도 믿음이 가지 않을 것이다. 그러나 하나님은 그렇게 믿지 못할 존재가 아니다. 한 번도 어긴 적이 없고 거짓말을 하실 수 없으신 하나님이시다.

로마 가톨릭교회에는 '피데스 임플리시툼'(fides implicitum)이라는 말이 있다. 이것은 교회가 무오하다고 믿거나 맹목적으로 의지한다는 개념이다. 그러나 교회가 실제로 그토록 무오하다면 (그렇게 된다면 더 말할 나위가 없지만, 교회는 죄인들이 모이는 곳이기에 전혀 무오하지 않다) 교회도 믿음의 대상이 될 수 있다. 그러나 하나님 한 분 외에 흠이 없는 자는 아무도 없다. 하나님께만 '피데스 임플리시툼'이다. 그래서 믿음이 없이는 하나님을 기쁘시게 할 수 없다고 한 것이다. 거짓말쟁이인 사탄의 말에 신뢰를 둘 것인가 아니면 진실 무망하신 하나님께 신뢰를 두며 살 것인가? 사탄의 거짓된 유혹에 속아서 하나님의 진리를 떠나 악을 행하는 자들이 주변에 너무 많다. 그것도 진리인 예수 그리스도의 이름으로, 성 노회, 혹은 성 총회라는 이름으로 자행한다. 오로지 진리의 말씀을 굳게 신뢰하고 주님께 경배하며 그만을 따르고 그를 닮는 자라야 한다.

〈특별 묵상 5〉

참소자 사탄

　사탄은 성도들을 유혹함에 탁월한 지혜를 발휘할 뿐 아니라 참소하는 일에도 무서운 힘을 폭발시킨다. 우리를 넘어뜨리려고 온갖 교묘한 술책을 사용하는 사탄의 전술은 하나같이 하나님의 진정성을 무너뜨리고 진리를 왜곡시키는 것이 그 목적이며 그 일을 이루기 위해서 시와 때를 가리지 않는 무차별적인 공격을 퍼붓는 자임을 앞에서 생각했었다. 이제 그 전술과 함께 쌍벽을 이루는 또 다른 전략을 생각하고자 한다. 그것은 분명한 사실을 가지고 우리를 공격하는 사탄의 참소를 생각하며 그의 파상적인 공격을 어떻게 막아내고 우리의 위치를 견고히 구축하며 날마다 개선가를 부를 것인지를 상고하고자 한다.

　사탄은 종종 우리를 도덕적 혼란에 빠져 헤어 나오지 못하게 할 수 있다. 죄책감에 사로잡혀 고민하며 회개의 눈물을 흘려야 할 때 평안함을 느끼게 만들 수 있고 평안해야 할 때인데도 도리어 고통 가운데 거하게 만들 수 있다. 특별히 이런 현상들은 성도들이 매일 생활 속에서 저지르는 명백한 죄악 때문에 발생하는 것이다. 스가랴 3장에 보면 대제사장 여호수아가 사탄의 공격을 받는 장면이 기록되어 있다. 사탄은 감히 전지전능하신 하나님 앞에 서서 하나님의 거룩한 종을 정면으로 반박하며 의기양양한 모습으로 대적하고 있다. 감히 하나님의 판단에 이의를 제기하고 성도들에게 내리는 하나님의 자비하심을 어떻게 하든 지워버리려는 술책을 사용하는 것이다.

사실 여호수아는 거룩하신 하나님 앞에 섰음에도 불구하고 흰옷을 입은 것이 아니라 더러운 옷을 입고 섰다. 그러자 사탄은 어떻게 더러운 옷을 입고 하나님 앞에 설 수 있는지를 따진 것이다. 그의 지적은 틀림없는 사실이었다. 더러운 옷을 입은 여호수아였다. 그의 약점을 잘도 끄집어냈다. 실상 자신이야말로 더러운 존재 중에서 가장 더러운 존재이고 감히 하나님 앞에 설 수 없는 가증스러운 자임에도 불구하고 겨 묻은 개가 뭐 묻은 개 나무란다는 격으로 자신의 그런 정체는 숨기고 도리어 하나님의 종 여호수아를 싸잡아 고소하는 것이다. 그때 하나님은 사탄의 고소 사실을 인정하는 발언을 하신다. "이는 불에서 꺼낸 그슬린 나무가 아니냐?" 그리고 하나님 앞에 선 여호와의 사자에게 여호수아의 더러운 옷을 벗기고 아름다운 옷을 입혀주라고 명하신다. 더구나 하나님께서는 더러운 여호수아의 모든 죄를 제하여 버렸다고 말씀하시었다. 이것이 오늘 사탄의 계략에 밀려 고전하고 있는 성도들에게 주는 놀라운 위로와 격려의 메시지이다.

모든 성도는 다 불에서 꺼낸 그슬린 나무다. 지옥 불에서 건져낸 그슬린 나무다. 중요한 것은 바로 여기에 있다. 일단 불구덩이에서 나온 나무는 더 이상 화염의 열기에 의해 타지 않게 된다는 점이다. 잠시 그슬린 것뿐이지 다시 소생하지 못할 나무가 아니다. 때가 되면 반드시 잎이 자라고 꽃이 피어 열매를 산출할 수 있다. 그렇지만 여전히 그는 그슬린 나무라는 사실은 틀림없다. 그 나무를 누가 쥐든 손이 검정으로 범벅이 될 수 있다. 그슬린 이 나무의 속은 아닐지라도 표면은 숯덩이를 방불할 정도로 검다. 육체와 전쟁을 하는 성도들이 이와 같은 자들이다. 세상과 전쟁을 해야 하고 마귀와 전쟁해야 할 성도들의 외형적인 모습이 그와 다를 것이 없다. 주님의 손에 의해서 지옥 불구덩이에서 건져냄을 받은 자들일지라도 여전히 재에 덮여 있다. 검정은 그대로 존재한다. 불구덩이에서 나온 존재임은 틀림없지만 검댕으로 얼룩져 있다. 다시 말하면 주 예수 그리스도를 믿어 구속함을 받은 존재임은 분명하지만, 철저히 죄가 없는 자가 아니라는 것도 명백한 사실이다. 따라서 사탄은 우리의 검은 부분을 절대 놓치지 않고 지적하는 것이다. 그의 이 고소는 우리가 하나님의 자비를 생각하게 만들기보다 우리들의 죄를 더욱 의식하고 죄책감에 사로잡혀 하나님께 나오지 못하게 하려는 것이다.

여기서 우리가 기억할 것이 있다. 성도들은 지옥 불구덩이에서 건져낸 그슬린 나무와 같은 존재임은 분명하지만, 그 불 속에서 건져냄을 받은 자라는 사실이다. 그러나 한편으로 여전히 지옥 불구덩이에서 활활 타오르는 욕망에 침몰하고 있는 자들이 있음도 사실이다. 사탄은 그런 자들을 시험하지 않는다. 왜냐하면 그냥 둬도 그들은 사탄을 대적하기는커녕 사탄의 말에 적극 순종하는 자들이기 때문이다. 지옥 형벌의 불구덩이 속으로 점점 깊숙이 빨려 들어가는 무리가 주변에 부지기수로 널려있다. 사람들이 어떻게 그 지옥 불을 피할 수 있는가? 돈으로 되는 것이 아니다. 지극히 선한 일을 많이 한다고 해서 되는 것도 아니다. 불에 타들어 가고 있는 나무는 누군가에 의해서 끄집어냄을 받아야만 소멸함을 면할 수 있다. 지금 여호수아를 가리켜 주님은 **"이는 불에서 꺼낸 그슬린 나무가 아니냐?"** 라고 반문하셨다. 이 말은 '어 앤, 내가 얼마 전에 건져 준 자가 아니야?'라는 주님에게 안면이 있는 자임을 내포하는 설명이다. 다시 말해서 여호수아는 주님의 구원 손길에 의해 끄집어냄을 받았던 자였다.

누군가에 의해 도움을 받지 않으면 스스로 불구덩이 속에서 뛰쳐나올 수 없는 것이 죄인들의 처지이다. 죄 가운데 잉태하고 출생하여 죄를 먹고 자란 인생들이 할 수 있는 것이란 오로지 죄짓는 일뿐이다. 따라서 외부에서 나를 건져주지 않는 한 지옥의 형벌을 벗어날 길이 없다. 그 길은 죄인들을 구원하시기를 기뻐하시는 사랑의 하나님께서 준비한 길이다. 그것은 죄인들을 위하여 십자가에서 고난을 겪으시고 죽임을 당하신 주 예수 그리스도를 믿는 길이다. 누구든지 주의 이름을 부르는 자는 구원을 얻으리라는 것이 주님의 약속이다. 죄와 허물로 죽은 인생들을 하나님은 주 예수 그리스도를 통하여 누구든지 그를 믿으면 멸망치 않고 영생을 얻게 하신 것이다. 이것이 복음이다. 이 복음을 가지지 못한 자들은 사탄의 참소를 받지 않는다. 왜냐하면 같은 편인데 고소할 일이 없기 때문이다.

　　그러나 성도는 고소당한다. 왜냐하면 하나님의 구원함을 받은 하나님의 자녀들이기 때문이다. 그러나 구원받은 성도들에게 여전히 검댕이 묻어 있다. 그런 우리를 만지는 자들도 더러워진다. 사탄의 예리한 눈에 우리의 검댕은 피해 갈 수 없다. 그래서 사탄은 성도들을 고소하는 일에 눈에 불을 켜고 달려드는 것이다. 성도들의 아픈 폐부를 찌르는 사탄의 고소는 하나도 틀리지 않는다. 사실이다. 음란한 우리의 죄악들, 거짓과 부패와 타락된 우리의 모습들, 위선과 시기와 미움과 원망을 버리지 못하고 달고 다니는 우리, 돈과 쾌락과 자기 욕심의 그물에서 벗어나지 못하고 기웃거리는 우리의 모습은 숨기고 싶어도 숨길 수 없는 것들이다. 사탄의 눈에 우리의 이런 모습이 비치지 않을 리가 만무하다. 개 눈엔 뭐만 보인다고 자기 자신이 그러한 일에 명수인데 어찌 사람들의 허물을 모른다고 할 수 있겠는가? 사탄의 이러한 고소를 당할 때 성도들은 묵묵부답일 수밖에 없는 것이다. 여호수아도 아무 할 말이 없었다. 사실이기 때문이다.

그러나 그때 성도에게는 사탄의 고소를 질책하는 하나님의 변호하는 음성이 들려온다. **"예루살렘을 택한 여호와가 너를 책망하노라."** 하나님께서는 사탄의 표독스러운 입을 막아 나선다. 이 과정은 마치 법정에서 죄인에 대한 최종 판결을 하는 장면과 유사하다. 재판장석에 성부 하나님이 앉아 계신다. 그리고 앞에는 죄인인 여호수아가 서 있다. 그를 고소하고 벌하라고 추구하는 검사 측에 해당하는 참소자 사탄이 있다. 그리고 다른 한편엔 여호수아를 변호하는 변호사 측이 있다. 사탄의 고소에 변호사 측이 이의를 제기한다. '이의 있습니다. 이 사람은 내가 불 가운데서 꺼낸 그슬린 나무 가운데 하나입니다.' 재판장이신 하나님은 이 변호인단의 이의를 인정한다고 답하시는 것이다. 그 변호사가 누구인가? 신약 성경에 분명하게 등장하는 하나님의 아들 예수 그리스도이시다. 그가 불에 타고 있는 여호수아를 불에서 건져내셨다. 그의 피로 그 일을 이루셨다. 여호수아가 죄인임을 변호사인 예수 그리스도께서도 인정한다. 재판장이신 하나님도 인정한다. 그러나 변호사인 예수의 반론이 사탄의 고소보다 더 설득력이 있는 것이다. 사탄은 죄인을 잡아드려야 할 사실만 강조할 뿐이다. 그러나 예수는 죄 없는 자신이 그를 구원해 준 사람 중 하나임을 자기 피로 설득한다. 하나님은 아들 예수의 손을 들어주실 뿐이다. 그 전능자의 법정에서 고소자인 사탄은 잠잠할 수밖에 없다.

주님의 천사는 즉 하나님의 아들 예수 그리스도는 여호수아의 더러운 옷을 벗기고 아름다운 의의 옷을 입혔다. 깨끗한 관을 머리에 씌워주었다. 이것이 상징하는 것이 무엇인가? 이는 바울 사도가 로마서 13장에서 언급한 가르침과 같은 것이다: "우리가 어둠의 일을 벗고 빛의 갑옷을 입자 낮에와 같이 단정히 행하고 방탕과 술 취하지 말며 음란과 호색하지 말며 쟁투와 시기하지 말고 오직 주 예수 그리스도로 옷 입고 정욕을 위하여 육신의 일을 도모하지 말라"(13:12-14). 그렇다. 썩어져 가는 구습을 좇았던 옛사람의 일들은 다 벗어버리는 것이다. 그리고 하나님을 따라 의와 진리의 거룩함으로 지음을 받은 새 사람의 옷을 입는 것이다. 그리스도의 의의 옷을 입는 것이다. 이것이 성도이다.

더구나 머리에 깨끗한 관을 씌워준다는 것은 성도가 그리스도와 더불어 왕 노릇을 하는 자들로, 하늘나라를 기업으로 받는 상속자로 삼아주신다는 말씀이기도 하다. 지옥 불에 떨어져 죽을 인생들이 어떻게 그런 영광스러운 자리에 나아갈 수 있는가? '나는 죄인입니다' 고백하며 눈물을 흘리며 고개를 떨구고 재판장의 엄격한 형벌의 처분을 피할 수 없는 인생들이다. 그런데 얼굴에 환한 미소를 머금고 고개를 들고 당당하게 면류관을 쓰고 의의 하나님 앞에 설 수 있게 되는 것은 우리를 위해서 십자가에 못 박혀 죽으신 주님의 사랑과 은혜 때문이다. 우리가 구원받은 것은 우리의 행위로 말미암지 아니하고 주님의 은혜를 힘입은 믿음으로 말미암는 것이다(엡 2:8).

이 글을 읽는 독자 중 여호수아와 같이 더러운 옷을 입지 않은 사람이 누가 있는가? 그러나 그 더러운 옷을 언제까지 입고 다닐 것인가? 이젠 벗어버려라. 그리고 주 예수 그리스도께서 입혀주시는 의의 옷만 걸쳐 입으라. 사탄이 결코 우리를 참소하지 못할 것이다. 우리들이 범한 명백한 죄를 지적하고 나설 때 우리는 선언해야 한다. '맞다. 나는 죄인이다. 그러나 내 죄 때문에, 십자가에 못 박혀 돌아가신 우리 주 예수 그리스도를 믿는다. 그의 피로 내 죄가 다 씻김 받았음을 나는 믿는다. "나같은 죄인이 용서함 받아서 주 앞에 옳다함 얻음은 확실히 믿기는 어린 양 예수의 그 피로 속죄함 얻었다.'"라고 담대하게 선언하라.

주님께서 마련해 주신 이 옷은 일시적으로 대여해 주신 것이 아니다. 우리는 종종 옷을 대여해 입고 중요한 행사장에 갈 수 있다. 그러나 주님 앞에 서서 천국 잔치에 들어설 때 임대 복을 입고 들어갈 자는 아무도 없다. 주님은 영원히 우리에게 맞는 안성맞춤 예복을 주시는 것이다. 이 예복 없이 이 잔치에 들어갈 수 있는 자는 아무도 없다. 설사 들어왔다고 할지라도 불꽃 같은 눈으로 우리를 살피시는 하나님의 눈에 띄어 곧장 잔치 석상에서 쫓겨날 뿐이다. 우리는 가짜 의복을 입고서 그럴듯하게 교회 안에서 행세할 수 있다. 이 세상에서는 남자가 여장한다든지, 여자가 남장하고 사람들을 속일 수 있다. 교회 안에서 진정으로 거듭나지 못한 자들이 거듭난 자처럼 행세할 수 있다. 교회 직분도 받을 수 있고 설교도 할 수 있다. 그러나 하나님의 잔치 석상에서는 이것이 불가능하다. 어떤 거짓도 감식할 수 있는 최첨단 장비가 주님의 눈에 있기 때문이다. 그것을 피해 갈 수 있는 인생은 아무도 없다. 거짓의 아비요 사기의 천재인 사탄조차도 하나님께 자신의 정체를 숨길 수 없는데 하물며 우리 인생들이랴?

하나님을 속일 생각은 아예 하지 마라. 성경은 우리 마음을 하나님 여호와와 화합하라고 권한다. 다시 말하면 공의로 우신 하나님 앞에 마음을 진실하게 가지라, 정직하게 살라. 아무리 진짜 같은 가면을 쓴다고 해도 감별사 앞에선 들통이 난다. 부끄럼을 당할 뿐이다. 하나님이 준비해 주신 옷을 입어라. 세상이 아무리 그럴듯한 옷으로 입혀준다고 해도, 사람들이 아무리 훌륭한 옷을 가져다준다고 할지라도 그런 옷으로는 결코 하나님 앞에 설 수 없다. 하나님이 여러분 각자를 위해서 만드신 옷을 믿음으로 입으라. 그 옷은 우리 주 예수 그리스도의 의의 옷이다. 키가 크든 작든, 나이가 많든 어리든, 남자이든 여자이든 각자에게 안성맞춤의 옷을 준비해 주신 주님을 찬양한다.

오늘 본문에 보면 주님께서 여호수아의 죄과를 제거하신 뒤 깨끗한 옷을 입히셨다고 기록하고 있다. 그리고 주님은 불에서 꺼낸 그슬린 나무와 같은 여호수아에게 훈계하신다. **"내가 네 죄과를 제거하여 버렸으니 네게 아름다운 옷을 입히리라 하시기로."** 이 말씀 속에는 주님의 책망이 함축되어 있다. 무섭고 위협적 공포가 가득한 책망이 아니라 친절하고 인자하며 부드러운 음성으로 말씀하신다. 법정에 가본 적이 없기에 그 분위기는 잘 모르지만, 검사의 추궁과 기소는 한 치의 자비도 없는 가혹한 것이다. 그러나 분명하고도 정확한 논리를 들어서 검사의 고소를 반박하는 변호인의 논조는 죄인에게 달콤한 음성으로 들려짐이 틀림없을 것이다. 우리가 저지른 죄 문제를 생각할 때마다 '나의 맘에 수심 구름 가득하게 덮이고 슬픈 눈물 속절없이 흐를 때'라는 찬송이 떠오른다. 그러나 자비하신 주님의 변호하는 음성과 재판장이신 하나님 아버지의 음성을 들을 땐 '인자하고 부드러운 음성으로 부르사 나를 위로 할이 누가 있을까, 주 예수, 주 예수 주 예수밖에 누가 있으랴 슬퍼 낙심될 때에 내 친구 되시는 구주 예수 밖에 다시 없도다'라고 감격에 찬 찬송을 부를 수밖에 없는 것이다(83장).

지금 여호수아는 사탄의 고소와 하나님의 훈계를 동시에 들었다. 이것은 성도들이 경험하는 것과 다르지 않다. 우리가 죄를 지을 때마다 사탄에게 고소당하는 소리를 듣는다. 그리고 동시에 성령께서 우리의 죄를 깨우치시고 돌이켜 주시는 음성도 듣는다. 그 차이가 무엇인가? 사탄의 고소는 검사의 고소와 마찬가지로 어떻게 하든지 우리를 해치는 것이다. 우리를 지옥이라는 감옥에 집어넣으려는 것이 전부이다. 우리를 하나님으로부터 몰아내고 싶어 한다. 그러나 주님께서 우리에게 들려주시는 음성은 우리를 죄에서 돌이키게 하는 것이다. 죄를 깨닫게 하며 하나님께 더 가까이 나아가게 하신다. 이것은 성령 하나님이 우리 속에서 하시는 일이다. 사탄은 우리의 명백한 죄를 들어 망하게 하려는 것이요 성령께서는 죄에서 구원하시고자 하는 것이다.

우리가 성찬에 참여하는 것도 사탄은 '너 같은 주제에 어떻게 성찬에 참여할 수 있느냐?'라고 강하게 몰아붙인다. 그러나 성령 하나님은 죄를 자백하고 주님께 붙어살도록 우리를 인도하신다. 그리고 자비하신 음성으로 다시는 죄를 짓지 말고 빛의 자녀처럼 살라고 말씀하신다. 이 성찬은 우리의 죄가 주 예수 그리스도로 말미암아 용서받았다는 신앙고백과 우리가 주님에 의해 불 속에서 끄집어냄을 받아 이제는 살아 계신 하나님과 연합된 하나님의 자녀라는 놀라운 위로를 안겨다 주는 예식이다. 회개와 회복의 놀라운 축복의 역사가 농축된 거룩한 예식이다. 우리를 책망하시는 성령의 음성은 죄에서 돌이켜 주님의 은혜 안에 거하게 하심이지만 우리를 고소하는 사탄의 음성은 죄책감에 사로잡혀 은혜의 자리에서 이탈하게 하고 별수 없는 인간이라고 절망케 하고 도리어 더 악의 늪에 빠져들게 하는 것이다. 죄인들에게 사탄의 참소는 파괴를 낳지만, 주님의 음성은 회복과 위로를 생산한다. 그 증거가 성찬 예식이다. 복음의 핵심을 고스란히 담았다.

사탄은 우리가 회개하고 주님께 나아가는 것을 전혀 원하지 않는다. 죄인들이 돌이켜 죄짓기를 그만둔다고 해도 사탄의 추종자들은 결단코 기뻐하지 않는다. 사탄은 우리가 죄에 굴복되기를 열망한다. 돼지우리에서 사는 것과 같은 인생이 되기를 염원한다. 이런 사탄의 수하에 있는 자는 '왜 나를 이같이 만들었느냐고 혹은 왜 나를 이렇게 비참하게 살도록 내버려 두느냐'라고 하나님을 원망하며 절망의 늪에 빠져있다. 이것이 사탄의 궁극적인 목적이다. 본래 태생이 그래서 별수 없는 인간이라고, 쓰레기 같은 인생일 뿐이라고 비관하게 만든다. 호박에 줄 긋는다고 수박이 되느냐, 집안에서 새는 바가지 밖에서는 안 새느냐, 라는 등 별소리를 다 하면서 하나님의 은혜와 자비로부터 도망가게 하려고 사력을 다한다. 사탄은 우리의 귀에 대고 우리 옷이 더럽다고, 우리의 죄가 너무 커 의로우신 하나님을 결코 기쁘게 할 수 없다고 고함을 지른다.

그러나 주님의 음성은 우리의 회복이다. 새사람이 되게 한다. 우리를 용서하고 하나님의 품 안에 안기게 한다. '죄를 자각하게 되는 건 틀림없이 고통스러운 일이다. 하지만 그것은 우리를 아버지 사랑의 품으로 떠미는 고통이다. 유혹자 사탄의 소원과는 달리 하나님의 품을 떠나지 않는 게 곧 하나님을 기쁘게 해드리는 것이다. 또한 죄를 범하더라도 하나님께 돌아가는 것이 하나님을 기쁘게 해드린다.'[58] 주 예수 그리스도 구속의 은혜를 믿으라. 사탄의 고소가 있을 때마다 그를 대적하라. 무엇으로 대적하겠는가? 에베소서 6장에서 기록된 하나님의 전신 갑주이다. 그 내용을 자세히 들여다보면 우리 주 예수 그리스도와 관련이 없는 것이 하나도 없다.

따라서 주 예수 그리스도를 믿기만 하면 '진리의 허리 때, 의의 흉배, 평안의 복음의 예비한 신발, 믿음의 방패, 구원의

---

58 R. C Sproul, 『하나님을 기쁘시게 하는 법』, 생명의 말씀사, 95.

투구와 성령의 검'을 다 소유하게 된다. 우리도 사도 바울과 같이 담대하게 고백한다: "그러므로 이제 그리스도 예수 안에 있는 자에게는 결코 정죄함이 없나니 이는 그리스도 예수 안에 있는 생명의 성령의 법이 죄와 사망의 법에서 너를 해방하였음이니라"(롬 8:1-2). "누가 능히 하나님의 택하신 자들을 송사하리요 의롭다 하신 이는 하나님이시니 누가 정죄하리요 죽으실 뿐 아니라 다시 살아나신 이는 그리스도 예수시니 그는 하나님 우편에 계신 자요 우리를 위하여 간구하시는 자시니라"(롬 8:33-34).

우리를 고소하는 사탄을 대적하며 향하여 외치라: '모략자여, 꺼져라 참소자여 잠잠하라 하나님이 택하신 자를 누가 고소할 수 있단 말인가? 내 구주께서 내 죄과를 도말하셨다. 이 순간에도 나를 위해서 기도하신다. 마귀여, 그리스도께서 나를 위해 기도하는 소리를 듣지 않으려거든 귀를 막으라 그리스도는 나의 의이시다. 그의 공로가 내 것이다. 아무것도 나를 그 분의 사랑에서 끊을 수 없느니라.' 아멘!

4장
예수를 닮음

Resembling Jesus

4장
예수를 닮음

Resembling Jesus

하나님이 미리 아신 자들을 또한 그 아들의 형상을 본받게 하려고 미리 정하셨으니
이는 그로 많은 형제 중에서 맏아들이 되게 하려 하심이니라
또 미리 정하신 그들을 또한 부르시고 부르신 그들을 또한 의롭다고 하시고
의롭다고 하신 그들을 또한 영화롭게 하셨느니라

(롬 8:29-30)

'신자 되기 원합니다'라는 찬송가 가사에는 '예수 닮기 원합니다, 진심으로 진심으로'라는 구절이 있다. 예수님 닮은 그리스도인을 만나 보았는가? 이 질문에 대한 필자의 생각은 슬프게도 나도 닮은 꼴이 못 되는데 누구에게 기대해! 이다. 예수님처럼 생각하고 말하고 행동하는 일은 불가능에 가깝지만 신자는 작은 예수여야 한다는 생각은 지워지지 않는다. 그러나 '저 사람이라면 예수님이 계신 것을 알 수 있다'라는 소리를 듣는 자들은 얼마든지 만날 수 있다. 그리스도인이라면 그리스도를 따르는 자요, 그리스도를 닮아가는 자라야 한다. 전혀 닮음이 없다면 그리스도께서 내게 아무런 영향을 주지 못하니 따라야 할 이유가 사라진다. 그러나 기독교 역사 속에 예수 그리스도를 닮은 사람은 널려있다. 그들은 우리와는 다른 유별난 사람들이 아니다. 우리와 다름이 없는 평범한 사람들이다.

   그런데도 그들은 영적으로 비범하였다. 주님을 위한 그들의 마음은 여느 사람과 달랐다. 그들에게는 오직 예수뿐이었다. 주님으로 충만하였고 주님으로 만족하였다. 물이 없고 곤핍한 땅에서조차도 그들은 주님을 갈망하였다(시 63:1). 그들의 낙은 평생 주님을 찬송하는 것이었다. 그들의 힘은 주님을 기뻐하는 것이었다. 그들의 지혜는 주님을 경외하는 것이었다. 그들의 보화는 주님이었다. 그들의 자랑도 주님 외에는 없었다. 그들의 슬픔은 주님을 덜 사랑하는 것이었다. 그들의 탄식은 교인들이 하나님 말씀을 지키지 아니하는 것이었다. 경건한 자가 끊어지고 의인들의 터가 무너지는 것이었다. 그들의 소망은 오직 하나님께 두었다. 이러한 삶이 예수를 닮게 하였다. 그들은 종일, 날마다 주님 생각으로 가득했다. 이들은 인간의 가장 근본 되는 목적이 하나님을 영화롭게 하고 영원토록 즐거워하는 것임을 아는 자들이었다. 입술로만 주님을 경외한다는 것은 그들과 거리가 멀었다. 그들은 철저하게 하나님께 순종하는 것을 사람의 말을 듣는 것보다 좋아하였다. 그들은 세상 향락과 명예와 권력보다 주님의 이름을 위한 멸시와 능욕과 버림당함을 더 큰 보화로 간주하였다. 그들은 하나님이 직접 지으시고 경영하시는 보다 나은 성을 믿음으로 바라보며 살았다. 그러니 주님을 닮을 수밖에 없었다.

이것이 우리에게 중요한 이유가 무엇인가? 사실 주님을 닮지 못하면 하늘에 가서도 쫓겨날 수 있기 때문이다. 로마서 8장은 이렇게 말씀한다: "**하나님이 미리 아신 자들을 또한 그 아들의 형상을 본받게 하려고 미리 정하셨으니 이는 그로 많은 형제 중에서 맏아들이 되게 하려 하심이니라 또 미리 정하신 그들을 또한 부르시고 부르신 그들을 또한 의롭다고 하시고 의롭다고 하신 그들을 또한 영화롭게 하셨느니라**"(29-30절). 그 아들의 형상을 본받게 하시려고 우리를 창세 전에 그의 기쁘신 뜻을 따라 택정하여 주시고 때가 되매 주 예수 그리스도를 믿게 하셨기에 신앙생활의 길은 예수님을 닮아가는 길이라고 말하지 않을 수 없다. 사실 닮고 싶다는 것은 사랑과 존중의 마음이 없으면 불가능하다. 예수를 따름으로 그 사랑의 깊이와 크기, 그리고 존중의 척도는 이미 자신이 정한 상한선을 뛰어넘는다는 것을 경험했을 것이다. 그렇다면 오늘 주님을 따르는 우리가 닮아야 할 부분, 본받아서 우리도 다른 사람에게 본이 되어야 할 것들이 있다면 어떤 것들일까? 많은 것이 있지만 다섯 가지 측면을 고려하고자 한다: 사랑, 겸손, 순종, 용서, 섬김.

1 전심으로 사랑하라

우리가 주님을 사랑하는 것은 주님이 먼저 우리를 사랑하셨기 때문이다(요일 4:19). 육신의 눈으로 직접 보지도 못한 분이지만 믿음으로 듣고 알고 사랑하며 경외하며 섬기는 자가 그리스도인이다. 허물과 죄로 죽은 자를 위하여 자기 몸을 버려 죄와 사망의 권세에서 건져주신 주님을 사랑하거나 존중하지 않는다는 것은 양심에 화인 맞은 자가 아닌 인간으로서는 있을 수 없는 일이다. 그래서 그 주님을 더 알고 싶고 주님이 가시는 곳은 어디든지 더 따라가고 주님이 하시는 일은 무엇이든지 본받고 싶고 더 닮아가고자 하는 욕망에 이끌려 사는 것이다. 그 욕망은 일시적 충동이 아니라 이 세상에서 숨이 붙어 있는 날까지 사라지지 않는 욕구이다. 그 사랑에 강권함을 받는다. 그 사랑이 극심한 환난 가운데서도 주님에게서 시선을 떼지 못하는 것이다. 우리를 위한 주님의 사랑이 온전한 것과 같이 주님을 향한 우리의 사랑도 온전한 것이어야 한다.

출애굽한 이스라엘 백성들에게 만군의 주 여호와께서 요구하신 것에 빗대어 살펴보자: "**이스라엘아, 들으라, 우리 하나님 여호와는 오직 유일한 여호와이시니 너는 마음을 다하고 뜻을 다하고 힘을 다하여 네 하나님 여호와를 사랑하라**"(신 6:4-5). 이것을 예수님이 율법 선생과 나눈 대화에서 이렇게 말씀하셨다: "**예수께서 이르시되 율법에 무엇이라 기록되었으며 네가 어떻게 읽느냐 대답하여 가로되 네 마음을 다하며 목숨을 다하며 힘을 다하며 뜻을 다하여 주 너의 하나님을 사랑하고 또한 네 이웃을 네 몸과 같이 사랑하라 하였나이다 예수께서 이르시되 네 대답이 옳도다 이를 행하라 그러면 살리라 하시니**"(눅 10:26-28). 영생을 어떻게 얻을 수 있느냐를 물은 질문에 대한 주님의 답은 하나님 사랑이요 그 하나님 사랑은 전인적인 존중이며 그의 계명에 대한 전폭적인 지지와 순종을 요구하신 것이다. 이것이 없이는 주님을 사랑한다는 것은 중심을 보시는 하나님에게서 거짓이라는 판정을 피할 수 없다.

왜 하나님이 전인적인 사랑을 요구하실까? 이유는 하나님이 우리에게 하나님 사랑 일부만 떼어서 나눠주신 것이 아니라 자신의 생명을 다 주시며 사랑하셨기 때문이다. 독생자를 아끼지 아니하시고 내어 주셨고 독생자 예수 그리스도는 자신의 목숨을 우리의 대속물로 기꺼이 내어 주셨다. 생명보다 귀한 것이 없음을 안다면 그 생명을 다하여 우리를 사랑하셨기에 그 사랑을 받은 우리에게도 생명을 다해 주님 사랑할 것을 요구하는 것이다. 주님을 전심으로 사랑하지 않는 것은 주님보다 더 사랑하는 뭔가가 있기 때문이다. 그것은 우상 숭배이다. 입이 있어도 말도 못하고 눈이 있어도 보지 못하고 귀가 있어도 듣지 못하며 손과 발이 있어도 움직이지 못하는 우상 숭배하라고 주님께서 자신의 생명을 쏟아부으신 것이 아니다. 헛된 우상을 버리고 살아계시고 말씀하시며 들으시고 능력을 행하시며 언제 어디서나 함께하시는 주님만을 섬기는 자가 예수를 따르는 자요 그런 자만이 예수를 닮는 자리에까지 나아가는 것이다.

신명기 6장에 언급한 '쉐마 이스라엘'이라는 말은 사실 이스라엘 백성들의 신앙고백 선언문이다. 즉 하나님이 누구인지, 그리고 그에 대한 우리의 의무가 무엇인지를 고백하는 것이다. 여기에서 이집트 땅 종 되었던 곳에서 이스라엘을 이끌어 젖과 꿀이 흐르는 가나안 땅을 주신 하나님을 어떻게 사랑하고 섬겨야 할지를 분명하게 가르치고 있다. 하나님이 어떤 분인지를 분명히 아는 자는 그분을 향해 어떻게 바르게 행동할지를 아는 자이다. 성도 안에 내주하고 있는 성령의 인도하심이 있기 때문이다. 하나님께서 독생자조차도 아끼지 않고 우리의 구원을 위해서 내어주신 사랑을 알게 된 자는 전폭적인 사랑을 쏟게 되어 있다. 하나님이 주신 사랑이 온전한 사랑이기에 그분을 향한 우리의 사랑도 온전한 것이 되지 않으면 안 되는 것이다. 그래서 마음을 다하고 목숨을 다하고 힘을 다하며 뜻을 다하여 주 나의 하나님을 사랑하는 것이다. 이것은 선택사항이 아니라 사실은 필수이다. 이런 사랑 요구에 배제되는 그리스도인은 한 사람도 없다. 하나님께서 우리에게 가장 원하시는 것은 그분을 향한 우리의 뜨거운 사랑이다.

우리는 종종 하나님께서 우리에게 돈, 시간, 노력, 의지, 복종 등 수백 가지 다른 것을 요구하신다고 생각하지만, 하나님이 정말로 원하시는 것은 우리의 온전한 사랑이다. 우리가 진심으로 마음을 다하고 목숨을 다하고 뜻을 다하여 주님을 사랑할 때, 그 외에 나머지 모두도 다 주님께 거저 드려지는 것이다. 우리가 돈, 시간, 노력, 의지 등 나머지 전부를 주님께 드린다면서 그분을 향한 우리의 사랑이 지극히 부분적이라거나 조건적이라면 우리가 드린다는 것은 다 헛된 것이요 아마도 주님이 전혀 기억하시지 않는 것이 될 것이다. 주님을 향한 온전한 사랑이 이웃도 내 몸처럼 사랑하는 자리에 이를 수 있게 할 것이다. 왜냐하면 눈에 보이지 않는 하나님을 열렬하게 사랑한다면서 눈에 보이는 형제를 사랑하지 않는 것은 스스로 거짓말하는 자가 되기 때문이다.

하나님의 온전한 사랑을 받은 자는 남편과 아내로서 서로에게 향한 의무와 책임, 부모 자식으로서 서로를 향한 의무와 책임, 사환과 주인으로서 서로에게 향한 의무와 책임, 시민으로서 국가에 대한 의무와 책임, 군주로서 혹은 대통령으로서 국민에 대한 의무와 책임에 충실한 자가 될 수밖에 없다. 그 모든 의무 수행은 다 하나님 사랑에서 출발하기 때문이다. 인간사 영역 그 어디에도 하나님 사랑이 미치지 않는 곳이 없기에 하나님을 사랑하는 자는 자연 만물도 사랑한다. 자연환경 보호를 위한 일도, 인권유린의 현장을 고발하고 개선하고자 노력하는 것도, 불의와 불공정과 맞서 싸우는 이유도, 악을 배제하고 선을 조성하는 일에 힘을 다 모으는 것도, 문맹 퇴치와 가난 척결을 위한 수고의 땀도 다 하나님의 온전한 사랑에서 출발하는 것이다.

물론 하나님을 모르는 자들도 그러한 일에 그리스도인보다 더 열심인 자들도 있다. 그러나 그것이 하나님의 복을 얻어내는 수단이나 조건이 될 수 없다. 더 나아가 그런 것이 하나님께 영광을 돌리는 일이 되지 않는다. 자신들의 의를 앞세울 뿐이다. 그러나 그리스도인의 착하고 거짓이 없는 의로운 모든 행실은 여러 부분에서 부족함에도 하나님의 무한한 사랑을 입은 열매일 뿐이다. 그래서 자랑할 것이 못 된다. 우리의 우리 됨은 전적으로 하나님 은혜이기 때문이다.

주님을 사랑하는 것은 주님을 향한 존중심이 특출나게 표출된다. 그래서 주님을 존중히 여기는 자를 주님께서도 존중히 여기시고 주님을 멸시하는 자는 경멸이 여김을 받게 된다(삼상 1:30). 더욱이 주님을 사랑하고 그 이름을 존중히 여기는 자는 주님 앞에 있는 기념 책에도 기록되는 복락을 누린다(말 3장). 그런 자를 주님은 아들을 아낌같이 아끼시고 원수들이 쳐놓은 모든 덫에서 건져짐을 받게 하신다. 주님을 멸시하는 증거는 그의 계명에 대한 불순종이다. 그러므로 우리는 언제나 주님의 말씀을 읽고 듣고 그 가운데 기록된 대로 행하는 복된 자여야 한다. 그 말씀을 순금보다 더 귀히 여기고 사모하는 자여야 한다. 사랑하는 사람의 입술에서 떨어지는 말 하나하나가 꿀송이와 같이 달콤한 운율이 되는 이유가 여기에 있다. 주님을 사랑하는 것은 그의 계명을 지키는 것이다. 그러나 사실 여기서 우리는 항상 실패한다. 종종 숙제하듯 그의 계명을 지키려고 하기 때문이다. 기쁨으로 순종하는 것이어야 하며 대가를 바라는 것이 아니라 주님의 뜻을 받드는 것이 좋아서 하는 것이어야 한다. 그런데도 우리는 자주 내가 이렇게 순종하고 헌신했으니, 그에 상응한 보상을 주셔야 할 하나님을 기대한다. 우리 스스로 하나님을 빚쟁이로 만드는 것이다. 그것처럼 무례한 일이 어디 있는가? 율법이든 계명이든 전에는 두려움과 공포의 대상이었지만 그리스도 안에 있는 그리스도인은 주님을 향한 애정과 존중의 마음을 표하는 것이 나그네 인생길에서 표현된다.

주님을 존중하는 것은 주님의 소유된 것을 소중히 여기는 것이다. 똑같은 피로 값주고 산 다른 지체들을 내 몸처럼 아끼고 존중한다. 배우지 못했다고, 가진 것이 없다고, 외관상 볼 폼이 없다고, 지체가 높지 않다고, 내 세울만한 것이 없다고, 어리다고 차별하지 않는다. 도리어 나보다 더 낫게 여긴다. 내 자신의 유익보다 다른 이의 유익을 구한다. 오리를 가자고 하면 십리를 함께 가며 겉옷을 달라고 하면 속옷까지 내어 준다. 이런 면에서 우리는 회개할 것이 참 많다. 주님이 교훈하신 산상수훈을 생각하면 고개를 들 수 없다. 그러나 실천 불가한 것으로 제쳐 둘 수 있는 것은 아니다. 하나님 아버지의 온전하심 같이 우리도 온전해야 하며, 하나님의 거룩하심처럼 우리도 거룩해야 하기 때문이다.

사실 인간 세계에서도 혈육 간의 형제들끼리 화목하게 지내고 형제 우애가 돈독한 것이 부모를 존중하고 공경하는 태도이듯이 같은 그리스도인끼리 등을 돌리고 다투고 정죄까지 하는 일들은 우리의 아버지 하나님과 우리 구주 예수 그리스도를 욕되게 하는 것이요 우리 안에 거하시는 성령님을 근심케 하는 죄악이다. 일전에 평생 목회하시고 은퇴하신 선배 목사님을 찾아뵈었다. 시골 동네에 집을 구하여 텃밭을 가꾸며 남은 생애를 보내시고 종일 성경을 읽고 기도하며 운동하며 여생을 보내신다. 한쪽 다리가 없으심에도 한 번도 원망과 불평하는 일이 없으신 그 목사님 부인되시는 사모님이 결혼 생활 52년 동안 목사님 입으로 죄를 짓는 말을 하는 것을 들어본 적이 없다고 해서 감동했다. 임금님도 안 보는 데서는 욕한다는데 그 목사님은 속은 어떨지 몰라도 입술로는 나쁜 말을 내뱉은 적이 없다고 하셨다. 그에 비해 나는 세상 정치권에서 본을 보이지 못하는 자들, 교회에서 목사를 힐난하며 비방을 일삼는 자들을 향해서 속으로만이 아니라 겉으로도 '놈' 자 자가 몇 번이나 튀어나온다. 심하면 그보다 더한 욕도 한다. 내 처지도 욕먹을 존재임을 모르고 남들 조롱하고 비난하고 욕한다. 존중함이 사라진 세대임을 여실히 보여주는 어떤 정치인들의 날뜀에 입술을 부르르 떨기까지 한다. 아직도 주님 닮음이 멀었다는 생각이다. 남을 존중하고 배려하고 세워줌이 주님을 사랑하는 자의 모습이어야 한다.

또 주님의 소유를 도적질하는 일을 하지 않는다. 주일을 거룩히 지키는 것과 모든 것이 다 주님으로부터 온 것이지만 특히 십의 일조를 드리라고 한 명령을 주저하지 않는다. 오늘날 주일성수가 완전히 무너졌다고 해도 과언이 아니다. 최근 몇몇 교회가 주일 오후 예배 대신에 여전히 저녁 예배를 고수하는 교회들을 방문할 수 있어서 기뻤다. 주님의 날을 도적질하여 자기 것으로 삼고 자기 업무 보는 일에 사용하는 것이 만연되어 있으나 주님을 이 세상 그 어떤 것보다 혹은 이 세상의 어떤 사람보다 더 사랑한다면 주님의 날을 소중히 여기라. 이것은 명령이지 선택사항이 아니다. 주님이 제정하신 것을 함부로 남용하는 것은 주님을 존중하지 않는 것이다. 선지자 이사야를 통해서 안식일 성수의 복이 어떤 것인지를 이렇게 말씀하신다: **"만일 안식일에 네 발을 금하며 내 성일에 오락을 행치 아니하고 안식일을 일컬어 즐거운 날이라 여호와의 성일을 존귀한 날이라 하여 이를 존귀히 여기고 네 길로 행치 아니하며 네 오락을 구치 아니하며 사사로운 말을 하지 아니하면 네가 여호와 안에서 즐거움을 얻을 것이라 내가 너를 땅의 높은 곳에 올리고 내 조상 야곱의 업으로 기르리라 여호와의 입의 말이니라"**(사 58:13-14).

안식일과 주일의 차이에 대해서는 창조의 완성을 기념한 안식일과 구원의 완성을 기념하는 주일의 차이에서 안식 후 첫날 즉 주일에 성도들이 자연스럽게 모인 것이다. 예수님의 부활만이 아니라 더욱이 오순절 성령 강림으로 가시적 교회가 이 땅에 시작한 날이 안식 후 첫날이었다. 사도들의 가르침을 받아 그리스도인들이 모여 경배하는 날도 안식 후 첫날이었고 밧모 섬에 있던 사도 요한에게 계시가 임한 날도 주의 날, 곧 안식 후 첫날이었다. 따라서 칼빈의 기독교 강요나 청교도들의 안식일 성수에 대한 글을 통해서 신약 교회가 왜 주일을 안식일로 지키고 있는지를 확고히 다질 수 있기를 소망한다.[59] 모든 날이 다 주님의 날이지만 특히 주일은 주님께서 제정해 주신 주의 날이요 이날에 주의 백성들이 주님을 경배하고 주님과 교제하며 주님의 소유된 자임을 공언한다.

이 외에도 남은 시간이 성도들이 어떻게 주일을 지킬 것인지에 대해서 파이퍼 박사는 그의 책에서 세 가지 영역을 제시한다.[60] 첫째는 무의미한 일에 시간을 낭비하지 말라고 하였다. 선포된 말씀을 재음미하는 시간을 가지라. 또 가족 식구들이 함께 가정예배를 가지는 일, 찬양과 기도와 성경 읽기 및 경건 서적 읽기 등으로 가족과 함께하는 시간, 자녀들의 영적 상태를 점검하고 신앙으로 교육하는 일(소요리문답 교육)을 하는 것이 좋다. 둘째는 전도하는 것과 환자들을 심방하고 위로하며 성도 간의 친밀한 영적 교제를 가지라. 한 주간에 필요한 영의 양식을 구하는 일과 경건 훈련과 상관이 없는

---

[59] 서창원, 청교도 신학과 신앙, 지평서원, 2013. 315 이하 참고.
Joseph A. Pipa, The Lord's day, Christian Focus, 1997.
[60] Joseph A. Pipa, ibid, 173ff.

사사로운 일들과 오락과 잡다한 일들에 시간을 허비하는 것이 되어서는 안 될 것이다. 주일을 주일답게 보내려고 했던 청교도들의 안식일 정신은 지금 현대 그리스도인들에게도 유용한 교훈이다. 어둠이 짙어야 빛이 밝게 빛나듯 지금 영적으로 침체기를 맞이하고 있고 교회가 쇠해지고 있는 위기 상황에서 주일성수와 관련하여 정도를 걷는 교회와 그리스도인들이 일어나 빛을 발할 때이다.

요즘은 헌금도 잘 안 하는 교인들이 많다. 그러나 그리스도인이라면 우리가 사는 것이 전적으로 주님의 은혜로 말미암는 것임을 입술로만 고백하는 것이 아니라 합법적인 수단을 통해 얻은 수익의 일부를 주님께 드림으로 증명하며 사는 것이어야 한다. 십일조나 주일 헌금을 강제 징수하는 것은 없다. 모든 드림은 다 자발적이다. 그 행위는 주님에게서 받은 사랑과 은혜의 열매이어야 한다. 하나님께 인색한 자는 심은 대로 거둔다는 말씀을 실감할 것이다. **"각각 그 마음에 정한 대로 할 것이요 인색함으로 억지로 하지 말지니 하나님은 즐겨내는 자를 사랑하시느니라 하나님이 능히 모든 은혜를 너희에게 넘치게 하시나니 이는 너희로 모든 일에 항상 모든 것이 넉넉하여 모든 착한 일을 넘치게 하게 하려 하심이라"**(고후 9:7-8). 능히 모든 은혜를 넘치게 하시는 하나님을 찬양한다. 우리의 헌신과 수고와 희생은 공짜가 없다. 물론 신자는 복을 받기 위한 헌신을 하는 것이 아니다. 이미 받은 복 때문에 우리에게 있는 것으로 주님을 섬기며 교회를 세워가는 일에 자발적으로 동참하는 것이다. 그러나 우리의 헌신을 받으시는 주님은 우리를 빈손으로 돌려보내지 않으신다: **"자기의 육체를 위하여 심는 자는 육체로부터 썩어진 것을 거두고 성령을 위하여 심는 자는 성령으로부터 영생을 거두리라 우리가 선을 행하되 낙심하지 말지니 피곤하지 아니하면 때가 이르매 거두리라 그러므로 우리는 기회 있는 대로 모든 이에게 착한 일을 하되 더욱 믿음의 가정들에게 할지니라"**(갈 6:8-10). 이것만이 아니다. 히브리서 기자는 이런 확신을 심어준다: **"하나님이 불의치 아니하사 너희의 행위와 그의 이름을 위하여 나타낸 사랑으로 이미 성도를 섬긴 것과 이제도 섬기는 것을 잊어버리지 아니하시느니라"**(히 6:10). 주님을 주님으로 인정하고 존중히 여기는 자에게 주님은 모든 은혜를 넘치게 부어주신다. 잊으심이 없으신 하나님은 심은 대로 거두게 하는 전능하신 분이시다.

주님의 소유를 도적질하지 않는다는 것은 주님의 소유를 귀하게 여긴다는 말이다. 여기서 특히 필자는 주님의 신부인 교회를 귀히 여기고 사랑한다는 면을 강조하고 싶다. 요즘은 코비드 19 이후로 '모이는 교회'에 대한 애정이 많이 떨어졌다. 집에서 유튜브 방송으로 시청하던 것이 큰 영향을 미치고 있다. 그러나 교회는 주님의 보배로운 피로 값 주고 산 주님의 몸이요 신부이다. 현대인은 그 어느 때보다 몸 관리에 엄청 신경을 쓴다. 체력 단련비, 미용 관리비, 식단관리 비용까지 합하면 단순히 돈만이 아니라 시간과 정성이 보태져 상당한 에너지를 소비한다. 그리스도의 몸에 붙은 지체로서 그리스도의 몸을 관리하는 데는 어느 정도 힘을 쏟는가? 건강한 교회, 아름다운 신부로 온전히 단장하는 교회를 만들기 위한 땀 흘림은 교회의 주인인 주님이 인정할 만한 것인가? 주님이 흡족히 여기시는 교회인가? 참신자는 교회를 무너뜨리는 포도밭의 여우 노릇을 꿈꾸지 않는다. 주님이 심으시고 가꾸는 주님의 포도원이기 때문이다. 소중히 여기고 풍성한 열매가 맺히도록 갖은 정성을 기울인다. 주님의 몸이기 때문이다. 몸이 망가지면 재기 불능상태로 이어진다. 몸을 망가뜨리는 길은 다양하다. 음식 섭취 불량, 안전사고, 그리고 앞서 살펴본 적의 공격 때문에 발생한다. 이 사실을 알기에 파수꾼의 역할까지 마다하지 않는다.

 옛날 우리 선조들은 정말 교회를 사랑하였다. 가정의 일보다, 직장의 일보다, 사회생활보다 항상 교회가 먼저였다. 그래서 한국의 교회는 세계 유래를 찾아볼 수 없을 정도로 성장하였다. 그러나, 지금은 조상들이 남긴 열매를 따 먹기에 급급해하지, 극상품 열매 맺히도록 가지치기나 새롭게 흙갈이하여 심는 일을 하지 않는다. 열매는 없고 잎만 무성하게 지내다가 가을이 닥치니 우수수 떨어지는 것이다. 도끼에 찍혀 불쏘시개로 아궁이에 던져질 판이다. 주님은 주님의 교회가 이렇게 망가지기를 원하시지 않는다. 교회의 주인으로서 하실 일을 하실 것이다: "**만일 그 자손이 내 법을 버리며 내 규례대로 행치 아니하며 내 율례를 파하며 내 계명을 지키지 아니하면 내가 지팡이로 저희 범과(犯過)를 다스리며 채찍으로 저희 죄악을 징책(懲責)하리로다 그러나 나의 인자함을 그에게서 다 거두지 아니하며 나의 성실함도 폐하지 아니하며 내 언약을 파하지 아니하며 내 입술에서 낸 것도 변치 아니하리로다 내가 나의 거룩함으로 한 번 맹세하였은즉 다윗에게 거짓을 아니할 것이라 그 후손이 장구하고 그 위는 해같이 내 앞에 항상 있으며 또 궁창의 확실한 증인 달같이 영원히 견고케 되리라 하셨도다**(셀라)"(시 89:30-37).

다윗의 후손으로 이 땅에 오셔서 죄인을 구원하여 믿는 자들의 모임을 만드신 교회를 심판장이신 하나님께서는 결코 온전히 멸하시지 않을 것이다. 반드시 남은 자를 두시고 그들을 통하여 주님의 교회는 세세토록 견고히 존재할 것이다. 자비하시고 은혜로우신 하나님께서는 "**항상 경책하지 아니하시며 노를 영원히 품지 아니하시리로다 우리의 죄를 따라 처치하지 아니하며 우리의 죄악을 따라 갚지 아니하셨으니…아비가 자식을 불쌍히 여김같이 여호와께서 자기를 경외하는 자를 불쌍히 여기시나니 이는 저가 우리의 체질을 아시며 우리가 진토임을 기억하심이로다"(시 103:9-14).

이것이 참 그리스도인에게 주는 교훈이 무엇이겠는가? 지금 교회의 모습이 볼품없어 보이고 갖은 허물과 과실이 넘치고 벼랑 끝에 서 있는 것 같아도 주님의 교회는 영원히 존재한다. 주님이 자기 피로 세우신 교회이기 때문이다. 그래서 우리가 범한 죄악을 따라 낱낱이 처치하시지 않으시고 불쌍히 여기사 검댕을 씻기시고 더럽혀진 옷을 벗기고 새 세마포를 입혀주실 것이다. 우리는 악인의 손에 넘어간 눈에 보이는 교회가 아니라 주님의 손에 쥐어진 교회를 아끼고 사랑해야 하는 것이다. 그것이 주님을 닮는 것이다. 그래서 사도 바울은 이 교회를 위한 염려가 날마다 자기 가슴을 짓누르고 있다고 하였다(고후 11:28). 시인도 이렇게 노래한다: "**만군의 여호와여 주의 장막이 어찌 그리 사랑스러운지요 내 영혼이 여호와의 궁정을 사모하여 쇠약함이여 내 마음과 육체가 생존하시는 하나님께 부르짖나이다…주의 집에 거하는 자가 복이 있나이다 저희가 항상 주를 찬송하리이다**(셀라)"(시 84:1-4).

이 집에서 이탈되는 것을 가장 두렵게 생각한 자들은 비록 포로로 잡혀 왔어도 다니엘과 같이 예루살렘 성을 향하여 하루에 세 번씩 기도하며 그리워하였다. 예루살렘을 떠나 피난길에 오른 경험이 있던 다윗도 이렇게 고백하였다: "**내가 여호와께 청하였던 한 가지 일 곧 그것을 구하리니 곧 나로**

내 생전에 여호와의 집에 거하여 여호와의 아름다움을 앙망하며 그 전에서 사모하게 하실 것이라"(시 27:4). 그러므로 주님의 교회를 사랑하는 자들은 주님의 교회가 온전히 세워지기 위하여 늘 기도한다.

다윗은 이렇게 확신하며 노래하였다: "예루살렘을 위하여 평안을 구하라 예루살렘을 사랑하는 자는 형통하리로다…. 여호와 우리 하나님의 집을 위하여 내가 네 복을 구하리로다"(시 122:6, 9). 우리 주님께서 교회를 사랑하여 자기 몸까지도 내어 주신 것같이 우리도 교회를 그렇게 사랑함으로써 주님을 닮는 길에 동참하는 것이다. 주님의 소유된 것들을 소중히 여기고 음부의 권세가 결코 이기지 못하는 교회를 든든히 세워가는 자가 주님을 따르는 것이요 주님을 닮아간다. "예루살렘을 사랑하는 자여 다 그와 함께 기뻐하라 다 그와 함께 즐거워하라 그를 위하여 슬퍼하는 자여 다 그의 기쁨을 인하여 그와 함께 기뻐하라! 너희가 젖을 빠는 것 같이 그 위로하는 품에서 만족하겠고 젖을 넉넉히 빤 것 같이 그 영광의 풍성함을 인하여 즐거워하리라 여호와께서 이같이 말씀하시되 보라 내가 그에게 평강을 강같이, 그에게 열방의 영광을 넘치는 시내같이 주리니 너희가 그 젖을 빨 것이며 너희가 옆에 안기며 그 무릎에서 놀 것이라"(사 66:10-12).

2 온유와 겸손을 닮아라

주님을 닮음은 그의 온유와 겸손을 빼놓고 말할 수 없다. 예수님은 자기를 따르는 자들에게 이렇게 말씀하신다: "**나는 마음이 온유하고 겸손하니 나의 멍에를 메고 내게 배우라 그리하면 너희 마음이 쉼을 얻으리니 이는 내 멍에는 쉽고 내 짐은 가벼움이라 하시니라**"(마 11:29-30). 이 말씀은 온유와 겸손을 배우는 최고의 길이 주님의 멍에를 메고 주님을 따르는 것임을 엿보게 한다. 본성적으로 타락한 인간에게서 온유와 겸손을 기대할 수 없다. 그러나 온유와 겸손은 함께 가는 덕목이다. 사실 온유와 겸손은 고난을 통해서 잘 다듬어진다. 사실 환난은 연단을 받게 하여 정금과 같은 일군이 되게 한다. 연단으로 모난 심성이 더욱 부드럽게 되고 교만한 자태가 겸손의 미덕이 스며들게 한다. 본래 겸손이라는 말은 "**낮다**" 또는 "**비참하다**"라는 의미로 더 잘 알려진 뜻이다.

그렇다면 모세의 성품을 지면에서 가장 온유하고 겸손한 그리스도와 닮은 자로 묘사하는 이유가 무엇인가? 그것은 모세가 바로 공주의 아들로 성장했고 이집트의 모든 문물을 다 익힌 출중한 사람이었지만 자기 동족 이스라엘 사람들과 같이 종의 자리로 내려왔고 충분히 군림할 수 있는 상황이었음에도 그리스도의 이름을 인하여 하나님의 백성과 같이 고난받음을 기꺼이 수용하고 실천했기 때문이다. 그리스도께서도 그 지위와 영광과 권세가 본래 하나님과 동등한 분이시지만 자기를 비어 종의 형체를 가지고 사람의 몸으로 이 세상에 오셔서 허물과 죄로 죽은 자들을 위하여 자신의 생명을 아끼지 아니하시고 내어 주셨다. 그런 의미에서 실제로 허물과 죄로 죽은 자, 사망의 권세에 눌려있는 자들, 빈곤한 자, 약하고 착취당하기 쉬운 낮고(암 2:7, 사 11:14) 천한 존재를 구원하시어 그들과 영원히 함께하시고자 육신을 입고 오셔서 십자가에 죽기까지 순종하신 그리스도의 겸손은 모든 성도가 따라야 할 본이다.

그의 겸손은 단순히 짓밟힘이나 모독이나 조롱을 묵묵히 당함이 다가 아니다. 그 고난 뒤에 이어진 모든 이름 위에 가장 뛰어난 이름을 받으시고 모든 족속이 그를 주라 시인하는 최고의 영광을 누리신 것이기에 성도의 겸손은 종으로서 섬김이지만 주인으로 높임을 받는 길이요, 버림당하는 것이지만 귀히 여김을 받는 길이요, 가난해지는 것이지만 참으로 부요한 자가 되는 길이요, 원수들의 공격을 사방에서 받는 자들이지만 천군 천사들로 둘러싸인 영광의 자리에 나아가는 길이다.

일반적으로 부부가 서로 닮는다고 말한다. 당사자 간의

닮는 것만이 아니라 그들 사이에서 나온 열매가 엄마와 아빠를 쏙 빼닮는다. 단순히 외관적 모습만이 아니라 언어 습관, 몸동작, 생활 습관까지 닮은 꼴이다. 이걸 통해서 예수 닮음이 어떤 것인지를 유추할 수 있다. 예수를 믿고 세례를 받는다는 것은 단순히 교인의 권리와 의무를 부여받는 예식이 아니다. 영적으로 그리스도와 연합 또는 신랑이신 그리스도와 결혼하는 예식과 같은 것이다. 처음 예수를 구주로 영접하면 그의 사랑에 감동되어 영원히 주님과 함께하고자 하는 열정과 헌신이 우러난다. 그것 때문에 예수를 알고자 몸부림치며 예수를 따라가는 일에 주저함이 없는 길을 가는 것이다. 그 결과는 자연스럽게 주님을 닮아가는 것이다. 서로 사랑하는 남녀가 결혼하면 한 집에서 같이 살며, 같이 대화하고 같이 먹고 같이 자고 같이 다니는 길을 간다. 그 일을 하는 동안 남편으로서, 아내로서 책임과 의무를 성실히 수행할 것을 다짐한다.

결혼식 때, 신랑과 신부는 괴로우나 즐거우나 슬프거나 기쁘거나 병들거나 건강할 때나 언제나 사랑하고 아끼고 존중하며 일정한 부부의 대의를 성실하게 지킬 것을 서약한다. 주례자는 그 서약에 따라 부부가 된 것을 공포하며 하나님이 짝 지워준 것을 사람이 나누지 못한다고 선언한다. 마찬가지로 예수를 믿는 자가 세례를 받을 때 이제부터 영원토록 주님과 함께하는 길을 가겠다고 서약한다. 나를 사랑하사 자기 몸을 내어 주신 주 예수 그리스도를 위하여 사는 길을 죽는 날까지 쉼임 없이 달려간다는 자기 헌신에 의하여 신앙고백과 교인으로서 특권과 의무를 상기한다. 그 모든 서약의 근거에 따라서 세례자는 이 세상에서 주님을 향한 사랑의 결합을 갈라놓을 것은 아무것도 존재하지 않음을 마음속에 확고히 새긴다. "**누가 우리를 그리스도의 사랑에서 끊으리오 환난이나 곤고나 핍박이나 기근이나 적신이나 위험이나 칼이라…. 내가 확신하노니 사망이나 생명이나 천사들이나 권세자들이나 현재 일이나 장래 일이나 능력이나 높음이나 깊음이나 다른 아무 피조물이라도 우리를 우리 주 그리스도 예수 안에 있는 하나님의 사랑에서 끊을 수 없으리라**"(롬 8:35, 38-39).

이런 확신 속에서 주님의 온유와 겸손을 배워 익힌 자들은 기적을 낳는다. '기적은 죽은 나무에 핀 꽃이 아니다. 진짜 기적은 절망의 그날에도 당신이 정원에 매일 준 물이다.'[61] 죽어도 살게 하시고 넉넉히 이기게 하시는 주님에 대한 소망이 있기 때문이다. 교회의 위기나 개인의 어려움은 항상 우리 자신이 만든다. 그리고 위기와 아픔을 축복의 기회로 삼는 것은 모든 것이 합력하여 선을 이루시는 주님을 사랑하는 자들의 몫이다. 마지막까지 그리스도의 몸인 교회를 위하여 할 수 있는 일을 최선을 다할 때 주님의 손이 그들과 함께하여

---

[61] 백영옥, '할 수 있는 일을 할 때', 조선일보, 2024년 9월 28일자 칼럼에서.

돕는 힘을 더할 것이며 주님의 팔이 그들을 힘 있게 할 것이다.

끊을 수 없는 사랑으로 그리스도와 연합한 성도이기에 그의 온유하심과 겸손하심을 본받을 수 있다. 그리스도로부터 필요한 모든 양분을 공급받는다. 그리스도의 생명 역사가 세월이 지나갈수록 점점 주님을 닮은 자가 되게 한다. 닮기 위한 의도적 노력이나 수치를 정해놓고 숙제하듯 성과를 점검하는 과정이 아니라 끊어지지 않는 사랑의 줄로 매여 있는 자연스러운 결과로 나타나는 것이다. 남자에게 여성 호르몬을 계속해서 주입하면 여성화가 되고 반대로 여성에게 남성 호르몬을 주입하면 남성화가 된다고 하듯이 그리스도와 연합된 신자는 그리스도로부터 수액을 지속적으로 공급받는다. 그리스도께서 교회를 보양(保養)하신다. 온몸이 그리스도를 통해서 도움을 입어 그리스도의 장성한 분량에 이르기까지 자라는 것이다. 따라서 그리스도와의 연합은 매우 자연스러운 닮음의 원천이다. 여기서 그리스도와의 연합이 주는 성경적 교훈을 살펴보자.

사실 그리스도와의 연합은 성도의 성화(sanctification)를 촉진한다. 이미 그리스도의 피로 우리를 거룩하고 흠이 없고 책망할 자로 하나님 앞에 세움을 받게 하였지만 성도는 이 세상에 살면서 거룩함을 항상 추구해야 한다. 그것이 성령의 인도함을 받는 길이다. 왜냐하면 진리의 영이신 성령께서 우리를 진리 가운데로 인도하시고 그 진리가 우리를 거룩하게 하기 때문이다(요 17:17). 하나님의 거룩하심처럼 거룩한 사람이 되게 한다. 거룩하심을 따르지 않는 것은 하나님을 뵐 수 없는 저주만 남는다(히 12:14). 그리스도인은 그리스도 예수 안에 있고 성령의 인도함을 받아 아버지의 거룩하심처럼 거룩한 백성으로 살아간다. 이것이 우리 안에 그리스도의 형상이 새겨지는 과정이다. 이것은 예수를 믿는다고 단번에 완성되는 것은 아니다. 거룩한 하나님 나라 백성으로 훈련되는 과정을 밟는 가운데서 마지막에 완성된다. 그리스도께서 마음에 계시는 신자의 삶은 바울이 고백하는 것처럼 내가 살지만 내 안에 내가 사는 것이 아니라 그리스도께서 사신 것이며 "**이제 내가 육체 가운데 사는 것은 나를 사랑하사 나를 위하여 자기 몸을 버리신 하나님의 아들을 믿는 믿음 안에서 사는 것이다**"(갈 2:20).

이처럼 예수를 닮는 길은 함께하는 시간에 따라 좌우된다. 주님과 함께하는 시간이 많으면 많을수록 지정의에 미치는 주님의 영향력이 내 안에서 증폭된다. 점진적인 성화가 확대된다. 이는 앞장에서도 살펴본 것이지만 죄를 죽임과 자기 부정과 자기 십자가를 즐겁게 지는 일을 통해서 나타난다. 성령의 인도하심을 받아 진리 안에 깊이 뿌리를 내리는 일은 단순히 눈에 보이는 죄악들만이 아니라 우리 속에 내주하는 죄악들, 즉 시기, 질투, 교만, 악의, 위선, 음란 등의 죄 죽임의 전쟁을 매일 치른다. 하나님의 전신 갑주를 한시라도 벗어버릴 수 없다. 이 싸움은 어쩌다 한 번씩 발생하는 것이 아니라 매일 매 순간 벌어지는 일이다. 그러므로 일주일에 한 번 만나는 주말 부부의 삶을 사는 것처럼 주님과의 만남으로 족하게 여길 수 없다. 매일 순간마다 주님과 함께하는 것이다. 주님이 없이는 숨 쉬는 것조차도 힘겨운 것이다. 기도로 함께 소통하고, 말씀 묵상으로 주님의 뜻을 헤아리고, 찬송으로 주님을 높이는 삶은 시간표에 따라 수행하는 과제가 아니라 일상생활의 양상이다. 수시로 성령 안에서 쉬지 않고 기도해야 하며, 말씀 묵상도 밤낮으로 하며, 영의 양식도 매일 섭취해야 하고, 찬송도 베푸신 은혜에 따라 날마다 감사로 나아가는 것이다. 이것이 성도 개개인이 신랑이신 주님과 함께하면서 주님의 형상이 우리 속에 새겨지는 길을 사는 것이다.

한편 그 일은 주님의 양들을 맡은 주의 종들, 말씀의 종들을 통해서 목양을 잘 받아야 한다. 사도 바울은 이렇게 말한다: "나의 자녀들아 너희 속에 그리스도의 형상이 이루기까지 다시 너희를 위하여 해산하는 수고를 하노니"(갈 4:19). "우리가 그를 전파하여 각 사람을 권하고 모든 지혜로 각 사람을 가르침은 각 사람을 그리스도 안에서 완전한 자로 세우려 함이니 이를 위하여 나도 내 속에서 능력으로 역사하시는 이의 역사를 따라 힘을 다하여 수고하노라"(골 1:28-29). 그리스도의 형상이 새겨지는 일은 목사 개개인의 간증이나 의견이나 흥밋거리 위주의 이야기들로는 전혀 발생하지 않는다. 사도 자체가 그랬듯이 진리인 그리스도의 말씀이 선포되고 가르쳐져야 하는 것이다.

온 세상이 진짜로 필요한 것은 경제발전과 과학의 발전과 사회복지 확대가 아니다. 초가집을 짓고 살았을 때도 인간의 수명은 유지되었고, 달나라에 토끼가 방아 찧으며 산다고 믿었을 때도 사람은 이 땅에서 생명을 유지했다. 그런데 농경 생활이 전부였던 시대나 최첨단 과학 문명의 발전을 누리고 있는 현시대나 변함이 없는 것은 인간이 죄인이라는 사실이다. 아담과 하와의 타락 이후로 인간은 허물과 죄로 죽은 자이다. 이런 인간에게 필요한 것은 그리스도 예수의 십자가 복음이다. 그는 예수 그리스도를 전파하였다. 교육적인 방식이 어떠하든 모든 지혜를 동원하여 예수를 전하였다. 회중이 그리스도 예수 안에서 완전해지기까지 해산의 수고를 아끼지 않았다. 그렇다면 회중 입장에서 선포되는 말씀이 내 속에서 살아 역사하도록 믿음으로 받아야 하지 않겠는가? 사람의 말이 아니라 하나님 말씀으로 받아야 한다.

다시 말하면 사도들의 말이 회중의 열린 귀를 통하여 마음 판에 심어졌듯이 오늘날에도 설교자를 통하여 주님의 말씀이 회중의 심령 속에 박히게 된다. 그 말씀이 믿는 자의 지정의를 변화시키어 성령의 열매를 맺게 하는 것이다. 그런 의미에서 목사의 목회는 개개인 성도들의 마음에 그리스도의 형상이 깊이 새겨지는 일을 하는 직무이다. 그리스도 안에서 완전한 자가 되게 하는 것이다. 그리스도에게 정결한 신부로 간택이 되도록 해산의 수고를 아끼지 않는 것이다. 수고한다는 말은 운동경기에서 상대방과 경쟁하듯이 사력을 다한다는 의미를 담고 있다. 바울이 무능하거나 게을러서 다 이루지 못하는 틈을 자기 속에서 능력으로 역사하는 성령이 채워줄 것이라는 막연한 기대가 전혀 없이 이기기 위해 달리는 선수처럼 뛰는 것이다.

그렇게 사역하는 목사들에 대한 청중의 태도는 그 목사의 외모나 개인적 성품에 의해서 결정되어서는 안 된다. 그렇다고 회중 자신의 신학적 견해에 의해서 혹은 변덕스러운 감정이나 개인적 선호도에 따라 결정되어서도 안 된다. 하나님 말씀을 전하는 목사에 대한 회중의 태도는 목사가 전하는 성경적 메시지에 순종하는 충성심으로 결정해야 한다. 목사는 주님의 양들을 위해 기꺼이 섬기고 희생하는 목자여야 한다. 목사는 반드시 진리의 일군으로 진리만을 선포하고 가르쳐야 한다. 목사는 주님의 심장을 품고 주님의 양들을 사랑해야 한다. 회중은 교회에서 하는 일이 좋아서 봉사하는 자가 아니라 그리스도를 향한 순결한 사랑의 열정으로 모든 착한 일을 받드는 것이다. 기록된 말씀대로 하나님의 뜻이 이뤄짐을 인하여 주님께 깊이 감사하는 것이다.

이처럼 주님을 닮는 것은 모든 은혜의 수단을 동원한다. 그리스도의 온유하심과 겸손하심만이 아니다. 목자의 자질과 성품, 양들을 먹이고, 돌보고, 지키고, 함께하며 도적과 이리 떼로부터 안전하게 보호하는 땀 흘림까지 다 닮아가는 것이다. 신랑이신 그리스도께서 나의 어여쁜 자여, 나의 신부여, 나와 함께 가자는 기쁨의 소리가 터져 나오게 할만한 정결한 처녀로 중매하는 일을 목회자에게 맡긴 것이다(고후 11:2). 그러므로 함께 사는 것은 주님의 신부로서 자기를 잘 단장하는 작업까지, 그리스도 안에서 온전해지기까지를 다 포함하는 것이다. 그리스도의 몸에 붙은 지체로서 훼손되거나 모독당하는 일이 발생하지 않도록 세심한 주의를 기울여야 한다. 목사는 양을 위해서 죽을 각오가 되어 있어야 한다. 성도 개개인은 목사의 이런 지도에 따라서 그리스도의 신부로 자신을 단장하는 일에 온 힘을 다해야 한다. 그 일은 평생 주님을 배우고 주님을 따르는 과정에서 성취될 것이다. 왕실에서 정한 규례대로 자신을 단장한 에스더만이 간택되었듯이 기록된 말씀대로 단장하는 자가 그리스도의 신부로 간택될 것이다 (에스더 2:15).

사실 주님께서 제정하신 규례대로 하지 않아도 자신을

단장하는 일은 얼마든지 할 수 있다. 세상 사람들 눈에 더 매혹적인 존재로 우러러 봄의 대상이 될 수 있을 것이다. 주의 이름으로 선지자 노릇도 그럴싸하게 해내고, 주의 이름으로 귀신들도 쫓아내는 능력도 발휘하고, 주의 이름으로 큰 권능들을 나타낼 수 있다. 그러나 중심을 보시며 공의롭게 판단하시는 주님의 눈에는 그게 다 거짓일 수 있다. **"내가 너희를 도무지 알지 못하노라 이 불법을 행한 자들아 내게서 떠나가라"** 라는 청천벽력 같은 소리를 들을 수 있다(마 7:23). 기록된 말씀에 매이는 것이 그리스도를 닮는 가장 안전한 길이다. 바울은 이렇게 단언한다: **"우리가 다 수건을 벗은 얼굴로 거울을 보는 것같이 주의 영광을 보매 저와 같은 형상으로 화하여 영광으로 영광에 이르니 곧 주의 영으로 말미암음이니라"**(고후 3:18).

하나님과의 친밀함을 가진 자에게는 갈등이 없다. 소속감에 대한 불안도 없다. 미래에 대한 염려가 틈을 찾지 못한다. 그리스도의 형상으로 변화된다는 이 확신과 담대함은 특정인들만 가지는 특권이 아니라 하나님과 친밀한 모든 그리스도인이 가지는 특권이다. 물론 우리가 하나님과 친밀하게 지낸다고 해서 그의 영광을 완벽하게 볼 수 있는 것은 아니다. 마치 거울을 보는 것과 같다. 바울 당시의 거울은 오늘날의 거울과 같이 환하게 분명하게 볼 수 있는 것이 아니었다.

고대 거울은 광택이 나는 금속으로 만들어졌고, 흐릿하고, 희미하며, 다소 왜곡된 이미지를 제공했다.

그래서 바울은 우리가 이 땅에서도 주님의 영광을 바라볼 수 있지만, 희미한 거울을 보듯 아직 완벽하게 볼 수는 없다고 한 것이다. 그러나 우리가 그의 영광을 바라보면 볼수록 점점 그의 형상으로 변화될 것이다. 지금은 아직이지만 영광으로 영광에 이르게 될 그때는 확연하게 드러날 것이다. 우리가 그리스도의 형상으로 우리 자신을 빚어가는 것이 아니라 하나님과 친밀한 자녀를 하나님이 그렇게 빚어가는 것이다. 성령께서 우리를 거듭나게 하셨듯이 성령께서 거룩한 진리의 길로 나아가게 하시고 그 성령께서 아들의 형상을 본받아 살도록 이끄신다. 마침내 영광에 이르도록 할 것이다.

'내가 어떻게 변할 수 있지?' '저들이 어떻게 변할 수 있지?' 이런 의문이 모든 사람에게 있다. 가장 탁월한 변화, 지속적인 변화는 앞에서 지적했듯이 주님과 친밀한 교제에 달린 문제이다. 주님과의 친밀한 교제 속에서 성령이 가져다주는 변화의 물줄기만큼 확실한 것은 없을 것이다. 예수를 믿는다고 고백한 지는 오래되었어도 변화를 좀처럼 경험하지 못하는 가장 큰 원인은 주님과 친밀한 교제를 나누지 못함에 있다. 은혜의 수단 사용함에도 게으르고 주님을 배우고 따르고자 하는 열의가 겉으로 드러나는 세속적인 것에 삼킴을 당하여 힘을 쓰지 못하는 것이다. 지속적인 영적 전쟁을 회피하는 결과이다. 그러나 앞 장에서 언급한 것과 같이 하나님의 전신 갑주를 입고 마귀를 대적하면 그가 던지는 미끼가 보이기보다는 그 미끼 뒤에 있는 갈고리가 보인다. 황금잔 보다 그 속에 있는 독이 보인다. 초보자가 볼 수 없는 것을 영적 거인, 영적 베테랑은 볼 수 있다. 마귀가 쳐놓은 올무를 미처 예기치 못해 쉽게 걸려들 수도 있지만 베테랑은 빠져나오는 길을 안다. 그러나 초보자는 그 올무에 질식할 수 있다.

그래서 주님을 빠짝 좇아야 하고 주님에게서 시선을 띠지 말아야 한다. 그의 전술과 전략을 마귀는 전혀 당해낼 수 없다. 그래서 바울 사도는 **"주의 영광을 보매"**라고 말하였다. 보라(behold)! 이 단어는 무심코 바라보는 것을 의미하지 않는다. 주의 깊게 바라보는 것을 의미한다. 주님의 영광을 주의 깊게 바라보는 것이다. 깊이 묵상하고 살피는 바라봄이다. 주님의 영광으로 변화될 수 있으나 그것을 세심히 눈여겨보아야 한다. 산삼을 찾으러 산에 오르는 자와 단지 등산하는 자들 사이에는 엄청난 차이가 있다. 등산객은 '심봤다'라고 외치지 못한다. 외칠 수가 없다. 오로지 산삼을 캐러 산에 다니는 심마니만 할 수 있다. 마찬가지로 주님의 영광을 본다는 것은 세상에서 캘 수 없는 보화가 거기에 있기 때문이다. 말로 다 할 수 없는 신비와 감동과 황홀함이 있다. 주님의 형상으로 변화되는 영광이 우리 앞에 펼쳐질 것이다.

사랑과 의와 평강과 은혜와 거룩의 하나님 영광을 주의

깊게 살피며 응시하는 시간을 많이 가질수록 우리도 사랑과 의와 평강과 은혜와 거룩 안에서 성장하는 변화의 모습을 나타내게 될 것이다. 이것은 초보자에서 숙달된 능숙한 조교가 되는 것 그 이상의 신비이다. 따라서 우리가 누군가를 볼 때 그의 모습이 주님을 닮아가고 있는 것을 발견하게 되면 그가 주님과 친밀한 교제를 많이 나누고 있다고 생각할 수 있다. 우리가 '하나님의 거울'을 들여다 볼 때 대부분 우리는 우리가 어떤 존재인지를 본다고 생각하지만(실제로 그렇다), 실상은 우리가 무엇이 될 것인지를 보는 것이다. 우리가 무엇이 될 것인가는 우리가 가진 하나님을 아는 지식에 달려 있다.

우리가 하나님에 대한 거짓 그림을 가지고 있다면, 우리는 하나님의 **"거울"**에서 그 거짓 그림을 보고 같은 이미지로 변화될 것이다. 이는 현재와 영원에 큰 해를 끼칠 것이다. 그러므로 주님을 올바로 아는 지식 가운데서 자라가야 한다. 내 주관적인 생각이나 거짓 교사들의 거짓된 그림, 위조된 것으로 보는 것은 아들의 형상이 우리 속에 새겨지지 않기에 혼인 잔치에 참석도 못 하고 슬피 울며 이를 가는 저주의 늪에 빠질 것이다. 잘못된 그림을 가졌던 유대인들은 하나님의 보내신 메시아를 십자가에 못 박아 죽이는 어리석은 짓을 저질렀다.

거울을 보는 모든 사람이 진리를 보는 것은 아니다. 그러나 참 그리스도인은 하나님의 거울을 통해서 진리인 주님을 보는 것이다. 훼손된 하나님의 형상이 예수 그리스도를 믿음으로 말미암아 회복되고 그 안에서 점점 신의 성품에 참여하는 복된 자가 되는 것이다. 그런 은혜를 입은 그리스도인이 주님과 가지는 친밀함은 주의 형상으로 변화는 신비한 경험을 누리게 될 것이다. 그 변화는 단숨에 완벽한 것이 아니라 계속 진행형이다. 영광에서 영광에 이르는 것이다. 사도는 우리의 변화를 퇴보에서 영광으로, 혹은 타락에서 영광으로 변화될 것을 말한 것이 아니라 우리 삶에서 하나님의 역사는 영광에서 영광으로 계속 이어지는 과정을 보이는 것이다.

이 변화는 우리의 힘과 의지로 되는 것이 아니라 아버지와 아들에게서 오신 보혜사 성령 하나님으로 말미암는 것이다. 그래서 "주의 영으로" 말미암는 것이라고 한 것이다. 이것이 매우 중요하다. 우리는 거울 속에서 주님의 영광을 바라보는 것으로 영적 변화를 이루거나 얻을 수 없다. 우리는 단순히 주님의 영이 우리를 변화시킬 수 있는 곳에 우리 자신을 둠으로 영광에서 영광으로 이르는 변화를 맛보게 될 것이다.

3 죽기까지 순종하라

신앙생활 하면서 정말 힘든 부분이

순종이다. 내 의지를 꺾지 않으면 순종할 수 없다. 우리는 본래 다 양 같아서 각기 제 갈 길로 다님에 익숙한 자이다. 마치 야생마처럼 제멋대로 날뛰기를 좋아한 자였다. 그러다가 그리스도를 믿게 되고 그리스도를 배우게 되고 그리스도를 따르게 되다 보니 순종의 진미에 감탄한다. 예수님의 순종은 자기 권리 비움으로 꽃을 피웠다. 그는 분명 하나님과 동등하신 분이시다. 영광과 권능에 있어서, 지혜와 지식에 있어서 그는 하나님이시다. 그러나 하나님과 동등 됨을 취할 것으로 여기지 않고 자기를 비어 종의 형체를 가져 사람과 같이 되셨다. 여기서 끝난 것이 아니다. 성부 하나님께서 작정하신 죄인의 구원을 위하여 죽기까지 순종하셨다. "**할 수만 있으면 이 잔이 내게서 지나가게 하옵소서**"라고 말씀하면서도 "**그러나 내 뜻대로 하지 마시고 아버지의 뜻대로 하옵소서**"라고 결단하셨다(눅 22:42). 그 의지를 내려놓는 일을 위해서 그는 밤새워 기도하셨다. 그때 그의 이마에서 흐르는 땀이 핏방울이 되어 떨어질 정도였다. 심한 통곡과 눈물로 기도하였지만, 그 기도의 열매는 죽음의 잔을 기꺼이 들이키는 것이었다. 그것이 우리의 구원을 이루신 것이다. 이것은 첫 아담의 행위와 극한 대조를 이룬다.

한 사람의 범죄에 의하여 사망이 그 한 사람으로 말미암아 왕 노릇 하게 되었다. 아담의 불순종이 많은 사람을 죄인이 되게 한 것이다. 그러나 한 사람의 순종(둘째 아담이신 예수 그리스도의 순종)이 많은 사람을 의인이 되게 하였다(롬 5:17-19 참조). 그는 지상에서 사역하실 때 한 번도 자기주장대로 살지 않으셨다. 그가 하는 모든 일은 아버지께서 부탁하신 것이었고 아버지의 뜻을 이루는 것이었다. 이것을 사도 바울이 본받았다. "**나의 달려갈 길과 주 예수께 받은 사명 곧 하나님 은혜의 복음을 증거하는 일을 마치려 함에는 나의 생명을 조금도 귀한 것으로 여기지 아니하노라**"(행 20:24). 그래서 그는 "**내가 주님을 본받는 것같이 너희도 나를 본받는 자가 되라**"라고 하였다(고전 11:1). 이 말씀을 생각하면 참 부끄러운 생각이 든다. 바울은 디모데에게 편지하면서 "**말과 사랑과 행실과 믿음과 정절에 있어서 믿는 자의 본이 되라**"(딤전 4:12)라고 했는데 예수를 믿고 따르며 사도 바울의 목회 길, 신앙인의 길을 본받고자 하는 일에 너무나 부족하기 때문이다.

바울이 했던 말을 기꺼이 하려고 나서는 자는 정말 많지 않다. 대신에 타협과 경건에 이르는 연습을 잘하지 않는 핑계로, 우리는 쉽게 "**나를 보지 말고 예수님을 보라**"라고 말한다. 물론, 우리가 궁극적으로 예수님을 바라봐야 한다. 그러나 우리는 예수님을 바라보는 사람들의 본이 되어야 한다. 지나치게 이기적이고 자기중심으로 사는 것은 금물이다. 하늘의 시민권자로 살아야 한다. 하늘 지향적이어야 한다. 내 의지와 욕망과 뜻은 언제나 주님의 말씀으로 쳐서 복종시켜서 오직 내 안에서도 주님의 뜻이 이루어지고 내 삶의 현장에서도 주님의 뜻을 펼쳐가야 한다. 우리가 주님을 전심으로 사랑하고 따르고 있는 모습을 보는 것만큼 나를 따르라 (follow me as much as you see me following Jesus)고 주님을 바라보는 자에게 말할 수 있다면 행복한 신자일 것이다.

부모 자녀 관계에서도 부모를 공경한다든지 부모에게 순종하라는 말씀을 잘 지키지 못하는 모습이 당연한 것이 되었다. **"자녀들아 네 부모에게 순종하라 이것이 옳으니라"**라는 말씀 대신 '자식 이기는 부모 없다'라는 말이 공공연한 진리요 격언이 되었다. 자녀의 사기를 세워준다고 하여 책망보다 격려와 칭찬으로 일관하고 미성숙한 자녀의 의견을 존중한다는 교육학적 이론이 성경의 교훈보다 우세한 현실이다. 그러나 성경은 부모에게 순종하고 부모를 공경하라는 것은 육신의 부모가 남보다 잘났기에, 혹은 많이 배웠고 영향력이 있는 본받을 만한 분이기에 그렇게 하라고 한 것이 아니다. 성경은 단순하게 **"네 부모에게 순종하라"**라고 말씀하였다. 따라서 순종에는 조건이 있을 수 없다. 아버지에게 보내심을 받았으니 그 사명 완수를 위하는 것이라면 죽음도 불사하였고 사도 바울도 그 사명 완수를 위하여 천하보다 귀한 생명을 조금도 귀하게 여기지 않았던 것과 같이 우리를 낳아주시고 길러주신 부모에게 순종하고 공경하는 것이 마땅하다.

필자가 유학 시절에 실천신학을 가르쳐주신 교수님께

(Clement Graham) 아이에게 순종을 언제 가르치는 것이 적절한지를 여쭈었었다. 그때 대답을 평생 잊지 못한다. '아이가 순종이라는 말이 무엇인지 모를 때부터 순종이 무엇인지를 배우게 하라!' 그 일을 우리 자녀에게 항상 주입하였다. 그래서 아이들의 불손함이나 불순종 때문에 맘 상한 적이 거의 없었다. 하와이에서 학교 선생으로 수년간 잘 봉직하던 딸에게 교사직 내려놓고 결혼부터 하라는 아비의 말에 두말하지 않고 순종해 준 막내에게 지금도 고맙게 생각한다. 지금은 목사의 부인으로 아이들 낳고 잘 기르며 행복하게 살고 있다. 신자가 되면 성경과 교회법에 순종할 것을 서약받는다. 그러나 그 후의 삶은 성경이 무시당하고 교회법도 아무 효력이 없다. 교단의 신학적 기조에 대한 천명(개혁주의)을 아무리 강조해도 목회 현장에는 전혀 아니다.

교회가 왜 이렇게 분란이 많고 소송도 많고 갈라섬이 많은지 그 이유는 육적 권익만 앞세우지 주님의 권위에 복종하는 것이 안 되기 때문이다. 교회마다 제 멋대로인 것은 성경과 신학의 권위보다 세속주의, 인본주의의 영향이 좌우하기 때문이다. 주님을 본받는 것은 육적, 물리적 권익을 영적 권익을 위해 기꺼이 내려놓는 것이다. 그래야 성경과 신학이 제자리를 찾는다. 주님의 신부인 교회의 명예와 영광이 목사나 성도 개인의 명예와 영광보다 중하다는 것을 알면 순종이 제사보다 낫다는 것을 실천하게 될 것이다. 그렇게 순종한 아들 예수 그리스도가 받은 영광이 어떠한 것인지 알듯이(빌 2장) 주님의 순종하는 자녀들이 수치를 당하지 않도록 높은 곳에 세우시는 주님을 찬양한다.

순종은 고난을 수반한다. 주님을 온전히 따르는 길에서 늘 마주하는 일이다. 그러나 외면할 일도 아니고 도망칠 것도 아니다. "그리스도께서 너희를 위하여 고난을 받으사 너희에게 본을 끼쳐 그 자취를 따라오게 하려 하셨느니라"(벧전 2:21). 성경에 대한 우리의 순종으로 교회가 유익하고 가정에 평안하고 인간관계가 화기애애하다면 조금 손해가 되어도 그 길을 가는 것이 하나님께 영광이 된다. 하나님이 참 하나님이며 우리가 하나님께 속한 하나님의 백성인 것을 세상이 알게 된다.

4 용서하라

용서는 약한 자보다 강한 자가 함이 더 효과적이다. 죄가 없으신 예수님께서 죄인들과 같이 취급되고 죄인이 죽는 죽임을 당한 것은 우리의 허물과 죄악 때문이었다. 주님을 본받는다고 내심 의기양양한 베드로는 형제가 죄를 짓고 용서를 구하면 몇 번을 용서하는 것이 좋은지를 물었다. 일곱 번 용서하면(그것은 필자 편에서는 대단한 것이다)

어떻지를 묻는 그에게 예수님은 "**일곱 번만이 아니라 일흔 번씩 일곱 번이라도 용서하라**"라고 하셨다(눅 17:3-4). 그러나 잘못을 뉘우치지 않는 자를 용서하는 것은 쉽지 않을 것이다. 예수님도 가룟 유다의 회개하는 장면을 접하지 않으셨다 (물론 그는 끝내 회개하지 않았고 단지 스승을 판 것에 대해서 후회하였을 뿐이었다). 그렇다고 그가 도적이라고 면상에 놓고 야단치신 것도 아니었다. 다른 제자들에게 그를 조심하라고 언질을 주시지도 않았다. 그를 끝까지 품고 가시면서 그에게 회개할 기회를 여러 차례 제공하셨다. 여기서 우리가 가지는 질문인 회개한 적이 없는 사람에게 우리는 어떻게 해야 하느냐? 그들을 용서해야 하느냐? 이에 대하여 비록 공통된 생각에 도달하지 못해 관계가 회복되지 않을지라도, 우리는 여전히 우리 쪽에서 상대방을 용서하기로 선택할 수 있으며, 관계 회복을 위해 하나님께서 그들의 삶에 일하실 것을 기도하며 기다릴 수 있을 것이다.

우리가 용서해 줌과 같이 우리의 죄를 용서해 달라고 기도하라는 이유가 여기에 있다. 필자는 주기도문을 외울 때마다 한동안 이 부분을 건너뛴 적이 있었다. 용서가 안 되는 자가 마음에 있었기 때문이다. 그러나 지금은 편하게 기도한다. 예수님은 용서의 범위를 좁히신 것이 아니라 넓히신 것이요, 우리에게 용서하지 않거나 덜 용서할 이유를 제시한 것이 아니시다. 예수님은 자기를 못 박는 자들을 위하여 저희 죄를 용서해 달라고 기도하셨고 첫 순교자인 스데반도 그렇게 기도하였다(눅 23:34, 행 7:60). 그러므로 예수를 따르는 신자들은 **"서로 인자하게 하며 불쌍히 여기며 서로 용서하기를 하나님이 그리스도 안에서 너희를 용서하심과 같이 하라"**(엡 4:32)는 말씀을 깊이 명심해야 한다.

불행하게도 교회에 다툼이 생기면 평생 원수가 되는 일은 분명 잘못된 것이다. 용서는 취하되 정죄를 버려야 한다. 용납하되 상대방의 죄에 가담하는 일은 없어야 한다. 우리는 일곱 번씩 죄를 짓고 회개한다고 하는 자의 진정성을 의심할 수밖에 없다. 그러나 예수님은 여전히 용서하라고 말씀하시며 교제의 끈을 끊지 말 것을 주문하신다. 자기를 애굽의 종으로 판 형들을 용서한 요셉은 자기 개인의 감정보다 하나님의 뜻을 앞세웠다. 그래서 이렇게 말할 수 있었다: **"요셉이 그들에게 이르되 두려워 마소서 내가 하나님을 대신하리이까 당신들은 나를 해하려 하였으나 하나님은 그것을 선으로 바꾸사 오늘과 같이 만민의 생명을 구원하게 하시려 하셨나니 당신들은 두려워 마소서 내가 당신들과 당신들의 자녀를 기르리이다 하고 그들을 간곡한 말로 위로하였더라"**(창 50:20-21).

여기서 용서는 상대방에게 등을 돌려서 교제의 단절로 이어지는 것이 아니라 돌아보고 살피는 교제를 이어가는 것을 의미하고 있다. 우리가 본받아야 할 용서는 내 마음의 평안만 추구하는 것이 아니라 상대방과의 관계 회복까지 추구하는 것이다. 이런 마음은 주님의 심장을 품는 것에서 나온다. 천국에서의 삶이 없다면 불가능한 일이 될 것이다. 필자가 목회할 때 목사를 반대하는 자를 거의 상대하지도 않았다. 기도는 했어도 몸은 함께하기를 거부하였다. 그러나 지금은 후회막심하다. 한 번 더 안아주고 한 번 더 품었으면 그렇게 관계가 악화하지는 않았을 텐데 말이다. 나이가 들어서 너그러운 탓일 거다. 예수님의 용서는 잘 말해도 정작 내 자신에게 적용하는 것은 미흡해도 한참 부족했다.

교회에서 겪는 갈등의 원인은 다 이기적이고 충동적이고 편협하며 자존심 같은 감정적인 요소들이 좌우한다. 따라서 용서와 용납과 연합 함은 은혜 언약의 근본적인 요소이기에 용서가 없이는 하나님을 올바르게 섬길 수도 없고 하나님 은혜를 충만히 받아 누릴 수도 없다. 예수님은 이렇게 교훈하신다: "**그러므로 예물을 제단에 드리다가 거기서 네 형제에게 원망 들을 만한 일이 있는 줄 생각나거든 예물을 제단 앞에 두고 먼저 가서 형제와 화목하고 그 후에 와서 예물을 드리라**"(마 5:23-24). 우리가 용서함을 받았다면 우리도 용서해야 한다. 용서하라는 것은 용서하는 자의 내적 평안과 만족에 머물라는 것이 아니라 내게 해를 끼친 상대방과 화목하게 됨까지 나아가는 것이다.

존 오웬은 이렇게 말했다: '다른 이에 대한 우리의 용서함이 우리의 용서를 획득하는 것이 아니다. 그러나 다른 사람을 우리가 용서하지 않음은 우리가 용서받지 않았다는 것을 증명하는 것이다.'[62] 참으로 두려운 말이다. 나의 죄 사함에 대한 분명한 확신이 있다면, 그리고 천국에서의 삶을 믿는다면 우리 안에 내주하시는 성령 하나님의 도우심으로 주님의 용서하신 너그러운 사랑을 기꺼이 본받는 자가 되어야 한다. 하나님께 용서받지 못할 큰 죄가 없음을 믿는다면 '나는 죽어도 용서 못 해'를 입에 달고 살지는 못할 것이다.

5 섬김의 도

섬김은 이미 1장에서 다룬 것이 있어서 여기서는 그냥 지나가겠다. 다만 한 가지 더 강조하고자 하는 것은 모든 신자는 그리스도의 몸을 온전히 세우기 위한 섬김의 사명을 가진 자라는 사실이다. 누구를 섬길 것인가? 주님의 이름으로 주님의 백성들과 그리고 교회 밖의 사람들 중 도움이 필요로 하는 자들에게 선한 이웃이 되어주어야 한다. 구약에서 추수법에 대한 가르침(추수 때에 논밭의 구석에 떨어진 곡식은 남겨 두고, 곡물을 옮기다가 떨어지면 줍지 말고, 곡물 더미를 잊었다면

---

[62] John Owen, ***Works of John Owen***, Vol 6, The Banner of Truth Trust, 1981, 497.

찾으러 돌아가지 말라)은 나그네와 고아와 과부를 위한 명령이었다. 그게 복을 받는 길이었다(레 19:9-10). 현실적으로 쌀 한 톨도 버려지지 않도록 아끼는 청빈의 태도가 중요하나, 나의 손실과 피해가 연약한 자들에게 혜택이 된다면 기꺼이 자발적인 불편 함을, 그것도 은밀하게 감수하는 것이 자애로운 섬김이 될 것이다.

누군가가 자애로움이 없는 종교는 폭력이 된다고 했는데 일리가 있다. 하나님은 복음이 가난한 자에게, 마음이 상한 자에게, 포로 된 자에게, 갇힌 자에게 전파되도록 하셨다(사 61:1). 시편 기자도 이렇게 노래한다: "저는 궁핍한 자의 부르짖을 때 건지며 도움이 없는 가난한 자도 건지며 저는 가난한 자와 궁핍한 자를 긍휼히 여기며 궁핍한 자의 생명을 구원하며 저희 생명을 압박과 강포에서 구속하리니 저희 피가 그 목전에 귀하리로다"(시 72:12-14).

그리스도인으로서 선한 행실을 반드시 감당해야 할 이유는 행함이 없는 믿음은 죽은 것이기 때문이다. 욥은 자신의 선행에 대해서 "나그네를 거리에서 자게 하지 아니하고 행인에게 자기 대문을 열어주었다."라고 말했다(욥 31:32). 그는 앞서 이렇게 주장한다: "내가 언제 가난한 자의 소원을 막았던가 과부의 눈으로 실망케 하였던가 나만 홀로 식물을 먹고 고아에게 먹이지 아니하였던가 실상은 내가 젊었을 때부터 고아를 기르기를 그의 아비처럼 하였으며 내가 모태에서 나온 후로 과부를 인도하였었노라 내가 언제 사람이 의복이 없이 죽게 된 것이나 빈궁한 자가 덮을 것이 없는 것을 보고도 나의 양털로 그 몸을 더웁게 입혀서 그로 나를 위하여 복을 빌게 하지 아니하였던가 나를 도와주는 자가 성문에 있음을 보고 내가 손을 들어 고아를 쳤던가 그리하였으면 내 어깨가 어깨뼈에서 떨어지고 내 팔뼈가 부러짐이 마땅하니라"(욥 31:16-22).

섬김을 받으셔야 할 그리스도께서 섬기려 오셔서 제자들의 발까지 씻겨주시고 죄인의 구원을 위하여 죽기까지 순종하신 행적처럼 우리도 주님이 보여주신 섬김의 도를 본받는 길을 외면해서는 안 된다. 그러나 어떤 섬김이든지 섬기는 자의 만족과 섬김을 받는 자의 흡족함이 궁극적인 목적이 아니라 모든 이에 대한 세심한 배려와 살핌의 은혜를 공급하시는 하나님께 영광이 되는 것이라야 한다. 내가 돋보이는 방향이 아니라 상대방이 돋보이게 하는 섬김이어야 한다. 섬김에 있어서 자기과시나 사람들의 칭찬을 목적으로 하는 것은 하나님을 알지 못하는 인생의 죄악 된 모습일 뿐이다. "**하나님 아버지 앞에서 정결하고 더러움이 없는 경건은 곧 고아와 과부를 그 환난 중에 돌아보고 또 자기를 지켜 세속에 물들지 아니하는 이것이니라**"(약 1:27). 요즘은 모양조차도 찾기 어렵지만, 참 그리스도인은 경건의 모양만이 아니라 경건의 능력을 갖춘 자이다. 섬김은 돈 놓고 돈 먹기가 아니다. 받는 것보다 주는 것이 복됨을 알기에 실천하는 일이다(행 20:35). **"각각 은사를 받은 대로 하나님의 각양 은혜를 맡은 선한 청지기같이 서로 봉사하라"**(벧전 4:10). 하나님이 주신 은혜를 헛되이 낭비하는 일이 없도록 세심한 주의를 기울여야 한다. 주님 앞에 섰을 때 "착하고 충성된 종아 네가 참 잘했다."라는 칭찬을 듣는 성도는 복이 있다. 각자 받은 은혜대로 성실함과 부지런함과 즐거움으로 진실하게 섬기는 복이 가득한 참 신앙인의 길이기를 꿈꾼다.

6 위엣것을 찾아라

주님은 이 세상에 계실 때 한 번도 위에 계신 하나님을 잊어본 적이 없다. 그는 언제나 오신 그곳으로 돌아갈 때를 생각하며 자신이 이 땅에 오신 사명 완수에 충실한 길을 가셨다. 그 예수님을 따르며 본받고자 하는 자는 누구든지 예수님이 계신 곳을 깊이 묵상한다. 주님의 나라는 이 세상에 있는 나라가 아니기에 주님이 계신 그곳에 들어가기를 힘쓰는 것이다. 세상도 그의 통치 속에 있지만 구속의 완성이 드러나는 부활의 때까지 공중 권세 잡은 자의 권세가 막강하다. 그래서 세상에 미련을 두지 않고 보다 나은 도성에 마음을 쏟는다. 사도 바울은 이렇게 교훈한

다: "그러므로 너희가 그리스도와 함께 다시 살리심을 받았으면 위엣것을 찾아라 거기는 그리스도께서 하나님 우편에 앉아 계시느니라 위엣것을 생각하고 땅엣 것을 생각지 말라 이는 너희가 죽었고 너희 생명이 그리스도와 함께 하나님 안에 감취었음이니라 우리 생명이신 그리스도께서 나타나실 그 때에 너희도 그와 함께 영광중에 나타나리라"(골 3:1-4).

그리스도인의 실제적 삶의 출발은 부활하신 그리스도와의 연합이다. 그리스도와 함께 산 자가 된 신자는(골 2:12) 땅에 있는 것들을 붙잡지도 않고 맛보지도 않고 만지려고 애쓰지 않는다. 하늘나라 시민권자이기 때문이다. 그래서 하늘에 속한 모든 신령한 복락을 무엇보다 즐거워한다. 신자는 땅에서 사는 동안 땅에 속한 것들은 벗어버리고 도리어 하늘의 것으로 덧입고자 수고를 아끼지 않는 것이다(고후 5:2). 그래서 진정한 의미에서 벗고자 함이 아니라 덧입고자 수고한다. 돌아갈 고향, 영원한 집이 있음을 알기 때문이다. 세상에서의 삶을 나그네의 인생으로 간주한다. 위엣것을 '찾으라'라는 말씀의 헬라어 뜻은 열정적으로 열망하거나 추구하는 것을 나타내는 말이다. 그러려면 마음이 하늘에 고정되어 있지 않으면 불가능한 것이다.

하늘에 속한 것에 몰두하는 자세나 태도는 예수님을 믿기 이전에 땅에 속한 것들을 움켜쥐고자 했던 열정과 간절함, 그 이상이어야 한다. 왜냐하면 땅에 속한 것은 신기루와 같은 것이라서 일시적 감흥은 있어도 갈증을 심하게 불러일으키지만, 하늘에 속한 것은 영원한 것이기에 허기짐도 갈증도 목마름도 없기 때문이다. 물을 다시 길러오지 않아도 되는 영원히 목마르지 않은 생수요, 영생하도록 솟아나는 샘물을 가지는 것이기 때문이다.

세상에 있는 모든 것이 다 악한 것은 아니지만 돈을 사랑하는 것은 일만 악의 뿌리가 된다. 유쾌하게 사는 것은 좋으나 쾌락을 갈망하는 것은 악한 것과 긴밀한 관련을 맺게 된다. 권력은 지혜롭게 사용하면 많은 이에게 혜택을 주지만, 남용하면 많은 사람을 상하게 한다. 세상에서 그 자체가 해로운 것이 없다고 여겨지는 것들도(우정, 의리, 봉사 등) 위에 있는 것들을 추구함에 걸림돌이 된다면 그것 자체도 해로운 것이 될 수 있다. 그래서 하늘의 지혜가 필요하다. 하늘의 지혜는 **"첫째 성결하고 다음에 화평하고 관용하고 양순하며 긍휼과 선한 열매가 가득하고 편벽과 거짓이 없는"**(약 3:17) 것들이다. 이런 결과를 낳는다면 무엇을 해도 괜찮다. 반대로 땅에 속한 지혜는 독한 시기와 다툼과 자랑이 가득한 '세상적이요 정욕적이요 마귀적이다'(약 3:15). '세상적'이라 함은 세상의 가치관에 따라서 사는 것이다. 세상의 유행과 풍습에 맞추어 사는 인생이다. '정욕적'이라 함은 동물적 감각과 성향 충족에 힘쓰는 인생을 말한다. '마귀적'이라 함은 하나님의 일을 생각하지 않고 사람의 일을 생각하여 하나님의 선하시고 기뻐하시고 온전한 뜻을 무너뜨리는 인생을 말한다(마 16:23). 그리스도 예수의 복음 광채를 비추지 못하도록 가로막고 있는 이 세상 신에 깊이 물든 삶을 사는 인생이다.

그러므로 참 신자는 언제나 어디서나 위에 계신 주님을 앙망한다. 그의 나라에 들어가기를 힘쓴다. 이런 삶을 가장 잘 실천한 사람 중 믿음의 조상인 아브라함이 있다. 그는 **"믿음으로 외방에 있는 것같이 약속하신 땅에 우거하여 동일한 약속을 유업으로 함께 받은 이삭과 야곱으로 더불어 장막에 거하였으니 이는 하나님의 경영하시고 지으실 터가 있는 성을 바랐음이니라"**(히 11:9-10). 충분히 대궐 같은 집을 짓고 자손 대대로 풍족하게 누릴 수 있는 여건이었음에도 아브라함은 장막을 치고 살았다. 나그네 인생임을 명심했다. 보다 나은 하나님의 도성이 있음을 알았기 때문이다. 모세도 협착한 길에서 그리스도를 위하여 능욕 받는 것을 이집트의 모든 보화보다 더 큰 재물로 여겼다. 그가 상 주심을 바라보았기 때문이다(히 11:26). 우리 주님은 땅에서 누릴 수 있는 권세와 영화를 하늘의 것과 바꾸지 않으셨다. 그는 하늘에 좌정하시어 온 땅을 통치하시는 하나님이 계신 곳으로 승천하셨고 자기를 따르는 자들을 위하여 거할 처소를 마련하신다. 칼빈이 말한 것처럼 '우리가 천국으로 향하여 가는 여정에 있는 자이기에 항상 그곳을 응시해야 한다.'[63] 그것이 하늘의 부르심에 집중하는 것이며 하나님의 영광을 위하여 사는 것이다.

우리의 참되고 영원한 집은 하나님 보좌 우편에 좌정해 계시며 우리를 위하여 친히 간구하고 계신 예수님의 나라, 하늘나라이다. 그 나라에 들어가기를 갈망함이 강렬해지는 것은 좁은 문으로 들어가 협착한 길을 가며 겪는 시련과 환난이다. 아픔이 건강을 갈망하듯 땅에서 환난과 시련이 하늘의 영광을 앙망하도록 이끄는 것이다. 그래서 고난이 유익하다. 수고와 슬픔뿐인 이 세상에 집착하려는 세속적 애착을 벗어버리고 더 나은 삶을 사모하는 마음이 더욱 커지는 것이다. 그런 의미에서 칼빈은 이 땅에서의 삶을 "**유배지에서의 삶**"으로 규정하였다. 유배지에 갇혀 있는 인생의 소망은 해방이요 더 이상 슬픔도 고통도 죽음도 이별도 없는 주님의 영원한 나라에 들어가기만을 학수고대하며 사는 것이다. 그는 이렇게 반문한다: '하나님의 임재하심을 누리는 것이 행복의 가장 높은 정상이라면 하나님의 임재하심이 없는 상태는 비참의 상태가 아니고 무엇인가?'[64]

칼빈은 신자들이 이 땅에 사는 동안 모두가 다 그들의 머리인 그리스도를 본받아서 도살장에 끌려가는 양같이 되어야 한다면서(롬 8:36), '이 땅의 모든 것들을 넘어서서 고개를

---

63 John Calvin, 『기독교 강요』, 3권 9장 4항, 237.
64 John Calvin, ibid, 237.

위로 들어 하늘을 바라보게 되면, 아무리 악인들이 이 땅에서 부귀와 영화를 누리고 평화를 누리며 자기들이 지닌 모든 화려하고 사치한 것을 자랑하며 온갖 즐거움을 다 누리는 것처럼 보일지라도, 더 나아가서 악인들에게 괴로움을 당하고 그들의 교만 때문에 모욕을 당하며 그들의 탐욕 때문에 약탈을 당하고 어려움을 당한다고 하더라도 이러한 모든 악조건 속에서 꿋꿋하게 견뎌 나가게 될 것'이라고 하였다. 왜냐하면 영원한 본향에 오게 되면 '주께서 그의 신실한 종들을 영접하사 눈에서 눈물을 씻기시고 영광과 희락의 옷을 입히시며 형언하여 말할 수 없는 즐거움으로 먹이시고 그들을 높이사 그와 함께 고귀한 교제를 나누게 하시며…그들을 영접하사 그의 복락에 함께 참여하게 할' 것을 확실히 맛보게 될 것이기 때문이다.[65]

이렇게 위엣것을 찾는 것은 하늘의 것으로 덧입히며 살기를 바라는 것이기에 하늘로부터 오는 평강과 희락과 만족을 이 땅에서도 충분히 누릴 수 있는 것이다. 그 모든 것의 완벽한 실체는 본향에 가서야 실현될지라도 땅에서 누리는 가장 좋은 그리스도인의 삶은 하늘에 고정된 마음에서 나온다. 그들은 그들의 삶이 이제 하나님 안에서 그리스도와 함께 숨겨져 있고, 예수께서 하늘 보좌에 앉으셨기 때문에 그들의 생각

---

[65] John Calvin, ibid., 240.

과 마음도 하늘에 연결되어 있음을 깨닫는다. 하늘이 우리 안에 있고 우리가 하늘 안에 있는 것이다. 어떤 의미에서 신자가 일찍 죽어 하늘로 바로 가는 것이 행복한 것이리라. 바울도 **"그리스도와 함께 있을 욕망을 가진 이것이 더욱 좋다."** 라고 하였다(빌 1:23). **"우리가 담대하여 원하는 바는 차라리 몸을 떠나 주와 함께 거하는 그것이라"** (고후 5:8). 그러나 아직 이 땅에 호흡하고 있는 동안은 하늘로부터 오는 지혜를 힘입어서 **"주를 기쁘시게 하는"** 삶을 살아야 하며, 살든지 죽든지 우리 안에서 그리스도만을 존귀케 되기를 열망하는 길을 가는 것이 본향 찾아가는 자의 삶이다. 그날이 오기까지 달려갈 길을 다 달려간다. 그것도 하나님이 규정해 주신 법대로 달리기를 힘쓴다. 믿음의 선한 싸움을 싸운다. 은혜의 수단을 통하여 우리의 믿음을 굳건히 한다. 그리하면 의의 면류관을 받게 될 것이다.

오직 성경(Sola Scriptura)

오직 믿음(Sola Fide)

오직 그리스도(Solus Christus)

오직 은혜(Sola Gratia)

오직 하나님께 영광(Soli Deo Gloria)!

학습 내용 되씹기

01 예수를 닮는 모습은 어떤 것들이 있을까?

02 왜 하나님은 전심으로 주를 사랑하라고 하시나? (신 6:4-5)

03 주님을 존중히 여기는 가장 바른 자세는? (삼상 2:30)
　(1) 주님의 뜻을 행함이 우리의 양식이 되지 못하는 이유가 무엇인가?

　(2) 귀히 여겨야 할 주님의 소유는 어떤 것인지를 말해 보자.
　　① 주의 날 (사 58:13-14)
　　② 십일조 (고후 9:7-8, 말 3:8)
　　③ 교회: 그리스도의 몸 (엡 1:15-23, 고전 12:27), 그리스도의 신부 (엡 5:31-32)

04 참 겸손은 어떻게 획득될 덕목이 될지를 말해보자. (마 11:29-30)

05 순종이 잘 안되는 걸림돌은 무엇인가? (빌 2:8)

06 용서는 내가 먼저인가? 상대방이 먼저인가? (눅 23:34)

07 섬김은 으뜸과 반대 요소인가? (막 10:42-45, 갈 6:9-10)
　　* 내가 생각하는 섬김의 가장 큰 장애물이 무엇인가?

08 위엣것을 찾는다는(골 3:1-4) 것이 무엇을 뜻하는가?

09 각자 듣고 배운 대로 실천하는 경험을 함께 나누자.

믿배따닮
예수를 믿고 배우고 따르고 닮다

2025년 01월 23일 초판 인쇄
2025년 02월 14일 초판 발행

지은이 서창원
펴낸이 정영오
펴낸곳 크리스천르네상스
출판등록 제2019-000004호(2019. 1. 31)
주소 경기도 안산시 단원구 와동로 5길 3, 301호(와동, 대명하이빌)
표지디자인 디자인집(02-521-1474)

ⓒ 서창원, 2025

* 신저작권법에 의하여 한국 내에서 보호받는 저작물이므로
  무단 전재와 무단 복제를 금합니다.
* 잘못된 책은 구입처에서 교환하여 드립니다.

ISBN 979-11-94012-07-8(03230)

값 23,000원